어빙 고프먼의
사회이론

어빙 고프먼의 사회이론

SOCIAL THEORY
001

미카엘 H. 야콥센 Michael Hviid Jacobsen ·
쇠렌 크리스티안센 Søren Kristiansen 지음
박형신 옮김

The Social Thought of Erving Goffman

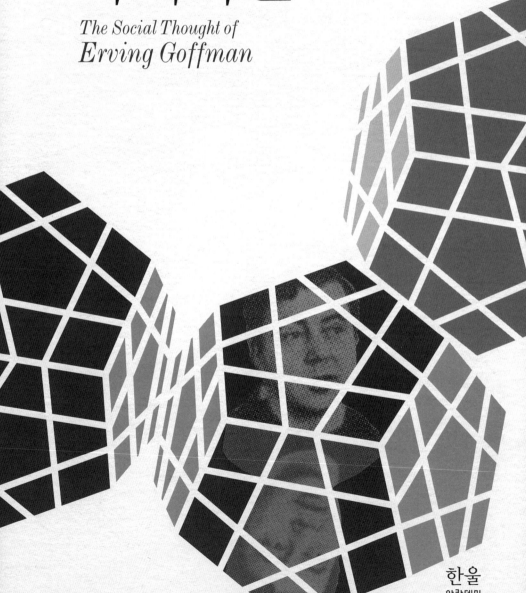

한울
아카데미

The Social Thought of Erving Goffman
by Michael Hviid Jacobsen, Soren Kristiansen

English language edition published by SAGE Publications of London, Thousand Oaks, New Delhi.

Korean translation copyright © 2024 by HanulMPlus Inc. This Korean edition is published by arrange-
ment with SAGE Publications.

감사의 글

    우리는 세이지 출판사의 사회사상가(SAGE Social Thinkers) 시리즈 중 한 권인 이 책에서 20세기의 핵심 사회학자 가운데 한 사람인 어빙 고프먼 (Erving Goffman)의 저작을 소개할 수 있게 되어 영광스럽기 그지없다. 그의 저작은, 매일의 일상적인 만남에서 사람들이 말하고 수행하는 것에 진지한 관심을 두는 새로운 세대의 사회학자들 및 인접 분과 학문 ― 인류학, 심리학, 범죄학, 미디어 연구, 행동과학, 철학 등 ― 의 연구자들의 호기심을 끌고 그들에게 영감을 주어왔다.

    우리는 이 흥미로운 프로젝트에 우리를 함께 초대해 주고 원고 수정 과정에서 유익한 제언을 해준 A. 하비에르 트레비뇨(A. Javier Treviño)에게 감사의 마음을 전한다. 우리가 이 책에서 사용한 자료 중 일부는 어빙 고프먼 저작에 대한 우리의 덴마크어판 입문서 『어빙 고프먼: 기본적 삶의 사회적 형식에 관한 사회학(Erving Goffman: sociologien om det elementære livs sociale former)』(2002)에서 가져와서 수정하고 확장하고 업데이트한 것이다. 우리는 이 덴마크어판 책의 일부를 수정·번역하여 이 책으로 출판할 수 있도록 허락해 준, 그리하여 영어권 독자들이 이 책에 접근할 수 있게 해준 코펜하겐의 한스 레이첼스 출판사(Hans Reitzels Publishing House)에 감사한다. 우리는 또한 이 덴마크 책의 일부 발췌문을 번역하는 데 도움을 준 키르스텐 감멜고르 (Kirsten Gammelgaard)에게도 감사를 표하고 싶다. 또한 우리는 『오늘의 고프먼(The Contemporary Goffman)』(미카엘 H. 야콥센 엮음, 2010)을 출간한 런던의 루틀리지(Routledge) 출판사에도 감사한다. 그 책에는 이 책 제4장의 이전 버전이 실려 있고, 우리가 여기서 소개한 몇몇 생각과 논점 역시 그 책에서 끌어왔다.

2014년 가을, 올보르에서

미카엘 H. 야콥센

쇠렌 크리스티안센

서론

이 책은 어빙 고프먼의 사회학 세계로 초대하는 초대장이자 그의 사회학에 대한 입문서이다. 고프먼은 전후 사회학에서 가장 뛰어난 사회사상가 가운데 한 사람이기 때문에, 그의 저작은 다양한 분야의 학자들에게 지속적으로 영향을 미쳐왔으며, 또한 전통적인 학계 밖에서도 계속해서 많은 독자의 주목을 받아왔다. 고프먼의 전반적인 연구 어젠다는 그가 "상호작용 질서(interaction order)"라고 부른 것 ─ 즉, 서로의 직접적인 현존 속에서 사람들의 뒤얽힘을 조절하는 미시적 사회질서 ─ 에 대한 탐구였다. 고프먼은 자신의 생애 내내 일상생활의 복잡성과 기본적인 일상적 삶의 사회적 재구조화 과정을 파악하고 이해할 수 있는 몇 가지 신조어 ─ 얼굴작업(face-work), 인상관리(impression management), 역할거리(role distance), 예의 있는 무관심(civil inattention) 등 ─ 를 만들어냈으며, 이들 개념 중 상당수는 현재 표준사회학의 어휘로 간주되고 있다. 이 책은 일상생활에서 일어나는 대면 행동(face-to-face behavior)을 연구하는 어빙 고프먼 특유의 접근방식의 토대와 핵심 요소들에 대해 철저하게 그리고 체계적으로 설명한다. 더 나아가 이 책은 고프먼의 연구가 후대의 사회학자들과 사회이론가들의 이론 구축에는 물론, 다양한 사회 영역에서 이루어진 수많은 경험적 연구에도 어떻게 영감을 주었는지를 보여준다.

어빙 고프먼은 사회학이라는 학문에서 호기심을 끄는 인물 중 한 사람이다. 한편에서 그의 글들은 여전히 가장 널리 읽히고 토론되고 해부되고 분석되고 적용되는 저술의 일부로 남아 있다. 다른 한편 고프먼은 그의 시대의 주요 학파들과 그 어떤 제휴를 맺는 것도 의도적으로 회피했기 때문에, 고프먼의 저작들은 실제로 주류 사회학의 일부가 된 적이 전혀 없는 것처럼 보인다. 이처럼 고프먼은 사회학이라는 학문을 전적으로 충성을 받을 만한 가치가 있는 고상한 학문으로 받아들이지 않았다. 그리고 뜻하지 않게 미국사회학회 회장으로 당선되었음에도 불구하고(하지만 그는 질병이 악화되어 그 직책을 수행할 수 없었다), 그는 자신의 동시대인들의 주요한 이론적 관심사와 방법론적 관심의 변두리에 머물러 있었다. 어빙 고프먼은 확실히 달랐다. 그의 연구 관심사, 그의 설득력 있는 글쓰기 방식, 그의 비관례적인 연구 방법, 그의 장난스러운 개념적 제안, 장난이 심하지만 수줍은 그의 페르소나 모두가 아웃사이더로서의 그를 둘러싸고 있는 묘한 아우라에 기여한다. 고프먼은 생애 내내 분과 학문과 사유 양식들을 학문적으로 구분하는 장벽 위에 의식적으로 걸터앉아 있었고, 글쓰기에서는 서로 다른 영역에 걸쳐 있었다.

이 책이 비록 『어빙 고프먼의 사회이론(The Social Thought of Erving Goffman)』이라는 제목을 달고 있지만, 고프먼이 '사회사상'이나 '사회이론'에 얼마나 공헌했는지와 관련해서는 얼마간 논쟁의 여지가 있다. 실제로 '사회이론'의 전개는 그의 주된 관심사가 아니었다. 우리는 '사회이론'이라고 하면 자주 자기 나름의 설명 법칙, 엄격한 개념 장치, 방법론적 함의, 비판적인 시대 진단 등을 통해 사회의 특정 부분(또는 전체)이 어떻게 보이는지를 포괄적·체계적·추상적·일관적으로 상세하게 기술하는 것에 가까운 어떤 것을 마음속에 그린다. 이것은 확실히 고프먼의 야망이 아니었다. 비록 그가 실제로 사회생활의 미시사회학적 측면과 관련한 복잡한 세목들을 기술하는 것을 목적으로 하는 유용하고 예리한 개념들로 꽉 들어찬 방대한 무기고를 만들긴했지만, 그는 결코 사회에 대한 '거대 이론(grand theory)' 자체를 제시하고자하지는 않았다. 그는 사회학이라는 학문이 왜 사회생활의 사소한 일에 대해서까지 명확한 개념화를 시도해야 하고 분석적 관심을 가질 필요가 있는지를 이해시키는 일에 종사했으며, 그 일을 수행하는 데 훨씬 더 만족해했다.

그러므로, 우리가 이 책에서 나중에 보여주듯이, 어빙 고프먼은 어떤 라벨을 붙이거나 분류하기가 어렵다. 경험적 관찰과 이론적 설명 사이의 어딘가에 있는 그의 저작은 여전히 대부분의 전통적인 사회이론 책과는 어울리지않는다. 사실 그의 책 대부분은 제목이나 부제(이를테면 '미시 연구', '보고서', '에세이' 또는 '노트'와 같은)를 통해 자신의 책이 아주 진지하게 고려되어야 하는 체계적이거나 포괄적인 설명으로 간주되기보다는 작업 과정에 있는 스케치나 작품으로 간주되어야 한다고 시사한다. 고프먼 사망 이후 그가 사회학이라는 학문의 주요한 기여자로 간주되어야 하는지, 그리고 그의 기여가 어떤 점에서 체계적인 사회학자라는 라벨을 정당화하는지에 대한 논의가 있어왔다. 저명한 사회학자 앤서니 기든스(Anthony Giddens)는 "고프먼은 통상적으로는 주요 사회이론가 가운데 한 사람으로 분류되지 않을 것"이라고 주장했다(Giddens, 1988: 250). 고프먼이 어쩌면 사회학이라는 학문의 체계적 발전에 그다지 기여하지 못했을지도 모르지만, 엘리엇 프리드슨(Eliot Friedson)이주장했던 것처럼, 그럼에도 불구하고 그의 저작은 "체계적인 사회학 이론의발전에 기여하는 것으로서가 아니라 오히려 인간 의식에 기여하는 것으로서살아 있고 또 살아 있을 것이다"(Friedson, 1983: 361). 결국 가장 중요한 것은아마도 고프먼 자신 역시 사회학에 대한 자신의 기여가 체계적 이론으로 간주되는지 아니면 그렇지 않은지에 대해 그리 관심이 없었던 것으로 보인다는 것이다. 고프먼에 따르면, 사회학자들은 모두 자신과 마찬가지로 결국에는 그저 "우아한 거짓말쟁이들"에 불과했다(Lofland, 1984: 21).

비록 어빙 고프먼이 1982년에 너무 일찍 세상을 떠났지만, 그의 저작은 계속해서 살아 있으며, 아주 많은 것이 현대 사회학 및 그와 관련된 학문에서 여전히 살아 있다. 사실 최근 몇 년 동안 때로는 거의 '고프먼 열광증(Goffmania)'이라고 할 수 있을 정도로 그의 저작에 대한 관심이 폭발적으로 되살아났다(Jacobsen, 2010a 참조). 고프먼의 저작을 다룬 몇몇 편집서가 지난 몇십 년 동안 출간되었고, 수많은 학술 논문이 그의 아이디어들을 계속해서 이용하고 토론하고 갱신해 왔으며, 그의 관점은 사회과학의 다양한 학과에서 전 세계적으로 전수되고 있고, 다수의 학자와 연구자들이 그의 저작의 지속되는 활력과 적실성에 끌리고 있다. 이 모든 것은 많은 점에서 그의 저작이 여전히 우리 안에 살아 있다는 사실을 증명한다.

이 책의 개요

이 책은 고프먼의 저작에 대한 입문서 — 고프먼의 저술을 상세하게 그리고 훈고학적으로 설명하기보다는 포괄적으로 설명하고 보다 넓은 사회학적 맥락 내에 그 저술을 위치시키고자 하는 입문서 — 역할을 하는 것을 목적으로 한다. 이 책은 어느 정도 연대기적으로 구성되어 있는데, 우리는 전반부의 장들에서는 고프먼의 초기 관심사들을 살펴보고 그가 활동하던 시대의 사회학적 전통 안에 그를 위치시킨다. 후반부의 장들에서는 고프먼의 후기 저술에 관심을 두고 그의 저작이 새로운 세대의 사회학자들에게 어떻게 영감을 주었는지를 보여준다.

우리는 제1장에서 고프먼의 개인적 및 학문적 전기의 주요 사항들을 개관한다. 여기서는 1930년대 후반과 1940년대 초반의 그의 초기 사회학적 훈련,

그의 박사학위 논문의 토대가 된 셰틀랜드에서의 현장 연구 경험, 그리고 버클리 소재 캘리포니아 대학교와 펜실베이니아 대학교 교수 임용 및 미국사회학회 회장직에 대해 다룬다. 고프먼의 개인 전기와 관련하여 몇 가지를 세부적으로 묘사하는 것과 함께 학계에 잘 알려진 몇 가지 이야기도 제1장에 실려 있다. 제1장은 고프먼의 사고가 시카고 대학교의 지적 환경으로부터 많은 영향을 받았다는 것으로 결론을 맺는다. 그의 사회학적 훈련의 주요 부분은 그곳에서 이루어졌다.

고프먼은 시카고 대학교의 학문적 환경에서 영감을 받은 것 외에도 여러 고전 사상가들로부터 영향을 받았다. 사상가를 이해하는 한 가지 방법은 그의 저술을 사회학의 전통 내에 맥락화하여 위치지우는 것이다. 제2장에서 우리는 고프먼의 영감이 어디에서 연원하는지를 살펴보고 그의 사상이 다양한 사회학적 선조들에 의지하여 어떻게 진화하고 성숙했는지를 토론하는 등 고프먼을 '거슬러 올라가며' 독해한다. 제2장은 사회학에서 고프먼이 이전의 거장들에게 진 빚을 보여준다. 그는 게오르그 짐멜(Georg Simmel)로부터 사회생활의 사회적 형식뿐만 아니라 분자적 과정에 대한 관심도 받아들였다. 고프먼은 에밀 뒤르켐(Émile Durkheim)으로부터 의례의 개념을 채택했고, 그 개념을 이용하여 일상생활의 상호작용 속에서 이루어지는 자아 확인 과정과 그러한 상호작용이 지닌 도덕적 차원을 규명했다. 그는 조지 허버트 미드(George Herbert Mead)를 통해 사람들 간의 상징적 소통에 관심을 가지게 되었다. 고프먼은 또한 현대 생활의 불합리한 본성에 대한 실존주의의 개념뿐만 아니라 동물행동학(ethology) ― 특히 개인 영역의 발전에 관한 관념 ― 에 의해서도 자극받았다.

우리는 제3장에서는 고프먼의 방법론과 방법으로 나아간다. 고프먼이 전후 시대의 가장 중요한 사회학자 가운데 한 사람으로 여겨지지만, 그의 연구 방법은 항상 표준적이지 않았다. 다양한 사회적 환경에서 '전통적인' 민족지학과 참여 관찰을 실행하는 것 외에, 그는 '은유적 나선(metaphorical spiraling)' 또는 '은유적 재기술(metaphorical redescription)'이라고 불려온 자신만의 방법론도 발명했다. 상호작용 질서를 탐구하고 사람들이 대면적 상호작용을 통해 어떻게 사회구조를 재구성하는지를 규명하면서, 고프먼은 일상생활 행동을 분석하는 다양한 은유를 사용했다. 고프먼은 대면 행동을 하나의 의례나 연극 공연으로 바라보는 것은 우리로 하여금 우리의 사회적 삶이 출현하는 방식을 새롭게 이해할 수 있게 해준다고 제시했다. 제3장은 고프먼의 사회학에서 탐지할 수 있는 다양한 방법과 기법에 대해 개관한다.

우리는 제4장에서는 '일상생활의 사회학'으로 알려진 사회학의 광범위한 분과와 관련하여 고프먼을 기술하고 논의한다. 거기서 우리는 고프먼이 일정한 특징들을 일상생활의 전통과 어떻게 공유하는지, 그리고 또한 자신만의 특별한 형태의 일상생활의 사회학을 어떻게 실행했는지를 입증한다. 제4장은 또한 공공장소에서의 행동과 다양한 상호작용 의례의 이용에 관한 일련의 연구를 통해 고프먼이 (사람들의 매일의 일상적인 상호작용에 침투하는) 질서와 구조에 관심을 기울여온 방식을 살펴본다.

고프먼은 일상생활 상호작용의 정상성을 연구하는 것 외에, 일탈의 사회적 본질을 이해하는 데서도 선봉에 서왔다. 고프먼은 자신의 일부 저술에서 라벨링과 낙인찍기(stigmatization)의 복잡한 성격에 면밀한 주의를 기울였고, 이른바 '일탈자'들이 사회에서 어떻게 대우받고 있고 그들이 감금된 삶을 어떻게 이해하는지를 입증하는 방법으로 정신병원에서 이루어지는 사회생활에 관한 연구를 진행했다. 제5장에서 우리는 정상성의 '지하세계(underworld)'에 대한 고프먼의 견해 및 일탈과 제도화에 대한 그의 연구를 재포착한다.

고프먼 사회학에서 핵심 테마는 자아의 사회적 성격이다. 고프먼에게서 자아는 얼굴 표정을 표현하는 공연자와 이 자아 표현을 받아들이고 그것에 반응하는 청중 사이에서 펼쳐지는 협상 과정의 결과물이다. 이 자아 개념은 주로 대면 행동에 대한 그의 연극적 분석과 의례 용어의 사용을 통해 전개된다. 제6장에서 우리는 몇 가지 다른 해석과 함께 자아에 대한 고프먼의 사회적 또는 상호작용적 이해는 자아에 대한 탈근대적 사고의 전조로 인식될 수도 있다고 결론짓는다.

고프먼은 자신의 생애 후반부 내내 몇 가지 새로운 관심 영역 ― 우리가 제7장에서 초점을 맞추는 ― 을 연구하기 위한 토대를 마련하기 시작했다. 이를테면 고프먼은 사람들이 세상을 어떻게 이해하는지를 이해하는 하나의 방법으로 '프레임 분석(frame analysis)'이라는 아이디어를 개발했다. 게다가 그는 비언어적 상호작용을 분석했을 뿐만 아니라 언어적 의사소통과 그것의 구체적인 규칙과 순서에도 점점 더 관심을 가졌다. 마지막으로, 그는 젠더가 어떻게 공연되는지, 즉 사람들이 자신의 젠더를 어떻게 '실행'하는지에 깊은 관심을 가졌다. 많은 점에서 고프먼의 후기 저작은 후일 현상학, 민속방법론, 젠더 연구에서 일어났던 일의 많은 것을 예기했다. 우리는 제7장에서 고프먼의 가장 후기 저술을 개관한다.

우리가 제2장에서 고프먼이 영감을 얻은 원천과 고프먼의 지적 유산을 더듬기 위해 고프먼을 '거슬러 올라가며' 독해하기를 제안했던 것과 마찬가지로, 제8장에서는 고프먼의 저작이 누구에게 영감을 주었는지 알아보기 위해 고프먼을 '앞으로 나아가며' 독해하기를 제안한다. 이 장에서 우리는 고프먼이 앤서니 기든스, 미셸 푸코(Michel Foucault), 니클라스 루만(Nicklas Luhmann), 지그문트 바우만(Zygmunt Bauman), 피에르 부르디외(Pierre Bourdieu), 민속방법론자들, 감정사회학, 그리고 랜들 콜린스(Randall Collins)와 조너선 H. 터너(Jonathan H. Turner)의 저작을 포함하여 많은 국제적인 사회사상가들에게 미친 영향을 구체적으로 살펴볼 것이다.

제9장에서는 고프먼 사고의 광범위한 영향과 그 결실을 탐구하고 요약한다. 거기에는 현대 사회조사에서 고프먼이 갖는 지속적인 적실성을 보여주

는 몇몇 조사가 제시되어 있다. 제9장은 고프먼의 유산을 요약하고 고프먼의 저작이 앞으로 어떻게 이용될 수 있을지를 예측하는 것으로 마무리된다.

이 책은 더 읽을거리를 추천하는 장으로 끝을 맺는데, 여기서는 어빙 고프먼에 관한 2차 문헌을 더 많이 숙지하고 싶어 하는 사람들을 위해 관련 자료를 제시하고 논의한다.

각 장은 독자로 하여금 장의 내용에 대해 숙고하게 하는 것을 목적으로 하는 일단의 질문들로 마무리된다. 그러나 각 질문에 대한 답은 개별 장 내에서 직접 찾을 수 없을 수도 있으며, 질문에 답하기 위해서는 책 속의 다른 곳을 보거나 심지어는 어빙 고프먼의 글을 참조해야 하기도 한다. 책의 말미에는 고프먼의 저술에서 나온 가장 중심적인 개념 중 일부에 대해 용어 풀이를 해 놓았다[본문에 *가 표시된 단어가 바로 이러한 용어에 해당한다_옮긴이]. 더 나아가 우리는 책의 맨 끝에 고프먼의 저술 목록도 완전하게 정리해 놓았다.

제1장

어빙 고프먼의 삶과 시대

어빙 고프먼은 의심할 여지없이 제2차 세계대전 이후 미국 학계에서 가장 중요하고 영감을 주는 독창적인 사회학자들 가운데 한 사람이었다. 고프먼이 초기 경력을 시작했을 때, 그는 성공해서 마침내 국제적으로 명성 있고 인정받는 사회사상가가 될 것 같아 보이지 않았다. 하지만 (비록 그의 시대의 주요 패러다임에 견주어 볼 때 그가 계속해서 아웃사이더로서의 지위를 차지하고 있음에도 불구하고) 고프먼은 점차 전후 사회학에서 가장 뛰어난 인물 가운데 한 사람이 되었고, 그의 사상과 경험은 새로운 세대들로 하여금 사회생활의 미시사회학적 측면에 관심을 가지게 했다. 한때 한 논평자는 고프먼의 연구가 미치는 특별한 영향에 대해 이렇게 논평했다. "사건 구조에 대한 그의 연구에 한때 홀린 적이 있다면, 당신은 이제 결코 같은 사람이 아니다"(Ledger, 1982: 36). 이것이 바로 고프먼의 저작에 대해 많은 사람이 느끼고 공유하는 평판이며, 이는 다시 사회학 내에서 지속되는 어빙 고프먼의 적실성과 매력에 기여해 왔다.

제1장 어빙 고프먼의 삶과 시대   19

사회학계의 상황

캐나다 사회학자이자 사회인류학자인 어빙 고프먼(1922~1982)이 제2차 세계대전 이후 사회학을 실천하고 자신의 저작을 출판하기 시작했을 때, 미국 사회와 사회학은 점점 정체상태에 빠져들고 있었다. 그 당시는 사회가 재구축되고 사회학이 점점 더 미국화되고 있던 전후 시기였다. 그때는 또한 급속한 산업발전, 높은 고용률, 소비주의의 증가, 그리고 세계에서 모든 좋은 것을 상징하는 미국 문화의 수출로 인해 자기만족과 사회적 낙관주의가 지배하던 시기이기도 했다. 그러한 사회에서는 분명 규범으로부터의 어떠한 우회도 의심스러운 것으로 간주되었다. 사회학의 상황도 마찬가지였다. 즉, 앨빈 W. 굴드너(Alvin W. Gouldner, 1970)가 그 후 예견했던 "사회학의 다가오는 위기"는 아직 멀리 있었다. 미국의 구조기능주의 사회학자 탤컷 파슨스(Talcott Parsons)의 미국 가족에 대한 (그 당시에는 거의 논쟁의 여지가 없던) 저작 ─ 다른 무엇보다도 별개의 젠더 역할의 기능적 필요성과 아이들의 사회화를 주장한 ─ 은 1950년대의 반동적 미국 사회와 사회학의 대표적인 예가 될 수 있다(이를테면 Parsons and Bales, 1955를 보라). 그러한 자기만족의 시대는 대체로 혁신적이거나 창조적인 사고에 도움이 되지 않는다. 학계의 물은 고여 있었고, 패러다임은 얼어붙어 있었다. 고프먼이 많은 점에서 시대에 맞지 않는 사람, 평화로운 분위기 속의 폭탄, 비둘기들 사이에 있는 들고양이였던 것도 이 때문이다. 그러나 우리는 사회학 무대에 고프먼이 출연한 것이 왜 그런 파문을 일으켰는지를 이해하기 위해서는 시간을 조금 되돌릴 필요가 있다.

사회학은 1920년대 동안 아메리카 대륙에서 자신의 존재를 점점 더 공고히 하였지만, 실제로는 일찍이 19세기 중반에 사회학과를 개설하려는 신호와 징후가 가시화되었으며, 1892년에 시카고 대학교에 사회학과가 최초로 공식적으로 설립되었다(Matthews, 1977). 1920년대 초반 즈음부터 사회학은 몇몇 대학교에서 교육 편제의 일부가 되었다. 그동안에 사회학은 처음의 개척기를 특징짓던 가장 명백한 정치적 함의 중 몇 가지를 점차 포기해 왔다. 하지만 상당한 시기 동안 미국 사회학은 이른바 시카고학파*와 하버드학파로 나뉘었다(Ritzer, 1992). 이른바 시카고학파 — 특히 유명한 사회과학연구 학과로 대변되는 — 가 1920년대와 1930년대에 사회학적 연구의 중심지 역할을 한 반면, 하버드학파는 특히 제2차 세계대전 이후에 사회학의 발전소로서의 지위를 주장했다. 반면 하버드학파 — 로버트 S. 린드(Robert S. Lynd), 로버트 맥키버(Robert MacIver), 그리고 가장 저명하게는 로버트 K. 머튼(Robert K. Merton)과 같은 컬럼비아 대학교의 사회학자들과 긴밀한 관계를 맺고 있는 — 가 주로 일반 사회이론, 인과적 논증, 추상적 모델 구성, 양적 방법의 선호에 초점을 맞추는 구조기능주의의 관점을 키웠다면, 시카고학파는 이와 대조적으로 훨씬 더 귀납적이고 질적이며 미시지향적인 사회학의 조류에 자양분을 제공했다. 루스 쇼늘 캐번(Ruth Shonle Cavan)이 한때 논평한 바와 같이, 하버드와 컬럼비아의 사회학자들이 행한 대규모 조사연구나 이론적인 추상적 모델 구성과는 대조적으로, 시카고학파 사회학자는 "사실 수집, 개념에 의거한 사실들의 분류, 그리고/또는 사실 간의 관계 파악에 집중했다. 이러한 사실, 개념, 그리고 관계는 이론적 빌딩 블록과 비교될 수 있다. 이론 구성은 그다음의 일이었다"(Cavan, 1983: 416). 로버트 E. 파크(Robert E. Park), 윌리엄 I. 토머스(William I. Thomas), 플로리언 즈나니에츠키(Florian Znaniecki), 조지 허버트 미드, 에버렛 C. 휴즈(Everett C. Hughes) 모두는 이러한 유형의 사회학적 접근 방식과 사고방식을 대표했다. 인간생태학, 도시연구, 그리고 이민·일탈·범죄에 대한 조사연구 등이 그들의 연구를 특징짓는 트레이드마크였다(Jörgensen and Smith, 2008). 고프먼은 이러한 지적 환경에서 영감을 받아 자신의 이론적·방법론적 사상을 틀 짓기 시작했다. 시카고학파의 방법론 도구 상자를 구성하는 핵심 요소 중 하나는 특히 사회생활의 숨어 있고 가려진 영역이나 접근하기 어려운 영역에 접근하기 위해서는 물론, 사람들 사이에서 일어나는 수많은 일상적 행동과 거래 관계를 눈에 띄지 않게 관찰하기 위해서도 '참여 관찰' 기법을 이용한다는 것이었다. 이 전략은 또한 고립된 지역사회와 카지노 도박꾼에 대한 고프먼의 경험적 연구뿐만 아니라 정신병원 수용자들에 대한 연구에도 영감을 주었다(Goffman, 1953a, 1961). 시카고 사회학자들은 특히 이용 가능한 지식이 거의 없거나 경험적 증거에 의해 입증되지 않은 연구 영역에서 개념을 개발하고 이론을 구성하는 일에 매진했다. 또한 이 트레이드마크는 고프먼의 많은 저술(Goffman, 1959, 1961, 1963)을 특징지었고, 따라서 그는 이른바 제2의 시카고학파 또는 신시카고인들(New Chicagoans)에 속했으며, 특히 하워드 S. 베커(Howard S. Becker) 및 많은 상징적 상호작용론자들과 나란히 그 집단의 중요한 인물 가운데 한 사람이었다(Ford, 1975: 157).

앞서 언급했듯이, 시카고학파 — 비록 그것이 실제의 전형적인 학파라기보다는 사회학적 조사의 하나의 조류 또는 관점이기는 하지만 — 의 맞은편에 하버드학파와 그 학파의 구조기능주의가 서 있다. 하버드학파는 거의 모든 측면에서 시카고 사회학자들과 이론적·방법론적으로 직접적으로 대립하는 사상을 대표했다. 시카고학파의 '보다 유연하고' 질적인, 또는 보다 인상주의적인 관점은 전후 미국에서 고급 통계 분석이 요구되고 형식화된 이론이 전개되고 보다 포괄적이고 정교화된 사회학 연구가 진전됨에 따라 점점 더 압박받고 있었다(Bulmer, 1984). 동시에 시카고학파의 오랜 지배를 시기하는 태도가 점차 생겨났다. 이는 그 사이에 시카고학파의 주요 대표자 중 일부가 은퇴하거나 다른 곳으로 이주했다는 것을 의미했고, 그들이 떠난 것은 시카고학파가 몰락하는 데 한몫했다. 그와 동시에 하버드 대학교에서는 탤컷 파슨스, 로버트 K. 머튼, 킹슬리 데이비스(Kingsley Davis), 윌버트 무어(Wilbert Moore)와 같은 유명 인사들과 함께 구조기능주의가 점차 부상했고(Coser, 1976), 따라서 시카고학파의 지배는 적어도 장기간에 걸쳐 서서히 무너졌다. 노버트 와일리(Norbert Wiley)의 적절한 표현을 빌리자면, 시카고학파의 독점은 "거대한 참나무처럼 쓰러졌다"(Wiley, 1979: 63). 하버드 대학교가 뉴욕의 컬럼비아 대학교와 뉴잉글랜드의 아이비리그 대학교들과 함께 사회학이 기능분석, 조사 방법, 실증적 방법론, 행동주의적인 인간 이미지, 근대화 이론을 특권화하기로 이른바 정통적 합의를 본 것은 고프먼이 사회학자로서의 모습을 형성하고 있던 시기였다(Giddens, 1976). 어빙 고프먼이 점차 영향을 미치기 시작한 것도 바로 이러한 상황 – 전(前)패러다임적 사회과학이 어쩌면 하나의 실제적인 패러다임적 상황에 가장 가까이 도달한 것으로 보였던 상황 – 을 배경으로 한 것이었다(Kjørup, 1985).

고프먼의 등장: 전기와 관점

어빙 고프먼은 평범한 사회과학자가 아니었다. 그의 관점은 분과과학 – 사회학 – 을 대표하지도 않았고, 그 분과 학문에 전형적이지도 않았다. 하지만 그는 사회학 내에서 사회세계의 서로 다르지만 상호 관련되어 있는 측면에 관한 몇몇 주목할 만한 저작을 집필했다. 비록 그가 사회생활의 너무나도 평범한 차원을 연구하는 것을 자신의 전문영역으로 삼아왔지만, 고프먼 자신은 결코 평범하지 않았다. 그는 모든 실제적인 의도와 목적에서 비정형적이었다. 그는 적어도 표면적으로는 그의 세대의 다른 많은 사람처럼 정치 참여적인 학자는 아니었지만, 자신의 학문뿐만 아니라 자신이 연구하는 세계에 대해서도 일정한 거리를 두는 시각을 유지했다. 고프먼의 사회학 – 그 자신에 따르더라도 적절한 사회학이라고 보기는 힘든 – 은 특정한 학파, 패러다임, 또는 연구 전통에 속하는 것으로 분류될 수 없었다. 그의 사회학은 오히려 다양한 과학적·비과학적 영향 ― 서로 통약 불가능하고 서로를 배제하는 것으로 자주 묘사되는 ― 의 혼합물이었다. 비록 오랜 전통 및 학파와 등지긴 했지만, 고프먼은 독창적인 관점과 영감을 불러일으키는 책들 ― 그중 많은 책이 캠퍼스 서점에서 베스트셀러였다 ― 로 널리 존중받고 인정받았다(Elkind, 1975: 25).

경제적·생산적 힘, 종교, 역사적 변혁, 사회계층, 투표 행동, 또는 그 밖의 거시사회적 현상을 연구하는 데 몰두하고 있던 많은 사회학자와 달리, 고프먼은 사회생활의 평범하고 아주 사소하고 일상적인 성격 ― 말하자면 사회생활의 기본 형식들 ― 을 밝혀내는 데 관심이 있었다. 그가 글을 쓰기 시작했을 무렵에는 그러한 주제를 연구하는 것이 대체로 인정되지 않았고, 실제로 직업상의 승진이라는 측면에서도 분명히 역효과를 낳을 것으로 여겨졌다. 하지만 다른 사람들에게는 과학적으로 부적절해 보이는 것이 고프먼에게는 과학적으로 정밀하게 탐구할 만한 가치가 있는 것으로 보였다. 그는 탁월한 방법론자도 아니고 전통적인 이론가도 아니었지만, 이전에는 전혀 볼 수 없었던 독특한 시각을 가지고 이론과 방법을 독특한 형태의 사회학적 작업으로 결합하는 데 성공했다.

어빙 고프먼이 누구였고 어떤 사람이 **아니었는지**에 대해서는 우선 이렇게만 언급해 두고, 고프먼의 삶과 관점에 관한 몇 가지 사실과 논평으로 넘어가 보자. 지적 사상의 발달이 사상가의 그 밖의 전기적 배경이나 삶의 경험과 쉽게 분리될 수 있는 활동이 아니라는 것은 주지의 사실이다. 사상은 필시 개인적·역사적·사회적 조건에 의해 둘러싸이고 틀 지어지기 마련이다. 하지만 고프먼의 전기와 관련된 정보는 찾아보기 힘든데, 그가 어린 시절이나 초기에 매우 주목받는 사람이 아니었다는 것이 주된 이유 중 하나이다. 프랑스 사회학자 이브 윙킨(Yves Winkin) ― 그는 고프먼의 초기 삶에 대한 자료를 발굴하고 수집할 수 있었던 몇 안 되는 사람 중 하나이다 ― 은 이처럼 전기 정보가 부족한 주요 이유에 대해 이렇게 언급한 적이 있다.

고프먼은 자신의 삶에 대한 글을 쓴 적이 없다. 그는 자신의 삶, 젊은 시절, 가족, 또는 과거 경험에 관해 동료나 친구들에게 그다지 많은 것을 밝히지 않았다. 그들 중 다수는 그에 대해 막연하게 알고 있었지만, 그 내용들은 대체로 고프먼의 실제 사회적·지적 궤적보다는 한 인간으로서의 고프먼에 대한 다양한 일화와 연관되어 있었다.(Winkin, 1999: 19)

역설적이게도 다른 사람들의 행동 및 처신과 관련한 사사롭고 세세한 것을 알아내려고 함으로써 경력과 명성을 얻은 고프먼은, 저널리스트 마셜 레저(Marshall Ledger, 1982)가 1980년대 초에 고프먼을 만나고 나서 결론을 내렸던 것처럼, 자신의 사생활을 철저하게 보호했다. 고프먼은 여러 면에서 수줍음이 많은 사람이었다. 마셜 버먼(Marshall Berman)은 한때 다음과 같이 언급했다.

[고프먼]이 어디에 있든 그는 사실 무명이었다. 그는 정치 문제나 문화 문제에 관여하지 않았다. 그는 회의에서 연설하지도 않고 토크쇼에 출연하지도 않는다. 그는 사진 찍는 것을 거의 허락하지 않는다. 그는, 자신의 삶에서처럼, 자신의 책에서도 전혀 인간미 없는 페르소나를 보여준다.(Berman, 1972/2000: 267)

드미트리 샬린(Dmitri Shalin, 2010)의 적절한 표현으로 고프먼은 "자기 현시(self-revelation)를 싫어"했고, 1980년에 발간된 ≪타임스 고등교육(The Times Higher Education)≫의 특집 기사에 따르면, "세계에서 가장 널리 읽히는 현대 사회학자는 7년 동안 공개 인터뷰를 피한 은둔자이다"(David, 1980: 7). 따라서 다른 주요 사회사상가의 삶과 관련하여 흔히 이용할 수 있는 매우 상세한 문헌 자료와 비교해 볼 때, 고프먼의 삶에 관한 정보는 거의 필수 요소들로 국한된다. 그러나 알려진 것들만이라도 살펴보자.

어빙 고프먼은 빈번히 미국 사회학자로 일컬어지지만(그렇지만 오해될 만한 소지는 있다), 실은 캐나다인으로, 1922년 6월 11일 앨버타주의 맨빌(Manville)에 살던 우크라이나 유대인 가정에서 태어났다. 이언 해킹(Ian Hacking, 2004: 289)이 우리에게 제공하는 정보에 따르면, 어빙은 맥스 고프먼(Max Goffman)의 아들이다. 그의 아버지는 러시아 육군에서 유대인 징집병으로 복무하다가 탈영하여, 20세기 초에 새로운 삶을 찾기 위해 캐나다에 도착한 약 25만 명의 우크라이나인과 함께 우크라이나의 노보크레인카(Novokrainka)에서 캐나다의 위니펙(Winnipeg)으로 이주했다. 서술된 전기에 어빙의 어머니 앤(Anne)에 대한 언급은 거의 찾아볼 수 없지만, 그녀는 맥스와 함께 작은 양복점 사업을 시작했다. 어빙은 후일 영화와 텔레비전 드라마에서 유명한 여배우가 된 여동생 프랜시스 베이(Frances Bay)와 함께 위니펙 지역에서 자랐다. 그는 그곳에서 세인트 존스 기술학교(St. Johns Technical School)를 다녔고, 곧 체육과 화학에서 두각을 드러냈다(Winkin, 2010). 고프먼의 어린 시절은 대부분의 반 친구들과 달랐다. 이민 문화의 일원인 그는 곧 자신의 어린 시절이 다른 사람들과 어떻게 다른지를 알게 되었다. 고프먼은 자신의 어린 시절에 대한 정말 몇 안 되는 언급 중 하나에서 이렇게 회상한 적이 있다. "너는 내가 다른 언어로 말하면 곧 동성애자로 의심받는 마을에서 [이디시어(Yiddish)[중앙 및 동부 유럽에서 쓰이던 유대인 언어_옮긴이]를 쓰며] 자랐다는 것을 잊고 있어"(Hymes, 1984: 628).

1939년에 그 학교를 졸업한 다음에 고프먼은 전공 공부를 하기 위해 매니토바 대학교(University of Manitoba)에 들어갔다. 고프먼은 처음에는 사회학에 관심이 없었다. 그의 주전공은 화학이었다. 하지만 1940년대 초에 오타와에 있는 국립영화원(National Film Board)에 머무는 동안 사회학자 데니스 롱(Dennis Wrong)과 우연히 만나면서, 사회학으로 관심을 돌렸다. 이는 고프먼이 과학 학위를 마치지 않은 채 토론토 대학교로 옮겨가서 학부 학위를 마치는 계기가 되었다. 거기서 그는 특히 문화인류학뿐만 아니라 신체 의사소통에도 관심을 가질 것을 장려하는 W. M. 하트(C. W. M. Hart)와 레이 L. 버드위스텔(Ray L. Birdwhistell) 같은 사회과학자들을 만났다. 고프먼은 1945년에 사회학 학위를 받고 졸업했으며, 캐나다 동료 사회학자 에버렛 C. 휴즈와 만난 후 명문 시카고 대학교로 학교를 옮겨 후일 '양키 시티(Yankee City)'에 관한 수년간에 걸친 광범위한 연구로 유명해진 W. 로이드 워너(W. Lloyd Warner)의 지도하에 박사학위 논문을 쓰기로 결심했다. 워너와 윌리엄 E. 헨리(William E. Henry)의 저작에서 영향을 받은 고프먼의 석사학위 논문은, 의도했던 연구 설계에서 여러 문제가 발견됨에 따라 논문이 완성될 때까지 여러 번 초점이 바뀌었지만(Smith, 2003, 2006: 16~18), 계급과 퍼스낼리티 간의 관계 — 이는 가시적 영향('기술된 경험'이라고 칭해진)(Goffman, 1949)을 통해 측정되었다 — 를 탐구하는 것이었다. 시카고 대학교에서 고프먼은 휴즈와 워너 외에도 허버트 블루머(Herbert Blumer), 안셀름 L. 스트라우스(Anselm L. Strauss), 루이스 워스(Louis Wirth)와 같은 당시의 충실한 사회학자들(특히 질적인 상호작용이론가들)과 접촉했고, 하워드 베커, 조셉 A. 거스필드(Joseph A. Gusfield), 로버트 하벤스타인(Robert Habenstein), 프레드 데이비스(Fred Davis)와 같은 신진 학자들의 이름도 알게 되었다. 워너는 고프먼이 (워너 자신의 연구와 비슷한 스타일로) 자신의 논문을 쓰기 위해 현장 조사를 수행할 것이라고 예상했고, 그를 에든버러 대학교에 추천했다. 그리하여 고프먼의 박사학위 논문 — 그러나 워너가 예상했던 것과는 달랐던 것으로 밝혀진(Platt, 1995: 100) — 을 작성하기 위한 현장 조사는 셰틀랜드의 운스트 섬(Shetland Island of Unst)에 있는 작은 마을인 발타사운드(Baltasound)에서 수행되었다. 고프먼은 그곳에서 1년 반 동안 머물며 섬 주민들의 일상생활에 대해 심층적인 민족지학적 관찰을 실행했다. 고프먼은 파리에서 그 논문을 썼고, 지금까지도 공식적으로 출간되지 않은 논문인 「섬 공동체에서의 커뮤니케이션 행동

(Communication Conduct in an Island Community)」(Goffman, 1953b)으로 시카고 대학교에서 박사학위를 받았다. 논문을 완성하는 시기 동안 그가 처음으로 발표한 학술저작으로는 계급 지위에 관한 논문과 "호구(虎口) 달래는(cooling the mark out)" 방법에 관한 논문, 그리고 주유소 점주에 관한 보고서가 있었다.

박사학위를 받은 후, 고프먼은 잠시 동안 유명한 사회학자 에드워드 A. 실즈(Edward A. Shils)의 보조 연구원으로 생활한 다음에, 메릴랜드주 베데스다(Bethesda)에 있는 국립정신건강연구소(National Institute of Mental Health)에서 체육 책임자 보좌역으로 일했다. 이 3년의 기간 동안 고프먼은 사회학자로 자리매김하기 시작했고, 세인트 엘리자베스(St. Elizabeth) 정신병원에서 그의 널리 알려진 현장 연구를 수행했는데, 이는 후일 『수용소(Asylums)』라는 책으로 출판되었다. 하지만 그가 시중에 처음 내놓은 책은 연극적인 은유적 이미지로 아로새겨져 있는 박사학위 논문에서 얻은 통찰과 아이디어로 구성된 『일상생활에서의 자아 표현(The Presentation of Self in Everyday Life)』(1959; 초판은 1956년에 출간되었다)이었다. 고프먼은 이 책이 출간되기 전인 1958년에 블루머에 의해 버클리 소재 캘리포니아 대학교에서 강의하도록 개인적으로 고용되었으며, 그곳에서 처음에는 초빙교수로, 1962년부터는 전임교수로 일하며 10년을 머물렀다. 이것은 매우 생산적인 시기였음이 증명되었고, 이를 통해 고프먼은 그의 세대의 가장 유망한 사회학자 중 한 명으로 자리매김하게 되었다. 1961년에는 "사람들 간의 상호작용에 관한 뛰어난 분석적 에세이"(Oromaner, 1980: 288)라고 인정받은 『일상생활에서의 자아 표현』으로 미국사회학회의 맥키버 상(MacIver Award)을 수상했다. 1960년대 초부터 고프먼은 일상생활 속에서의 만남을 다루는, 그리고 공적 공간과 사적 공간에서 낯선 사람들 간의 접촉을 지배하는 수많은 관례와 의례를 다루는 일련의 저작을 출간하기 시작했다. 1960년대 중반에 하버드에서 짧은 안식 기간을 보낸 후, 고프먼은 1968년에 버클리에서 사직하고 버클리에 비해 덜 명성 있는 펜실베이니아 대학교로 자리를 옮겼다. 그곳은 그의 학문적 최종 도착지가 되었는데, 그는 그곳에서 인류학과 심리학의 벤저민 프랭클린 교수라는 높은 보수를 받는 직위 – 고프먼에 따르면, 그 자리는 미국에서 어떤 사회학 교수보다도 가장 높은 보수를 받는 직위였다 – 를 제안받았다. 그 시기 동안에 일반 공중도 ≪타임 매거진(Time Magazine)≫의 특집 기사를 통해 고프먼의 저작을 조금은 알게 되었다. 그 특집 기사는 고프먼에 대해 "인간이 자신이 무엇을 하고 있는지 정확히 이해하지 못한 채 재미 삼아 사회적 동물 놀이를 하는 (잘 알려지지 않은) 지형을 가장 잘 포착하는 – 그리고 불온한 – 지도 제작자 중 한 사람"이라고 규정했다(*Time Magazine*, 1969: 50). 1969년에 고프먼은 미국예술과학아카데미(American Academy of Arts and Sciences)의 회원이 되었다. 이 시기 동안 그의 마지막 저작들도 보통 몇 년씩의 간격을 두고 출판되기 시작했는데, 1969년에는 『전략적 상호작용(Strategic Interaction)』이, 1974년에는 『프레임 분석(Frame Analysis)』이, 1979년에는 『젠더 광고(Gender Advertisements)』가, 그리고 마지막으로 1981년에는 『담화의 형태(Forms of Talk)』가 출간되었다. 고프먼은 또한 1977년부터 1978년까지 구겐하임 펠로십(Guggenheim Fellowship)을 받았다. 1982년에 분명히 다소 논란의 여지가 있는 뜻밖의 후보였던 고프먼은 제17대 미국사회학회 회장으로 선출되어 (일상생활에 대한 또 다른 섬세한 관찰자인) 윌리엄 푸트 화이트(William Foote Whyte)의 뒤를 이어 명성 있는 지위를 차지했다. 하지만 고프먼은 병세가 악화되어 많은 기대를 받았던 자신의 회장 취임 연설을 할 수 없었다(이 연설은 사후에 출판되었다; Goffman, 1983a). 어빙 고프먼은 짧은 기간 위암으로 투병한 후 1982년 11월 19일에 필라델피아에서 사망했다. 사망 당시 그는 세계에서 가장 박식하고 영감을 주는 사회학자 중 한 명으로 알려져 있었다.

자신의 사생활을 열심히 보호했음에도 불구하고, 몇 가지 '길고 가느다란 조각(strip) ― 고프먼은 이를 현재 진행 중인 삶의 흐름에서 임의로 잘라낸 조각들이라고 불렀다 ― 에 대해서는 언급할 필요가 있다. 고프먼의 연애 생활은 두 번의 결혼으로 구체화되었다. 1952년부터 1964년까지 결혼 생활을 하며 아들 토머스 에드워드(Thomas Edward)를 낳았던 그의 첫 번째 아내인 심리학자 앤젤리카 초트(Angelica Choate)는 35세의 나이에 자살했는데 정신질환 때문인 것으로 보인다. 1981년에 고프먼은 필라델피아에서 사회언어학자 길리언 산코프(Gillian Sankoff)와 재혼하여 죽기 직전에 딸을 낳았다. 그 두 사람의 딸인 앨리스 고프먼(Alice Goffman)은 아버지의 뒤를 이어 사회학자가 되었고, 2011년에 미국사회학회에서 수여하는 그해 최고 박사학위 논문상을 수상했다. 고프먼이 평생 도박을 즐겼고 라스베이거스 카지노에서 공인 딜러 훈련을 받았던 것도 알려진 사실이다. 이것 외에 오늘날까지 고프먼의 개인사에 대한 정보는 거의 공개되지 않았다.

고프먼에 대한 몇 가지 전기적 정보를 들추어내 보았으니, 이제 이 책에서 나중에 좀 더 자세히 설명하기에 앞서 그의 사회학적 관점을 간략하게 살펴보자. 사회학에 대한 고프먼의 공헌은 과소평가될 수 없다. 그는 사회학이라는 학문과 인접 연구 분야들에 지속적인 인상을 남겼다. 그는 2007년에 ≪타임스 고등교육 가이드(The Times Higher Education Guide)≫에 의해 인문학과 사회과학에서 앤서니 기든스, 미셸 푸코, 피에르 부르디외와 같은 사람들 다음으로 여섯 번째로 가장 인기 있는 저자로 선정되었지만, 위르겐 하버마스(Jürgen Habermas), 막스 베버(Max Weber), 지그문트 프로이트(Sigmund Freud)와 같은 저명한 이름들보다는 앞서 있다. 특히 저술의 내용과 비관례적인 문체가 그의 저작이 그러한 관심을 끈 주요 이유 중 일부인 것으로 보인다. 비록 고프먼은 미시사회학*을 발명하지는 않았지만(게오르그 짐멜과 초기 시카고 사회학자뿐만 아니라 소집단 상호작용과 행동을 연구하는 다른 사람들도 고프먼의 사상의 일부를 분명히 예기했고 실제로 고무했다), 미시사회학, 사회심리학, 그리고 특히 상징적 상호작용주의*의 주요 지지자 가운데 한 사람이었다. 고프먼이 시카고와 버클리에 예상보다 길게 머문 것 ― 그는 시카고에서는 1940년대 후반에서 1950년대 중반까지, 그리고 버클리에서는 1958년부터 1968년까지 체류했다 ― 이 세상을 바라보는 그의 시각을 분명하게 틀 지었다. 두 곳 모두 상징적 상호작용주의라는 새로 출현하는 관점의 번식지로 알려져 있었다(Mullins, 1973). 그곳에서 고프먼의 존재가 단단해졌던 것처럼 상징적 상호작용 이론의 지위 역시 공고해졌다. 그러나 고프먼은 자신을 하나의 학파로서의 상징적 상호작용주의를 대표하는 사람으로 보거나 그런 척하지 않았다(우리는 제9장에서 이 점을 다시 다룰 것이다). 동료 시카고 사회학자 안셀름 L. 스트라우스는 한때 시카고 대학교 학생들이 어떻게 상징적 상호작용주의를 인식했는지에 대해 다음과 같이 진술했다. "우리는 상징적 상호작용이 사회학의 한 관점이라고 생각하지 않았다. 우리는 그것이 사회학이라고 생각했다"(Gusfield, 1995: ix에서 인용). 인정받았든 인정받지 못했든 간에, 상징적 상호작용주의라는 관념 ― 관심 주제, 방법론의 창조적 이용, 섬세한 글쓰기 방법, 그리고 사회학에 대한 유희적이고 현실적인 접근방식 ― 이 고프먼의 저작의 모든 측면을 강하게 뒷받침하고 있었다. A. 하비에르 트레비뇨(A. Javier Treviño, 2003b)는 고프먼의 유산을 소개하면서, 자신이 고프먼의 사회학적 관점을 이루는 네 가지 토대로 간주한 것을 예리하게 포착하고 다음과 같이 요약했다.

1. 일상생활의 일상적이고 겉으로 보기에 사소한 일에 대한 세심한 주의
2. 풍부한 일련의 은유, 수사적 기법, 개념적 도식
3. 강력하지만 분명하게 표현되지 않는 질적 연구 방법론
4. 상호작용 질서에 대한 세밀한 포착

이 네 가지 초점 ― 그리고 몇 가지 다른 점들도 언급되어 왔을 수 있다 ― 은 고프먼

사회학의 유산이 실질적인 주제(상호작용)뿐만 아니라 그의 구체적인 연구 방법과 발견물에 대한 글쓰기 방법까지도 해명하는 것들로 이루어져 있다는 사실을 증명한다. 고프먼은, 자신의 논점과 생각을 글뿐만 아니라 구두 표현으로도 아주 우아하게 전달했다는 것에서 분명하게 드러나듯이, 실제로 탁월한 의사소통자였다. 한 사회학자가 제시했듯이, 고프먼은 "훌륭한 소설가를 낭비"하는 것이나 다름없었다(Elkind, 1975: 30). 이러한 점들 모두가 이 책의 후반부에서 자세히 설명되고 예증되고 논의될 것이다. 이를테면 제3장에서 우리는 은유적 이미지의 창조적 개발과 생생한 사용을 포함하여 고프먼의 연구 방법에 대해 기술하고, 제4장에서는 상호작용 질서 개념의 전개를 포함하여 일상생활 사회학에 대한 고프먼의 기여를 자세하게 다룬다. 그의 경력 내내 고프먼은 매우 북미 대륙 지향적이었다. 사람들은 그의 저작 — 그의 관심사, 주석, 참고문헌 — 을 살펴보고는 그 저작들이 미국 사회 및 미국 사회학과 공명하고 있다는 데 놀란다. 앨버트 버게센(Albert Bergesen)이 지적하듯이, "고프먼은 유럽 이론에 관해서는 글을 쓰지 않았다. 그는 미국에 뿌리를 두고 저술했다"(Bergesen, 1984: 52). 따라서 우리가 앞서 언급했듯이, 비록 고프먼이 실제로 미국 사회학자는 아니었지만, 그는 20세기 중반에 미국 사회와 미국 사회학에서 (간접적인 방식으로) 대단히 애매한 존재였던 동시에 미국 사회 및 미국 사회학의 산물이었다.

고프먼의 지적 궤적

어빙 고프먼의 저작을 체계화하는 방법에는 여러 가지가 있다. 비록 그의 저작이 때때로 저서들 간에 연속성이 거의 없어서 파악하기 힘들고 단절적인 것으로 묘사되어 왔지만, 그럼에도 불구하고 거기에는 그의 저작 전반을 이해하기 쉽고 일관성 있게 만들 수 있는 몇 가지 테마별 기저점(anchoring point)이 존재한다. 이를테면 어떤 사람들은 고프먼의 경력 내내 그에게서 중심적이고 지속되어 온 테마적·개념적 관심사를 포착해 내고자 해왔다 (Chriss, 1995a; Manning, 1992를 보라). 고프먼의 핵심 관심사가 '상황적 적질함(situational propriety)', '몰입(involvement)', '접근 가능성(accessibility)', 그리고 마지막으로는 '예의 있는 무관심(civil inattention)'이었다고 제시하는 필립 매닝(Philip Manning)의 SIAC 도식이 그 중 한 예이다. 고프먼의 저술을 이러한 방식으로 정리하는 것도 분명한 장점이 있지만, 이 방식은 고프먼의 지적 발달이라는 동적인 성격과 고프먼 또한 다른 사람들의 저작에서 영감을 받았다는 사실을 포착하지 못한다. 따라서 그의 저작을 해독하는 또 다른 보다 과정적인 방법은 고프먼의 경력 중 어느 시점에서 어떤 테마와 관념들이 발생했는지를 연대기적으로 발굴하고 그러한 테마와 관념이 왜 개발되고 서로 어떻게 관계되어 있는지를 논의하는 것이다. 고프먼의 저작을 조직화하고 체계화하는 이 후자의 방법은 랜들 콜린스(Randall Collins, 1981a)에 의해 제안되었다. 콜린스는 고프먼의 저작이 비교적 구체적인 시기들로 나누어지는 상호 관련된 세 단계로 이루어진다고 주장했다. 콜린스에 따르면, 이 각각의 단계는 구체적인 출판물들에서 분명하게 나타나는 특정한 관심과 내용으로 특징지어진다.

많은 주요 사회사상가의 저작은 분석적으로 '젊은' 시절과 '나이 든' 시절 같은 단계들로 나누어져 왔다(카를 마르크스(Karl Marx), 루트비히 비트겐슈타인(Ludwig Wittgenstein), 또는 마틴 하이데거(Martin Heidegger)의 저작을 머릿속에 그려보라]. 이러한 사상가들의 삶과 사상에서는 개인적, 역사적, 또는 지적인 삶에서 일어난 극적인 사건들로 인해 특정한 독특한 단절이 발생해 왔다(아니면 그들의 사후에 단절이 있었던 것으로 제시되어 왔다). 그러한 단절은 한 사회사상가로 하여금 그 또는 그녀의 삶의 특정 시점에서 자신들의 '젊은 시절의 생각'을 근본적으로 수정하거나 완전히 거부하고 그 대신에 좀 더 성숙하지만 덜 대담한 사상가가 되어 이전에 제기했던 관념들을 개관하고 체계화할 수 있게 한다. 콜린스에 따르면, 고프먼의 작업에서 그렇게 극적이거나 중대한 파열을 발견할 수 없으며, 오히려 관점에서 얼마간 작은 변화가 있었다는 것과 그의 관심이 새로운 영역으로 얼마간 순탄하게 이전했다는 것만 탐지할 수 있다. 따라서 콜린스는 고프먼의 지적 궤적을 서로 다르면서도 상호 관련되어 있는 세 단계로 나누는 것이 가능하고 유용하다고 믿는다.

제1단계는 뒤르켐 단계로 정의되는데, 고프먼이 뒤르켐에게서 영감을 받아 수많은 일상적 의례와 일상생활을 하나의 사회적·도덕적 의식(儀式)으로 바라보고 그것들에 관심을 가졌던 것에 의해 특징지어진다. 이 시기에 고프먼은 앞서 언급한 자신의 박사학위 논문에서 개진한 개념적 장치를 개발하고 다듬는 데 주안점을 두고 있었다. 이 단계에서의 주요 출판물은 말할 것도 없이 『일상생활에서의 자아 표현』(1959)이었다. 그 책의 뒤르켐적 면모는 고프먼이 그 책에서 미시 수준의 사회분석을 통해 사회질서의 전제조건과 성격을 분석하는 데 관심을 두고 있다는 데서 분명하게 드러난다. 게다가 후기 저서인 『수용소』(1961)와 『스티그마(Stigma)』(1964)에서 보인 일탈, 규칙 위반 행동, 일상생활의 아노미적 특징(스티그마와 정신질환과 같은)에 대한 관심에서도 뒤르켐적 영감의 흔적은 역력하게 드러난다.

제2단계는 경험적 국면으로, 표제에서 알 수 있듯이 고프먼이 자신의 개념적 기구를 더욱 뒷받침하고 발전시키고 확장하기 위해 다양한 일상생활 환경을 경험적으로 연구하는 데 몰두한 것에 의해 특징지어진다. 게임 이론(game theory)에서 얻은 영감이 점점 뚜렷해졌고, 『상호작용 의례(Interaction Ritual)』(1967)와 『전략적 상호작용』(1969)과 같은 책에서 그러한 영향이 특히 분명하게 나타난다. 이 시기에 초점은 자신의 이익과 결과를 최적화하기 위해 상황을 조작하는 방법에 맞추어졌다. 이 단계에서는 기능적 필수요건과 상호작용을 규제하는 규칙에 초점을 맞추면서 이전 단계에서 가졌던 의례에 대한 관심은 점차 뒷전으로 물러났다. 일상생활에 대한 합의적 이해(Collins, 1981a: 226)에 의해 특징지어지던 고프먼의 저작에서 갈등 관점이나 계층 관점을 분명하게 엿볼 수 있는 것도 바로 이 단계에서이다. 하지만 거기서 갈등과 계층이 의미하는 것은 거시적 규모의 사회현상(계급갈등, 사회적 불평등, 폭동, 또는 격변 등)이 아니라 오히려 실제 상호작용 상황에 참여하는 사람들이 현실에 대한 서로 다른 경쟁하는 해석을 놓고 벌이는 잠재적인 미시투쟁이다.

제3단계는 콜린스가 사회인식론적 또는 사회현상학적 단계로 이름 붙인 것이다. 이 국면은 1970년대 초반부터 10년 후 고프먼의 말기 저술까지 이어지며, 앞의 두 단계보다 형식화되고 철학적인 것이 특징이다. 이 단계는 상당히 덜 경험적이며 보다 추상적이고 새로운 접근방식, 즉 프레임 분석(frame analysis)의 개발을 지향한다. 따라서 고프먼 생애의 말년은 상호작용의 중요한 한 측면으로서의 담화(따라서 언어적 행동)에 대한 관심이 증가하는 것으로 특징지어진다. 담화는 사회적 모임에서 자아 표현에 이용되고 또 자아 표현의 일부가 될 수도 있는 중재 및 구조화의 도구로 인식될 수 있다. 따라서 『프레임 분석』(1974)이나 『담화의 형태』(1981)와 같은 후기 저작에서 우리는 이전과는 다른 고프먼 ― 즉, 이전의 발견물과 결과를 하나의 정연하고 일관적인 이론적 틀 또는 하나의 걸작으로 체계화하고자 하는, 그리고 얼마간은 사람들이 상호작용하는 동안 실제로 행하는 것을 기술하는 데 관심을 두기보다 그들이 어떻게 생각하고 그 생각을 어떻게 말로 표현하는지를 분석하는 데 더 관심을 가지는 이론구성적 연구자 ― 을 발견한다. <표 1-1>은 각 단계에 해당하는 시기를 기술하고, 각 단계의 개념적 내용과 분석적·경험적 초점을 제시하며, 각 단계 동안 발표된 저작을 열거하는 방식으로 이 세 단계를 도표로 요약한 것이다.

고프먼 해석자들 사이에는 그들이 공통적으로 동의하는 것이 하나 있는

표 1-1 어빙 고프먼의 세 단계

시기	초점/내용	저작
제1단계: 뒤르켐 국면 (대략 1950년대부터 1960년대 초반까지)	• 연극학 • 대면적 상호작용 • 일탈 • 실재의 사회적 구성과 유지 • 일상 의례	『일상생활에서의 자아 표현』(1959) 『수용소』(1961) 『공공장소에서의 행동』(1963) 『스티그마』(1964)
제2단계: 경험적 국면 (대략 1960년대 후반부터 1970년대 초반까지)	• 일상생활 상황에 대한 경험적 연구 • 게임 이론으로부터 얻은 영감 • 일상생활에서의 잠재적 갈등	『상호작용 의례』(1967) 『전략적 상호작용』(1970) 『공공장소에서의 관계』(1971) 『만남』(1972)
제3단계: 사회인식론적/ 사회현상학적 국면 (대략 1970년대 후반부터 1980년대 초반까지)	• 분석적 언어 이론 • 뒤르켐으로의 복귀 • 프레임 은유 • 민속방법론적 영감과 비판	『프레임 분석』(1974) 『젠더 광고』(1979) 『담화의 형태』(1981)

자료: 이 표는 랜들 콜린스(Randall Collins, 1981a)에게서 영감을 받아, 그의 다양한 저술에 기초하여 작성되었다.

데, 그것은 바로 고프먼의 경력 후반기 동안에 그의 저작이 점차 더 체계적이고 형식화된 입장으로 발전했다는 것이다(Grimshaw, 1983: 147). 하지만 초점과 내용에 관한 한, 단지 관점과 개념적 선호에서 얼마간 작은 변화만 있었을 뿐, 그는 박사학위 논문에서 개관한 프로젝트(Smith, 1999b: 1), 즉 일상생활 속의 '상호작용 질서'를 상세하게 연구하여 그 질서를 포착해 내는 일을 계속해서 고수했다.

'고프먼에 관한 이야기들'

우리가 이미 지적했듯이, 어빙 고프먼은 사회학자로서뿐만 아니라 개인으로서도 실제로 호기심을 끄는 인물이었다. 고프먼의 동시대인 중 한 사람인 존 로플랜드(John Lofland) — 그 역시 고프먼의 아이디어에 의해 고무되었다 —

에 따르면, 고프먼은 죽으면서 특히 네 가지의 유산을 남겼다. (1) 수많은 분석적 개념을 통한 실제 상호작용 질서의 실제적 연구와 그 질서에 대한 해명, (2) 사회학에 대한 하나의 지적 입장 또는 관점, 즉 대면적 상호작용에 대한 미시적, 일상적, 간과된 차원에 특권을 부여하는 입장, (3) 학문을 하는 정신, 태도 또는 마음가짐(이를테면 그의 빈정거림, 아이러니, 그리고 대안적인 방법론적 접근방식), 그리고 (4) 학자, 동료, 친구가 되는 방식이 바로 그것들이다 (Lofland, 1984: 8). 앞의 세 가지에 대해서는 이 책 전반에 걸쳐 다룰 것이므로, 여기서는 넷째 유산과 더 개인적인 점에 대해 간략하게 언급하고자 한다.

먼저 한 가지 중요한 점을 강조해 두기로 하자. 우리는 결코 고프먼을 알지 못했고, 만나지도 못했다. 그가 세상을 떠날 때, 우리는 10대가 되어가고 있었다. 그러므로 우리는 그를 알고 있는 다른 사람들의 진술과 회상에 의존할 수밖에 없다. 고프먼을 잘 알고 있는 사람도, 그리고 보다 피상적으로 알고 있는 사람도 자주 그에 대해 거의 같은 인상을 가지고 있는 것 같았다. 여기서 우리는 다른 사람을 관찰하는 일로 자신의 경력을 쌓은 사람을 가장 잘 드러내주는 논평들을 얼마간 수집하고자 했다. 고프먼의 제자 중 한 명인 게리 T. 막스(Gary T. Marx)는 고프먼의 경우 두 가지 주요 인상 - 그중 하나는 따뜻하고 유머러스하며 친절하고 남을 배려하는 선생이고, 다른 하나는 통제적이고 무신경하고 무관심한 선생이다 - 중에서 어떠했는지를 상기하면서도, 다음과 같이 요약하여 말했다. "'고프먼에 관한 이야기들'의 대부분은 부정적이다. 그는 다른 사람들을 대할 때 많은 경우 자신의 초기 저술에서 등장하는 약자를 세심하게 헤아리거나 배려하지 않았다"(Marx, 1984: 657). 막스가 언급한 이러한 '고프먼에 관한 이야기들'은 존 로플랜드에 의해 수집되었는데, 로플랜드는 놀랄 만한 예들을 통해 고프먼이 다른 사람들 - 낯선 사람들뿐만 아니라 친구들까지도 - 을 대할 때 어떻게 항상 성실함과 냉소주의 사이의 어딘가에 자리하고 있었는지를 보여주었다. 우리는 로플랜드(Lofland, 1984: 20~21)의 그러한 이야기 중 가장 특징적인 것 몇 가지를 여기에 다시 인용한다.

> 고프먼이 자주 쓰던 말: "내가 당신에게 말을 걸 때면, 그땐 내가 논문을 쓰는 중이었을 수도 있어."

> 막 종신 재직권을 거부당하고 나서 그것에 화가 나고 억울해하는 조교수를 사회학과 파티에서 만났을 때: "어쨌거나 우리 모두는 여기서 가르치기에 그리 충분하지 않아."

> 한 사회학자 대회에서 호텔 로비에 있던 일군의 옛 친구들을 지나치면서 고프먼이 다음과 같이 큰 소리로 분명하게 말하는 것이 들렸다: "만약 이야기를 나눌 더 중요한 사람을 찾지 못하면, 다시 와서 너희들과 얘기할게."

> 자아의 존엄성과 고결성이 자신의 연구에 스며들어 있는 도덕적 관심이라고 말하는 한 학생에게 답하면서: "나는 사람들이 자아에 관해 읽는 것을 좋아하기 때문에 자아와 관련된 온갖 것을 다 써넣는 것뿐이야."

이처럼 농담조의 모욕 섞인 아이러니는 고프먼의 개인적인 자아 표현에서 중요한 부분이었다. 하지만 고프먼은 보다 학문적인 문제에 대해서도 장난스럽게 말했다. 정치, 그리고 거시구조와 사회제도에 대한 비판이 (심지어 많은 학자가 그러한 문제들에 관심을 가졌던 1960년대와 1970년대 동안에도) 고프먼의 저작 어디에도 등장하지 않는다는 것은 대단한 비밀이 아니다. 아래와 같은 또 다른 학자와의 충돌 사례가 보여주듯이, 실제로 그는 빈정거리는 투로 정치와 거리를 두고 있음을 드러냈다.

한 학자가 고프먼에게 "모든 세상은 결국은 마르크스주의적이 될 것이다"라고 공언했을 때, 고프먼은 이렇게 대답했다고 한다. "내가 그걸 부정하는 것은 아닙니다. 하지만 한 가지만 말해주세요. 마르크스주의자들도 아침에 이를 닦나요?"(Ledger, 1982: 42)

이러한 일화들 모두에서 드러나듯이, 고프먼은 짓궂은 사람 — 자신의 동료와 학생들을 못살게 굴고 때로는 심지어 모욕하는 것을 재미있어 하고 그렇게 하는 데서 즐거움을 발견하는, 그리고 그러한 관찰들을 수치심과 당혹감에 관한, 그리고 체면을 차리는 데 이용되는 의례에 관한 자신의 이론을 세우는 데 이용했을 것으로 보이는 사람 — 이었다.

'고프먼에 관한 이야기들'은 고프먼이 주변 사람들과 맺는 관계가 얼마나 양면적인지를 보여준다. 그들은 고프먼에게 경의를 표하거나 (고프먼이 그들과 거리를 두는 것처럼) 고프먼과 거리를 두었는데, 확실히 후자의 경험이 더 우세했다. 오랫동안 많은 사람이 표현해 왔듯이, 고프먼은 재능 있고 뛰어난 강사였다. 하지만 몇몇 사람에 따르면, 그는 실제로 가르치는 일에 시간을 투여하거나 몰입하지는 않았다고 한다. 다른 사람들에 따르면, 고프먼은 단지 글쓰기에서만 재치 있었던 것이 아니라 그 자신도 재치 있는 엔터테이너, 즉 빼어난 연기자였다. 게리 T. 막스는 고프먼이 한 수업을 시작하면서 쓴웃음을 지으며 "우리는 여러분을 즐겁게 해주려고 노력할 것이다"라고 말했던 것을 회상한다(Marx, 1984: 652). 그러나 그는 분명 똑똑한 학생들의 보호자였지만, 학생들 사이에서 인기를 끌 만한 공감과 감수성이 부족했다. 고프먼은 또한 학생들의 과제를 채점할 때 인색했으며, 학생들을 그리 배려하지도 않았다. 고프먼의 제자 중 한 명인 베넷 M. 버거(Bennett M. Berger)는 언젠가 고프먼이 자신은 자신에게 실제로 무언가를 깨닫게 해준 학생들에게만 최고 점수를 준다고 말하는 것을 우연히 들었다(Berger, 1973). 이 밖에도 고프먼은 주변 사람들이 자신에게 가까이 오지 못하게 막는 목적으로뿐만 아니라 자신의 특이함을 드러내고 자신의 학문적 지위를 놀리는 방법으로도 아이러니를 이용했다. 이를테면 그는 "대학은 우편물을 받는 장소"라고 언급한 적이 있다(Marx, 1984: 658).

고프먼은 자신의 일상생활을 자신의 사회학적 실험의 필수적인 부분으로 만들었다. 고프먼의 변덕을 보여주는 흥미로운 일화 중 하나에서 로저 에이브러햄스(Roger Abrahams)는 고프먼이 특정한 종류의 사회적 사건을 어떻게 작은 과학적 실험으로 이용하는지를 회상했다.

> 고프먼은 개인적인 만남을 자신이 열정을 쏟는 재미있는 대상으로 삼았다. 그는 모임이나 회의에서 '멋진 식사'를 하기 위해 그룹을 조직하는 것을 즐겼지만, 그와 함께 공공장소로 외출하는 것이 마냥 즐거운 것은 아니었다. 그는 아주 예의 바르게 사교 게임을 하는 방법을 알고 있었지만, 게임의 규칙을 어겼을 때 무슨 일이 일어나는지를 알고 싶어서 자주 규칙을 어기는 것을 참을 수 없었다. 사실 그는 자주 갑자기 무례했다. 그는 자신이 어리석은 짓을 용납하지 않을 것이라는 인상을 주기를 좋아했지만, 사람들은 그가 그 배역에 누구를 캐스팅할지, 그가 연출한 장면들이 얼마나 진지하게 의도된 것인지 전혀 알지 못했다.(Abrahams, 1984: 76)

이처럼 고프먼은 끊임없는 관찰자였다. 한 동료가 회상했듯이, "그는 항상 관찰하고 있으며, 관찰하지 않는 적이 없다. 그는 직업적으로 관계된 것 외에는 아무것도 하지 않는다. 따라서 그는 찰나의 비평가이기 때문에, 그리고 그는 또한 그 순간을 연구하는 사람이기 때문에 대하기가 어렵다"(Ledger, 1982: 40). 그러한 끊임없는 관찰은 분명히 사회적 관계에 부담을 주었고, 고프먼을 괴짜로 본 특정 동료 및 학생들과 소원하게 만들었다. 따라서 유머, 아이러니,

빈정거림 ─ 또는 어쩌면 보다 적절하게는 사회생활에 대한 장난스러운 실험적 접근방식이라고도 불릴 수 있는 것 ─ 은 우리가 나중에 살펴보듯이 고프먼의 학문적 글쓰기에서뿐만 아니라 그의 개인사에서도 나타나는 고프먼이라는 인물을 특징짓는 것 중 하나였다.

고프먼에 관한 문헌들에서는 그가 비교적 키가 작은 남자였다고도 언급되고 있는데, 이것이 그의 유대인 혈통 및 캐나다에서 미국으로 이주한 이주민으로서의 배경과 결합하여 그의 자아 관념(self-conception)에 영향을 끼치고 그것을 틀 지은 것으로 보인다. 랜들 콜린스(그와의 개인적 교신)에 따르면, 고프먼은 165cm 정도였고, 자신의 키에 관해 매우 의식하고 있었다. 그는 자신의 보통 키를 가지고 놀리는 동료들에게 짜증이 났지만, 콜린스가 우리에게 전해준 대로, 이는 그로 하여금 (특히 세인트 엘리자베스 병원에서 현장 조사를 하는 동안에) 환자와 직원들 사이를 상대적으로 주목받지 않고 돌아다닐 수 있게 해주었다. 분명히 아무도 이 작고 조용한 남자에게 관심을 기울이지 않았다. 반대로, 그리고 특히 유명한 인물이 된 후, 고프먼은 다른 사람들, 특히 앨빈 W. 굴드너와 같은 키가 크고 '싸우기 좋아하는' 사람들과 대결하면서 매우 공격적인 면을 보인 적도 있었다. 반면 콜린스는 유대인이라는 고프먼의 배경이 실제로 그의 자아 관념에 심대한 영향을 미쳤을지에 대해 의문을 제기한다. 콜린스가 개인적 교신에서 표현했듯이, 고프먼은 "내면적으로는 세기 중반기 ─ 20세기 말 민족 정체성이 부활하기 이전을 의미한다 ─ 의 남자였다."

고프먼의 학제적 사고방식

비록 고프먼이 자신의 개념과 관념을 가지고 사회현실의 복잡한 세부 사항 및 상세한 내용을 아주 잘 포착할 수 있었지만, 그 자신은 어떠한 분류 시도에도 저항하고 회피한 사회학자였다. 일반적으로 다음과 같은 대화의 단편에서 알 수 있듯이, 그는 지적 분류와 범주에 대해 양면적이고 자기 비판적인 태도를 견지했다. "나는 슬로건과 깃발, 친족 증명서와 회원 배지에 매우 싫증이 난다. 왜냐하면 의심할 바 없이 나 스스로가 그것들을 너무나 많이 이용했기 때문이다"(Hymes, 1984: 626). 고프먼은 분류, 이름 짓기, 라벨 붙이기에서 진정한 대가였지만, 자신과 자신의 저작을 기존의 좁은 사회과학 공동체와 전통에 포함시키려는 다른 사람들의 수많은 시도를 몹시 싫어했다.

고프먼은 어떤 하나의 특정 전통이나 학파와 자신의 연관성을 피하고자 하는 욕망 외에, (개별 과학을 구분하는 것을 목적으로 하는) 학문의 경계선들을 넘나드는 데에도 뛰어났다. 비록 고프먼이 전공상으로는 사회학자였지만, 그는 다른 과학 문화에도 기꺼이 의지하고 우호적으로 기여했다. 그는 진정한 학제주의자(interdisciplinarian)였다. 고프먼의 저작은 사회학자, 인류학자, 정신의학자, 언어학자, 철학자, 사회사업가, 그리고 문학·의학·언론학 연구자뿐만 아니라 거의 모든 사회과학 분야 내에서 일하는 학자들에게도 알려져 있고, 지금도 그들에 의해 읽히고 있다. 그는 사회학이라는 자신의 분과를 훨씬 뛰어넘어 다른 과학 분야에서도 토론, 연구, 개념적 발전을 자극했다.

사회과학은 다른 과학 분야와 마찬가지로 분류적이고 분석적인 과학적 관행이다. 처음부터 사회과학 ― 그리고 특히 사회학 ― 은 현실, 그 현실을 살아가는 사람들, 그리고 그 현실을 연구하는 사람들에 관한 범주를 구성하고 그 현실과 그러한 사람들에게 그 범주를 부여하려는 충동을 거의 의무적으로 가져왔다. 이런 맥락에서 엘리너 로시(Eleanor Rosch)는 "분류체계의 목적은 최소한의 인지적 노력으로 최대한의 정보를 제공하는 것"이라고 설명했다. "범주가 인지된 세계의 구조를 가능한 한 근접하게 도해할 때 최소한의 인지 노력으로 최대한의 정보를 얻을 수 있다"(Rosch, 1978: 30). 범주의 목적은 가능한 한 현실을 근접하게 비추고 반영하는 것이다. 따라서 이러한 전제에 기반하여 고프먼을 범주화하는 것은 내적·외적인 사회과학적 문제를 야기한다. 고프먼을 어떤 별개의 학과 내에서 독점하거나 그의 저작을 어떤 하나의 학문 분야 내에 전적으로 포함시키는 것은 불가능하다. 비록 우리가 기본적으로 사회학자로서의 고프먼에게 초점을 맞추기는 하지만, 그 자신의 일부 작업에서 그는 문화인류학자이자 동시에 사회심리학자였다. 고프먼은 서로 다른 형태의 미디어 커뮤니케이션에 관한 연구에서도 자주 인용되고 있으며, 의료 전문직, 장애, 생태학, 정치학, 육아, 감시활동을 연구할 때는 분석 틀로 이용되고 있다. 이는 단지 그의 작업의 다재다능성과 유용성을 보여주는 몇 가지 사례를 언급한 것일 뿐이다(우리는 나중에 이에 대해 좀 더 자세하게 다룰 것이다). 하지만 고프먼의 카멜레온적 재능에도 불구하고, 그의 저작은 고전적인 사회학적 전통에 굳건히 자리하고 있었다. 우리가 나중에 살펴보듯이, 그의 주요한 영감의 두 가지 원천은 프랑스의 사회학자 에밀 뒤르켐과 독일의 사회학자 게오르그 짐멜이었다. 게다가 그의 연구는 또한 현대의 주요 사회학자들과 사회사상가들, 아마도 가장 현저하게는 앤서니 기든스, 피에르 부르디외, 위르겐 하버마스, 토머스 J. 셰프(Thomas J. Scheff), 알리 혹실드(Arlie Hochschild), 랜들 콜린스에게 영감을 주어왔다. 따라서 고프먼이 지닌 학제적 잠재력에도 불구하고, 그는 빼어난 사회학자였다.

이러한 분류 문제를 해명하고 나면, 이제 남아 있는 말은 고프먼 세대에 고프먼 이상으로 많은 비(非)학자와 다른 학문의 학자들에 의해 읽히고 존중받는 사회학자는 거의 없다는 것뿐이다(Giddens, 1988: 250). 이렇듯 고프먼은 사회학이라는 자신의 분과 학문 내에서 존경을 받는 것 말고도, 다른 분야의 연구자들과 독자들의 마음도 끌었다(Leeds-Hurwitz, 1986). 많은 독자가 그의 저작에서 일상생활의 본질 ― 항상 논란의 여지가 없는 것은 아니며, 따라서 세심한 주의와 세밀한 연구가 요구되는 ― 과 접하고 그것에 대해 이해한다. 게다가 학문의 영역 밖에 있는 사람들은 또한 고프먼의 저작에서 승강기 이용, 저녁

식탁에서의 사교적인 (그리고 종종 사소한) 대화, 오명을 쓴 사람들과의 우연한 만남, 공적 장소에서의 낯선 사람들과의 상호작용 등과 같은 (대체로 주의를 끌지 않는) 일상적인 사건은 물론, 제도적 관행에 대한 그의 자세한 기술을 통해서도 자신과 그들의 삶을 인식할 수 있었다. 보통 사람들이 일상 세계에 대한 고프먼의 글을 통해 자신과 자신의 행동상의 변덕을 인식할 수 있었기 때문에, 고프먼은 진정으로 "그래, 맞아(of course)의 사회학자"였다. 그러나 고프먼의 언어는 일상적이지만 쉽게 접근할 수 있는 것과는 거리가 멀었고 (이로 인해 많은 번역가가 그의 책을 번역하는 데 수년씩 고군분투해야 했다), 얼마간 세련된 엘리트주의와 은유적 신비주의의 모습을 지니고 있었다. 하지만 그의 가장 유명한 용어 장난(terminological trick)은 엘리주의적이지도, 접근 불가능하지도 않았다. 고프먼이 자신의 베스트셀러『일상생활에서의 자아 표현』(1959)에서 개발하여 사용한 연극적 은유(제3장과 제4장을 보라)는 대부분의 사람이 (논란의 여지가 없는 것은 아니지만) 곧바로 이해할 수 있었고, 이것이 바로 수십 년 동안 이 은유가 전통적인 학문 경계를 넘어 학자들에게 영감을 주어온 주요한 이유 중 하나였다.

결론

우리가 이 장에서 살펴보았듯이, 어빙 고프먼은 전후 미국에서 사회학이 상당 부분 구조기능주의에 의해, 그리고 나중에는 또한 갈등이론과 마르크스주의 같은 거시사회학적 학파에 의해 지배되고 틀 지어지던 시기에 두각을 드러냈다. 또한 그 당시는 방법론적으로는 실증주의와 행태주의가 선호되고 그것들에 의해 연구 의제가 설정되던 시기였다. 그러므로 미시사회학적 연구에 유독 집착하고 연구 방법으로 다소 인상주의적인 접근방식을 취하던 고프먼(제3장을 보라) 같은 사람이 사회학에서 성공하여 그 학문에 지속적인 인상을 남길 수 있었다는 것은 놀라운 일이었다.

많은 점에서 고프먼은 아웃사이더였고, 아웃사이더로 남아 있었다. 전기적으로 보면, 이 장에서 살펴보았듯이, 우크라이나에서 캐나다로 이주한 이민자 유대인 가정에서 어린 시절을 보낸 그의 초기의 삶이 세상을 바라보는 그의 관점을 틀 지었다는 것에는 의심의 여지가 없다. 나중에 고프먼은 캐나다에서 미국으로 이주했는데, 미국에서도 그는 여러 측면에서 사회적·학문적 핵심 세력(inner circle)의 변두리에 남아서, 자신의 새로운 서식지 거주민들의 색다른 행동을 예리하게 관찰했다. 고프먼은 지적으로도 아웃사이더였는데, 그는 자신의 경력 내내 다른 많은 사람이 회의와 의혹을 가지고 바라보는 주제와 방법을 선호하고 그것들에 특권을 부여했다. 따라서 고프먼 역시 아웃사이더들을 연구하기 시작했다는 것은 어쩌면 전혀 놀랄 일이 아닐 것이다. 고프먼의 지적 궤적은 이 장에서 개괄한 바와 같이 경험적 주목과 개념적 전개에서 작은 변화만 있을 뿐 주목할 만한 연속성과 일관성에 의해 특징지어진다. 멀리서 바라보면, 고프먼은 그의 경력 내내 (얼마간의 우회와 탈선을 하면서도) 계속해서 같은 궤도로 나아갔고, 점차 인간 상호작용 패턴에 관한 자신의 연구를 발전시키고 다듬었다. 고프먼은 때때로 새로운 이론적 발전에 영향을 받거나 새로운 관심 영역을 발견하기도 했지만, 비판가들에게 사소한 양보를 하거나 개념적 명료화를 한 것 외에는, 수년 동안 자신의 관점에 충실했고 자신의 발견물이 자신의 분과 학문에서뿐만 아니라 사회적 상호작용을 관찰하고 기술하고 분석하는 데 관심이 있는 다른 사람들에게도 실제로 중요하다고 주장했다.

이미 어린 시절부터 고프먼은 남달랐다(Winkin, 2010: 56). 사적 개인으로서도, 친구, 동료, 선생으로서도 고프먼은 함께 일하기 어렵고 함께 지내기 힘든 복잡한 인물이었다. 아마도 이것이 그의 저작이 전부 단독 저서인 주요한 이유 중 하나일 것이다. 존 로플랜드가 말했듯이, "고프먼은 성숙하면서 더욱더 대하기 어려워진 까다로운 사람이었다"(Lofland, 1984: 7). 한편 그를 사회생활의 세세한 사항에 대한 권위 있는 전달자이자 재치 있는 관찰자로 보는 몇몇 제자와 동료들은 그를 좋아했다. 다른 한편 고프먼은 또한 사회적 사건에 참여하는 것에 대한 그의 장난스러운 태도 ─ 어떤 사람은 냉소적이거나 비열하다고 말할 수도 있는 ─ 와 강의실에서의 그의 엘리트주의적 성향 때문에 다른 사람들로부터 소외되어 있었다. '고프먼에 관한 이야기들'은 그의 퍼스낼리티가 지닌 이러한 이중성과 다른 사람들이 그에게 어떻게 반응했는지를 잘 보여줄 뿐만 아니라 고프먼이 1차원적인 인간과는 거리가 멀었다는 사실을 증명해 준다.

어빙 고프먼은 자신의 생애 동안 그리고 사망한 후에 신세대 사회학자들은 물론 다른 학문의 연구자들과 동료들에게 '상호작용 질서'에 관한 연구를 그 나름의 하나의 영역으로 진지하게 받아들이도록, 그리고 일상생활에서 일어나는 무수한 인간 모임과 만남을 경험적으로 연구하고 그러한 연구로부터 사회적 상호작용의 (그간 간과되어 온) 새로운 특징적인 차원과 패턴을 규명하는 데 헌신하도록 고무했다. 이 책에서 나중에 살펴보듯이, 고프먼이 사망한 다음에 몇몇 학파가 고프먼의 지적 유산을 전유하거나 그 유산의 소유권을 주장하고자 했는데, 이는 의심할 바 없이 고프먼의 사상이 많은 그의 전임자들에 비해 너무나도 혁신적이고 유용하며 영속적인 중요성을 지닌다는 것이 증명되었기 때문이다.

연습문제

• 어빙 고프먼이 점차 자신의 저작을 발표하기 시작했을 때 전후 미국 사회
  학을 지배한 이론적 패러다임과 방법론적 관점은 무엇이었으며, 그의 저작
  은 그러한 패러다임 및 관점과 어떻게 관련되어 있었는가?
• 어빙 고프먼의 지적 궤적에서 나타나는 주요 단계는 어떻게 이루어져 있으
  며, 그는 자신의 경력 내내 어떻게 그리고 왜 관점을 바꾸었는가?
• 어빙 고프먼이 남긴 주요 유산은 무엇이었는가?
• 어빙 고프먼의 저작이 그렇게 관심을 끈 이유는 무엇인가?

제2장

고프먼을 '거슬러 올라가며' 독해하기

이 장에서 우리는 어빙 고프먼의 이론적 뿌리와 영감의 원천을 다룬다. 주된 목적은 고프먼 저작의 이론적 원천들과 그 원천들이 고프먼 자신의 지위를 구축하는 데 미친 영향을 예증하는 것이다. 우리는 고프먼이 명시적으로 그리고 직접 언급하는 이론가들과 전통들을 소개하는 것으로 시작하고, 그 다음에 고프먼의 저작에서 그렇게 분명하게 정교화되지는 않지만 그럼에도 불구하고 그의 사회학적 사고에 영향을 미친 것처럼 보이는 관점과 이론으로 눈을 돌린다. 우리는 스스로 선별적이 되기로 했고, 우리가 그의 저작에 가장 큰 영향을 미쳤거나 그의 저작과 가장 중요한 유사점을 보여준다고 믿는 전통을 선택했다.

에밀 뒤르켐

프랑스 사회학자 에밀 뒤르켐이 자주 실증주의나 '변수 사회학(variables

sociology)'의 전통과 연관 지어지지만(Snell, 2010), 사실 그는 고프먼에게 가장 중요한 이론적 영감을 준 사람 중 하나였다(이를테면 Chriss, 1993; Collins, 1988b, 2004; Giglii, 1984; MacCannell, 1990을 보라). 랜들 콜린스(Randall Collins, 2004: 22)는 고프먼의 뒤르켐주의는 고정된 정박 지점의 하나이며 그의 저작들은 뒤르켐주의 사회학의 연속물이라고 볼 수 있다고 주장해 왔다. 콜린스에 따르면, 뒤르켐주의 사회학은 다음과 같이 제시한다.

> 사회적 현실은 그 핵심에서 바라보면 하나의 도덕적 현실이다. 사회는 옳고 그름의 느낌, 즉 사람들에게 특정한 행동을 강요하는, 그리고 특정한 다른 행동들에 대해 의로운 혐오감을 가지게 하는 감정적 감상에 의해 하나로 결합된다. 뒤르켐은 또한 …… 그러한 도덕적 감상을 생산하고 그 감상을 특정한 사회적 형태로 만들어내는 메커니즘을 제시했다. 그 메커니즘이 바로 의례이다. 의례의 본성은 매우 강력한 도덕적 감상과 함께 명백한 의례들을 검토함으로써 가장 쉽게 이해할 수 있다. 의례의 본성은 모든 사회에서 의례의 다양한 변형 속에서, 그리고 명시적이기보다는 암시적일 뿐인 형태들 속에서 발견된다.(Collins, 1988b: 44)

고프먼이 뒤르켐의 발자국을 따르는 것으로 볼 수 있는 분명한 이유 중 하나는 그가 일상적인 사회적 상호작용에 스며들어 있는 이른바 상호작용 의례들을 '발견'하고 그 의례들에 관심을 집중하고 있기 때문이다(Collins, 1988b). 뒤르켐(Durkheim, 1943)은 『종교생활의 기본 형태(The Elementary Forms of Religious Life)』에서 종교의 기본적인 특징은 모든 것을 신성한 것과 세속적인 것의 범주로 나눌 수 있다는 세계관에 기초한다는 데 있다는 점을 강조했다. 게다가 뒤르켐의 분석은 종교 의식(儀式)이 신성한 것을 사회화하고 신성한 것과 접촉하고 신성한 것에 경의를 표하고 신성한 것을 존중하는 방식을 구성한다는 것을 보여준다. 뒤르켐에 따르면, 의례는 종교 공동체의 성원들이 신성한 것과 관련하여 행동해야 하는 방식을 규정한다. 그리고 고프먼은 사람들이 서로 간의 관계를 확인하는 상호작용 의례를 분석하면서, 그러한 통찰력을 미시적 수준으로 끌어내렸다(Smith, 1988: 120).

고프먼의 뒤르켐주의 유산은 그가 일상생활에서 이루어지는 사회적 상호 작용을 고도로 의례화된 하나의 관행으로 개념화한 것에서 분명하게 드러난 다. 분명히 그는 사회의 모든 성원에게 따르거나 철저하게 순응하도록 강요 하는 일반적인 거시적 의례들을 묘사하고자 시도하지 않았다. 반대로 고프 먼은 일상생활의 수많은 사회적 만남에서 개인의 행동을 제약하는, 따라서 사회의 도덕적·규범적 토대를 반영하는 의례들을 확인할 수도 있다고 주장 했다. 콜린스가 지적했듯이, 고프먼의 뒤르켐적 모습은 또한 그가 자아의 신 성함에 초점을 맞추고 있는 것에서도 드러난다. 고프먼은 자신의 에세이 「존 대와 처신의 본질(The Nature of Deference and Demeanor)」(1956a)에서 인간 의 영혼에 대한 뒤르켐의 이론을 언급함으로써 자신의 분석을 시작했고, 인 간의 영혼을 개인에 체화된 초개인적·도덕적·사회적 실체로 개념화했다. 따 라서 고프먼(Goffman, 1967: 47)은 뒤르켐을 언급하면서, "개인의 퍼스낼리 티는 집합적 마나(collective mana)의 한 부분으로 볼 수 있으며, (뒤르켐이 나중 의 장들에서 암시하듯이) 사회적 집합체를 표상하는 일을 하는 의례가 때로는 개인 자신에게 수행될 것이다"라고 언급했다. 뒤르켐은 인간의 영혼을 마나 에 의해 작동하는 것으로, 따라서 신성한 것으로 여겼다. 이러한 개념은 사람 들이 어떻게 서로의 자아를 침해하는 것을 피하는지, 따라서 궁극적으로는 사회의 도덕 질서를 침해하는 것을 피하는지에 대한 고프먼의 분석에서 분 명히 드러난다.

이처럼 뒤르켐이 개인의 행동에서 안정적인 '배경' 역할을 하는 안정적이 고 널리 퍼져 있는 도덕적 질서를 탐구하고 확인했다면, 고프먼은 항상 손질 이 필요한 보다 깨지기 쉬운 질서를 관찰했다(Burns, 1992: 26). 사회는 (널리 퍼져 있는 도덕적 질서의 형태로) 우리의 의식 속에, 따라서 우리 자아 속에도 설치된다. 그러므로 고프먼은 자아가 보호되어야 하며, 개인들은 수많은 서로 다른, 그리고 표면적으로는 '사소해' 보이는 상호작용 의례들 ― 상호 간에 자아의 보존을 돕는, 그리하여 그다음으로는 사회의 도덕적 질서의 보존을 돕는 ― 을 따름으로써 자아를 보호한다고 주장한다. 서로를 존중하고 존엄하게 대함으로써, 즉 다른 사람들이 체면을 잃는 순간 우리의 관심을 다른 곳으로 돌림으로써, 요컨대 얼굴 작업을 함으로써, 우리는 서로의 자아를 보호하며, 그럼으로써 우리 모두에게 설치되어 있는 사회질서를 보호한다. 따라서 실제로 고프먼의 사회학은 개인이 이른바 신들을 대체해 왔다는 뒤르켐의 관념을 잇고 있는 것으로 독해될 수 있다. 그러나 고프먼은 개인의 성스러운 성격이 일상적인 사회적 상호작용에서 생성되고 유지되는 방법을 탐구함으로써 뒤르켐이 수행했던 것보다 그러한 분석을 훨씬 더 진척시켰다(Hall, 1977: 540). 마찬가지로 사회질서의 문제와 관련해서도 고프먼은 뒤르켐과 다르다. 뒤르켐이 사회질서, 즉 사회를 하나의 강제적인 외적 사실로 개념화한 반면, 고프먼은 사회질서를 유지하는 미시적 관행에 훨씬 더 관심이 있었다. 뒤르켐과 고프먼이 개인들은 (입자의 형태들이 그러하듯이) 더 큰 구조적 틀 내에서 상호작용한다는 견해를 공유하기는 했지만, 뒤르켐은 **사회**가 그 자체로 현실을 결정하는 것으로 여긴 반면, 고프먼은 **사회적 만남**을 그 자체로 하나의 현실, 즉 개인들이 다양한 상호작용 관행에 참여함으로써 유지되는 하나의 질서로 보았다(Ølgaard, 1975: 65). 이처럼 고프먼은 제도적 통합이 아니라 상황의 기능적 요구요건에 초점을 맞추는 자신만의 기능적 의례 분석을 창안했다(Collins, 2004: 16).

게오르그 짐멜

고프먼의 교수였던 로버트 파크(Robert Park)와 어니스트 버제스(Ernest Burgess), 그리고 그의 멘토인 에버렛 C. 휴즈는 독일 사회학자 게오르그 짐멜의 아이디어를 시카고 대학교에 들여오는 데 중요한 역할을 했고, 이 초기 시카고 학자들은 모두 짐멜의 사회학에서 영감을 받았다. 따라서 고프먼은 그의 학문적 경력의 아주 초기 단계에서(즉, 시카고 대학교에서 공부하는 동안) 게오르그 짐멜의 저작에 정통하게 되었고, 박사학위 논문의 서론에서 짐멜의 에세이 「사회학의 문제(The Problem of Sociology)」(1909)의 한 구절을 인용했다. 이 구절은 고프먼의 박사학위 논문뿐만 아니라 그가 그 후 출간한 많은 저작에 대한 일종의 선언문 역할을 했다. 다소 긴 그 인용문에서, 짐멜은 사회가 개인들 사이에서 일어나는 상호 효과(Wechselwirkungen)로부터 구체화되는 하나의 실체로, 따라서 개인의 동기, 의도, 이해관계에 의해 유발되는 실체로 이해되어야 한다고 주장했다. 짐멜의 견해에 따르면, 사회는 이러한 관계 형식들의 총합이고, 따라서 사회는 개인의 상호 효과에 의해 창조된다. 짐멜에 따르면, 사회학은 전적으로 관찰 가능한 사회현상(상호 효과의 형식) ― 사회현상의 직접적인 담지자들(이를테면 국가, 전문 조직, 성직자, 가족 구조)로부터 '분리'되어 있는 ― 에 초점을 맞추어왔다. 하지만 짐멜(Simmel, 1992: 32~35; 1998: 38)은 그러한 "분명히 가시적인 현상" 외에도 엄청난 수의 사소한 관계 형식과 상호 효과가 인간 사이에 존재하며, 그것들이 사회를 구성하고 창조하는 "이름 없는 또는 알려지지 않은 조직(tissue)" 또는 끊어지기 쉬운 실들을 구성한다고 주장했다.

짐멜의 방법론적 세목들은 상대적으로 비관례적이었다. 짐멜에 따르면, 사회학이 근원적인 사회적 규칙성에까지 이르는 것은 불가능하기 때문에, 사회학 연구는 사회생활의 독특한 조직을 유지하고 규제하는 데 기여하는 수많은 일상 행위를 도해하고 기술해야만 한다. 고프먼의 **사회학적 현미경**(sociological microscopy), 그리고 더 큰 사회적 유형의 상호 효과를 다루기를 꺼리는 고프먼의 태도는 그가 짐멜로부터 받은 영향을 아주 잘 보여준다. 게다가 고프먼은 짐멜의 이른바 **형식적 방법**(formal method)에 의해서도 영향을 받았다. 짐멜은 「사회학의 문제」라는 에세이에서 사회 유형, 사회생활, 문화에 대한 자신의 모든 분석을 하나의 실처럼 잇고 있는 근본적인 견해, 즉 "세계는 인간이 자신의 경험 속에서 창출해 온 형식을 부과받음으로써 분명한 정체성, 구조, 의미를 부여받는 수많은 내용으로 이루어진다"(Simmel, 1971: xxxii)는 견해를 상술한다. 짐멜에 따르면, 사회는 충동, 동기, 목적을 통제하는 개인들 ─ 서로에게 상호 효과를 갖는 ─ 간의 상호 효과에 의해 구성된다. 짐멜은 이러한 통일성 창조(unity-creation) 과정을 '사회화(sociation, Vergesellshaftung)'라고 개념화했다. 짐멜이 볼 때, 사회학자들의 과제는 이 사회화 과정을 이해하고 개념화하는 것이다. 방법론적으로 짐멜은 사회학자들에게 추상화를 통해 생각할 것, 형식과 내용(충동, 본능, 동기)을 구별할 것, 그리하여 순수한 사회적 형식을 식별할 것을 촉구했다.

고프먼의 야망은 짐멜이 사회화의 다양한 형식을 추상화하고자 한 것과 동일한 방법으로, 무한한 사회적 외양의 배후에 있는 상호작용 형식들(이를테면 행동을 사회적으로 의미 있게 만드는 연극적 기법과 의례적 표현 형식의 양식)을 추상화하고 식별하는 것이었다(Cahill, Fine and Grant, 1995: 611). 고프먼은 심적 에너지, 본능, 동기, 의도 및 개인의 감정(즉, 내용)이 그러한 형식 속에서 스스로를 현시하는 방법에 주의를 집중함으로써 형식적 방법을 실천했다. 피터 K. 매닝(Peter K. Manning, 1976: 22)은 고프먼의 형식 분석에서 다음과 같은 서로 다른 단계들을 식별했다. (1) 어떤 특정한 사회적 활동(개인들이 다른 사람들과 대면적으로 상호작용하고/하거나 소통하는 '상황'이나 '모임')의 형식을 확인하는 단계, (2) 서로 다른 하위 유형 또는 인접 유형을 개관하는 단계, (3) 상황 속에서 균형의 유지와 관련된 긴장 및 연합과 전술에 초점을 맞추는 단계, 그리고 마지막으로 (4) 사회적 형식의 사회적 결과를 목록화하는 단계가 그것이다.

　고프먼이 분석적 유추를 사용한 것 또한 그의 짐멜적인 영감 중 하나로 간주될 수 있다. 이를테면 고프먼이 『상호작용 의례』의 서론에서 자신의 프로젝트가 개인과 개인 심리학(내용)을 연구하는 데 관심이 있는 것이 아니라 오히려 "서로에게 상호적으로 존재하는 다른 사람들의 행동들 사이의 구문론적 관계(syntactical relation)"를 연구하는 데 관심이 있다(Goffman, 1967: 2)고 진술한 것은 사회를 상호 영향을 주고받는 개인들의 산물로 바라보는 (「사회학의 문제」에서의) 짐멜의 정식화를 반향하고 있는 것으로 보인다. 일례로 "나는 상호작용에 대한 적절한 연구는 개인과 개인의 심리가 아니라 오히려 서로에게 상호적으로 존재하는 다른 사람들의 행동들 사이의 구문론적 관계라고 생각한다"라는 고프먼의 문구(Goffman, 1967: 2)와 "우리는 두 개인 각각에서 발생하는 심리 과정에 관심이 있는 것이 아니라 그러한 심리 과정들을 일치(union)와 불일치(discord)의 범주하에 포섭시키는 데 관심이 있다"라는 짐멜의 진술(Simmel, 1971: 34)을 비교해 보라. 이처럼 고프먼이 짐멜에게 빚지고 있다는 것은 사회학이 무엇에 초점을 맞추어야 하는지에 대한 고프먼의 인식에서뿐만 아니라 미시사회학적 테마에 대한 고프먼의 실제적 관심과 그의 방법론적 입장에서도 분명하게 드러난다.

조지 허버트 미드

　짐멜이 주로 고프먼의 방법과 사회학적 스타일을 고무시켰고, 뒤르켐이 고프먼이 사회적 상호작용을 도덕적 질서와 사회적으로 의례화된 질서로 이해하는 데서 중요했다면, 미국의 사회심리학자인 조지 허버트 미드는 고프먼의 자아 이론에서 중요한 역할을 했다(우리는 제6장에서 이를 보다 상세하게 다룰 것이다). 미드(Mead, 1967)는 자아가 자연적으로 주어진 실체가 아니라 상당 정도 사회적 구성물이라는 관념을 지지했다. 미드는 '중요한 타자(significant other)'와 '일반화된 타자(generalized other)'라는 개념에 의거하여, 개인들이 (상징적) 상호작용 과정을 통해 어떻게 (1) 우리가 사회적 존재라는 것을 학습하고 (2) 사회의 규범적 토대를 내면화하는지를 기술했다. 미드의 기본적인 생각 중 하나는 인간의 자아가 다른 사람들과의 사회적 상호작용을 통해 창조된다는 것이었다. 미드에 따르면, 자아는 환경과의 사회적 상호작용을 통해 끊임없이 형성되고 재형성되는 과정적 실체(processual entity)이다. 인간의 학습과 관련하여, 미드는 학습이 다른 사람들의 관점을 취하는 특별한 능력을 전제로 한다는 사실을 지적했다. 달리 표현하면, '관점 취하기(perspective taking)'라는 이러한 능력은 사회적 의사소통, 자아 창조, 그리고 사회질서의 유지에 필수적이다. 우리는 이러한 사고방식의 본질적인 요소들을 고프먼의 인간 자아에 대한 개념화에서 관찰할 수 있다. 이처럼 관점 취하기의 중요성과 일반화된 타자에 대한 미드의 생각은 고프먼의 인상관리(impression management)* 개념과 일치한다. 인상관리는 특정 상황에서 가장 적절할 것으로 보이는 행동과 관련한 인상을 만들어내기 위해 개인이 다른 사람들의 입장 속에 자신을 위치시킴으로써 개인이 다른 사람들에게 주는 인상을 관리하는 능력과 관련되어 있다(Abels, 1998: 163). 그러나 고프먼은 사회적 참여자들이 특정 개인에 의해 제공되거나 투영되는 이미지를 그대로 반영하는 수동적인 거울 이미지를 가지는 것으로 인식하지 않았다. 고프먼은 「존대와 처신의 본질」에서 이를 다음과 같이 매우 분명하게 진술했다.

개인은 다른 사람들이 자신에게 취하는 태도를 자신에 대해 취한다는 미드식의 관념은 너무나도 과도하게 단순화된 것인 것으로 보인다. 오히려 개인은 자기 스스로는 자신의 특정 부분만 그릴 수 있기 때문에 자신에 관한 그림을 완성하기 위해서는 다른 사람에게 의지할 수밖에 없다. 각 개인은 자신의 처신 이미지(demeanor image)와 다른 사람의 처신 이미지에 책임이 있다. 따라서 한 사람이 완전하게 표현되기 위해서는 개인들은 의식(儀式)의 사슬 속에서 서로 손을 잡고 있어야 한다. 즉, 각자는 왼쪽에 있는 사람에게서 공손하게 받고, 그것을 다시 오른쪽에 있는 사람에게 적절한 처신과 함께 공손하게 주어야 할 것이다.(Goffman, 1967: 84~85)

고프먼은 개인들이 다른 사람들의 눈을 통해 자신을 바라보려고 한다고 지적했지만, 동시에 그는 거기에는 단순한 역할 취득을 훨씬 넘어서는 것이 있다고 주장했다. 개인은 자신의 처신*에 대한 반응으로 존대*를 받고, 이런 식으로 우리는 의식(또는 상호작용 의례) — 상당 정도 자아의 유지 및 찬양과 관련되어 있는 — 의 사슬 속에서 우리의 사회적 환경과 뗄 수 없게 연결되어 있다. 고프먼은 개인들이 자신이 개인적인 독특한 자아를 소유한다고 주장하더라도 그러한 소유의 증거는 철저히 공동 의례 노동(joint ceremonial labor)의 산물이라고 진술한다(Goffman, 1967: 85). 이처럼 고프먼이 인간의 자아를 대체로 사회적인 산물로 인식한다는 점에서 고프먼은 미드에 의해 결정적으로 영감을 받아 미드의 노선을 따르고 있다. 하지만 고프먼은 이러한 생각에 사회적으로 의례화된 행동이라는 뒤르켐주의로부터 영감을 받은 개념을 결합함으로써, 역할 취득에 대한 미드식의 관념을 상당히 뛰어넘었다. 고프먼은 또한 자아의 형성에 관해서도 미드와 달랐다. 미드는 자아의 형성을 말하자면 개인이 다른 사람들의 중요한 그리고 일반화된 기대를 자기 자신의 것이 되게 하는 **내면화**(internalization) 과정으로 보았던 반면, 고프먼은 자아의 창조를 개인이 조작적이고 전략적인 '투사 기법(projection technique)'과 정보

통제를 통해 자신이 누구인지에 대한 특정한 모습을 구축하고자 하는 연속적인 **외면화**(externalization) 과정으로 보았다(Laursen, 1997: 1~2).

많은 사회학 텍스트북(이를테면, Wallace and Wolf, 1999; Zeitlin, 1973을 보라), 학술논문(Posner, 1978; Stein, 1991), 그리고 고프먼에 대한 모노그래프들(Manning, 1992)은 자주 상징적 상호작용주의의 틀 내에서 고프먼의 저작을 범주화하고 논의한다. 하지만 고프먼은 자신을 상징적인 상호작용주의자로 생각하지 않았다. 따라서 그는 제프 베르후번(Jef Verhoeven, 1993: 318)과의 인터뷰에서 "나는 그 라벨이 실제로 모든 것을 포함한다고 생각하지 않는다"라고 진술했다. 하지만 그러한 부정을 액면 그대로 받아들여서는 안 된다(Scheff, 2005: 148). 그리고 고프먼의 사회학과 상징적 상호작용주의의 본질적 사고 간에는 분명한 유사점들이 있다. 미드의 사상을 사회학화하고 '상호적 상호작용주의'라는 용어를 만든 허버트 블루머(Herbert Blumer)에 따르면, 상징적 상호작용은 사회적 행동이 개인들이 전달하고 해석하는 상징(이를테면 언어)에 의해 매개된다는 것을 의미한다.

> 물론 '상징적 상호작용'이라는 용어는 인간들 사이에서 일어나는 상호작용의 독특하고 특이한 성격을 가리킨다. 특이한 점은 인간이 서로의 행위에 단순히 반응하는 것이 아니라 서로의 행위를 해석하거나 '정의'한다는 사실에 있다. 그들의 '반응'은 서로의 행위에 대해 직접적으로 일어나는 것이 아니라 그들이 그러한 행위에 부여하는 의미에 기초한다. 따라서 인간의 상호작용은 상징의 사용, 해석, 또는 서로의 행위의 의미를 확인하는 것에 의해 매개된다. 인간의 행동의 경우에 이 매개 과정은 자극과 반응 사이에 해석 과정을 삽입하는 것과 같다.(Blumer, 1969: 78~79)

다시 말하면, 상징적 상호작용주의자들은 상징에 의해 매개되는 상호작용,

따라서 퍼스낼리티와 정체성이 그러한 집합적으로 공유된 상징들과 상호작용하는 과정을 통해 형성되는 방식을 연구한다(Nisbet, 1970: 59). 고프먼과 상징적 상호작용주의 사이에서 가장 명백하게 겹치는 지점은 사회적 존재가 의미와 가치를 포함하는 상징을 통해 서로 의사소통한다는 가정을 공유한다는 것이다. 개인들이 상호작용할 때, 그들은 상징과 사회적 행위 ─ 다시 말해 개인이 그 행위에 할당한 의미에 기초하는, 또는 더 직접적으로 말하면 사회적 상호작용을 통해 협상된 의미에 기초하는 ─ 를 전달하고 해석한다. 이 점에서 고프먼은 상징적 상호작용주의와 구별되지 않으며, 그의 연극적 분석은 분명히 미드식 사고의 기본적인 요소들을 통합하고 있었다. 게다가 고프먼의 연극학은 또 다른 초기 상징적 상호작용주의자 찰스 호튼 쿨리(Charles Horton Cooley)의 저작과 연결되어 있다. 쿨리(Cooley, 1902)는 다른 사람들이 자신과 자신의 외양에 대해 내리는 판단을 해석함으로써 자신의 자아를 구축한다고 제시하는 '영상자아(looking-glass self)' 관념을 발명했다. 쿨리에 따르면, 개인들은 자신의 사회적 환경에 스스로를 비추어보고 다른 사람들의 반응에 반영되는 자신의 외양에 기초하여 자신의 자아와 자아 감정(self-feeling)을 형성한다. 이러한 사유 노선은 고프먼의 많은 저작에서 분명하게 드러난다. 그는 특히 『일상생활에서의 자아 표현』에서 개인들이 어떻게 자신의 외양을 반영하고 관객들의 반응에 자기 이미지를 투영하는지, 그리고 어떻게 지속적인 피드백의 흐름으로부터 자아의식을 구축하는지를 분석했다. 게다가 고프먼은 이러한 미러링 과정(mirroring process)이 어떻게 아주 독특한 감정 관리 형태를 수반하는지 보여주었다. 따라서 (적어도 『프레임 분석』에 이르기까지는) 고프먼의 일부 저작은 수치심과 당혹감의 감정에 특별히 초점을 맞추어 쿨리의 영상자아 개념을 확장한 것으로 독해될 수 있다(Manning, 2005; Scheff, 2005). 하지만 상징적 상호작용주의를 고프먼 저작의 전체적인 이론 구조로 제안하는 것은 당연히 고프먼의 후기 저작들에 대한 좀 더 세세한 이해를 방해한다. 상징적 상호작용주의는 상황과 사회적 규칙의 구성에서 개인들의 협력 능력을 강조하는 반면, 고프먼은 비록 상황 정의가 항상 식별 가능하지만 그것이 참여하는 개인들에 의해 항상 '창조되거나' 구성되지는 않는다고 [아마도 『프레임 분석』(1974)에서 가장 명시적으로] 주장했다(Gonos, 1977). 고프먼이 보기에, 프레임은 인간의 경험을 조직화하는 메커니즘으로 작용하며, 따라서 개인의 사회적 행동을 구속한다. 게다가 고프먼의 뒤르켐주의는 다소 자원주의적(voluntaristic)인 입장의 상징적 상호작용주의와 모순되는 것으로 보인다. 고프먼은 개인의 사고와 행동을 강요하고 제한하는 사회구조의 존재를 강조했고, 그의 많은 저작 (특히 상호작용 의례를 다루는 저작들)에는 많은 미국 상호작용주의자들을 특징짓는 낙관적인 개인주의 및 자원주의와 거리를 두고 있는 명백한 사례들이 존재한다(McGregor, 1986). 따라서 고프먼과 상징적 상호작용주의의 관계를 기술하는 한 가지 방법은, 그가 연극학적 관점에서는 사회적 행위를 분석함으로써 개인들이 정보를 전달하고 통제하고 해석하는 방식을 통해 서로의 자아를 유지하는 데서 어떻게 서로 협력하는지를 강조했다면, 그의 후기 저술들에서는 함께 있는 상황에서 개인의 행동을 제약하는 미시구조에 더 초점을 맞추었다고 말하는 것일 수 있다.

동물행동학

비록 고프먼의 사회학에 관한 텍스트북과 해석에 거의 반영되어 있지 않지만, 고프먼이 동물행동학(ethology) — 동물행동에 대한 연구 — 에서 분명히 영감을 받았다는 것은 여전히 하나의 사실로 남아 있다. 이를테면 『공공장소에서의 행동』(1963)에서 그는 '간격 두기(spacing)' 개념의 발전에 관한 동물행동학적 연구에 의존한다. 고프먼에 따르면, 간격 두기는 비참여적인 모임에서 개인들이 특정한 참가자들 사이에서 일어나는 작은 참여적 만남을 '방해'하지 않을 목적으로 이용 가능한 물리적 공간에서 일정한 거리를 두고 자신들의 자리를 잡는 방식을 나타낸다. 고프먼은 울타리나 난간 위에 앉아 있는 특정 새들이 서로 특정한 거리를 유지하는 경향을 기술하는 식으로 동물행동학적 연구에 대해 언급한다(Goffman, 1963: 161fn). 더 나아가『공공장소에서의 관계(Relations in Public)』의 서문에서 고프먼은 함께 있는 상황에서 인간들 사이에서 이루어지는 상호작용 패턴을 연구하는 데서 동물행동학이 하나의 영감의 원천으로 고려되어야만 하는 것은 다음과 같은 이유 때문이라고 주장했다.

> 그들[동물행동학자들_옮긴이]은 자신들로 하여금 매우 세심하게 그리고 선입견을 일정 정도 통제하며 동물행동을 연구하게 하는 현장 학문을 발전시켜 왔다. 그 결과 그들은 외견상 아무렇게나 일어나는 것처럼 보이는 동물 활동의 흐름을 재단하여 자연적인 패턴을 분리하는 능력을 발전시켰다.(Goffman, 1971: xviii)

이처럼 명백히 고프먼은 동물행동학에 의해 영감을 받았는데, 이는 동물과 마찬가지로 인간도 서로 상호작용하는 과정에서 '개인 영역'을 주장한다는 (『수용소』와『공공장소에서의 관계』에서 제시한) 그의 주장에서 분명하게 드러난다. 고프먼은 또한 방법론적으로도 동물행동학적 전략을 채택했는데, 이를 통해 "고프먼은 자신이 접근할 수 있는 인간 무리의 자연적 서식지 – 상점, 병원, 카지노, 과수원, 학교, 극장 등 – 에서 모든 인간 무리를 계속해서 따라다니면서, 어디에서도 그 무리를 방해하지 않고 그들이 실제로 무엇을 하는지를 매순간 지켜볼 수 있었다"(Erwin, 1992: 331). 이처럼 고프먼은 인간에 대해 동물행동학적 접근방식을 적용함으로써, 즉각적으로 눈에 보이고 들리는 것의 외양 이면에서 뜻밖의 것을 발견할 수 있는 근거를 마련했고, 그의 방법론적 선례를 따르는 사람들은 다른 무엇보다도 (겉으로 보기에는 거슬리지 않는 공개적인 만남의 이면에서 일어나는) 위협적인 여성 통제와 (아이들의 공개적인 나쁜 행실에 대한 성인들의 특별할 것 없는 반응의 이면에서 이루어지는) 도덕교육을 간파해 왔다(Cahill, House and Grant, 1995: 611). 고프먼은 인간에 대해 동물행동학적 관점을 적용함으로써, 다른 사람들과 함께하는 상황에서 개인들이 어떤 특별한 또는 일반적인 '스케줄'에 따라 어떻게 행동하는지, 그리고 그들의 사회적 상호작용의 부분들이 실제로 개인 영역을 만들고 유지하며 존중하는 것과 어떻게 관련되어 있는지를 이해할 수 있었다.

실존주의

비록 고프먼이 주로 개인을 사회적 형식 및 사회질서와의 관계에서 부차적인 존재로 보았지만, 그의 몇몇 출판물에서 우리는 명확한 실존주의적 요소를 확인할 수 있다. 하나의 이론적 학파로서의 실존주의는 많은 얼굴과 특별한 조류들[알베르 카뮈(Albert Camus), 칼 야스퍼스(Karl Jaspers), 장-폴 사르트르(Jean-Paul Sartre), 쇠렌 키르케고르(Søren Kierkegaard)]을 가지고 있다. 하지만 실존주의는 인간은 계속해서 진전되는 '형성 과정' 속에 있는 자유로운 개인들이라는 견해, '저기 바깥에 있는' 현실과 마음'속'으로 생각하고 인식하는 인간 존재 간에는 밀접한 관계가 있다는 견해, 그리고 개인을 생각[코기토(cogito)]에 의해서뿐만 아니라 느낌, 감각, 통찰력에 의해서도 구성되는 존재로 바라보는 보다 넓고 통합적인 견해를 공유한다(Lyman and Scott, 1970: 2). 고프먼식 실존주의를 하나의 특별한 조류로 개념화하는 것은 다소 과장된 것일 수도 있지만, 고프먼이 많은 극화된 외관, 역할, 등장인물의 이면에 있는 **구체적인 개별 인간**을 간파하는 눈을 가지고 있었다는 것은 명백하다(이는 아마도 『일상생활에서의 자아 표현』에서 가장 분명하게 나타날 것이다). 실제로 많은 구절은 고프먼이 사회 형식, 상황적 요건, 사회질서에 초점을 맞추는 구조주의적 입장과 자유롭고 결정되어 있지 않고 감각 능력을 가진 인간 존재라는 실존주의적 입장을 결합하려고 시도했다는 것을 분명하게 증언하고 있다. 『일상생활에서의 자아 표현』에서 마지막을 향해가며 고프먼은 다음과 같이 진술한다.

> 현재 출연 중인 등장인물이 침착하든 태평하든, 높은 지위에 있든 낮은 지위에 있든 간에, 그 배역을 연기하는 개인은 자신이 대체로 어떤 존재인지를, 즉 자신의 공연 성과에 대해 몹시 걱정하는 고독한 연기자임을 드러낼 것이다. 많은 가면과 많은 배역의 이면에서 각각의 연기자들은 하나의 단일한 표정, 사회화되지 않은 적나라한 표정, 정신을 집중하고 있다는 표정, 그리고 자신이 개인적으로 어렵고 위험한 과업에 종사하고 있다는 표정을 짓는 경향이 있다.(Goffman, 1959: 228)

인간의 '본성'이라는 한편과 '사회질서'라는 다른 한편의 이러한 병치는 고프먼을 사르트르와 같은 실존주의자들과 연관 짓게 한다. 달리 표현하면, 고프먼은 자신의 구조적인 관점과 공적 상호작용 질서에 대한 관심을 개인의 '내면'에 대한 자신의 실존주의적 관심과 결합시키려고 시도했다. 자아가 사회적 상황에서 다른 사람들에게 표현되고 투영된다는 관념은 사르트르의 저술들에서 두드러진 테마였고, 고프먼은 자아 표현 이론을 구축하면서 분명히 이러한 실존주의적인 사고 노선에서 영감을 받았다(Rawls, 1984: 223). 따라서 우리는 고프먼이 실제로 사회적 상호작용의 전반적인 분석에서 구조주의적 관점과 실존주의적 관점을 결합하려고 시도했다고 주장할 수 있다. 또한 『수용소』(1961)와 『만남』(1972)에서 드러나듯이, 고프먼의 인간 자아에 대한 분석의 저류에도 실존주의가 자리하고 있다. 우리가 제6장에서 살펴보듯이, 고프먼은 공식적인 정체성 속성들을 받아들이는 동시에 멀리하고 역할 거리두기를 실행함으로써 자아가 생성된다고 주장했다. 마지막으로, 그리고 고프먼과 실존주의 간의 이러한 유사점에 더하여, 또 다른 (그러나 덜 중요하지는 않은) 유형의 실존주의가 고프먼의 저작들에서, 즉 사회질서를 비교적 '냉담하고' 산문적인 분위기로 묘사하는 데서 분명하게 드러난다. 고프먼이 묘사하는 세상은 만약 개인이 일에 직접 관여하지 않고 자신의 행위에 적극적으로 중요성과 의미를 부여하지 않는다면 아무런 의미도 없다. 고프먼의 저작에서 인간의 삶은 공허한 것처럼 보인다. 그것은 그 자체로 배우들이 만들어내는 것에 불과하다. 분명히 고프먼은 실존주의의 영향을 받은, 그리고 비트 세대(Beat Generation)의 많은 작가[이를테면 잭 케루악(Jack Kerouac)과 앨런 긴스버그(Allen Ginsberg)]에게서 발견되는 1950년대의 정신에서 영향을 받았고, 그의 텍스트 속 인물들은 많은 점에서 존재의 무의미성을 기꺼이 받아들이는 새뮤얼 베켓(Samuel Beckett)의 『행복한 나날들(Happy Days)』의 주인공과 많이 닮아 있다(이를테면 O'Mealy, 2013: xviii을 보라).

노르베르트 엘리아스

고프먼의 주요 연구를 이끈 것 중 하나는 대면 상황에서 인간 행동을 규제하는 의례와 규칙에 대한 그의 관심이었다. 상호작용의 규칙과 의례 또는 '에티켓'은 오랜 역사적 발전과정의 결과이며, 이 현상에 대해 끈질기게 전념하면서 탐구한 사회학자 중 한 사람이 독일의 사회학자 노르베르트 엘리아스(Norbert Elias)였다. 비록 고프먼 시대에는 엘리아스의 저술의 주요 부분을 독일어로만 이용할 수 있었지만(van Krieken, 1998: 2), 그럼에도 불구하고 고프먼과 엘리아스의 유사성은 아주 뚜렷하다.

엘리아스는 『매너의 역사(The History of Manners)』에서 어떻게 서로 다른 형태의 행동이 점차 혐오스러운 것으로 인식되고 그러한 행동들이 더 예의 바르고 문명화된 행동으로 대체되는지를 분석했다. 그러한 행동들은 '궁정 사회'로부터 사회생활의 훨씬 더 큰 부분들로 물결처럼 퍼져나갔다. 따라서 엘리아스는 매너의 기원과 어떤 외부적 영향이 심리적 자기 통제력 ― 인간으로 하여금 에티켓을 위반하는 것이 아니라 매너와 사회화와 관련한 기존의 관습에 따라 살도록 하는 ― 을 낳는 방식에 초점을 맞추었다. 다시 말해 에티켓과 도덕적 관습의 위반이 심리적 압박이나 사회적 제재를 낳았고, 그 과정에서 '문명화 과정(civilization process)'이 발생했다. 그러나 인습적 관습(respectability)의 쇠퇴를 한탄하는 소리가 자주 들려왔고, 사회생활에서 에티켓의 상실은 사회학의 발전에도 크게 기여했다. 하지만 엘리아스는 정반대의 상황에서 그렇게 한다. 그는 포괄적인 역사적 분석에 기초하여 근대세계의 문턱에서 완전히 새로운 형태의 에티켓을 위한 사회적 발판과 지지 기반이 출현하고 있다고 주장한다.

> 중요한 것은 일견 혼란스럽고 우연적인 것으로 보이는 이러한 변화 속에서, 즉 궁정 행동의 발명과 유행 속에서 장기적으로는 특정 방향이나 발전노선이 출현한다는 것이다. 그러한 것들에는 이를테면 당혹감과 수치심 문턱의 높아짐이라고 기술할 수 있는 것들, 다시 말해 '세련화'나 '문명화'라고 묘사될 수 있는 것들이 포함된다. 이 특정한 사회적 동학은 그 나름의 규칙성을 갖는 특정한 심리적 동학을 촉발한다.(Elias, 1994: 82)

이러한 진술은 많은 점에서 고프먼 저작의 선조로 간주될 수 있다. 고프먼과 엘리아스는 수치심과 당혹감을 사회적 현상으로 연구했고, 수치심을 역사적 맥락이나 사회적 상황과 관련지어 개념화했다(Heath, 1988). 따라서 엘리아스가 근대 에티켓의 역사적 선조를 분석했다면, 고프먼은 상황적 교섭(situational intercourse)이 낳는 덕목들 — 실제로 개인들 간의 구체적인 상호작용에서 표현되는 — 로 주의를 돌렸다. 비록 고프먼 스스로가 그러한 분석을 완결하지는 않았지만, 그가 사회적 에티켓에서 덕목의 출현을 조사하는 것이 중요하다는 것을 발견했다는 데에는 의심의 여지가 없다(Goffman, 1971: 184~185를 보라).

게다가 엘리아스와 고프먼은 둘 다 자기 억제(self-restraint)가 수행하는 역할을 고찰했다. 하지만 엘리아스가 그러한 자율적인 내면적 행동을 외부 사회통제의 심리적 부수 효과로 역사적으로 출현한 현상이라고 인식한 반면, 고프먼은 개인의 자기 규율과 자기 억제를 개인들이 이기적인 충동을 억제하고 협력하여 일과 원활한 사회적 상호작용을 촉진하고자 하는, 상황에 의해 결정된 메커니즘으로 보았다(Kuzmics, 1991). 비록 고프먼이 엘리아스의 저작을 이따금 언급했을 뿐이지만, 고프먼은 엘리아스의 저작을 통해 문명화 과정에 대한 역사적 연구와 사회적 상호작용의 미시적 분석을 결합하는 것과 관련하여 매우 중요한 것을 깨달았을 수도 있다. 엘리아스의 연구가 고프먼의 당혹감 분석을 특정한 역사적 시대에 위치시켜 왔던 것만은 아니다. 리처드 세넷(Richard Sennett)의 연구와 같은 다른 역사적 연구들도 고프먼이 외적인 행위를 지향하는 '페르소나(persona)'라고 묘사한 것이 20세기 말에만 제한적으로 적용되는 현대의 구성물이 아니라는 것을 입증했다(왜냐하면 그것은 18세기 유럽에서도 대단히 많이 관찰되었기 때문이다)(Lofland, 1995: 187).

결론

이 장을 마치면서 우리는 관점주의(perspectivism)의 관념이 고프먼이 사회학을 생각하고 실천하는 방식을 이해하는 데 있어 필수적인 열쇠라고 말할 수 있다. 고프먼은 매우 다른 사상가들과 접근방식들로부터 영감을 얻었다. 일부 논평자들은 부분적으로는 그렇기 때문에 고프먼의 연구가 일관되게 조직화된 이론적 핵심을 구축하는 데까지 이르지 못한다고 주장했다(Psathas, 1996: 383). 표면적으로는 그러한 비판이 합당해 보일 수도 있지만, 다시 생각해 보면 그 절충적 요소가 고프먼 사회학이 논쟁의 여지가 없는 성공을 거두는 데서 결정적인 원인이었다는 것이 분명해질 것이다. 이 전략이 또한 고프먼으로 하여금 특정한 기존 과학 이론에 대해 책임을 지지 않을 수 있게 해주었고 그리하여 그에게 수많은 라벨을 붙이려는 시도를 거부할 수 있게 해주었다는 사실은 고프먼 자신이 분명하게 알고 있었던 부수 효과일 뿐이다. 마지막으로, 고프먼의 라벨 붙이기에 대한 혐오 ― 그가 공언한 절충주의와 결부되어 있는 ― 는 사회 현실의 복잡성에 대한 그의 정확한 안목이 낳은 자연스러운 결과로 고려될 수 있다는 점 역시 지적할 필요가 있다. 고프먼은 하나의 단일한 관점으로 인간의 사회적 상호작용의 미묘한 차이와 깊이를 포착할 수 있다는 견해에 반대했다고 주장된다. 우리는 더 많은 고찰을 위해 몇 가지 질문을 던지는 것으로 이 장을 마치고자 한다.

연습문제

• 어빙 고프먼의 저작에 가장 현저한 지적 영향을 미친 것들은 무엇이었는
가? 그리고 특히 그것들의 영향을 그의 저작 어디서 어떻게 확인할 수 있는
가?

• 어빙 고프먼의 절충주의는 현대 사회학에서 어떤 방식으로 범학문적 사고
를 고무시킬 수 있는가?

• 어빙 고프먼의 고무적 절충주의는 다른 사회사상가들의 접근방식과 얼마
나 다른가?

제3장

고프먼의 '혼합된 방법들'

지금까지 어빙 고프먼처럼 작업하거나 글을 쓴 사람은 없었다. 그가 선택한 연구 주제, 그가 그 주제들을 진술하는 방식, 그리고 사회학적 연구 전반을 수행하는 그의 접근방식은 그가 저술하던 당시에 상당히 예외적이었다. 고프먼 저술의 주요 특징 중 하나는 그 저술들이 지닌 세련화된 상식적 성격이었는데, 이는 겉으로 보기에는 일상생활의 사소한 것을 낯설게 만들지만, 그와 동시에 독자들로 하여금 아주 평범한 사건들의 미묘한 차이, 깊이, 숨겨진 차원을 감지할 수 있게 해준다. 따라서 알레스데어 매킨타이어(Alasdair MacIntyre, 1969: 447)는 한때 친숙하고 사소한 세계를 이처럼 포착하는 고프먼의 능력에 대해 "친숙한 것을 국외자의 눈으로 바라보면서도 동시에 눈에 보이는 것에 대한 자신의 친숙함을 유지하는" 특별한 방법이라고 묘사한 바 있다. 비록 고프먼이 사회학자로 훈련을 받았지만, 사회학 분야 내의 대부분의 전임자, 동시대인, 그리고 후임자들과 비교했을 때, 그는 방법 문제에 대해서는 놀라울 정도로 무관심한 것처럼 보였다. 사회학은 항상 자신의 특권적인 분석 대상 ─ 즉, 사회 ─ 에 자부심을 가지고 있을 뿐만 아니라, 그 특정한 대상을 포착하기 위한 일단의 방법을 개발하고 세련화하기를 열망해 왔다. 하지만 고프먼은 방법론에 관한 책을 쓴 적이 없으며, 그의 어떤 책에도 인식론적 또는 방법론적 성격의 정보는 그리 담겨 있지 않다. 다시 말해 고프먼은 자신이 자신의 자료를 어떻게 얻었는지, 그 자료를 어떻게 표집하고 부호화했는지, 자신이 어떠한 분석 전략을 수행했는지, 또는 자신의 분석이나 결론이 관례적인 검증과 반복 실험의 기준을 어떻게 충족시키는지에 대해 독자에게 말하지 않는다. 따라서 고프먼의 방법에 대한 분석에서 잭 바이넘(Jack Bynum)과 찰스 프랜터(Charles Pranter)는 다음과 같이 적절히 논평했다.

> 고프먼은 격식을 갖춘 방법에는 관심이 없으며, 그의 이론적 발전과 검증은 종종 근거 없이 극단을 향한다. 그는 정교한 측정이나 구조화된 설문지 또는 인터뷰에 의존하지 않는다. 그는 문학적 사례들이 어떤 개념이나 관념을 설명하는 데 도움이 된다면 주저하지 않고 이용한다. 그는 사례 연구에 크게 의존하고 있으며, 소설과 일상적인 대화에서뿐만 아니라 다른 사회학적 또는 심리학적 연구에서도 '전문가의 의견'을 수집한다. 그의 저작은 주로 그의 깊은 통찰력과 잘 어우러지는 것으로 보이는 서술적이고 질적인 성격을 띠고 있다.(Bynum and Prantter, 1984: 96)

고프먼이 다소 비관례적인 방식으로 작업했다는 것은 분명하다. 그의 연구는 어떤 주류 방법론도 따르지 않았고, 많은 면에서 학술연구 못지않게 문학과도 닮았다. 많은 사람이 이 비관례적인 접근방식에 대해 비판적이었다. 피에르 부르디외는 "실증주의적 도그마주의(positivist dogmatism)의 수호자들이 과학의 엄격함을 외면하고 철학적 중재나 문학적 묘사와 같은 수월한 방법을 선택하기를 좋아하는 괴짜들 가운데서도 고프먼을 어떻게 사회학의 '소수 극단파(lunatic fringe)'에 귀속시키는지"에 대해 논평한 적이 있다(Bourdieu,

1983: 112). 하지만 사회학자 빌헬름 발다무스(Wilhelm Baldamus)가 한때 진술했듯이, 우리는 "체계적 이론, 형식 논리학, 통계적 방법, 조사 설계 또는 인터뷰 절차에 관한 교과서에서 발견하는 공식적인 방법론과 나란히, **비공식적**이고 비격식화된 탐구기법의 저장고가 존재한다고 가정"해야 한다(Baldamus, 1972: 281, 강조는 원저자). 이 장에서 우리는 고프먼의 공식적 방법뿐만 아니라 비공식적 '방법'(우리는 그의 대부분의 방법론이 지닌 비관례적 성격을 강조하기 위해 의식적으로 따옴표를 붙였다)에 대해서도 기술하고 논의하고자 한다. 우리는 아래에서 고프먼의 의심할 바 없는 질적 연구 지향성, 그의 민족지적 연구 및 참여 관찰 연구, 그의 '아래로부터의' 개념 전개, 그의 창조적이고 가추적인 은유, 그의 독특한 저술 스타일, 그리고 마지막으로 그의 위반의 방법론(methodology of violation)을 실례를 들어 설명하고 토론할 것이다.

'자유분방한' 질적 사회학자

고프먼이 정말로 독특한 사회학자였다는 것은 이제 전혀 놀랄 만한 일이 아닐 것이다. 그가 사회학적 저술을 하고 사회학을 실천하는 방식은 거의 모든 면에서 그의 동시대인들의 주류 사회학과는 달랐다. 이는 대체로 당연한 것으로 간주되던 것에 대한 그의 의외의 관점, 그의 공인되지 않은 데이터 출처, 그리고 그가 자신이 탐구하고자 했던 새로운 (따라서 그때까지 무시되었던) 사회학적 영역을 서서히 개척한 개념과 은유를 개발하고 다양하게 이용한 것에서 분명하게 드러난다. 고프먼의 저작에서 드러나는 주요한 특징 중의 하나는 인식과 확인의 여지를 남기는 방식으로 글을 쓰는 그의 재능이었다. 우리는 그의 텍스트에서 우리 자신 및 우리와 다른 사람들 간의 사회적 교섭에 관한 것들을 인식한다. 그리고 그러한 인식은 그러한 사회적 교섭을 자극하고 일으키면서 우리에게 같은 양의 공감과 당혹감을 동시에 자아낸다. 앨런 그림쇼(Allen Grimshaw)는 "고프먼은 사회생활에 관한 것을 완전히 새로우**면서도** 즉각적으로 알아챌 수 있는 방식으로 지적하는 재능을 가지고 있었다"라고 강조한 반면(Grimshaw, 1983: 147, 강조는 원저자), 찰스 리머트(Charles Lemert)는 고프먼의 저작은 "인식의 전율(shudder of recognition)"을 자아낸다고 진술했다(Lemert, 1997: xi). 사람들은 전혀 과장하지 않고도 독특한 이 스타일이 고프먼으로 하여금 일반 공중들 사이에서는 명성과 독자층을 얻게 만들었지만 동시에 많은 동료 사이에서는 악명 높고 비판받게 만들었다고 말할 수도 있다. 이를테면 1961년에『수용소』가 처음 출판되었을 때, 윌리엄 카우딜(William Caudill, 1962: 368)은 그 책이 정신병원과 감옥, 황폐화된 기숙학교, 형편없이 운영되는 선박 등에 대한 끝없이 짜증나는 기술적인 비교로 가득 차 있다고 비판했다. 다른 사람들은 보다 긍정적이었다. 이를테면 스탠퍼드 M. 라이먼(Stanford M. Lyman, 1973)은 막스 베버가 한때 게오르그 짐멜에 대해 썼던 것처럼 고프먼에 대해서도 정당하게 똑같이 말할 수 있다고 생각했다.

> 그[짐멜_옮긴이]의 거의 모든 책은 중요한 새로운 이론적 생각들과 아주 뛰어난 관찰들로 가득하다. 그의 거의 모든 책은 타당한 발견일 때는 물론 심지어 그릇된 발견일 때조차도 사람들로 하여금 많은 생각을 하게 하는 자극들로 넘쳐난다.(Weber, 1972: 158)

고프먼이 사회학에서 정체불명이고 아웃사이더였고 지금도 여전히 그러한 주요한 이유 중의 하나는 단지 그의 실제 관심사 ─ 일상적인 사회생활의 사소한 문제들 ─ 때문만은 아니다. 그것은 또한 그가 그 주제를 탐구하고 묘사하기로 결정한 방법 때문이기도 하다. 우리가 앞으로 살펴보듯이, 그의 은유는 그의 다소 비관례적이고 다각적인 방법론적 도구상자의 한 부분일 뿐이었다. 일반적으로 고프먼은 만남, 상호작용, 사회적 상황의 본질을 포착하는 데서 이른 바 전통적인 연구 설계가 갖는 능력에 대해 여전히 비판적이었으며, 수년에 걸쳐 여러 차례 그러한 방법의 심각한 한계에 대해 지적했다. 사회학에서 대규모 양적 연구가 크게 성행했을 때에되[새뮤얼 스토퍼(Samuel Stouffer), 폴 F. 라자스펠드(Paul F. Lazarsfeld) 같은 사람들이 수행한 태도와 투표행동에 대한 조사, 또는 오스트리아 마리엔탈(Marienthal) 타운의 실업 문제를 연구하는 공동연구팀, 또는 성적으로 청교도적인 미국에서의 성 선호와 성 경험에 대해 보고한 유명한 (또는 악명 높은) 킨제이(Kinsey) 연구를 생각해 보래 고프먼은 단호하게 질적 방법을 지향하는 원맨쇼를 하고 있었고, 오늘날 그는 종종 질적 연구의 대표자로 간주된다(Brinkmann, Jacobsen and Kristiansen, 2014). 실제로 고프먼은 공식적으로 양적 자료를 가지고 작업한 적이 전혀 없으며, 심지어 양적 연구를 따분하고 논쟁의 여지가 있는 것으로 보았다. 따라서 그는 『공공장소에서의 관계』에서 자신이 저술하던 당시에 사회과학을 지배하던 전통적인 연구 설계(이를테면 실험적인 실험실 연구나 통계 변수 분석)를 통해 산출된 지식의 지위에 대해 다음과 같이 언급했다.

> 거기서 등장하는 변수들은, 아마도 호의적인 지원과 이상적인 실험실적 상황(a full moons)하에서 실험이 반복되고 연속되는 짧은 시간을 제외하면, 장치와 피험자가 있는 공간 밖에는 아무런 실체도 존재하지 않는 연구 설계의 창조물인 경향이 있다. 개념들은 실험이 이루어지고 이러저러한 통제된 변이의 효과를 측정할 수 있도록 계속해서 상황을 설정하기 위해 황급하게 고안된다. 연구는 "우리는 …… 라고 가설을 세운다"라는 문장과 함께 시작하여, 계속해서 제안된 설계의 바이어스와 한계를 장황하게 논의하고, 그것들이 가설을 무력화하지 않는 이유를 추론하고, 그 가설 중 일부를 확인하는 상당수의 만족스러운 유의미한 상관관계로 마무리된다. 사회생활의 발견이 그렇게 간단하거나 한 것처럼 말이다. 자연

주의적 연구(naturalistic study)의 분야들은 그러한 방법들을 통해서는 밝혀지지 않는다. 사회활동에 대한 우리의 견해를 재정리하는 개념들은 아직 등장하지 않았다. 일상적인 행동에 대한 이해는 그간 축적되지 않았다. 그 간극만이 축적되었다.(Goffman, 1971: xvi)

변수, 상관관계, 가설에 초점을 맞추는 이러한 관례적인 실증주의적 연구 설계를 비판하는 것에 더하여, 고프먼이 쓰는 술책 중의 하나는 자신의 창조적인 방법의 중요성과 명백히 의심스러운 발견이 갖는 의미를 실제보다 축소하여 말하는 것이다. 그는 『공공장소에서의 행동』에서 다음과 같이 주장한다.

분명히 이러한 자료 중 많은 것은 그 가치가 의심스럽고, 나의 해석 — 특히 그중 일부 — 도 확실히 의심스러울 수 있지만, 나는 행동의 근본적인 영역에 대한 느슨한 사변적 접근방법이 엄격한 맹목적인 접근방법보다 더 낫다고 생각한다.(Goffman, 1963: 4)

나중에 그는 『프레임 분석』에서 자신의 산발적이고 인상주의적인 또는 일화적인 연구의 접근방법이 지닌 특성과 자신의 분석에 포함된 데이터 자료의 특성에 대해 훨씬 더 자세히 밝혔다.

그러므로 나는 대체로 이러한 일화를 증거나 증거물로 제시하는 것이 아니라 세상에 대해 명료하게 묘사하기 위한 수단으로, 즉 우리가 세계가 어떻게 작동한다고 믿는지를 화자가 아주 자유롭게 공개적으로 표현하는 프레임 판타지(frame fantasy)로 제시한다. 따라서 이 이야기들에 담겨 있는 것이 내가 그 이야기들로부터 얻고자 하는 것이다. 이러한 데이터에는 또 다른 약점이 있다. 나는 수년 동안 나에게도 미스터리인 선택 원리 — 게다가 매년 바뀌고 내가 되돌리기를 원할 때 되돌릴 수도 없는 ― 를 이용하여 그 이야기들을 되는 대로 모아왔다. 여기에는 **체계적인 표본 추출에 대한 희화화도 내포되어 있다.**(Goffman, 1974: 15, 강조 추가)

따라서 제2장에서 언급했듯이 고프먼이 다양한 이론적 원천(주로 뒤르켐, 짐멜, 미드, 사르트르)으로부터 영감을 얻었음에도 불구하고, 그리고 그가 당시에 자연주의적 현장조사와 자료수집에 집중했음에도 불구하고, 고프먼은 탁상공론적/이론적 사회학자도 아니었고, 자연주의적/경험적 연구자도 아니었다. 그는 혼종자였다. 좀 더 구체적으로 말하면, 고프먼은 전통, 기법, 관념들을 자신만의 독특하고 절충주의적인 방법론적 입장으로 혼합하는 능력을 지닌 사람이었다. 단지 공허한 또는 추상적인 이론 ― 고프먼이 활동하던 시기에 C. 라이트 밀스(C. Wright Mills, 1959)가 '거대 이론(grand theory)'이라고 유명하게 칭했던 것 ― 에만 몰두하는 사람들에 대한 그의 익살스러운 경멸은 잘 알려져 있는데, 로빈 윌리엄스(Robin Williams, 1998: 157)에 따르면, 고프먼은 한때 그러한 이론화를 "2/3는 콘플레이크, 1/3은 태피"라고 기술한 바 있다. 그는 『일상생활에서의 자아 표현』'서문'에서 자신의 독자들에게 "서론은 필시 추상적이며 따라서 건너뛰고 읽을 수도 있다"라고 말하기까지 했다(Goffman, 1959: vi). 추상적 이론화에 대한 이러한 익살스러운 경멸은 수치, 점수표, 도표 외에는 아무것도 없는 통계적 또는 경험적 물신주의 ― 밀스가 '추상적 경험주의(abstracted empiricism)'라고 이름 붙였던 것 ― 에 대해 똑같은 양의 불만을 드러냄으로써 다시 균형을 잡는다. 이러한 정보 및 보고 유형은 고프먼이 좀처럼 직접 의지하거나 이용하지 않는 것이었다.

고프먼이 상당 정도 질적 방법을 지향하는 사회학자였다고 제시하는 데에는 아마도 얼마간의 단서 조항이 필요할 것이다. 고프먼이 참여 관찰을 선호했다는 것은 잘 알려져 있고 유명한데, 이는 셰틀랜드 제도와 정신병원에서 공식적으로 실시된 현장조사 작업 ― 이에 대해서는 아래에서 살펴볼 것이다 ―

은 물론 자신의 주변에서 우연히 일어난 모든 일에 대해 그가 일반적으로 가졌던 주의 깊고 호기심 있는 태도와도 관련되어 있다. 게다가 그러한 관찰 결과들은 그의 책 대부분에서 증거나 예시로 전략적으로 사용되었다. 고프먼은 분명히 일상생활의 미시적 우주 속으로 잠입하고 뛰어드는 것을 즐겼고, 사건들을 직접 관찰하는 것이 이해에 실제로 중요하다고 믿었다. 그럼에도 불구하고, 또는 어쩌면 그렇기 때문에, 그는 다른 사람들이 따를 방법론적 레시피나 분석적 예방법을 제공하는 것을 조심스러워했다. 따라서 고프먼의 책들에는 결코 그가 실제로 무엇을, 어떻게, 언제, 왜, 그리고 누구를 상대로 조사했는지에 대한 긴 방법론적 논의나 묘사가 포함되어 있지 않았다. 하워드 베커는 고프먼이 방법론적 지침을 제공하거나 밝히기를 꺼리는 것에 대해 다음과 같이 언급했다.

> [고프먼은 자신이 현장조사 절차를 위한 어떤 유용한 규칙도 정교화할 수 없으며 만약 자신이 그렇게 하고자 시도한다면 사람들은 자신이 써놓은 것을 잘못 해석하고 (그것이 무엇이든) 잘못 실행하고 그 결과 야기된 혼란에 대해 자신을 비난할 것이라고 매우 강하게 느꼈다. 그는 그러한 불행한 가능성에 대해 책임지기를 거부했다.(Becker, 2003: 660)

직접 인터뷰 — 대부분의 질적 사회학자들이 가장 선호하는 또 다른 방법 — 는 (아마도 그의 석사 논문을 제외하고는) 고프먼이 실행한 기법이 아니었다. 포커스 그룹 인터뷰나 사람들이 스스로 말하는 자세한 이야기와 설명을 통해 사람들에게서 의미를 추출하는 다른 수단들도 그가 활용하는 기법이 아니었다. 누군가는 이것이 아마도 사람들이 인터뷰할 때 진실을 말하기를 꺼리거나 다양한 인상관리 수법 뒤에 자신의 실제 의견을 숨길 수도 있을 것이라는 고프먼의 의심 때문이었다고 생각할 수도 있다. 고프먼은 사람들이 자신의 행동이나 생각에 대해 말하는 것을 무엇이든 믿는 대신에 그들을 지켜보는 것을 선호했다. 그는 다음과 같이 진술했다. "나는 좀처럼 사람들이 말하는 것에 어떤 중요성도 부여하지 않는다. 그러나 나는 그들이 사건에 대해 말하는 것을 삼각측량하려고 한다"(Goffman, 1989: 131). 따라서 고프먼은 한때 자신을 분명히 비꼬아서 '실증주의자'라고 불렀는데(Verhoven, 1993: 325), 이는 따져보면 전적으로 틀린 꼬리표는 아니다. 왜냐하면 그는 특히 사람들의 우스꽝스러운 행동을 거리를 두고 관찰하고 또한 자주 일정 정도 거리를 두고 기술하는 데 뛰어났기 때문이다. 비록 집단행동을 체계적으로 연구하는 로버트 프리드 베일스(Robert Freed Bales) 같은 행동주의자나 상호작용주의 사회심리학자들의 실험적인 설계와는 거리가 멀지만, 고프먼이 "나는 사람들이 가치자유적 사회과학을 지향할 수 있다고 본다. 아니면 그렇게 하는 것이 현실적인 이상일 수도 있다"라고 말하는 것을 보면, 그가 당시의 보다 실증주의적인 지향을 가진 연구자들과 마찬가지로 자신의 연구가 '객관적'이고 '가치자유적'이기를 원했다는 것에는 의심의 여지가 거의 없다(Verhoeven, 1993: 326에서 재인용).

고프먼은 자신이 연구에 이용하는 독특한 접근방식을 압축적으로 표현하거나 요약하기가 어렵다는 것을 분명하게 알고 있었다. 그는 인터뷰에서 이렇게 말했다. "그것을 잘할 수도 있고, 잘 못할 수도 있다. 그러나 나는 그것을 잘하기 위한 규칙을 제공할 수 없다. 그것은 당연히 하나의 기술이 아니다. 그것은 일종의 방법이다"(Verhoeven, 1993: 341에서 재인용). 여러 가지 면에서 고프먼이 선호하는 연구 전략 ― 또는 어쩌면 그의 얼마간의 안티전략 ― 은 켄 플러머(Ken Plummer)의 AHFA 원칙 개념 ― 보다 체계적인 표집 절차와 일관된 연구 설계와 비교하여 인상주의적인 것, 실용주의적인 것, 잠정적인 것, 탐구적인 것에 중점을 두는 '현장 탐색(ad hoc fumbling around)' ― 을 구체화한 것이었다. 게다가 고프먼의 책들 대부분은 체계적이고 이론적인 논문이라기보다는 단지 잠정적이고 예비적이거나 시사적인 무엇임을 암시하는 '에세이(essays)',

'노트(note)', 또는 '연구(studies)'와 같은 관념을 포함하는 부제를 의식적으로 담고 있다(Goffman, 1961, 1963, 1964a, 1967, 1971, 1972, 1974를 보라). 고프먼이 한 명의 문장가일 수 있었던 것은 아마도 다른 무엇보다도 고프먼이 책 표지와 책 내부에서 단어를 구사하는 재능 때문이었을 것이다(Atkinson, 1989; Hillard, 1999). 그저 그의 텍스트들 — 주로 다수의 긴 에세이들로 구성된 — 을 그의 동시대인들 대부분의 텍스트와 비교해 보라. 그가 글을 쓰고 자신의 접근 방식에 대해 논의하고 발견물을 보고하는 방식들은 관례적인 사회학과는 매우 다르며, 이 차이는 일부 독자들 사이에서 그의 책을 더욱 이해할 수 없게 했을 뿐만 아니라 그에 대한 노골적인 적대감을 키우게 하기도 했다. 이렇듯 연구 절차에 대한 다소 대안적이고 창조적이고 느슨한 고프먼의 태도 — 일부 사람들은 어쩌면 제멋대로라고 말할 수도 있을 것이다 — 는 지금이나 당시나 고프먼의 방법, 스타일, 그리고 그의 연구 관심사를 조롱하게 했고, 나아가 그의 연구 결과의 타당성에 의문을 제기하는 비판적 목소리가 나오게 했다.

앞서 언급했듯이, 고프먼의 저작은 추상적·철학적인 추리에 뛰어난, 이론적으로 사변적이거나 탁상공론적인 학자들과는 달랐다. 그것은 고프먼이 좋아하는 게임이 아니었다. 하지만 고프먼은 자신의 저작을 '학술연구(research)'라고 보기보다 자신의 저작이 아마도 '인문학(scholarship)'에 더 가까울 것이라고 진술했다. 이를테면 고프먼은 자신의 후기 저작, 아마도 특히 『프레임 분석』(1974)과 『젠더 광고』(1979)에 대해 논평하면서 다음과 같이 진술했다.

내가 최근에 해온 일은 당신이 학술연구라고 부를 수 있는 것이 아니다. 그것은 오히려 인문학이라고 할 수 있다. 내가 하는 일은 얼마간 적합성을 지닌다고 생각되는, 즉 의미 있다고 생각되는 몇몇 개념이나 변수를 취하여, 다양한 종류의 발견물들, 즉 학술연구, 소설, 온갖 종류의 것을 그러한 개념이나 변수와 관련하여 검토해 보는 것이다. 그러니까 그건 **일종의 자유분방한 문학적인 어떤 것**이다. 나는 보통 더 많은 사례를 수집하고, 그 사례들에 대해 아마도 그저 학자일 뿐인 사람들을 특징짓는 것보다도 더 체계적인 방법으로 생각할 것이다. 아니 내가 그렇기를 바라고 있는지도 모른다.(Verhoeven, 1993: 338~339에서 재인용; 강조 추가)

여기서 고프먼은 자신의 접근방식이 특히 앨프리드 린드스미스(Alfred Lindesmith), 도널드 크레시(Donald Cressey), 하워드 S. 베커가 제창했던 '분석적 귀납(analytical induction)'의 접근방식과 어떻게 다른지에 대해 특별히 (그리고 아주 가끔) 언급했다. 우리가 이 장에서 나중에 살펴보듯이, 고프먼의 저작은 간과되거나 무시된 사회현상을 새롭게 조명하기 위해 경험적 통찰과 이론적 추측을 혼합했기 때문에, 아마도 이른바 창조적 가추(creative abduction)*에 더 가까웠을 것이다.

민족지학과 참여 관찰

고프먼이 사회학 교수이자 인류학 교수였음에도 불구하고, 그리고 그가 참여 관찰*의 체계적인 절차를 바탕으로 현장 연구를 수행했음에도 불구하고, 그를 국제적으로 인정받게 한 주요한 방법론적 역량은 결코 그것이 아니었다. 고프먼의 현장 연구 수행방식과 자신의 연구의 그러한 부분에 대한 그의 방법론적 성찰은 당시에 널리 퍼져 있던 생각과 크게 다르지 않았다. 사실 고프먼은 자신의 경력 동안 단지 제한된 양의 현장 연구 조사만을 수행했다. 우리는 여기서 그것을 도해하고 논의할 것이다.

우리가 제1장에서 언급했듯이, 고프먼의 박사학위 논문인 「섬 공동체에서의 커뮤니케이션 행동」(1953)은 스코틀랜드 북부 해안과 페로 제도(Faeroe Islands) 사이의 어딘가에 위치한 셰틀랜드 군도의 작은 섬 언스트(Unst)의 최대 정착지 발타사운드(Baltasound)에 있는 비교적 외딴 섬 공동체에서 수행된 광범위하고 심층적인 참여 관찰에 기초한다. 그의 박사학위 논문에 따르면, 그의 열망은 "참여하는 관찰자보다 관찰하는 참여자"가 되는 것이었다(Goffman, 1953b: 2). 고프먼은 거의 1년 반 동안 언스트에 머물렀고, 그동안 그는 섬사람들에게 자신을 섬 농사의 경제 상태를 직접 경험하는 데 관심이 있는 미국 대학생으로 소개했다. 고프먼은 다음과 같이 언급했다. "이러한 한계들 내에서 나는 지역사회 생활에서 예외적이지 않고 또 받아들일 수 있는 역할을 하려고 노력했다"(Goffman, 1953b: 2). 그의 목표는 "경계심을 드러내지 않는 상태로 사람들을 관찰하는 것"이었다(Goffman, 1953b: 5). 실제 참여는 부분적으로 겹치는 두 트랙을 따라 이루어졌다. 첫째로, 고프먼은 지역 주민들이 서로 간에 대면적으로 상호작용하는 서로 다른 많은 사회적 상황에 가능한 한 많이 참여하려고 시도했다. 이를테면 그러한 상황에는 식사나 일, 결혼식과 장례식, 파티나 쇼핑에 참여하는 것이 포함될 수 있었다. 그는 자신이 참여하는 행사에 가능한 한 다양한 참여자가 많이 참석하여, 자신에게 미묘한 차이와 변이를 가진 자료를 제공해 주기를 원했다. 둘째로, 고프먼은 언스트에 머무는 기간 내내 동일한 참여자 그룹과 함께 특정한 사회적 상황에 참여했다. 그의 '관찰하는 참여자' 전략이 지닌 이 후반부의 목적은 사회적 상호작용에 낯선 존재가 미치는 영향을 최소화하는 것, 그리고 정기적으로 발생하는 그리고 행동 형태, 규범, 규칙에 대한 중요한 정보를 포함하는 상호작용 위기에 관한 지식을 얻는 것이었다. 언스트에서 겪은 이 광범위하고 철저한 현장 연구 경험은 고프먼이 '상호작용 질서(interaction order)', '정보 관리(information management)', '팀 공연(team performance)'과 같은 자신의 후기 개념 중 많은 것을 발전시키는 데서 배경으로 작용했으며, 그의 경력 내내 거의 고갈되지 않는 자료와 실제 사례의 풀 역할을 했다. 이브 윙킨(Yves Winkin, 2000)은 고프먼이 발타사운드의 정착지로부터 얻은 사회적 상호작용에 관한 실제 사례를 지속적으로 광범위하게 사용한 것 — 실제로는 그러한 자료로부터 외삽한 것 — 에 기초하여 이 도시를 "사회적 상호작용의 상징적 수도(the symbolic capital of social interaction)"라고 명명했다.

우리가 제5장에서 살펴보듯이, 고프먼은 또한 워싱턴 D.C.에 소재한 한 정신병원에서 광범위한 참여 관찰 연구를 수행했고, 후에 그 연구 결과를 『수용소』(1961)라는 책으로 출간했다. 이 현장 연구는 거의 1년 동안 진행되었으며, 그 시기 동안 고프먼은 정기적으로 서로 다른 병동에 있는 환자들 사이에 있었다. 그는 환자들에게 자신이 운동 강사 보조자라는 인상을 주었고 (Goffman, 1961: ix), 그로 인해 그는 환자들 사이에서 자유롭게 움직일 수 있었다. 고프먼 자신의 진술에 따르면, 그는 관여하는 것을 자제하고 사건으로부터 안전한 거리를 유지했다. 우리는 이 연구에서 환자 스스로가 주관적으로 경험한 사회세계에 관한 지식을 얻고 싶었다는 고프먼 자신의 주장 외에 그가 수행한 실제 연구 절차나 방법론적 고려사항에 대해서는 많은 것을 알지 못한다.

이러한 일단의 광범위한 참여 관찰을 실시하는 동안 그가 이용한 방법과 자료수집 전략의 실제 성격을 논급할 때면, 고프먼은 여전히 놀랍도록 침묵을 지켰다. 그는 특히 자신이 어떻게 구체적인 결론에 도달했는지를 자세히 설명하거나 자신의 경험적 연구와 이론적·개념적 전개 간의 관계를 보여주는 것에는 관심이 없었다. 고프먼 저술 중 오직 두 곳에서만 사람들은 방법에 대한 보다 정교한 성찰을 발견할 수 있다. 한 곳은 고프먼의 박사학위 논문으로, 이는 그가 자신의 방법론적 고려사항을 설명할 것을 제도적으로 요구받은 경우였다. 다른 한 곳은 그가 죽고 나서 7년 후에 ≪현대민족지학(Journal of Contemporary Ethnography)≫에 실린 「현장 조사에 관하여(On Fieldwork)」 (Goffman, 1989)라는 제목의 논문이다. 이 논문은 1974년에 고프먼이 현장 조사에 관한 회의에서 발표한 내용을 글로 옮긴 것이다. 사람들은 고프먼이 그 논문에서 마침내 자신의 출판물을 그렇게 유명하게 만든 몇 가지 기법을 공개할 것이라고 기대했을지도 모른다. 하지만 그 논문에서 고프먼은 주로 이미 잘 확립된 현장 조사 방법론의 원칙에 대해 논의하는데, 이를테면 연구자는 장기간 현장에 머물러야 하고, 현장 노트를 상세하게 기록해야 하며, 참가자들의 구두로 표현된 확신과 신념을 그들의 실제 행동과 비교하려고 노력해야 한다는 것 등이다. 그러한 생각들은 이미 확립된 상식적인 특징임에도 불구하고, 사람들은 그러한 진부한 권고들 사이에서 현장 조사 방법에 대한 몇 가지 더 독창적인 고려사항 역시 발견할 것임을 인정해야 한다.

> 내가 보기에, [참여 관찰은] 자료를 수집하는 [하나의 기법이다]. 참여 관찰을 하기 위해서는 당신은 당신 자신, 당신의 몸, 당신 자신의 퍼스낼리티, 그리고 당신 자신의 사회적 상황을 일단의 개인들에게 영향을 미치는 일련의 우연한 상황에 맡겨야 한다. 그럼으로써 당신은 그들의 사회적 상황이나 그들의 작업 상황, 인종적 상황 등등에 대한 그들의 반응 영역에 물리적·생태학적으로 침투할 수 있다. 그렇게 하면 당신은 그들이 자신들에게 일어나는 삶에 반응하는 동안 그들에게 다가갈 수 있게 된다.(Goffman, 1989: 125)

이러한 자극적인 권고에도 불구하고, 이 논문의 전반적인 방법론적 원칙은 대체로 연구방법론에 관한 인류학 및 사회학 교과서의 다른 곳에서 발견되는 것과 다르지 않다. 그럼에도 불구하고 이 논문이 흥미로운 까닭은, 기본적으로 고프먼이 여기서는 자신의 일반적인 관례와 달리 방법론 문제에 대해 명시적으로 언급하고 있기 때문이다. 고프먼은 박사학위 논문 작업 동안 공식적으로 현장 연구를 수행한 것 외에, 『수용소』(1961)의 경험적 기초 작업으로 라스베이거스의 한 카지노에서도 비공식적으로 그리고 이따금씩 현장 연구를 수행했다(분명히 그는 그곳에서 한동안 피트 보스로 일했다). 또한 고프먼은 동료,

학생, 친구, 낯선 사람들 등과 일상적인 만남에서 얻는 인상주의적 통찰력을 지속적으로 활용했는데, 이는 또한 그가 신조어를 만들어내고 자신의 개념 장치들을 계속해서 세련화시키는 데 도움을 주었다. 마이클 페팃(Michael Pettit, 2011: 150)이 최근 시사했던 것처럼, 현장 조사와 관찰 연구에 대한 고프먼의 접근방식은 여러 점에서 고프먼이 자신의 저술의 다른 곳들에서 자주 썼던 자신만만한 사람의 이미지, 즉 "사람들 사이에서 작은 소동을 일으킴으로써 사회적인 것을 탐구하는 쿨하고 초연한 관찰자"로서의 연구자 이미지와 분명하게 닮아 있다.

근거 이론과 '아래로부터의' 개념 창출

앞서 언급한 세틀랜드섬 주민, 정신질환자, 라스베이거스의 카드 딜러들의 사회적 상호작용에 관한 민족지학적 연구에서 고프먼이 사용한 절차는 처음에는 귀납적인 것으로, 그리고 두 명의 미국 사회학자 바니 G. 글레이저와 안셀름 L. 스트라우스(Barney G. Glaser and Anselm L. Strauss, 1967)가 '근거 이론(grounded theory)'*이라는 표제하에 진전시킨 이른바 연속적 비교 방법론(constant comparative methodology)과 긴밀한 친화성을 가지는 것으로 특징지어질 수 있다. 글레이저와 스트라우스는 진보적인 (그리고 직관적인) 연구 절차를 제창했는데, 이 절차에 따르면, 연구자들은 상대적으로 느슨한 개념을 가지고 시작하여, 연구 과정에서 새로운 데이터를 지속적으로 수집하고 대비시킴으로써 그 개념을 점차 구체화하고 '채워 나간다'. 이를 통해 새로운 개념과 범주가 출현하고, 기존 개념과 범주들 간의 관계 및 관련성이 확립되며, 그리하여 새로 출현하는 이론이 이론적으로 적합한 자료를 수집하고 분석하는 작업으로 가득 차게 된다.

『일상생활에서의 자아 표현』(1959)은 독자에게 고프먼이 경험에 근거하여 그러한 개념 틀을 개발하는 것을 목표로 했다는 인상을 얼마간 준다. 고프먼은 그 책을 시작하면서 먼저 개념이나 모델(즉, 연극적 은유)을 도입한 다음에, 하나의 긴 흐름 속에서 서로 다른 범주들을 도입함으로써 그러한 개념과 모델을 지속적으로 발전시키고 확장하는 동시에, 서로 다른 다양한 경험적 실례들을 끌어들이고 통합함으로써 그 개념들을 예증하고 근거 지운다. 이를테면 고프먼은 18세기 스코틀랜드의 가정생활에 관한 책을 이용하여 재정적으로 어려운 귀족 가족에 관한 이야기 ― 그 가족은 손님들을 저녁 식사에 초대했을 때 대여섯 명의 하인에게 테이블에서 시중을 들게 했는데, 이는 대접할 수 있는 것이 실제로는 서로 다른 모습으로 다양하게 위장한 오트밀과 절인 청어뿐이라는 사실로부터 손님들의 주의를 다른 곳으로 돌리기 위한 것이었다 ― 를 가지고 '이상화(idealization)'의 개념을 예증했다(Goffman, 1959: 47). 고프먼은 또한 자신이 발견한 사례들을 통해 개념을 예증하기도 했다. 우리는 그러한 실례 몇 가지를 찾아볼 수 있다. 고프먼은 중간계급 부부가 사교 행사에서 새로운 친구들에게 자신들을 드러낼 때 아내는 자기 혼자 있을 때보다 자신이 남편을 더 존중하고 남편에게 순종적인 것처럼 보이게 한다는 사실을 개인적으로 관찰한 것에 근거하여, 집단 전체의 노력이 최대한 성공한 것처럼 보이게 만들기 위해서는 공연하는 '팀'의 구성원들이 자주 개별적으로 서로 다른 방식으로 그리고 구별할 수 있는 방식으로 자신을 표현해야 한다는 자신의 주장을 입증했다(Goffman, 1959: 84). 비슷한 맥락에서 그는 성숙한 청년이 억지로 회전목마를 타고 나면 회전목마를 타는 동안 재미있었으면서도 어린애처럼 회전목마에 빠지기보다는 회전목마를 경멸하는 태도를 과장해서 드러내는 평범한 사례를 통해 자신이 제시한 '역할 거리(role distance)' 개념을 예증했다(Goffman, 1972).

이처럼 고프먼이 서로 다른 사회적 상황들을 가로질러 비교하는 비교 절차를 통해 이론을 발전시키려고 했다는 점에서, 고프먼의 방법론에 근거 이론의 몇몇 요소가 분명하게 자리하고 있다는 것에는 의심의 여지가 없다(비록 1960년대에 근거 이론 방법론이 발전되기 이전에 그 이론이 사용되기는 했지만 말이다). 고프먼은 자신의 개념을 경험적 자료들로 가득 채워나가면서 얼마간 체계적인 방식으로 자신의 개념 체계를 발전시켰다. 그는 새로운 개념을 추가함으로써 자신의 모델 구성을 점차 확장시켰고, 그 새로운 개념은 다시 온갖 새로운 경험적 자료를 도입함으로써 강조되고 대조되고 토론되었다. 이 과정은 글레이저와 스트라우스가 이론을 하나의 '과정'으로, 그리고 "완벽한 생산물이 아니라 끊임없이 발전하는 실체"로 이해하는 것과 매우 상응한다.

고프먼의 자료 수집 방법에는 분명히 비판의 여지가 있다. 그의 자료 수집 방법은 상당히 절충적이다(고프먼도 이를 인정한다). 사람들은 자주 고프먼이 무작위적으로 발견한 또는 우연히 발견한 온갖 것을 이용한다는 인상을 받는다. 이를테면 『일상생활에서의 자아 표현』에는 282개의 참고문헌이 실려 있는데, 사람들은 그 내용을 빠르게 훑어만 보더라도 세 개의 참고문헌 중 약 두 개가 학문적 출판물이고 나머지 1/3은 과학적 방법에 의거하지 않은 소설, 단편 소설, 자서전, 에티켓 매뉴얼, 대담, 또는 과학적 방법에 의거하지 않은 자료들로 이루어져 있다는 것을 발견할 것이다. 『스티그마』(1964)에 실려 있는 참고문헌의 분포를 살펴보면, 훨씬 더 심각하다. 거기서 우리는 보다 체계적인 분석을 통해 292개의 참고문헌 중 42%가 학문적 연구에서 나온 것인 반면, 58%는 소설, 단편 소설, 자서전, 그리고 개인적 대화의 범주에 속한다는 것을 확인할 수 있다(Bynum and Prantter, 1984: 98). 여기서 이른바 경성(hard) 사회학의 지지자인가 연성(soft) 사회학의 지지자인가에 따라 두 가지 해석이 가능하다. '경성 노선의 지지자들'은 고프먼이 이론과 인상주의적 자료를 혼합하는 것에 대해 거부할 것이며, 이론적인 관념들은 반드시 체계적으로 표집된 상당한 양의 정량 데이터에 근거해야 할 뿐만 아니라 문서로 입중된 변수 간의 관계들로 이루어져야만 한다고 주장할 것이다. 그들에 따르면, 고프먼의 분석은 대부분 느슨한 이야기나 개념과 자료 간의 가설적인 관계로 분류되어야 한다. 다른 사람들, 그리고 대체로 보다 질적으로 지향된 사회학자들은 오히려 고프먼이 사회생활의 미시적인 차원을 관찰하는 데서 그가 지닌 독특한 감각에, 뿔뿔이 흩어져 있는 사례들을 찾아내어 그 사례들을 사회적 상호작용에 대한 포괄적인 세련된 개념들의 네트워크로 함께 엮어내는 그의 능력을 우아하게 결합시켰다고 주장할 것이다. 그러나 이 논의에서 자신이 어떤 입장을 취하든 간에, 사람들은 이러한 아주 특이한 종류의 연구 관행이 고프먼의 연구에 얼마간 우연성의 아우라(aura of coincidence)를 드리웠다는 것을 인정할 수밖에 없다. 그러나 훨씬 더 나쁜 평가는, 근거 이론 방법론 내에서 보더라도 고프먼은 자신의 개념들이 지닌 미묘한 의미 차이를 충분히 또는 체계적으로 검토하지 않고 있다는 것이다. 근거 이론의 발명가들은 만약 어떤 이론이 사회현상을 설명하고 이해하기 위해 이용될 경우 그 이론은 다른 상황에서 선택적으로 얻은 매우 다양한 자료들을 체계적으로 통합해야만 한다고 강조했다. 고프먼의 저작에서 이러한 통합은 거의 임의적으로 이루어지는 것으로 보인다(Glaser and Strauss, 1967: 138). 앞서 언급했듯이, 고프먼은 자신이 우연히 발견한 것은 무엇이든 취하지만, 분명히 자신의 개념을 확증해 주는 것만을 통합한다. 글레이저와 스트라우스는 고프먼이 새로운 자료가 더 이상 개념의 의미 차이를 만들어낼 수 없는 시점에 이를 때까지 자신의 개념과 자료를 대조시키지 않았기 때문에 고프먼의 이론이 충분히 포화상태에 이르지 않았다고 주장했다. 피터 K. 매닝도 고프먼의 많은 사례 목록과 끊임없는 개념 개발에 관해 주장하면서 유사한 비판을 하고 있는 것으로 보인다.

[고프먼은 그것들[그러한 목록들_옮긴이]로부터 추론하거나 귀납하지 않으며, 그

러한 유형들이 망라적이라고 주장하지 않으며, 그러한 유형 간에 어떤 종류의 논리적 상호 관계가 얼마나 존재하는지를 설명하지 않으며, 항상 자신의 현재 노력을 자신이나 다른 사람들의 이전 생각과 연관시키지도 않는다.(Manning, 1980: 270)

그렇다면 우리는 고프먼이 제시한 이 대안적 버전의 근거 이론 — 이를테면 아래로부터 개념을 창출하는 것 — 을 대체 어디에 이용할 수 있단 말인가? 어느 정도는 이용할 수 있다. 한편으로 보면, 우리는 고프먼의 비교 접근방법으로부터 많은 것을 배울 수 있다. 그는 비교 방법을 통해 근본적으로 다른 다양한 사례, 현상, 상황을 분석했고, 그러한 다양한 투입물을 가로지르는 유용하고 매우 적절한 이론적 개념들을 발전시켰다. 하지만 다른 한편으로 보면, 고프먼이 자료 선택에서 드러내는 얼마간의 우연한 요소들은 보다 체계적인 이론적 통합 — 이는 자료에 근거한 분석에서뿐만 아니라 보다 일반적으로는 사회학적 연구 자체에서도 목적으로 삼아야 하는 것이다 — 을 방해한다. 잘 알려진 바와 같이, 이론(적어도 사회학 이론)은 개념으로 구성되지만, 그러한 개념들이 서로 다른 사회적 상황으로부터 나온 자료들에 의해 체계적으로 집대성되지 않는다면, 그것이 아주 큰 문제가 되지는 않을지라도, 그 개념들을 하나의 일관성 있는 이론으로 통합하기가 어려워진다.

이중 조정, 창조적 가추, 그리고 은유를 통한 개념 개발

고프먼의 작업 절차에 대한 논의에서 분명하게 알 수 있듯이, 그는 분명한 귀납주의 사회학자도 아니었고 명확한 연역주의 사회학자도 아니었다. 오히려 그는 하나의 특이한 가추적 방식 — '질적 연속체(qualitative continuum)'

라고 불리어온 것의 선상에서 어떤 때에는 귀납적 극 또는 이론 창출적 극에 더 가깝고, 다른 때에는 연역적 극 또는 이론 검증적 극에 더 가까운 ― 으로 연구했다 (Kristiansen, 2002). 이 질적 연속체에서 한쪽 끝은 이를테면 근거 이론의 철저한 귀납이 차지하고 있고, 중간 부분은 분석적 귀납, 적응 이론, 확장된 사례 연구법과 같은 보다 혼종적인 방법론적 접근방식이 차지하고 있는 반면, 다른 쪽 끝은 고프먼의 은유적 관점 ― 우리는 뒤에서 이에 대해 다시 논의한다 ― 과 같은 더 많은 가추-연역적 접근방식이 차지하고 있다.

그레그 스미스(Greg Smith, 1999b: 7)에 따르면, 고프먼은 자신의 개념을 단지 일시적인 개념이나 스케치로, 다시 말해 추가 연구 과정에서 반드시 수정, 거부, 입증, 또는 보완되어야 하는 것으로 간주했다. 고프먼의 저작들을 읽기에 앞서 우리는 고프먼이 개념에 대해 가지고 있던 독특한 생각을 이해해야 한다. 고프먼은 자신의 책들에서 개념들을 계속해서 도입하고, 정의하고, 사용하고, 수정하고, 거부하며, 추가로 개발하기도 한다. 새로운 개념들이 제안되는 반면, 다른 개념들은 갑자기 다시 사라진다. 그러므로 고프먼 비판가들이 얼마간의 개념적 모순과 개념적 일관성의 결여에 대해 말해온 것은 놀랄 일이 아니다. 하지만 이러한 개념적 광기(conceptual madness)에 어떤 의미가 있을까? 적어도 고프먼의 '방법'에 대한 흥미로운 분석을 진전시킨 로빈 윌리엄스(Robin Williams, 1988)에 따르면, 실제로 의미가 있다. 윌리엄스가 볼 때, 고프먼의 방법은 무모하거나 자의적인 것과는 거리가 멀다. 고프먼의 방법은 오히려 대단히 성찰적이고 의도적인 지식 창출 과정이다. 윌리엄스는 1953년 고프먼의 박사학위 논문과 30년 후의 발표되지 않은 회장 취임 연설에서 공통으로 나타나는 개념적 가닥과 테마의 연속성에 대해 지적한다. 두 출판물 모두에서 고프먼은 '상호작용 질서' 개념을 명시적으로 언급했는데, 특히 흥미로운 것은 고프먼이 회장 취임 연설에서 자신이 그러한 특정한 사회질서를 연구하면서 일관성을 구축하기 위해 계속해서 노력해 왔다는 점을

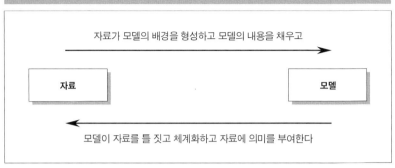

그림 3-1 자료-모델 관계

자료가 모델의 배경을 형성하고 모델의 내용을 채우고

자료

모델

모델이 자료를 틀 짓고 체계화하고 자료에 의미를 부여한다

공개적으로 묘사했다는 것이다. 이처럼 고프먼이 엄격하고 체계적인 연구 절차를 개발하는 것을 분명히 피하기는 했지만, 그럼에도 불구하고 그는 자신의 경력 대부분 동안 동일한 트랙을 따랐다. 윌리엄스(Williams, 1988: 77)에 따르면, 고프먼은 새로운 방식으로 계속해서 옛 개념들로 되돌아갔는데, 그것은 그가 끊임없이 자신의 개념적 장치를 새로운 검증의 대상으로 삼는 (이를테면 그 개념을 새로운 자료 및 새로운 문제와 대조하는) 이중 트랙 과정의 중요한 부분이었다. 고프먼이 발견, 검증, 발명의 맥락에서 경험적 사실을 관찰하고 몰두하는 것과 이론과 개념을 개발하는 것 간을 의식적으로 왔다 갔다 했다는 것이 윌리엄스의 주장이다. 윌리엄스에 따르면, 새로운 지식을 발견하는 것과 기존 지식을 검증하는 것, 그리고 새로 획득한 지식을 새롭고 혁신적인 방법으로 결합하는 것 간에는 밀접한 관계가 있다. 고프먼의 작업 절차는 <그림 3-1>로 도식적으로 표현할 수 있다. 이 <그림 3-1>은 그다음에 오는 자료와 새로 만들어지는 모델 사이를 끊임없이 오가는 고프먼의 모습을 생생하게 보여준다.

이 그림이 분명하게 보여주듯이, 고프먼은 변증법적이고 이중 트랙적인 방식으로 작업했다. 그는 여러 면에서 놀라운 개념적/이론적/은유적 선견 (preconception)들을 다양한 출처에서 나온 경험적 자료와 혁신적으로 혼합했고, 이 같은 방법론적인 신비한 합일(unio mystico)을 통해 포괄적이고 강력한 개념적 장치를 만들었다. 따라서 고프먼의 방법론적 접근방식은 빌헬름 발다무스(Wilhelm Baldamus, 1972: 295)가 "개념 틀을 계속해서 재구성하는 [일종의] '비격식적 이론화(informal theorizing)'"라고 기술한 이른바 이중 조정 (double fitting) — 이 이론화 방식에서는 탐구자가 자신의 설명 틀뿐만 아니라 자신이 설명하고자 하는 것을 동시에 조작한다 — 과 상당히 유사한 것으로 보인다. 대면적 상호작용에 대한 고프먼의 통찰력 있는 묘사와 개념적 기술은 분명 일상생활 속의 사건들에서 끊임없이 받는 인상과 일상에서 폭넓게 사용되는 은유적 관념이 이처럼 이중 조정적으로 상호작용한 결과였다. 따라서 고프먼의 경우에 그림에서 '모델'로 지칭되는 것은 원래는 **은유**였다.

고프먼의 방법론적 관점이 가진 불가해한 특징은 그가 좋아하는 연구 대상을 다루고 묘사하는 데서 그가 선호하는 방법과 관련되어 있었다. 즉, 그는 은유의 렌즈를 통해 일상적인 일상생활 환경에서 일어나는 대면적 상호작용을 연구하기를 좋아했다. 따라서 고프먼 방법론에서 가장 자주 논의되는 차원 중 하나는 그가 은유 — 통상적으로는 문학적 장치 — 를 광범하게 그리고 정교하게 사용하여 자신의 자료에 의미를 부여한다는 것이다(Smith and Jacobsen, 2010). 게리 앨런 파인(Gary Alan Fine, 1984: 239)은 "사회과학을 이해하는 것은 사회과학자들이 사용하는 은유를 이해하는 것"이라고 제시한 적이 있다. 그러므로 고프먼 방법론의 중요한 부분을 이해하는 것은 그의 은유를 이해하는 것이다. 오랫동안 많은 해설자가 지적해 온 바와 같이, 고프먼은 세 가지 또는 네 가지 주요 은유 틀 — 연극, 의례, 게임, 프레임 — 을 통해 사회생활의 문법을 묘사했다(이를테면 Branaman, 1997; Corradi, 1990; Jacobsen and Kristiansen, 2006; Kalekin-Fishman, 1988; Treviño, 2003b를 보라). 은유는 문학에서 오랫동안 이용되어 왔고, 그리고 (특히 20세기 후반의 이른바 수사학적, 언어적, 또는 시학적 전환으로 인해) 현재는 인문학과 사회과학에서도 점점 더 호소력을 발휘하고 있다. 사회학의 역사를 보면, 실제로 많은 중심적 개념, 이론, 연구 영역에서 깊숙이 자리 잡고 있는 은유의 뿌리들을 발견할 수 있을 것이다(Brown, 1977; Nisbet, 1976/2002; Richardson, 1990; Rigney, 2001). 은유의 마법, 약속, 매력은 은유의 다음과 같은 속성에 기인한다. (1) 은유는 하나의 (그리고 종종 아주 다른) 언어 영역에서 다른 언어 영역으로 의미를 **이전한다**. (2) 은유는 연상을 통해 현실에 대한 우리의 일상적이거나 상식적인 개념을 창조적으로 **변형시킨다**. (3) 은유는 특정 학문 분야 내에서 일반적으로 주장되고 깊이 뿌리내리고 있는 가정을 **초월한다**. (4) 은유는 현실과 상상 간에 엄격하게 유지되는 경계를 **넘어선다**. (5) 은유는 세상과 세상의 근본적인 작동에 대한 우리의 생각과 관념을 **변화시킨다**. 그리고 (6) 은유는 독자를 멋진 환상의 세계로 (잠시) **이송한다**. 그러므로 은유에는 '마치 ~인 것처럼(as if)'의 속성이 얼마간 내재한다. 즉, 은유 — 언어적 의미의 한정과 정신적 가장(假裝)의 문제로서의 — 는 현실의 선택된 측면을 마치 다른 어떤 것인 것처럼 제시한다(Jacobsen, 2014).

이러한 은유적 추론의 모든 측면에서 보너라도 고프먼이 적용한 은유는 매우 예외적이었다. 그의 은유 사용은 매우 독창적일 뿐만 아니라 비교적 체계적이고 일관적이기도 했다. 따라서 우리는 고프먼의 은유를 움베르토 에코(Umberto Eco)가 제시한 '창조적 가추' 관념의 사례들로 간주한다. 에코가 가추적 사고(abductive thinking)라고 정의한 창조적 가추는 "설명의 역할을 하는 규칙을 새로(ex novo) 발명하는 것"이다(Eco, 1984: 42). 따라서 창조적 가추는 현상(이를테면 일상적 상호작용)을 설명하거나 이해하기 위해 규칙(이를테면 은유) — 그 자체가 사용자에 의해 발명된 — 을 적용하는 방법이다. 은유는 우리가 현상을 마치 다른 어떤 것처럼 바라볼 수 있도록 도와주어서 우리의 상상력을 자극한다. 하지만 고프먼의 은유들은, 그것들의 분명한 독창성에도 불구하고, 전적으로 새로 발명된 것은 아니었다. 적어도 어느 정도까지는 다른 사람들의 저술과 아이디어들에 대한 자신의 독해에 의존했다. 따라서 그의 연극 은유가 부분적으로는 소설, 에티켓 북, 그리고 극적인 줄거리를 가진 범죄 이야기를 탐독함으로써 영감을 얻었고 부분적으로는 케네스 버크(Kenneth Burke, 1936/1984)의 '연극주의(dramatism)'에 의해 틀 지어졌다면, 그의 의례 은유는 분명히 에밀 뒤르켐과 기능 인류학자들의 저술에서 영향을 받은 것이었다. 그리고 그의 게임 은유가 라스베이거스 카지노에서 딜러로서 겪은 개인적인 경험에서뿐만 아니라 토머스 C. 셸링(Thomas C. Schelling)의 게임 이론적 저작에 대한 그의 독해에서도 영감을 받았다면, 그의 마지막 프레임 은유 — 비록 아마도 실제로 하나의 은유는 아니었을 것이지만 — 는 분명 그레고리 베이트슨(Gregory Bateson)과 사회과학의 인지적 전환에 의해 영향을 받았다.

따라서 고프먼의 저작에서 은유는 지금까지 알려지지 않았거나 공식적으로 인정되지 않는 영역을 조명하고 그 영역에 로드맵을 제공하는 '특이한 지도(idiosyncratic maps)'의 역할을 했다. 고프먼이 사용한 많은 은유의 또 다른 목적은 단조롭고 하찮고 당연시되는 사회적 현실에 새롭고 강력하고 다채롭고 재맥락화된 개념적 의상을 입히는 것이었는데, 이는 그곳에서 진행되고 있는 일에 대한 우리의 이해를 모호하게 하는 동시에 날카롭게 한다(어쩌면 모호함을 통해 날카롭게 할지도 모른다). 그러한 은유의 렌즈를 통해 사회생활이 재기술됨으로써 사회생활은 사회연구자들과 그들의 독자들에게 갑자기 보다 확실해질 뿐만 아니라 보다 투명해지기도 한다. 이처럼 각각의 은유 — 연극, 의례, 게임, 프레임 — 는 세상을 새롭고 놀라운 빛깔로 채색한다. 그 그림 속에서 각 개념은 다른 개념에 의미를 부여하고, 그러한 방식으로 산재해 있는 경험적 관찰들에 근거하여 하나의 복잡한 '은유 네트워크'가 구성된다. 콘

수엘로 코라디(Consuelo Corradi)에 따르면, 고프먼의 저작에서 은유는

> 은유자(metaphorizer)가 제시하는 일단의 사용 규칙 ― 탐구하고 있는 특정한 사회
> 현상을 은유를 통해 새로운 관점에서 묘사하는 표현들로 이루어진 사전 ― 에 의해 유
> 추가 이루어진다는 점에서 구성적이다. 이를테면 고프먼의 연극 은유 속에서 개
> 인은 배우로 개념화되고, 그/그녀를 관찰하는 사람들은 관객으로 개념화되고,
> 그/그녀의 행동은 공연 또는 가장으로 개념화되고, 그 행동이 일어나는 장소는
> 배경이나 무대로 개념화된다.(Corradi, 1990: 166~167)

더 나아가 서로 다른 은유적 네트워크 또는 프레임워크들은 고프먼 방법
론의 다중 관점주의(multiperspectivism) ― 다시 말해 우리가 동일한 현상(즉, 상
호작용 질서)을 서로 다른 다양한 방향에서 나온 인상과 견해들(이들 각각은 실제로
진행되고 있는 일을 얼마간 해명한다)을 통해 접근하고 공격할 수 있다는 사실 ― 를
보여주는 실례로 작용했다. 조지 사다스(George Psathas, 1996: 383)가 회상하
듯이, 고프먼은 자신의 관점에 대해 "나는 서로 다른 여러 위치에서 표적을
저격한다"라고 말한 적이 있다. 그가 많은 은유를 사용한 것, 생애의 후반기
에 자신이 사용하는 용어를 '상황 정의'에서 '프레임'으로 바꾼 것, 그리고 그
가 방법들을 '자유분방하게' 혼합한 것(셰틀랜드와 세인트 엘리자베스 병원에서
수행한 은밀한 참여 관찰에서부터 은유적인 프레임워크들을 거쳐 텍스트 독해와 라
디오 프로그램 청취에 이르기까지) 모두는 고프먼이 줄곧 동일한 대상을 서로
다른 다양한 각도에서 포착하기 위해 그 대상에 온갖 방식으로 접근하고자
했다는 사실을 증명해 준다. 이런 식으로 그의 은유는 우리가 같은 방을 다른
많은 문으로 들어갈 수 있다는 것을 보여주었다. 그리하여 고프먼은 자신의
은유적인 이미지가 물화되지 않게 하는 데 세심한 주의를 기울였고, 연극 은
유를 도입하고 전개한 『일상생활에서의 자아 표현』에서는 "공사장 가설물

들은 결국 다른 건물을 짓기 위한 것이며, 따라서 쉽게 철거할 수 있게 세워야 한다"라고 (은유적으로) 결론지었다(Goffman, 1959: 246). 이렇듯 고프먼의 많은 은유는 단지 굼뜬 사회학적 상상력에 활기를 불어넣기 위해 사용한 임시방편적인 방법론적 장치일 뿐이었다. 우리는 제4장에서 고프먼이 사용한 은유의 구체적인 내용에 대해 보다 상세하게 다룰 것이다.

고프먼의 스타일: 문맥적 설득, 에세이즘, 그리고 정교화된 아이러니

모든 종류의 연구방법론은 또한 자신의 연구 결과를 보고하는, 그리고 자신이 의도한 독자층과 소통하는 특정한 스타일을 포함하고 있다. 이 점에서도 고프먼은 정말로 색달랐다. 따라서 폴 앳킨슨(Paul Atkinson, 1989: 59)은 "고프먼은 **문장가**"(강조는 원저자)라고 강조했다면, 로런스 헤이즐리그(Lawrence Hazelrigg, 1992: 245)는 고프먼이 분명히 "장난스러운 스타일"을 전개했다고 평했다. 더 최근에 리처드 핸들(Richard Handel, 2012: 179)은 "고프먼은 위대한 사회이론가였을 뿐만 아니라 위대한 작가이기도 했다. 따라서 그는 이론가로서뿐만 아니라 작가로서도 비판적으로 그리고 신중하게 독해될 필요가 있다"라고 주장했다. 표현 스타일(presentational style)은, 그것이 지닌 관례적인 함의에도 불구하고, 단순히 글쓰기의 얄팍하고 피상적이거나 장식적인 측면만을 말하는 것이 아니다. 고프먼의 경우에서처럼 그것은 연구자의 분석 전략의 본질적인 부분을 이룰 수 있다. 고프먼의 스타일은 경박한 것과는 거리가 멀었다. 그의 스타일은 그의 전체 연구 전략에서 의도적으로 추구되고 잘 다듬어진 부분이었다. 고프먼은 그의 생애 내내 문학 작가들의 시적 감수성을 자주 언급하거나 모방했을 만큼 문학 작가들로부터 많은 영감을 받았다. 그 용어가 지닌 모든 의미에서, 고프먼은 문학사회학자였다.

앞에서 언급한 은유들이 이를 증명한다. 아놀드 비렌바움과 에드워드 사가린(Arnold Birenbaum and Edward Sagarin, 1973: 3~4)이 한때 진술했던 것처럼, 고프먼은 "우리에게 다른 어떤 사회사상가보다도 위대한 문인들 — 어쩌면 마르셀 프루스트(Marcel Proust)나 프란츠 카프카(Franz Kafka) 같은 — 을 생각나게 한다". 의식적으로 글쓰기 스타일에 신경을 쓰는 것은 시카고학파의 전통 내에서 작업하는 많은 사람의 트레이드마크였다. 그저 로버트 E. 파크, 에버렛 C. 휴즈, 또는 하워드 S. 베커와 같은 사람들만 떠올려 보더라도 알 수 있듯이, 고프먼이 시카고에서 훈련받은 사회학자 중에서 유일하게 스타일을 진지하게 고려한 인물이었던 것은 전혀 아니었다(Cappetti, 1993; Jacobsen, Antoft and Jøgensen, 2013). 하지만 고프먼은 체계적인 또는 비체계적인 경험적 관찰 결과들을 상상적 은유와 장난스럽게 혼합하면서 문학적 스타일을 새로운 영역으로까지 확장했고, 따라서 애덤 필립스(Adam Philips)는 다음과 같이 진술했다. "어떤 사회학자도 고프먼처럼 짓궂은 재치와 격정적인 논리에 바탕하여 글을 쓰지 않았다. 윌리엄 엠프슨(William Empson), 또는 메리 더글러스(Mary Douglas), 롤랑 바르트(Roland Barthes)처럼, 고프먼은 항상 방법보다는 자신만의 독특한 문장, 감성, 스타일을 가지고 있는 것처럼 보였다"(Philips, 2010). 고프먼은 텍스트적으로도 그리고 수사적으로도 설득력 있는 작가였다(Smith and Jacobsen, 2010). 그는 글재주가 있는 사람이었다. 고프먼의 책에는 도표, 통계, 모델, 교차표, 흐름도가 없다. 상호 관련된 개념, 사례, 예증들이 조밀하게 심층적으로 엮인 네트워크를 통해, 독자는 고프먼이 진술하는 것이 실제로 사실이라는 것을 점차 설득 당한다. 즉, 그는 열린 주장이나 단순한 제안을 제시하고 있는 것이 아니라 오히려 우회적으로 은근히 말하는 식으로 사실에 대한 선언적 진술을 하고 있다. 리카 에드먼드슨(Ricca Edmondson)은 고프먼의 스타일 전략을 다음과 같이 적절히 요약했다.

고프먼은 독자가 자신의 주장에 감응하게 만드는 데 관심을 가지는 정도에서, 그리고 어떤 의미에서는 그 전략을 독자에게 강요하는 정도에서 다른 사회학자들과 크게 달랐다. 고프먼이 논박하고 싶어 하는 '상식적'인 견해들은 사람들의 사회적 의식에 깊이 박혀 있고, 따라서 상당한 설득 없이는 사람들이 그러한 생각을 버릴 가능성이 그리 크지 않다. 하지만 일단 독자의 관점이 바뀌고 나면, 텍스트에서 충분히 해명되지 않더라도 독자는 고프먼의 생략삼단논법(enthymeme)적 설명을 완성할 수 있다.(Edmondson, 1984: 148)

게다가 고프먼은 [고프먼과 자주 비교되는 게오르그 짐멜처럼(Davis, 1997), 그리고 나중에 고프먼이 자신의 가장 중요한 스승으로 조명한 에버렛 C. 휴즈처럼 (Jaworski, 2000)] 에세이 형식의 문학을 그의 많은 텍스트를 구성하는 중요한 장치로 사용했다. 고프먼이 (휴즈를 통해) 짐멜로부터 배웠을 수도 있는 많은 교훈 중 하나는 사회학적 표현의 한 양식으로서 에세이가 갖는 엄청난 효용이다. 에세이는 빈번히 책보다는 짧은 길이의 작품에서 주제에 대해 격식을 갖추어 또는 (보다 일반적으로는) 격식 없이 논의한다. 즉, 에세이는 유연하고 융통성 있는 문학 형태로, 저자의 개성을 폭넓게 표현할 수 있다. 로버트 무실(Robert Musil)이 일찍이 지적했듯이, 에세이는 하나의 '시도(attempt)'이지만, 일정한 자격을 갖추고 있는 단호한 시도이다. 무실이 볼 때, 에세이는 '진실'과 '거짓', '현명함'과 '현명하지 못함' 같은 인습적인 관념을 피하지만, 그럼에도 불구하고 "미묘하고 말로 표현할 수 없어 보이는 것 못지않게 엄격한 법칙을 적용받는다"(Musil, 1953/1995: 301). 그러므로 다시 무실에 따르면, 에세이는 "지적 사랑(amor intellectualis)과 시" 사이의 어딘가에 자리한다. 하나의 학문으로서의 사회학은 체계적이고 과학적인 야망을 가지고 있는데, 이는 사회학적 에세이는 그러한 야망을 지속시키기 위해 문학적 유형에서 벗어날 것이라는 것을 뜻한다. 사회학적 에세이는 그 학문의 개념적 어휘와 이론적인 담론을 이용하거나 그것들에 기여해야 한다. 사회학적 에세이는 지나치게 변덕스러운 진술에 대해 경계해야 하며, 진지하게 받아들여지고자 한다면 객관성에 대한 개념에 관심을 기울여야 한다. 따라서 논리적이고 숙고적인 스타일의 설명이 요구된다. 하지만 동시에 사회학적 에세이는 보다 전통적인 학문적 텍스트 양식보다 저자의 특정한 통찰력을 더 잘 표현할 수 있게 해주는 매우 개인적이고 유연한 표현 양식이다.

고프먼은 에세이를 자신이 선호하는 텍스트 형식으로 받아들였다. 고프먼의 열한 권의 책 중 기껏해야 단 다섯 권(『일상생활에서의 자아 표현』, 『스티그마』, 『공공장소에서의 행동』, 『프레임 분석』, 『젠더 광고』)만이 모노그래프에 속한다. 나머지는 관련 주제에 관한 에세이 모음집이다. 에세이 양식은 고프먼의 사회학적 목적과 특히 잘 부합된다. 이는 그가 『수용소』서문에 쓴 기억에 남을 만한 그의 정당화 논평에서 여실히 드러난다. 그 책에 함께 실린 네 편의 에세이는 원래 독립된 형태로 구상되었다.

> 독자에게는 이러한 방법으로 이 책의 소재를 제시하는 것이 짜증스러울 수도 있다. 하지만 그것은 나로 하여금 하나로 완결된 책에서 내가 할 수 있는 것 이상으로 각각의 글의 주요 테마를 분석적으로 그리고 비교를 통해 연구할 수 있게 해준다. 변명하자면, 이는 사회학이 처한 형편 때문이다. 내가 볼 때, 현재로서는 애정을 가지고 사회학적 개념들을 다루려면, 각 개념이 가장 잘 적용되는 지점으로 거슬러 올라가고, 거기에서 그 개념이 인도하는 것으로 보이는 곳이면 어디로든 찾아가서, 나머지 관련 개념들을 밝혀내는 수밖에 없다. 하나의 멋진 텐트 속에서 모든 아이가 추위에 떨게 하기보다는 아이들에게 서로 다른 코트를 입히는 것이 더 나을 것이다.(Goffman, 1961: xiii~xiv)

거기서 고프먼은 데이비드 프리스비(David Frisby, 1981: 70~72)가 짐멜과 동일시하는 '의식적 에세이주의(conscious essayism)'를 채택했다. 그리고 고프먼은 이 의식적 에세이주의를 인정했을 뿐만 아니라 그것에 빠져들었다. 이를테면 『담화의 형태』서론에서 그는 독자에게 "이 글들을 사실을 확립하기 위한 것으로 받아들지 말고 단지 연습, 시도, 시험적으로 해보기 위한 것으로, 즉 가능성을 보여주는 수단으로 받아들일 것"을 요구했다(Goffman, 1981a: 1). 우리는 이 문구 속에 빈정거림, 연출된 겸손함, 직업적인 자기표현이 얼마간 내포되어 있음을 감지할 수 있다. 고프먼이 자신의 '방법'에 대해 결코 해명하지 않았지만, 그는 항상 다른 사람들이 그가 선호하는 작업 방식을 의구심을 가지고 바라보고 조롱할 수 있다는 것을 의식하고 있는 것처럼 보였고, 랜들 콜린스(Randall Collins, 1986)가 언급했듯이 고프먼은 겸손을 공격의 무기로 사용하는 데서 아주 뛰어난 사람이었다.

고프먼이 에세이 양식을 사용한 것은 독자가 저자의 '조심스러운' 주장을 감지할 수 있게 하는 데 기여했다. 공통적인 논평 중 하나는 그가 '쉽게 이해할 수 있는' 방식으로 글을 쓴다는 것이다. 고프먼의 분석은 독자에게 먼저 전문적인 사회학적 지식을 거의 요구하지 않는 개념적 촌평을 하는 것에서부터 시작한다. 고프먼의 저술은 대체로 명료하며, 전문적이지 않은 독자들에게 더 큰 매력을 주는 통상적인 표현들로 가득 차 있다. 그의 저술이 지닌 매혹적인 특성은 독자들로 하여금 고프먼이 분석하는 방식으로 세상을 바라보게 한다는 것이다. 고프먼의 의식적 에세이주의를 무엇보다도 정당화시켜 주는 것은 에세이가 '상호작용 질서'의 사회학을 발전시키기 위해 그가 드러내놓고 수행하는 탐색적 작업과 잘 부합한다는 것이다. 특히 고프먼에게서 에세이는 로빈 윌리엄스(Robin Williams, 1988)가 고프먼의 프로젝트 전체를 이해하는 열쇠로 보고 있는, 개념의 명료화 과정(process of conceptual articulation)을 계속해서 진척시켜 나가는 것을 가능하게 하는데, 이는 에세이가 개념을 조금씩 수정하고 발전시킬 수 있게 해주기 때문이다(단점은 에세이 양식을 사용하면 개념적 표현 과정의 현 발전 상태를 쉽게 평가하기가 어렵다는 것이다).

고프먼의 별난 스타일은 그가 방대한 은유의 보고에 의지한 것, 즉 섬세한 문학 스타일과 에세이를 하나의 표현 형태로 활용한 것 외에 매우 유머러스한 측면도 포함하고 있었다. 일찍이 언급된 바 있듯이, "고프먼을 읽는 것은 재미있을 수 있다"(Grimshaw, 1983: 148). 고프먼이 재미있는 주요 이유 중 하나는 그가 (고상한 방식으로) 독자를 자주 놀렸기 때문이다. 하지만 고프먼의 스타일이 평범하지 않았던 것처럼, 그의 빈정거림과 아이러니 역시 그러했다. 앨런 다위(Alan Dawe, 1973: 248)는 한때 고프먼을 '사회학적 광대(sociological jester)'라고 묘사했다. 고프먼은 우리가 역사적 증거로부터 알고 있는, 젠체하는 엔터테이너 역할을 하는 궁중광대(court jester)와 달리, 그간 언급되지 않은 것을 말할 수 있는, 그리고 진술되지 않았더라면 사회생활에서 인정받지 못하거나 억압되거나 침묵을 강요받던 것들을 진술할 수 있는 몇 안 되는 사람 중 한 명으로 알려져 있다. 고프먼의 책을 읽어본 사람이라면, 아니 어쩌면 고프먼의 책 **대부분**을 읽은 사람이라면, 누구나 자신의 주장과 제안을 독자들에게 설득하기 위해 다양한 술책을 이용하는 그의 능력에 매혹될 것이다. 그러한 '술책' 중에서 가장 두드러진 것이 아이러니, 빈정거림, 유머였다(Fine and Martin, 1990). 리카 에드먼드슨이 옳게 논평했듯이, "고프먼에게서 유머와 아이러니 기법은 그가 일상 현실에서 인지하여 재구성한 '자연적 순서(natural sequence)'를 더욱 정말인 것처럼 느끼게 해준다"(Edmondson, 1984: 155).

전통적으로 사회학은 유머나 재치를 높이 평가하지 않는다. 하지만 피터 L. 버거(Peter L. Berger, 1963: 67)는 한때 어째서 "유머 감각이 전혀 없다는 것이 실제로 사회에 대한 지적으로 적절한 그림을 그리고자 하는 시도를 방해할 수 있는지"를 곰곰이 숙고한 적이 있다. 그런 이유에서 아이러니, 빈정거림, 유머는 실제로 사회학적 사고와 이론화에 긍정적·창조적으로 기여할 수 있다. 추측건대 고프먼은 그것을 감지했고, 그렇기에 그의 저작에서는 아이러니, 빈정거림, 유머가 항상 등장한다. 사실 우리는 그의 책 대부분 — 전부는 아니더라도 — 에서 정교화된 아이러니*를 발견할 수 있다. 고프먼은 『젠더 광고』(1979)에서는 상업 광고에 나오는 여성들을 그림처럼 묘사하여, 소비사회에서 여성들이 어떻게 일상적으로 멍한 상태, 껴안고 있는 상황, 또는 열등한 자세에 있는 것으로 묘사되는지를 풍자한다. 『담화의 형태』(1981)에서는 학술 강연에서 치밀하게 조정된 언어적 및 비언어적 조작이 어떻게 일어나는지, 그리고 라디오 토크 쇼에서 오류를 바로잡거나 축소하려는 시도가 어떻게 이루어지는지를 고찰함으로써, 가식적인 학문적 자기표현과 공개적인 말실수와 그것을 바로잡고자 하는 노력을 비꼰다. 『스티그마』(1964)에서는 사회적 낙인 과정과 정교한 통과 전략에 대한 예리한 묘사를 통해 정체성에 집착하는 사회에서 사람들이 자신들에게 부여된 자아를 인증받기 위해 어떻게 몸부림치는지를 대체로 풍자적으로 설명한다. 『수용소』(1961)에서 고프먼의 풍자적 태도는 수용자들에게 제공되는 조건, 의료 전문직의 위선, 전체주의적 기관에 대한 일상적인 경멸에 대한 미묘하지만 가차 없는 반정신의학적 비판으로 구체화되었다. 일반적으로 말하면, 제프리 넌버그(Geoffrey Nunberg, 1981)가 ≪뉴욕타임스(New York Times)≫에 쓴 『담화의 형태』에 대한 서평에서 언급했던 바대로, 고프먼은 "일상적 상호작용의 가식과 연극성에 대해 신랄하게 풍자"했다.

고프먼은 자신의 책들에서 분명한 사실을 언급하거나 자신의 기본 가정들을 설명하지 않은 채 현대 사회제도에 대한 무수한 아이러니한 논점들을 어떻게든 맹렬히 공박했다. 우리는 그의 풍자적 태도를 기본적으로 (그의 은유, 문학적 전거, 스타일뿐만 아니라 그의 에세이주의와 함께) 그가 독자와 소통하기 위해 전략적으로 이용한 학술적·비학술적 도구 또는 수단으로 간주한다. 개인적인 차원에서 보면, 고프먼은 자신의 아이러니의 대상이 되는 학문적 또는 기술적 사회학과 일정한 역할 거리를 두어왔을 수도 있다. 또는 그의 아이러니는 하나의 방어 메커니즘으로 인식될 수도 있고, 심지어는 자신을 수사어구나 산문의 대가(大家)로 표현하는 것의 일부로 인식될 수도 있다. 분석적 차원에서 보면, 고프먼의 아이러니는 모호함, 불일치, 오류를 강조하기 위해 그가 자명하고 일반적으로 받아들여지는 (또는 상식적인) 관념에 반하는 어떤 것에 대해 말할 수 있게 해주는 방법으로 인식될 수 있다.

위반의 방법론을 향하여

앞서 언급했듯이, 고프먼의 프로젝트는 사회학적 분석에서 하나의 특별한 영역을 정의하고 구성하는 것이었다. 그는 이 영역을 '상호작용 질서'라고 칭했다. 고프먼에 따르면, 이 관념이 밝히고자 하는 것은 무엇보다도 사람들은 (외견상 변덕스럽고 하찮고 흩어져 있고 탈조직화되어 있는 것으로 보이는) 수많은 일상적 만남과 상황들의 배후나 이면에서 자신들이 알게 모르게 참여하고 있는 특정한 규제 질서와 구조를 식별할 수 있다는 사실이다. 그렇다면 그러한 '보이지 않는' '투명한' 영역은 어떻게 구성되고, 사람들은 그 영역의 존재와 본질을 어떻게 증명할 수 있는가? 고프먼은 이 특별한 '상호작용 질서'가 실제로 존재한다는 것, 그 질서가 심지어 가장 사소한 만남에서도 작용하고 있다는 것, 그리고 우리의 자발적이고 아무런 속박도 받지 않아 보이는 사회적 교제 속에도 규범적 제약과 규제의 요소가 분명하게 존재한다는 것을 우리에게 어떻게 설득하는가? 에밀 뒤르켐과 유사한 맥락에서, 고프먼은 무엇이 실제로 미시적 사회질서를 구성하는지를 발견하기 위해서는 우리는 그 질서를 깨뜨리거나 침해하거나 위반할 필요가 있다고 제안했다(그리고 이는 나중에 민속방법론자 해럴드 가핑켈(Harold Garfinkel, 2002)의 저작에서 보다 체계적으로 추구되었다. 고프먼은 이러한 위반과 규칙 파괴(그리고 특히 그 결과)를 관찰함으로써 우리가 우회적으로 실제 주제 ─ 규제받는 '상호작용 질서' ─ 를 간파해 낼 수 있다고 주장하는 것으로 보인다.

이러한 위반(또는 위기)의 방법론*은 고프먼의 몇몇 저술에서 분명하게 드러난다. 아마도 세 편의 에세이, 즉 「상호작용으로부터의 소외(Alienation From Interaction)」, 「정신적 징후와 공공질서」, 「당혹감과 사회조직(Embarrassment and Social Organization)」에서 특히 그러할 것이다. 이 세 글 모두는 『상호작용 의례』(1967)에 실려 있다. 상호작용에서 소외되는 과정에 대한 에세이에서, 고프먼은 사람들이 사회적 모임에 참여할 때 상호작용이나 대화에 몰입하는 현상이 발생하고 그러한 몰입은 사람들이 그 몰입을 거의 알아채지 못하는 상태로 점점 더 강화된다는 것을 깨닫기도 한다는 점을 지적하는 것으로 시작한다. 다시 말해 우리는 자기 자신을 거의 망각하는 방식으로 모임에 참여한다. 그 결과 일반적으로 공유되는 미시세계가 구성되어, 그 상황을 무엇보다도 중요한 하나의 작은 우주 ─ 뒤르켐식으로 말하면 관련된 실제 참여자들의 총합보다 더 큰 무엇 ─ 로 만든다. 고프먼(Goffman, 1967: 113)은 이러한 독특한 사회적 황홀감의 경험 또는 참여자들 사이에 일반적으로 공유되는 자발적 몰입의 경험을 설명하기 위해 신비한 합일이라는 용어를 사용했다. 그다음에 그가 관심을 가지는 것은 그러한 경험을 체현하지 못하거나 차단당하는 상황, 그리고 특히 그러한 자발적 몰입의 부재가 초래하는 사회적 결과이다. 그는 일반적으로 공유되는 자발적 몰입의 유지 상태가 어째서 실제로 다소 취약한지를 보여주고 싶어 한다. 그 자신의 말로 표현하면, 고프먼은 '대화에서의 소외(conversational alienation)'가 어떻게 일어나는지를 살펴보고자 한다(Goffman, 1967: 114). 따라서 고프먼은 상호작용자가 (필요할 경우) 상황에 자발적으로 몰입하는 것을 억제할 수 있게 해주는 네 가지 방법

― 딴생각하기(external preoccupation), 자신에 대해 생각하기(self-consciousness), 상호작용에 대해 생각하기(interaction-consciousness), 타자에 대해 생각하기(other-consciousness) ― 을 제시한다. 비록 고프먼의 '소외'에 대한 접근방식이 마르크스주의 학자 또는 비판적 사상가들이 사용하는 소외라는 용어의 거시사회적 용법이나 계급에 기반 용법과는 근본적으로 다르지만, 그럼에도 불구하고 우리가 하찮은 것을 다루고 있는 것은 아니다. 간단히 말하면, 이때 위태로워지는 것은 규범적 사회질서의 토대 자체이다. 만약 사회적 상황에 참여하는 사람으로서의 우리가 (마땅히 그래야 할 때) 일반적으로 공유된 상호 관심의 세계라는 미시세계에 자발적으로 참여해야 하는 의무를 배반한다면, 우리는 우리의 개인적·집단적 현실감각을 심히 위태롭게 하는 것이다.

정신적 증상과 공공질서에 관한 둘째 에세이에서 고프먼은 정신의학적 증상들을 공적인 (즉, 사회적이고 규범적이며 도덕적인) 미시 질서에 대한 위반으로 분석한다. 고프먼은 정신의학적인 증상들이 반드시 의학적인 것만은 아니며, 정신의학이 그 증상들을 의학적인 장애의 표현으로 간주하고 그러한 진단을 내리면 일반 사람들도 똑같이 대한다고 지적한다(Goffman, 1967: 142). 고프먼에 따르면, 정신이상인 사람의 행동이 "현실 세계와의 접촉을 피하는" 것 내지는 "사회적으로 유리되어 있는" 것으로 묘사될 때, 원래는 사회적 위반이었던 그러한 행동이 정신의학에 의해 도덕에서 파생한 책무 ― 사회생활에 참여하는 사람들은 항상 서로 친절하고 열려 있는 직접적인 방식으로 소통하고 접촉해야 한다고 진술하는 ― 에 근거하여 갑자기 정신이상 증상 내지 의학적 증상으로 바뀐다(Goffman, 1967: 138). 다시 말해 그 증상은 기본적으로 사회적으로 허가된 관습을 위반하는 것이며, 이는 이미 애초부터 그 증상이 그 사회를 지배하는 질서에 의해 구성된다는 것을 의미한다. 고프먼은, 도둑질이 사유 재산의 법적 질서와 관련 있고 동성애가 (이성애를 규범으로 하는) 젠더 역할의 질서와 관련 있는 것과 동일한 방식으로, 정신이상 증상은 이른바 상황적 부적절성과 관련되어 있으며, 따라서 우리에게 사회생활의 조직에 관해 중요한 것을 말해준다고 주장한다. 따라서 한 사람이 '정신이상'으로 규정될 때, 그것은 자주 '상호작용 질서'의 불문율과 관련되어 있다. 우리가 제4장에서 살펴보듯이, 그러한 불문율로는 이를테면 예의 있는 무관심을 드러내는 방법, 공공장소에서 적절한 거리를 유지하는 방법, 존대와 처신을 실행하는 방법, 자신을 표현하는 방법, 서로의 영역을 존중하는 방법, 만남의 주요 초점에 집중하기와 상황에 따라 그것으로부터 '이탈하기' 사이에서 적절한 균형을 유지하는 방법, 상황에 적절한 정도로 몰입하는 방법 등이 있다. 상황적으로 부적절한 것, 미시 사회질서를 위협하는 것, 그리고 사회적 상황에 함께 참여하는 사람들의 권리를 침해하는 것은 그러한 규칙을 위반하는 것이다. 고프먼에 따르면, 우리는 공적으로 받아들여지는 행동 형태와 그러한 행동들에 대한 침해 상태를 체계적으로 그려낸 다음에야, 정신이상 증상을 논의하는 언어를 확립할 수 있다. 정신이상 증상을 파괴적이거나 위협적인 것으로 인식하거나 일탈적이라고 간주할 수 있는 까닭은 거기에 파괴되고 위협받을 수 있는 **어떤 것**과 정상적인 것으로 여겨질 수 있는 **어떤 것**이 존재하기 때문이다. 그 **어떤 것**이 바로 '상호작용 질서'이다. 이처럼 정신이상 증상들은 졸지에 일상생활의 의례적인 질서 — 이 질서 속에서 개인들은 적절하고 평온하고 정중한 사회적 교제를 통해 서로의 '신성함'을 숭배한다 — 를 위반하는 것으로 인식된다.

또한 「당혹감과 사회조직」이라는 제목의 셋째 에세이에서도 고프먼은 자신의 위반의 방법론을 얼마간 드러낸다. 이 에세이는 얼떨떨함, 허둥댐, 당혹감이 반드시 성공적인 상호작용으로부터의 원치 않은 또는 불행한 일탈을 의미하는 것이 아니라 오히려 자주 상충되는 기대들이 순차적으로 순조롭게 배열되게 함으로써 만남의 사회적 조직이 일관성을 지속적으로 확보하는 데 도움이 될 수 있다는 점을 강조한다. 고프먼의 위반과 위기의 방법론을 요약하면, 그가 정식화한 대로, 그가 획책한 것은 사회적 모임에서 일어나는 불협화음에 주목하는 것이다. 그러한 불협화음에 주목함으로써, "사회학자는 상호작용이 빗나갈 수 있는 방식에 대해, 그리고 그 함의에 의해 올바른 상호작용이 일어나는 데 필요한 조건들에 대해 일반화할 수 있다"(Goffman, 1967: 99). 또는 달리 표현하자면, 고프먼은 부정적인 것에서 시작하여 긍정적인 것으로, 규칙 파괴에서 시작하여 규칙 자체의 본질로 끝을 맺는다(Boeskov, 1975: 143). 우리는 상호작용으로부터의 소외를 고찰함으로써, 개인이 지켜야 하는 상호작용 규칙에 대해 깨닫는다. 우리는 정신질환을 사회적 규칙의 위반으로 간주함으로써, 침해해서는 안 되는 상황적·영토적 경계에 대해 배운다. 그리고 당혹감과 허둥댐에 초점을 맞춤으로써, 사람들은 사회적 모임 동안 자신이 어떻게 자기 자신을 표현할 것으로 기대받는지를 알게 된다(Sylvest, 1975). 이처럼 고프먼은 방법론적으로 사람들 서로 간의 관계에서 발생하는 일탈, 침해, 위반, 위기를 고찰함으로써 기존의 (상황적) 사회질서를 꿰뚫어 보았다.

결론

이 장에서 예증하고 논의했듯이, 어빙 고프먼은 사회학에, 그리고 미시사회학적 주제의 연구에 명백히 고프먼적이고 얼마간 특이한 방법론적 방식으로 접근했다. 우리가 고프먼의 '방법'에 대해 실제로 얼마나 많은 것을 말하고 추정할 수 있는지는 그 자체로 하나의 관심사가 된다. 왜냐하면 특히 고프먼 자신이 자신의 방법에 대해 불가해하게 침묵을 지켰기 때문이다. 잭 바이넘과 찰스 프랜터가 일찍이 언급했듯이, "고프먼의 방법론은 서로 다른 방법으로 얻은 자료를 노련하게 합성한 것이다"(Bynum and Pranter, 1984: 99). 하지만 고프먼에서 자료의 성격만 다양한 것이 아니었다. 사회적 상호작용을 연구하는 그의 전체 접근방식 또한 혼합과 합성을 특징으로 했다. 이 장에서 우리가 분명히 알 수 있듯이, 고프먼의 관점은 질적 사회학자 ― 대면적 상호작용을 포착하기 위해 (아마도 체계적으로보다는 인상주의적으로) 자신의 모든 감각을 사용하는 ― 와 문학적·시적 사회학자 ― 자신의 연구 주제에 대한 사회학적 스토리라인을 짜기 위해 은유, 소설, 단편소설, 신문 스크랩, 영화를 영감의 창조적 원천으로 사용하는 ― 를 혼합한 것이었다.

아마도 놀랄 것도 없이, 미시 사회세계의 사소하고 평범한 측면에 대한 고프먼의 연구는 그의 연구 결과를 비과학적이고 근거 없고 실제로 시시한 연구로 간주하는 한편의 동료들과 사회학적 상상력의 전형을 보여주는 연구로 여기는 다른 한편의 동료들 사이에서 양면적인 반응을 불러일으켰다. 그레그 스미스가 언급했듯이,

> 일부 사람들에게 고프먼의 저술은 사회학적 상상력을 아주 잘 발휘하고 있는 뛰어난 작품이다. 그의 분석은 혁신적이고 유익하며 심지어 재미있기까지 하다. 하지만 다른 사람들에게 그의 저작은 단지 서술적일 뿐이고, 진정으로 설명적이지 않으며, 언론 보도와 제도에, 그리고 권력과 착취의 사회 현실에 대해 무지하다.(Smith, 1988: 118)

이 중 어떤 견해를 지지하든 간에, 고프먼의 저작이 사회학에 엄청난 영향을 미쳤다는 것을 부인하기는 어렵다. 우리가 이 장에서 보여준 바와 같이, 얼마간 대안적인 방법론으로 무장한 고프먼은 다음 장에서 우리가 살펴보듯이 당시까지 대체로 무시되었던 일상적 상호작용의 영역 ― 이는 고프먼 자신의 페르소나를 상징하는 트레이드마크일 뿐만 아니라 다른 사람들이 수행할 연구의 정당한 영역이기도 하다 ― 을 연구하는 데 성공했다. 따라서 우리는 고프먼이 사회학에 남긴 중요한 방법론적 유산으로 다음의 네 가지를 제시한다. (1) 고프먼은

자신의 사회학을 통해 귀납적 연구 전략과 연역적 연구 전략 사이에 거듭되는 변증법적 과정을 확립할 필요가 있음을 강조했다. (2) 고프먼은 개념을 시험하고 개발하고 정교화하는 탐색적이고 짜증스러운 작업을 수행하면서, 사회학이 궁극적 목표로 삼는 것은 반드시 철통같거나 긴밀하게 통합된 이론이 아니라 혁신적이고 상상력이 풍부한 유용한 개념이라고 강조했다. (3) 고프먼은 사회학적 묘사에 미묘하고 복잡하고 다층적인 사회 현실을 직접 반영하는 것은 불가능하며 따라서 이를테면 은유적인 재기술이 필요하다는 점을 정확히 지적했다. 그리고 마지막으로 (4) 고프먼의 독특한 글쓰기 스타일과 독자와 교감하는 그의 세련된 풍자 감각은 한 사람의 사회학적 메시지가 수용되고 이해되고 평가받는 데서 스타일이 매우 중요하다는 것을 보여준다. 관심을 끌거나 설득력을 가지거나 호기심을 불러일으키거나 유익하기 위해 사회학이 지루해야 할 필요는 없다.

연습문제

• 어빙 고프먼이 자신의 연구에 주로 사용한 방법은 무엇이었는가?
• 어빙 고프먼의 방법론을 어떻게 설명하고 평가할 수 있는가?
• 어빙 고프먼 방법론의 주요 장점과 이점은 무엇이었는가?
• 어빙 고프먼 방법론의 주요 약점과 문제점은 무엇이었는가?

제4장

고프먼의 일상생활에서의 상호작용의 사회학

이 장에서는 일상생활에서의 대면적 상호작용에 대한 고프먼의 분석에서 가장 중요하게 다루어지는 테마와 개념을 대략적으로 그려보고자 한다. 이 장에서 우리는 일상생활에서의 대면적 상호작용에 대한 고프먼의 다양한 연구가 어떻게 동일한 가장 중요한 테마, 즉 상호작용 질서*로 귀결되는지를 예증할 것이다. 고프먼이 사회적 상호작용의 연극적·의례적·전략적 요소에 대해 탐구한 것뿐만 아니라 일상생활에서의 사회적 상호작용에 포함된 다양한 상호작용 요소를 규명한 것 또한 "그 자체로 하나의 실제적 영역을 이루는 것"(Goffman, 1983a: 2)의 윤곽을 그리는 데 기여했다. 이 장은 네 부분으로 이루어져 있다. 첫째 부분에서는 『일상생활에서의 자아 표현』에서 전개되는 연극적 관점을 제시한다. 둘째 부분에서는 고프먼이 게임이론에 근거하여 사회적 상호작용을 분석한 내용을 소개한다. 셋째 부분에서는 고프먼이 뒤르켐의 의례* 개념을 어떻게 사용하는지를 개략적으로 보여준다. 그다음으로 우리는 상호작용 질서에 대한 고프먼의 개념으로 다시 돌아가서 이 장을 마무리한다.

연극적 공연

　고프먼(Goffman, 1983a)은 사망하기 직전인 1982년에 자신의 미국사회학회 회장 취임 연설에서 대면적 상호작용 ─ 이를테면 둘 또는 그 이상의 개인이 물리적으로 함께 있는 사회적 상황에서 일어나는 상호작용 ─ 에 대한 연구를 수용할 것을 촉구하기 위해 자신의 전반적인 학문적 관심사를 개괄했다. 고프먼은 다양한 연구를 통해 이 사회적 영역을 탐구하고 알리는 작업을 수행했다. 그는 각각의 연구에서 서로 다른 장치를 갖춘 서로 다른 맥락에서 일어나는, 그리고 서로 다른 수준의 친분을 가진 당사자들 사이에서 일어나는 서로 다른 유형의 사회적 모임을 탐구했다. 고프먼은 상호작용 질서의 과정, 구조, 요소들을 탐구하면서, 개념적 은유들을 사용했다. 우리가 제3장에서 고프먼의 은유적 재기술과 관련된 방법론적 문제들을 상세히 다루었다면, 이 장에서는 각각의 은유가 어떻게 상호작용 질서의 실제 과정과 요소들을 밝혀주는지를 살펴본다.

　우리는 고프먼의 개념적 은유 중에서 아마도 가장 잘 알려져 있을 것으로 생각되는 은유, 즉『일상생활에서의 자아 표현』에서 자세하게 제시된 연극 은유에서부터 논의를 시작한다. 그의 가장 영향력 있는 책으로 평가받는『일상생활에서의 자아 표현』은 셰틀랜드 제도에서 수행한 현장 연구 ─ 이는 그의 박사학위 논문의 경험적 근거가 되었다 ─ 에서 얻은 경험을 바탕으로 한 것으로, 이 모노그래프는 그가 박사과정에서 처음으로 제시했던 많은 개념(인상 관리, 공연, 모순되는 역할 등)을 이론적으로 확장한 것으로 볼 수 있다. 고프먼 자신의 말로 표현하자면,『일상생활에서의 자아 표현』은 인간의 사회적 삶을 연구하는 데 사용될 수 있는 사회학적 관점을 제시하는 핸드북으로 여겨질 수 있다. 구체적으로 말하면, 그는 물리적으로 함께 있는 사람들 사이에서 일어나는 상호 영향의 유형에 관심이 있다. 따라서 고프먼은 연극적 관점을 통해 대면적 상호작용의 기초가 되는 몇 가지 기본 원리를 탐구하고자 한다. 그 책에서 줄곧 고프먼은 연극적 관점을 이용하여 "개인이 일상의 작업 상황에서 자신과 자신의 활동을 다른 사람에게 표현하는 방식, 다른 사람들이 자신에 대해 갖는 인상을 인도하고 통제하는 방식, 그리고 다른 사람들 앞에서 공연을 수행하는 동안 그가 할 수 있는 부류의 행동과 할 수 없는 부류의 행동"을 분석했다(Goffman, 1959: 8). 고프먼은 연극적 틀을 도입하여, 한 개인이 다른 사람과 물리적으로 인접해 있을 경우, 불가피하게 그 또는 그녀는 개인적 또는 사회적 목표를 달성하기 위해 다른 사람이 자신에 대해 가지는 인상을 통제하려고 할 것이라고 주장했다. 그 행위자는 인상관리를 할 것이다. 다른 한편 사회적 만남의 다른 참여자들은 그 특정한 개인이 누구이고 어떤 사람인지에 대한 인상을 만들어내려고 시도할 것이다. 그들은 그 또는 그녀의 정체성에 대한 그림을 그리려고 노력할 것이고, 그 목적을 위해 그들은 다양한 종류의 기호 매체(sign vehicle)* ─ 이 매체들 각각은 문제가 된 그 사람에 대해 무언가를 말해준다 ─ 를 사용할 것이다. 고프먼은 인상관리 개념을 전개하면서 행위자들이 '제공하는(give)' 정보와 '풍기는(give off)' 정보를 구분한다. 첫째 유형의 정보, 즉 제공하는 정보는 우리가 구체적인 의미를 전달하기 위해(이를테면 전통적인 명시적인 형태의 소통을 위해) 의식적으로 사용하는 언어적 또는 비언어적 상징과 관련되어 있다. 다른 유형의 정보, 즉 풍기는 정보는 행위자들이 부지중에 무의식적으로 방출하는 기호나 표현으로 이루어지며, 주변 사람들이 그 사람의 특징으로 인식하는 기호들이다(Goffman, 1959: 14). 따라서 일상의 대면적 상호작용에서 사람들은 두 가지 흐름의 소통에 관여한다. 고프먼의 관점에서 볼 때, 행위자들은 의식적으로 방출된 수많은 정보에 주목함으로써뿐만 아니라 외모와 전혀 의도하지 않은 정보로부터 추론함으로써도 상호적으로 서로에 대한 인상을 만들어낸다. 따라서 인상관리는 의도적인 형태뿐만 아니라 비의도적인 형태도 취할 수 있다. 워크숍의 한 세선에서 어떤 청중이 질문을 하는 것이 아니라 계속해서 연설을 하려고 시도할 때, 그 또는 그녀는 당연히 발표 패널에 있어야 할 매우 열성적인 학자로 자신의 인상을 형성하는 데 의도적으로 관여하고 있을 수도 있다. 의도하지 않은 인상관리는 (우리는 친구나 동료와 함께 있을 때면 우리가 진실되게 행동한다고 생각하곤 하지만) 우리가 친구나 동료가 구체적으로 기대하는 것에 맞추어 각기 자신의 다른 측면을 친구나 동료에게 제시하기도 한다는 사실에서 잘 드러날 수 있다.

고프먼의 연극적 분석에서 핵심 개념은 공연(performance)*이라는 개념이다. 고프먼은 일상생활 속의 배우들이 연극의 관행과 자신의 수중에 있는 다양한 소품을 통해 다른 배우들이 당면한 상황을 인식하고 정의하는 방식에 어떻게 영향을 미치는지를 탐구한다. 공연에서 중요한 부분은 어떤 사람의 '전면(front)'이다. 전면은 행위자들이 의식적 또는 무의식적으로 우리가 누구인지에 대한 특정한 이미지를 구성하기 위해 사용하는 태도, 풍모, 표현으로 구성된다(Fine and Manning, 2003: 46). 이를테면 고프먼이 분석에서 지적하듯이, 한 사람이 예컨대 대학 교원으로서 진지하게 받아들여질 가능성은 발표의 명확성과 논리에 달려 있을 뿐만 아니라 그 사람의 풍모와 행동거지에도 크게 의존한다. '제공하는' 기호 및 표현과 '풍기는' 기호 및 표현 각각의 측면에서 살펴보면, 대학 선생이 그 공연에서 수행하는 작업은 관객이 정보에 접근하고 인식하는 방식을 통제함으로써 관객이 자신이 의식적으로 방출한 기호를 (무의식적으로) 드러나는 기호로, 그리하여 그 사람의 '진정한' 정체성을 표현하는 것으로 해석하게 하는 노력들로 구성된다(Fine and Manning, 2003: 46).

고프먼의 연극적 분석은 대면적 상호작용의 상황과 관련되어 있으며, 따라서 핵심적 분석 단위는 사회적 만남(social encounter)이다. 일상생활에서의 만남에서 사람들은 다양한 상호작용 과제에 직면하게 되는데, 상호작용 참

여자들에게 가장 중요한 과제는 특정한 상황 정의(definition of the situation)*
를 표현하고 유지하는 것이다. 참여자들은 어쩔 수 없이 행동과 몸짓을 통해
자신이 상황을 어떻게 정의하는지에 대해, 그리고 다른 사람들이 어떻게 그
상황을 인식하고 대해야 하는지에 대해 제시할 수밖에 없다. 고프먼이 지적
한 바와 같이, 함께 참여하는 사람들이 제시하는 다양한 상황 정의는 일반적
으로 어느 정도 일치할 것이다. 하지만 이는 완전하고 전적인 합의가 이루어
질 수 있다는 것이 아니라 당사자들이 진짜 감정을 억누르고 다른 사람들이
기꺼이 받아들일 것으로 추정되는 상황 정의를 내릴 것이라는 것을 의미한
다. 고프먼은 대부분의 일상생활에서의 만남은 일정한 '타협(modus vivendi)'
을 포함하고 있으며, 그러한 타협이 참여자 각각이 공통의 상황 정의에 각기
기여하는 동시에 공개적인 갈등을 피하기로 하는 데 동의할 수 있게 해준다
고 주장한다(Goffman, 1959: 21). 이처럼 상호작용의 기본 목표는 집합적으로
공유된 상황 정의를 유지하여 참가자들이 규범적 기대를 이해하고 그에 따
라 행동을 조정할 수 있게 하는 것이다. 우리가 제7장에서 살펴보듯이, 고프
먼은 그의 후기 저작에서는 '프레임' 개념을 이용하여 행위자들이 (행위자들
이 현재 일어나고 있는 일과 참여자들의 정체성을 이해하고 정의하는 방식을 인도하
는) 의미 제공 프레임(significance-providing frame) 내에서 사회적 상황을 자
동적으로 해석한다는 사실에 대해 기술한다. 따라서 고프먼(Goffman, 1974:
11)에 따르면, 프레임은 "사건들(특히 사회적 사건들)과 그러한 사건들에 대한
우리의 주관적 몰입을 지배하는 조직화 원리"가 된다.

　따라서 상황 정의에는 개인은 자신이 암묵적으로 또는 명시적으로 제시하
는 사회적 표식(social marker)에 따라 대우받기를 기대할 도덕적 권리를 가진
다는 의미에서 도덕적 요소가 포함되어 있다. 고프먼이 주장하듯이,

　　한 개인이 상황에 대해 특정한 정의를 내리고 그 상황 정의에 의거하여 자신이 특

정한 종류의 사람이라고 암묵적 또는 명시적으로 주장할 때, 그는 무의식적으로 다른 사람들에게 자신과 같은 부류의 사람들이 당연히 기대할 수 있는 방식으로 자신을 평가하고 대우할 것을 도덕적으로 요구한다.(Goffman, 1959: 24)

고프먼은『일상생활에서의 자아 표현』에서 연극적 틀을 개관하면서, 개인들이 참여자들의 '체면(face)'을 지킬 수 있는 상황 정의를 유지하기 위해 노력하는 과정에서 어떻게 협력하는지를 분석했다. 고프먼의 용어로 표현하면, 한 사람의 얼굴은 단순한 관상의 문제가 아니라 사회적·감정적 구성물이다. 연극적 관점에서 볼 때, 한 사람의 얼굴은 그 사람이 자신에 대해 떠올리는, 그리고 다른 사람들이 (보통) 그가 유지할 수 있게 도와주는 이미지를 구성한다. 다른 무엇보다도『일상생활에서의 자아 표현』은 상호작용이 와해되는 당혹스러운 상황을 피하기 위해 취하는 예방조치들 — 자신의 상황 정의를 보호하기 위해 사용되는 '방어 관행(defensive practice)'과 다른 사람들의 상황 정의를 지켜주기 위해 사용되는 '보호 관행(protective practice)' — 뿐만 아니라 일상생활 속의 배우들이 다른 사람 앞에서 자신의 일을 수행할 때 사람들에 의해 마주치는 연극적 문제들에 대해서도 설명한다(Goffman, 1959: 24~26).

고프먼은 연극적 모델을 전개하면서 공연, 팀, 영역(region)과 영역 행동(region behavior), 모순된 역할(discrepant roles), 배역에서 벗어난 의사소통, 인상관리 기술이라는 여섯 가지 기본적인 연극적 요소를 고찰한다. 이 요소들 각각을 차례로 살펴보기로 하자.

'공연'은 함께 있는 사람들에게 어떤 인상을 심어주는 것에 관한 것, 특히 (자신 및 자신과 함께 있는 다른 당사자들에게) 우리가 실제로 우리가 가장하는 바로 그 사람이라는 점을 확고히 하는 것에 관한 것이다. 어떤 사람은 공연할 때 자신의 표현 장비(의상, 젠더, 지위 등)를 이용하여 자신의 메시지나 상황적 주장을 표현한다. 고프먼에 따르면, 공연은 '이상화'의 대상이 될 수 있으며,

이는 공연자들이 관객들에게 실제 상태보다 더 나은 인상을 제공하는 경향이 있음을 시사한다. 고프먼은 스코틀랜드 가정에서 이루어지는 공연에 관한 이야기를 예로 이용하여 그러한 이상화를 예증했다. 스코틀랜드에서 "평균적인 지주들과 그의 가족들은 손님을 접대할 때와 달리 평소에는 훨씬 더 검소하게 살았다." 그 이야기에는 손님을 대접할 때 저녁 식사에서 대여섯 명의 하인들이 시중을 들었지만 그 위풍당당한 식사에 차려진 것이라고는 서로 다른 모습으로 위장한 오트밀과 절인 청어뿐이었다고 말하는 장면이 들어 있다(Goffman, 1959: 47). 고프먼에 따르면, 공연은 항상 개별 배우들에 의해 이루어지는 것이 아니라 때로는 여러 사람에 의해 함께, 즉 배우들로 구성된 '팀'에 의해 집단적으로 이루어지기도 한다. 고프먼(Goffman, 1959: 85)에 따르면, 팀은 "하나의 고정된 연기를 하는 데서 협력하는 어떤 일단의 개인들"을 말한다. 따라서 우리가 제5장에서 보다 자세히 살펴보듯이, 정신병원 병동의 직원은 의료 서비스에 대한 상황 정의 ― 이른바 합리적-경험적 치료가 어떤 것인지에 대한 관념을 포함하는 ― 를 유지하기 위해 협력하는 팀으로 생각될 수 있다.

일상생활에서의 상호작용은 다양한 형태의 연극적 '영역'*에서 수행되는데, 고프먼은 이 영역들의 특성을 탐구하면서 '장면(scene)' 또는 '전면 영역(front region)'과 '후면 영역(back region)'이라는 잘 알려진 구분을 제시한다. 고프먼에게서 영감을 받은 많은 문헌에서는 이들 개념이 전면무대(frontstage)*와 후면무대(backstage)*로 일컬어지기도 한다. 고프먼은 전면 영역은 관객 앞에서 특정한 공연이 이루어지는 영역이라고 주장한다. 거기서 공연자들은 일반적인 규범 구조에 따라 자신의 역할을 연기하고 자신의 공연을 조절한다. 후면 영역은 공연자가 연기를 중단할 수 있는 영역으로, 공연자에게 긴장을 풀고 리허설을 하고 재충전을 할 수 있는 기회를 제공한다. 특히 흥미로운 상황은 전면 영역에서 후면 영역으로 전환이 일어나는 과정이다. 고프먼에 따르면,

연구자들은 이 전환을 연구함으로써 "배역의 가면을 쓰고 벗는 놀라운 모습"을 관찰할 수 있다. 고프먼은 영국 소설가 조지 오웰(George Orwell)의 작품에서 하나의 예시적인 사례를 제시한다. 그 예시에서 오웰은 웨이터들이 호텔 주방에서 식당으로 이동하면서 어떻게 캐릭터가 바뀌는지를 다음과 같이 묘사했다. "문을 지나자 그는 갑자기 바뀌었다. 그의 어깨 모습이 바뀌고, 욕설, 허둥거림, 짜증 모두가 순식간에 사라졌다. 그는 엄숙한 사제 같은 분위기로 카펫 위를 미끄러지듯 걸어간다"(Goffman, 1959: 123).

넷째 연극적 요소인 '모순되는 역할'은 어떤 사람들이 "팀의 비밀을 알게 되고" 그리하여 "그 팀의 특권적 지위를 위협"할 수 있는 방식과 관련되어 있다(Goffman, 1959: 143). 탐정, 밀고자, 현장에 투입된 비밀 연구원 모두는 모순되는 역할에 몰두하며, 따라서 (더 이상 자신의 비밀을 완전히 통제하지 못하는) 팀 전체에 잠재적인 위험이 된다. '배역에서 벗어난 의사소통'은 참여자가 드러내는 표정 가운데서 상호작용하는 동안 유지되는 인상과 다소 양립할 수 없지만 그럼에도 불구하고 인간의 만남에서 항상 찾아볼 수 있는 표정을 지칭한다. 고프먼은 이 용어를 사용하여 그 순간의 공연이 팀원들이 구성하는 유일한 현실은 아니라는 사실을 묘사한다. 이를테면 그들은 공식 공연이 펼쳐지는 동안에도 그러한 현실에서 벗어나 관객들을 비방하기도 하고('부재자 대우') 비밀스럽고 암시적인 의사소통을 하기도 한다('팀 공모'). 따라서 그러한 불일치는 특정한 상황적 기능을 수행한다. 고프먼에 따르면,

> [모순되는 역할은] 한 공연자가 자신이 어떤 상황에서 즉각적으로 생각 없이 즉흥적으로 반응하는 것처럼 행동할 수 있지만, 그리고 공연자 자신이 그것이 사실이라고 생각할 수도 있지만, 그가 한두 사람에게는 자신이 계속하고 있는 쇼가 그냥 쇼일 뿐이라는 것을 전하는 상황이 항상 발생할 수 있다는 것을 증명한다.(Goffman, 1959: 168)

마지막 연극적 요소인 '인상관리'는 상호작용 과정에서 만들어진 인상을 통제하기 위한 참여자들의 노력을 가리킨다. 이러한 노력의 가장 중요한 목적은 당황스러운 에피소드 또는 궁극적으로는 상황 파괴를 막는 것이다. 인상관리 기술에서는 무엇보다도 연극적 충성, 연극적 규율, 연극적 용의주도함이 중요하다. 따라서 인상관리는 배우들이 말투, 보디랭귀지, 복장 등을 통해 관객이 형성하는 인상을 통제하고자 하는 방식을 의미하지만, 한편으로는 이를테면 공연자의 과실, 자가당착을 무시하거나 잊어버리는 등 관객에게 기대되는 협력을 시사하는 것이기도 하다.

연극적 모델*의 은유를 통해 볼 때, 일상생활에서의 대면적 상호작용은 계속되는 일련의 연출된 협상 또는 교류임이 드러난다. 고프먼의 연극적 분석에서 일상생활에서의 공연자들은 동료 상호작용자들이 높이 평가하거나 보상할 무언가를 제공해야 한다. 다시 말해 우리의 자아 표현은 주어진 시간에 참여자와 관객이 상황에 따라 가지는 특정한 기대치에 적합해야 한다. 상황에 따라 관객이 다르고 관객에 따라 기대가 다르기 때문에, 일상생활에서 공연자들이 제시하는 자아 이미지는 사회적 상황의 변화에 끊임없이 적응할 필요가 있다. 이처럼 고프먼은 일상생활에서의 대면적 만남을 연극이라는 프리즘을 통해 해석함으로써, 일상생활의 사회적 상호작용이 어째서 우리가 의도적으로 서로를 속이기 위해 노력하는 가면 게임으로 해석되어야 할 뿐만 아니라 끝없는 극화 과정 속에서 개성과 사회질서가 하나로 통합되는 기능적 과정으로도 해석되어야 하는지를 증명한다(Münch, 1986: 53).

전략 게임

이와 같이 고프먼의 연극적 분석은 일상생활 행동이 갖는 게임 같은 성격을 다룬다. 연출된 공연 그리고 정보와 인상 통제 같은 요소들 모두는 대면적인 사회적 상호작용이 지닌 전략적·계산적 요소를 시사하고 있으며, 고프먼은 이후 저술에서 이러한 전략적 상호작용의 문제들을 상세히 탐구했다. 사회적 행동의 전략적 요소에 대한 그의 관심은 게임 이론가 토머스 셸링의 저작으로부터 영향을 받았다(고프먼은 셸링과 함께 게임 이론의 요소들을 미시사회학적 관점에서 계발하고 통합하면서 안식년을 보냈다). 전략 - 게임의 관점은 모노그래프 『만남』(Goffman, 1961)과 『전략적 상호작용』(Goffman, 1969)에서, 그리고 에세이 「행위가 일어나는 곳(Where the Action Is)」(Goffman, 1967)에서 특히 분명하게 드러난다. 『전략적 상호작용』의 첫째 부분은 「표정 게임(expression games)」에 대해 다룬다. 이 특정한 유형의 게임은 개인들 또는 (고프먼의 표현으로는) 플레이어들이 만남이라는 미시 사회세계에서 자신들이 이용할 수 있는 자신들에 대한 정보를 상호 해독하고 조작하는 상황을 포함한다.

> 거기에는 정보의 대안적인 원천이 충분하게 존재하지 않아서 관찰자가 피험자로부터 알 수 있는 것에 의존해야 하는 상황이 존재하는가 하면, 피험자가 그러한 평가를 하지 못하게 방해하거나 아니면 곤란한 상황에서 쉽게 그러한 평가를 할 수 있게 해주는 상황이 존재하기도 한다. 이러한 상황에서 사람들은 매우 심각한 문제가 생길 수도 있지만, 게임에서 하는 것과 유사한 고려를 한다.(Goffman, 1969: 10)

개인적 이익과 편의를 극대화하기 위해 이러한 미시세계의 플레이어들은 특정한 상호작용 조치들(interactional moves)을 이용하는데, 그중 기본적인 조치들로는 '부지불식간의 조치(unwitting move)', '순진한 조치(naïve move)', '통제 조치(control move)', '폭로 조치(uncovering move)', '역폭로 조치(counter-uncovering move)' 등이 있다(Goffman, 1969: 11~28). 따라서 특정한 활동 체계

속에서 참여자들은 상황적 규범 구조 또는 도덕 구조의 제약 내에서 (조치를 계획하고 정보를 탐색하고 평가하는 등의) 다양한 유형의 전략적 행동을 한다. 고프먼은 규칙의 중요성을 강조하면서 플레이어가 아무리 전략적이거나 영악해 보일지라도 그들은 자신들의 조치에 영향을 미치는 일단의 규범 내에서 행동한다고 말한다. 따라서 플레이어들은 다른 사람들이 자신들을 규칙을 따르는 사람이라고 인식하게 하기 위해 전략적으로 행동하기도 한다. 하지만 표현 게임에 참여하는 개인들은 일상생활의 수사 요원(agent)처럼 보이기도 한다.

> 모든 사회적 상황에서 우리는 한 참여자는 상대방의 표정을 평가함으로써 무언가를 얻는 관찰자가 되고, 다른 참여자는 그 과정을 조작함으로써 무언가를 얻는 피험자가 된다는 것을 알 수 있다. 이 점에서 우리는 수사 요원을 우리 모두와 얼마간 유사하게 보이게 하고 우리 모두를 수사 요원과 얼마간 유사하게 보이게 하는 하나의 단일한 우연성의 구조를 발견할 수 있다.(Goffman, 1969: 81)

『전략적 상호작용』이라는 제목이 붙은 둘째 에세이에서 고프먼은 우리가 어떻게 정보를 들추어내고 노출하고 조작하는지에 관심이 있는 것이 아니라 우리가 어떻게 우리의 행위를 전략적으로 계획하고 가장 합리적인 방식으로 실행하는지에 더 관심이 있는 것으로 보인다. 거기서 고프먼은 전략적 참가자가 가장 합리적인 방식으로 행위를 계획하고자 할 때 그 참가자가 고려해야만 하는 서로 다른 측면들 — 상황별 상대방과 상황 자체를 포함하여 — 을 확인하기 위해 노력한다. 이 맥락에서 가장 합리적인 행동은 최고 수준의 개인적 이익 — 사회적 인정의 극대화를 의미하는 — 을 낳는 행동을 의미한다. 이를 위해 첫째, 플레이어들은 '상대방의 조치'를 평가할 것이다. 여기서 목표는 상대방의 잠재적 동기와 가능한 대안적 조치를 분석하는 것이다. 다음으로, 플레이어는 '작전 코드', 즉 상대방이 게임을 하는 방식, 다시 말해 그 또는 그녀의 플레이 스타일과 목적을 관찰해야 한다. 셋째, 행위자들은 '상대의 결단력' — 개인적 비용에도 불구하고 게임을 계속하기로 하는 상대방의 결단과 능력을 의미하는 — 을 평가해야 한다. 또한 행위자들은 '다른 사람의 정보 상태'를 고려할 필요가 있다. 모든 잠재적 조치는 상대방의 생각/지식을 축으로 하여 설정되어야 한다. 마지막으로, 상호작용하는 당사자들은 '상대의 자원'을 고려해야 한다. 상대방(그리고 행위자 자신)이 다음 조치를 취할 때 자기 마음대로 사용할 수 있는 보조 수단들에 대해 아는 것도 중요하다(Goffman, 1969: 94~96). 달리 표현하면, 개인 플레이어는 가장 합리적인 행동을 계획하고 실행할 때 몇 가지 사항을 고려해야 한다. 플레이어는 게임에 참여한 다른 플레이어에 대해 필요한 계산을 해야 하며, 그러한 계산에 바탕하여 필요한 조치를 취해야 한다. 하지만 플레이어 A가 플레이어 B의 동기, 의도, 자원, 비축된 정보를 간파해 내려고 하는 동안 플레이어 B도 동시에 플레이어 A의 동기, 의도 등을 파악하려고 한다는 것이 바로 이 게임의 특징이다. 이에 바탕하여 고프먼은 다음과 같이 주장한다. 전략적 상호작용은

> 사람들이 각 당사자가 어떤 조치를 취해야만 하는 그리고 모든 가능한 조치가 모든 당사자에게 중대한 영향을 미치는 잘 구조화된 상호침해의 상황에 자신이 처해 있음을 발견할 때 일어난다. 이런 상황에서 각 플레이어는 다른 플레이어들이 자신의 결정을 미리 간파해 내려고 시도할 가능성이 크다는 것을 알고 자신의 결정을 내려야 한다. 우리는 이러한 종류의 자기 지향과 타인 지향에 기초하여 이루어진 조치들의 교환을 전략적 상호작용이라고 부를 수 있다.(Goffman, 1969: 100~101)

다시 말해 게임 참여자로서의 우리는 **상호 평가**에 근거하여 동일한 게임을 한다. 이 계속되는 감시는 상호적이며, 따라서 사람들의 상호작용에서 행사되

는 힘은 어떤 의미에서는 민주적이다. 왜냐하면 감시는 말하자면 양방향적이기 때문이다. 고프먼은 우리는 일상적인 상호작용을 하는 동안 우리의 '조치'가 우리 자신뿐만 아니라 다른 플레이어들에게도 결과를 수반하는 일종의 공동 운명체 속하게 된다고 강조한다. 합리적으로 행위하는, 따라서 우리 자신의 이익을 전략적으로 극대화하는 우리의 능력은 그와 관련된 다른 사람들의 생각과 행동을 평가하고 예측하는 우리의 능력에 달려 있다. 그러나 조지 허버트 미드에 따르면, 전략적 상호작용은 또한 우리 자신을 다른 사람의 위치에 놓고 우리 자신의 조치를 계획하는 데 그러한 지식을 사용함으로써 상황에 영향을 미치는 것으로 이루어진다.

『상호작용 의례』(1967)에 수록되어 있는 에세이 「행위가 일어나는 곳」에서도 고프먼은 게임 은유를 통해 사회적 상호작용을 분석한다. 그의 출발점은 '행위(action)' 개념으로, 거기서 그 개념은 오락이나 흥분을 위해 시작된 종종 문제가 되는 기회나 위험을 수반하는 활동을 지칭한다. 고프먼의 행위 개념은 카지노 도박꾼과 유사하게 사람들이 게임에 자신을 내던져서 내기를 걸어 보상을 받거나 손실을 보는 순간을 가리킨다. 비록 현대의 일상생활이 이전의 전(前)문명화 시대와 같은 명백한 물리적 위험 요소에 직면하지는 않지만, 고프먼이 보기에 이 삶에도 위험이 전혀 없는 것은 아니다. 인간의 만남과 사회적 상황은 우리가 승리(칭찬받기, 인정받기, 명예 누리기)와 패배(당황하기, 체면 또는 평정심 잃기) 모두를 할 수 있다는 점에서 중요하고도 위험한 게임일 수 있다. 따라서 고프먼은 앞서 언급한 카지노, 경마장, 낙하산 타기, 등반하기 등과 같은 인간의 흥분과 위험 감수에 대한 열망에 직접적으로 그리고 아주 드러내 놓고 호소하는 상황, 활동, 맥락에는 관심이 없다. 그가 관심을 가지는 것은 인간의 본성을 둘러싸고 전개되는 행위나 (종종 스트레스와 중대한 '운명적' 상황에 직면하여) 자제력과 품위를 드러낼 수 있는 인간의 능력이다. 고프먼이 그러하듯이, 우리는 일상적인 상호작용 상황을 연구함으로써 이른바 성격 경쟁(character contest)*이라고 불리는 것 — 이를테면 우리가 이따금 서로 '끝장을 보려고' 하는 사소한 사회적 게임, 싸움, 언쟁 등으로, 그것들은 상대방을 희생시켜 자신의 자제력과 강한 성격을 증명하는 것과 관련된다 — 을 정확히 포착해 낼 수 있다. 일상생활은 그러한 수많은 싸움의 기회를 제공한다.

> 개인이 해명을 요구하거나 해명을 할 때, 칭찬을 하거나 칭찬을 받을 때, 다른 사람을 무시하거나 자신이 무시당할 때는 언제나 자제력 경쟁이 일어날 수 있다. 이와 유사하게 친구 사이와 낯선 사람 사이에서 암암리에 이루어지는 귀여운 연애질은 교제 상대를 독점하려는 경쟁을 낳는다.(Goffman, 1967: 240)

이처럼 성격 경쟁은, 현대의 삶이 명백하게 위험하거나 흥분되는 일에 봉착하지 않은 상황에서 우리가 자신의 성격에 가치를 더할 목적으로 다른 사람과의 관계에서 위험 부담이 따르는 행동을 시작하는 상황을 지칭하는 고프먼의 용어이다. 어떤 사람은 다른 사람보다 이런 유형의 거래에 더 많이 참여한다. 어떤 사람은 자신의 성격과 관련된 잠재적인 패배와 승리에 직면하여 끈질기고 격렬하게 저항할 것이다. 하지만 당신이 맑은 정신을 유지하고 일정 정도 품위를 지킨다면, 당신은 무언가를 얻을 기회가 있을 것이다. 말할 필요도 없이, 당신이 평정심을 잃거나 약점의 징후를 드러낸다면, 당신에게 패배의 위험이 곧 닥칠 것이다.

우리가 간략하게 언급했듯이, 고프먼이 전략적 상호작용에 대해 말하고 사회생활과 관련하여 게임 은유를 이용할 때(Goffman, 1969: 113~114) 그가 경험적 현실에서 그러한 '순수한 게임'이 일어나는 경우는 거의 없다는 것을 잘 알고 있었다는 점을 강조할 필요가 있다. 일상생활에서 이루어지는 게임들은 많은 기회를 제공하는 사회적 규범의 틀 내에서뿐만 아니라 제약의 틀 내에서도 진행된다. 따라서 고프먼은 「행위가 일어나는 곳」(1967)에서 일상생활 속에서 사람들은 기본적으로 평화와 의례 질서를 유지하기를 원하기 때문에 성격 경쟁은 주기적으로만 표면화될 것이라고 지적한다. 고프먼이 지적한 결정적 논점은, 플레이어들이 처신할 것으로 기대받는 방식을 조정하는 것은 상황 정의이며 따라서 이 정의는 참여자들이 자신이 가지고 있을 것으로 추정하는 사회적 지표에 따라 평가받을 권리를 가진다는 의미에서 도덕적 요소를 가진다는 것이다. 이런 점에서 상황 정의에는 암묵적 강제 — 종종 도덕적 편향을 지닌 — 가 포함되어 있다. 우리가 어떻게 행동해야 하는지, 우리가 어떤 역할을 해야 하는지, 우리가 어떤 태도를 취해야 하는지를 조절하는 것은 상황 정의이다. 따라서 플레이어들이 해당 상호작용 속에서 항상 전략적으로 숙고하지만, 그리고 때로는 '성격 경쟁에서 승리하기' 위해 계산적인 방식으로 행동하지만, 그리고 아마도 상호 감시 또는 상호 스파이 활동을 계속할 수도 있지만, 그러한 노력 모두는 상황별 도덕규범과 관련된 틀 내에서 이루어진다. 이것은 우리를 고프먼 저술의 또 다른 중심 주제, 즉 일상생활 상호작용의 사회적·도덕적 의례화로 인도한다.

상호작용 의례

제2장에서 우리는 고프먼이 에밀 뒤르켐의 저작에서 어떻게 영감을 발견했는지를 탐구했다. 그러한 영감은 고프먼의 박사학위 논문에서 분명하게 드러난다. 고프먼은 이 논문에서 사회학이 상호작용의 의례적 측면을 소홀히 다루어왔다고 지적한다.

상호작용을 의례로 바라보는 모델은 그간 문헌에서 잘 다루어지지 않았는데, 이는 아마도 G. H. 미드와 베버가 사회적 관계, 즉 사회적 상호작용은 두 사람이 자신의 행동을 추구할 때 서로의 행위를 고려한 산물이라는 사실을 강조했기 때문일 것이다. 이러한 강조가 우리로 하여금 우리가 다른 사람들에게 보여주는 종류의 배려를 도구적으로 생각하게 해온 것으로 보인다. 이는 우리가 다른 사람의 행위(우리의 개인적 목적이 무엇이든 간에 그 목적을 달성하는 데 보다 나은 것)를 고려하지(take into consideration) 다른 사람들을 배려하지(give consideration) 않음을 시사한다. 'consideration'이라는 말은 이제 우리에게 배려를 의미하는 것이 아니라 계산을 의미하게 되었다.(Goffman, 1953b: 103)

고프먼은 뒤르켐의 종교사회학에서 사회적 상호작용에 대한 하나의 관점 − '신성한 대상'으로서의 다른 사람들에 대해 드러내는 의례적 배려와 존중을 강조하는 관점 − 을 구축하는 데 활용할 수 있는 중요한 이론적 요소를 발견했다. 이러한 사고방식은 연극적 분석에서도 아주 분명하게 드러나지만, 이른바 일상생활에서의 상호작용 의례*에 대한 고프먼의 분석(Goffman, 1967)에서 가장 분명하고 가장 명시적인 형태로 표현된다. 고프먼은 그의 에세이 「얼굴 작업에 대하여(On Face Work)」에서 의례 개념의 사용을 합리화한다.

> 내가 **의례**라는 용어를 사용하는 까닭은, 내가 행위자가 자신이 얼마나 존중받을 만한 가치가 있는지, 또는 그가 다른 사람들이 얼마나 존중받을 만한 가치가 있다고 느끼는지를 상징적 요소를 통해 보여주는 행위들을 다루기 때문이다. …… 그러므로 한 사람의 체면은 신성한 것이고, 체면을 유지하는 데 요구되는 표현적 질서는 하나의 의례적 질서이다.(Goffman, 1967: 19)

고프먼이 확인한 상호작용 의례는 일상생활에서의 상호작용에 적용되는, 그리고 정형화된 행동 순서와 말의 패턴 속에서 드러나는 규칙 또는 '상황적 적절함'의 한 형태로 해석된다. 우리가 매일 서로에게 베푸는 작은 그리고 겉으로 보기에 중요하지 않은 호의들도 의례가 자신의 모습을 드러내는 방식 중 하나이다. 고프먼(Goffman, 1967: 47)은 영혼의 신성성에 대한 뒤르켐의 개념을 더욱 확대하여, 현대 개인들의 체면은 일종의 신성한 성격을 지니고 있다고 주장한다. 고프먼은 우리가 외견상 중요하지 않아 보이는 상호작용 의례들을 준수함으로써 이 체면의 신성함을 보호하고 확인하고 유지해야 한 다고 지적한다.

이처럼 고프먼은 의례 개념을 사용함으로써 일상생활에서 이루어지는 상 호작용의 많은 것이 실제로 개인의 체면을, 따라서 사회적 만남이라는 미시 사회적 현실을 뒷받침하는 것을 목적으로 하는 상징적 행위라고 지적한다. 우리는 서로를 존중하고 배려함으로써, 즉 다른 사람들이 체면을 잃을 것 같 을 때마다 주의를 돌림으로써, 요컨대 '얼굴 작업'을 함으로써, 실제로 서로 를 그리고 우리가 연루되어 있는 사회적 현실을 보호하고 있다. 고프먼으로 하여금 현대 사회에서 개인이 신의 자리를 차지해 왔다고 주장하게 만든 것 도 바로 이러한 의례적 협력, 즉 이 다양한 많은 상호작용 의례의 준수이다. 고프먼이 지적하듯이, 많은 신이 사라졌지만, "개인 자신은 여전히 상당한 중 요성을 가진 하나의 신으로 견고하게 남아 있다"(Goffman, 1967: 95). 하지만 일상생활에서 작동하는 상호작용 의례에서 찬양되는 것은 사람들의 독특함 이나 개성이 아니다. 오히려 존중받는 것은 그들이 공유하고 공통적으로 가 지고 있는 공통성이다. 그리고 고프먼은 일상생활에서 그러한 공통성이 어 떻게 찬양되는지에 대한 현미경적 분석을 통해 사회의 사회질서와 구조가 어떻게 지속적으로 재생산되는지를 입증한다(Album, 1996: 133). 그러므로 고프먼의 주목할 만한 업적 중 하나는 우리로 하여금 일상적 상호작용의 중 요한 의례들에 초점을 맞추게 해왔다는 것이다. 그는 그러한 의례가 어떻게 미시 수준에서 품위 있는 (그리고 규칙을 따르는) 사회적 교류를 보장하는 것 의 일부를 이루는지, 그리고 어떻게 세계적 수준에서 사회의 화합을 유지하는 **접착제**의 일부를 형성하는지를 보여주었다.

고프먼은 명시적이고 구두화된 명령이나 금지의 형태로 표현되는 상호작용 의례가 아니라 일상생활에서의 만남에서 다소 즉흥적인 방식으로 서로를 대하는 형태의 의례들에 관심이 있었다. 고프먼은 『공공장소에서의 행동』(1963)에서 '초점 있는 상호작용(focused interaction)'과 '초점 없는 상호작용(unfocused interaction)'에서 나타나는 상황적 특성들을 탐구했다. 사람들은 대부분의 공공장소에서 일어나는 상호작용의 지배적인 형태인 초점 없는 상호작용에서는 공유된 활동에 공동으로 참여하지 않은 채로 함께 있는 반면, 초점 있는 상호작용에서는 공동 관심사를 다루기 위해 함께 모여 그 관심사에 계속해서 초점을 맞추기 위해 협력한다. 초점 없는 상호작용에서 주요한 상호작용 작업의 하나가 적절한 수준의 관여를 보여주는 것인데, 거기서는 신체가 중요한 역할을 한다. 초점 없는 상호작용에서 사람들은 서로의 행동을 '신체 표현양식(body idiom)'을 통해 해석하고 평가한다. 왜냐하면 거기에는 "다른 사람이 특정한 방식으로 자신을 표현할 것이라는 기대가 자리하고 있는 것처럼, 다른 사람이 있을 때 특정한 정보를 전달해야 할 의무와 다른 인상을 전달하지 말아야 할 의무"가 있기 때문이다(Goffman, 1963: 35). 고프먼은 신체 표현양식의 차원을 탐구하면서 개인이 몸으로 표현하지 않았다면 다른 사람에게 보이지 않았을 것들을 보이게 만들기 위해 자신의 신체를 사용하는 방법을 묘사하는데, 이를 위해 그는 '신체 허례(body gloss)'라는 용어를 사용하고 그러한 신체 언어의 다양한 하위 유형을 식별한다. 그러한 하위 유형 중 하나가 '지향 허례(orientation gloss)'인데, 이는 우리가 정상적인, 그리고 악의 없는 일상 행위를 하고 있다는 것을 다른 사람들에게 알리는 행동들을 가리킨다. 이를테면 어떤 사람이 사무실 건물 앞에 서 있을 때는 휴대전화나 시계를 수시로 확인하면서 자신이 누군가를 기다리는 중이며 따라서 다른 의심스러운 활동을 하는 것이 아니라는 것을 보여줄 수 있다. 이처럼 개인은 신체 허례를 떪으로써 자신의 계속되는 행동이 함의하는 바람직하지 않은 성격에서 벗어날 수 있다(Goffman, 1971: 128~129). 이와 같이 초점 없는 상호작용에 참여하는 서로 모르는 사람들은 상황별 기준에 따라 몸을 관리하고 신체 표현양식을 통해 다른 사람들의 행동을 판단함으로써 일상생활에서 이루어지는 상호작용의 질서정연함과 예측 가능성에 기여한다. 상황에 적절히 관여하고 있음을 알리는 것은 신체 표현양식에서 중요한 요소 가운데 하나이다. 하지만 한 사람의 이러한 관여는 하나의 인지적 또는 정신적 상태에서 일어나고 따라서 직접 관찰할 수 없기 때문에, 다른 사람들은 그의 관여 수준을 그의 상황별 관여 정도를 나타내는 지표를 인식함으로써 관찰한다. 그리하여 사람들은 상황에 부적절하게 관여하는 행동들을 가려내기 위해 '관여 차폐물(involvement shield)'을 이용하기도 한다. 이를테면 사람들은 손을 "이용하여 뜨고 있어야 하는데 감은 눈을 가리기도 하고, 하품할 때 신문으로 벌리지 말아야 하는 입을 가리기도 한다"(Goffman, 1963: 40). 게다가 사람들은 일을 하면서 노래를 부르거나 담배를 피울 때처럼 '주요 관여(main involvement)'와 '부수적 관여(side involvement)'에 적절한 수준의 주의를 할당할 필요가 있다. 고프먼은 사회적 상황이 '지배적 관여(dominant involvement)'로 인식되는 것을, 그리하여 참여자들이 적절하게 관여해야 하는 것을 규정한다고 주장한다. 따라서 부차적 관여(subordinate involvement)는 개인이 지배적 관여를 여전히 존중하면서 다른 활동에 기울일 수 있는 주의를 말한다.

이를테면 공무원을 만나기 위해 기다리는 동안, 한 개인은 친구와 대화하거나 잡지를 읽거나 연필로 낙서를 할 수 있다. 하지만 그는 자신의 차례가 오기 전까지만 그러한 일에 열중할 수 있다. 자기 차례가 오면 그는 그러한 일이 끝나지 않았더라도 자신의 시간 죽이기 활동을 그만두어야 한다.(Goffman, 1963: 44)

초점 있는 상호작용에서는 상호 관심의 초점이 공유되지만, 이것이 항상 가시적인 것은 아니다. 사실 고프먼은 비록 일상생활의 많은 상황이 조화를 이루지 못하고 관심의 초점이 공유되지 않고 있는 것처럼 보이지만 그것은 종종 사실이 아니라는 것을 보여주었다. 거리에서 낯선 사람을 지나칠 때, 사람들은 상대방의 개인적인 공간을 침범하지 않기 위해 너무 가까이 가기 전에 보통 아래쪽을 보거나 다른 곳을 흘긋 쳐다본다. 겉으로 보기에는 어떤 조정을 하지도, 그리고 서로 주목하지도 않는 것처럼 보인다. 하지만 자세히 살펴보면, 그 반대일 수 있다.

> 이와 관련된 것으로 보이는 경우가 바로 한 사람이 다른 사람이 옆에 있음을 알고 있다는 것을 (그리고 상대방을 봤음을 공개적으로 인정한다는 것을) 상대방에게 충분히 눈에 띄게 알리면서도 다음 순간에 자신의 관심을 상대방으로부터 거두어들임으로써 상대방이 특별한 호기심이나 의도의 대상이 아니라는 것을 보여줄 때이다. 이러한 예의를 갖출 때, 보는 사람의 눈은 다른 사람의 눈을 못 본 체하기도 하지만, 일반적으로 어떠한 '인식'도 일어나지 않는다. 거리를 지나는 두 사람 사이에서 그러한 예의가 실행될 때, 예의 있는 무관심은 약 8피트 떨어져 있는 사람까지 주시하는 특별한 형태를 취하기도 한다. 그 시간 동안 거리의 면들은 몸짓으로 나누어지고, 상대방이 지나갈 때 눈은 아래로 향한다. ─ 일종의 조명 어둡게 하기라고 할 수 있다.(Goffman, 1963: 84)

고프먼에 따르면, 이러한 상호작용 의례는 가장 간과되는 것이기도 하지만, 그럼에도 불구하고 그것은 인간의 사회적 상호작용을 끊임없이 규제하는 하나의 의례이다(Goffman, 1963: 84). 따라서 예의 있는 무관심*은 서로 최소한으로 초점을 맞추는 상호작용의 한 사례이다. 이 사례에서 알 수 있듯이, 상호작용 의례는 대체로 상대방에게 존중을 표하는 것을 향해 있다. 상호작용 의례의 목적은 침입, 그러니까 다른 사람의 사생활 권리의 침해를 피하는 것이다. 달리 표현하면, 그러한 의례들은 개인을 보호하는 것이지만, 또한 우리가 서로 관계 맺는 방식을 규제하는 것의 일부이기도 하다. 이러한 맥락에서 고프먼(Goffman, 1963: 92)은 '개시 동작(opening move)'과 '승인 기호(clearance sign)'에 대해 이야기한다. 그는 이 개념들을 통해 우리가 서로 이용할 수 있는 연락처와 신호를 (일반적으로 눈빛으로) 요구하는 서로 다른 방식들에 대해 언급한다. 우리가 우리 자신을 정중하게 소개해야 하는 것과 관련한 의례들도 있다. 타인에게서 필요한 인정과 승인을 받기 위해서는 타인을 정중하게 대하는 것만으로는 충분하지 않기 때문에, 당신은 스스로 정중하게 처신할 수 있어야만 한다. 고프먼의 분석에서 우리는 상호작용 의례를 통해 서로 연결되어 있다. 우리는 상호작용 의례를 통해 우리가 서로에게 드러내는 이미지나 체면을 존중하고 유지하고 승인한다. 앞서 언급했듯이, 의례들은 주로 서로의 체면을 지켜주고 배려하는 것을 포함하며, 보다 일반적인 수준에서 의례적 의무는 도덕 질서를 유지하는 역할을 한다.

고프먼의 저작은 상호작용 의례가 어떻게 체면치레라는 목적에 기여하는지를 탐구함으로써, 사회학 이론에 감정을 통합하는 데서 선구적인 역할을 했다. 이를테면 고프먼(Goffman, 1967)은 「당혹감과 사회조직」이라는 에세이에서 우리가 사회적 상호작용 과정에서 개인의 자아가 위협을 받거나 평판을 잃을 때마다 발생하는 당혹감을 피하기 위해 얼마나 노력하는지를 분석했다. 사회적 만남에서 개인은 "자신의 계속되는 행동이 갖는 표현적 함의"를 통해 그 상황에 적합한 자아를 상호작용에 투영할 것을 기대받는다. 따라서 개인들은 어느 정도 의식적으로 사회적 상황에 자아를 투영할 것이고, 고프먼에 따르면 다른 플레이어들은 그렇게 투사된 요구에 부응하고 그러한 요구를 구성하는 방식으로 그 사회적 상황에 기여한다. 일상생활에서 이루어지는 상호작용에서 개인들은 당혹감이라는 위협을 피하기 위해 노력할 것이고, 그리하여 대부분의 사람은 다른 플레이어들에 의해 투영된 자아뿐만 아니라 자신이 투영한 자아까지 위협하는 상황을 피하고자 한다. 이는 비교적 온건한 자아 주장을 상호작용에 투영함으로써, 말하자면 무리수를 두지 않음으로써 달성될 수 있다. 그것은 또한 잠재적으로 위험한 상황을 우회하는 경로를 의도적으로 찾아냄으로써, 그리고 마지막으로는 타인을 배려하거나 타인에게 적절한 관용을 베풂으로써도 이루어질 수 있다. 하지만 특정 사건에서 개인이 자신의 자아에 대해 내세워온 주장에 특정한 사건이 심각한 의구심을 제기하는 상황이 발생할 수 있다. 이처럼 상황이 혼란스러워지는 이유는 그 상황이 의존하던 전제조건이 더 이상 타당하지 않아 보이기 때문이다. 그러므로 그러한 개인들은 수치심이나 당혹감을 느낀다. 고프먼이 보여주듯이, 그러한 감정들은 자신의 자아를 위협받은 사람을 동요하게만 하는 것이 아니다. 세련된 척하지만 실제로는 상대방의 체면을 잃게 하는 사람들은 처음에 평판이 좋지 않았던 사람보다 신뢰가 더 떨어지기도 한다.

또한 일반적으로 비공식적으로 상호작용하지 않는 사람들이 갑자기 비공식적으로 토론해야 하는 상황에 처하면, 사람들은 당황하여 허둥대기도 한다. 청소아줌마와 CEO가 엘리베이터에서 만나면, 그들은 어색한 순간을 경험할 수 있다. 왜냐하면 그들은 그 순간이 요구하는 바에 맞추기 위해 어떤 면에서는 일상적인 역할을 버려야 하기 때문이다. 그들이 서로 비공식적인 한담을 하려 할 수도 있지만, 둘 다 자신의 역할을 '포기'해야 하기 때문에 이 상황에서도 역시 불편함을 느낄 수 있다. 그러한 순간에서 고프먼은 당혹감의 사회적 기능을 확인한다. 그는 당혹감이 비이성적인 충동이 아니라고 지적한다. 그에 따르면, 당혹감은 자연발생적인 것으로 보일 수도 있지만, 실제로는 사회구조를 유지하는 데 기여하는 다른 의식적인 일군의 행동들 못지않게 의무적인 행동의 일부를 형성한다. 만약 엘리베이터에서의 만남에서 CEO가 (업무의 성격이 한 사람의 신분을 결정한다는 원리를 고수하면서) 자신의 우월한 지위를 인정받을 권리를 주장했다면, 그리고 만약 청소 아줌마가 (회사에 소속되어 있으면 똑같은 대우를 받을 자격이 있다는 원리에 따라) 평등한 지위를 요구했다면, 그 상황에서 상반된 두 가지 사회조직 원리 간의 갈등이 그대로 표출되었을 수도 있다. 그러나 두 당사자 모두 당혹감을 느끼고 따라서 일시적으로 자신을 희생하기 때문에, 고프먼은 그들이 그리고 진행 중인 사회적 만남이 '결국' 타협을 보게 된다고 지적한다. 이처럼 개인의 당혹감은 특정한 기능을 수행한다. 이 사례에서 당혹감은 (사회적 만남에서 너무나도 분명하게 드러나는) 서로 다른 체계의 조직 원리 사이에서 불가피하게 발생하는 충돌을 방지하여 사회구조를 유지하거나 보호하는 데 기여한다. 고프먼이 그 에세이의 끝에서 언급했듯이, "사회구조는 탄력성을 얻고, 개인은 단지 평정심을 잃을 뿐이다"(Goffman, 1967: 112).

고프먼은 일상생활에서 이루어지는 상호작용의 세세한 의례와 감정학(emotionology)을 설명하고 분석하는 것 외에 광범위한 개념 분류 도식과 분류법도 발전시켰다. 고프먼(Goffman, 1967: 73)은 뒤르켐으로부터 긍정적 의례와 부정적 의례 간의 근본적인 구별을 채택했다. 뒤르켐에 따르면, 긍정적 의례는 선호되는 행동 양식을 규정하는 일종의 의무적인 규칙인 반면, 부정적 의례는 명백한 금지 또는 금기들이다. 고프먼은 긍정적 의례 개념을 '표현 의례(presentational ritual)'로 바꾸어 제시했다. 표현 의례는 "개인이 상대를 어떻게 바라보고 다가오는 상호작용에서 어떻게 대할 것인지를 상대에게 구체적으로 증명해 보이는 행위를 포함한다(Goffman, 1967: 71). 고프먼(Goffman, 1971)에 따르면, 긍정적 의례의 한 종류가 '지원적인 주고받기(supportive interchange)'라고 부르는 것인데, 이를테면 개인들이 타인에 대한 존경과 예의를 표하고 주로 상호작용 위기나 '의례의 불균형'을 막는 것을 중심으로 하여 이루어지는 사소한 행위와 행동 패턴이 이에 속한다. 고프먼은 부정적 의례를 '회피 의례(avoidance ritual)'라고 부르는데, 그것은 주로 다른 사람들을 멀리하고 짐멜이 사람들의 '이상적인 영역(ideal sphere)'이라고 불렀을 수도 있는 것을 위반하지 않는 것과 관련되어 있다(Goffman, 1967: 62). 예의 있는 무관심을 실행하는 보행자들 ─ "조명을 어둡게 한다"라는 인용구로 표현된 ─ 은 서로의 이상적인 영역을 상호 존중하는 것을 목적으로 하는 회피 의례에 참여하는 사람들이다.

물론 일상생활에서 상호작용이 와해, 어색함, 당혹감, 위반, 위기 없이 전개되는 것은 아니다. 일상생활에서는 개인의 체면이 어느 정도 침해되는 상황이 수반되고, 그러한 상황은 침해받은 개인뿐만 아니라 다른 참가자도 어색하거나 참을 수 없게 만든다. 이런 상황들은 고프먼이 '교정적 주고받기(remedial interchange)'라고 부른 것을 요구한다. 교정적 주고받기는 사람들이 잃어버린 체면을 되찾을 수 있도록 돕는, 그리하여 상황 전체를 재확립하는 일련의 행동이나 절차를 말한다. 위반이나 위기에 책임이 있는 개인은 부정적 제재를 공개적으로 그리고 직접적으로 받을 수도 있다. 사소한 위반을 했을 경우에는 모든 참가자가 어느 사이엔가 공통 관심의 초점을 다른 방향으로 돌림으로써 상황을 복구할 수도 있다. 위반 사항을 무시할 수 없는 경우에는 위반자에게 피해를 배상할 기회를 주는 것이 일반적인 규칙이다. 위반자는 교정 의례를 통해 침해받은 당사자에게는 물론 전반적인 상황에 대해서도 보상하게 될 것이다. 그것은 공개적인 공식 사과를 통해 이루어질 수도 있다. 그렇게 함으로써 침해당한 개인과 전반적인 상황이 보상되고 복구될 뿐만 아니라, 그 보상이 인정될 경우 위반자 ─ 사실 그는 자기 자신을 침해했을 수도 있다 ─ 도 자신의 자아를 회복한다.

고프먼은 특히 긍정적이고 동기부여적이며 지원적인 의례에 관심을 보였다. 그가 볼 때, 일상생활에서의 사회적 상호작용은 사람들이 아무런 위험 없이 참여할 수 있는, 아무런 문제없이 편안하게 계속 진행되는 과정이 아니다. 일상생활에서 이루어지는 사회적 상호작용에는 수많은 잠재적 위협과 위험이 도사리고 있으며, 지속적인 관심이 요구된다(Burns, 1992: 26). 고프먼은 자신이 확인한 상호작용 의례의 주요 부분을 통해 그러한 취약한 질서가 끊임없이 회복되고 유지되어야 한다는 것을 강조했다. 이처럼 상호작용 의례는 다양한 방식으로 사회적 상호작용을 촉진하는 데 기여한다. 앞서 언급했듯이, 함께하기와 수신호 이용을 요청하는 데 기여하는 의례도 있다(Goffman, 1963, 1971). 마찬가지로 상호작용을 '종료(closure)'하기 위한 의례도 있다. 붕괴된 상황을 복구하기 위한 의례도 있고(Goffman, 1971), 대화를 규제하는 의례도 있다(Goffman, 1981a). 이처럼 고프먼은 일상의 의례에 초점을 맞춤으로써, 일상적인 사회적 만남에서 우리가 그 만남과 상호작용을 문제없이 진행하기 위해 어떻게 특정한 희생을 하거나 특별한 대가를 치르는지를 보여주었다(Album, 1996: 133). 그러한 희생 또는 대가의 결과, 우리는 겸손한 그리고 품위 있는 행동을 하며, 품위 있고 서로 받아들일 수 있는 퍼스낼리티를 지닌다. 그러한 희생의 대가로 우리는 일정 정도의 안전과 대인 신뢰, 그리고 사회적 인정을 기대할 수 있다.

결론

앤서니 기든스는 고프먼을 체계적인 사회이론가로 여겨야 하는가라는 질문을 던진 적이 있다(Giddens, 1987). 기든스가 그랬듯이, 우리는 주저하지 않고 긍정적으로 답할 것이다. 고프먼의 혁신적인 글쓰기 스타일 때문에 우리가 그의 전반적인 이론적 모델을 식별하기 어려울 수도 있지만(Collins, 2004: 22), 고프먼은 일상생활 행동에 대한 연구를 통해 함께 있는 개인들 사이에서 일어나는 상호작용에 관한 이론을 발전시켰고, 그의 주요 업적 중 하나는 '상호작용 질서'와 그것의 구체적인 요소 및 본질을 탐구하고 규명했다는 것이었다. 따라서 비록 고프먼이 한때 자신의 저술이 일상생활 연구에 어떤 개념도 제공하지 않는다고 (어쩌면 놀리듯이) 주장하기도 했지만(Goffman, 1983c), 우리는 이 장에서 그가 사실은 일상적 상황을 연구하고 이해하는 데 적합하고 유용한 개념들의 무기고를 실제적으로 그리고 광범하게 발전시켰다는 것을 보여주었다.

요약하면, 이 장에서 우리는 우리의 의례화된 대면적 상호작용의 전개, 그리고 공연과 속임수라는 요소들에 대한 고프먼의 분석은 이른바 상호작용 질서의 윤곽을 묘사하려는 노력과 연관 지어 살펴보아야 한다는 것을 보여주었다. 고프먼은 상호작용 질서의 윤곽을 그리면서, 일상생활에서의 대면적 만남들을 은유적으로 재기술했다. 이러한 재기술은 사회생활의 '명확한 규약적 특성'과 '사회적 의례화'뿐만 아니라 게임 같은 성격 — 행위자들로 하여금 개인의 목적이나 의도가 노출되는 것을 차단하게 하거나 심지어 엉뚱하게 드러내게 할 수도 있는 — 도 폭로한다(Goffman, 1983a: 3). 상호작용 질서는 함께하는 당사자들 사이에서 사회적으로 상황 지어진 상호작용에 존재하는 질서이다. 이 질서의 질서정연함은 "대체로 공유된 인지적 전제 — 비록 규범적 전제는 아닐지라도 — 와 자기 유지적 자제에 근거한다"(Goffman, 1983a: 5). 고프먼의 분석적 은유 각각은 이 질서의 중요한 측면들을 강조해 왔다. 고프먼은 공공장소에서의 상호작용 행동에 대한 분석에서 구체화된 정보가 어떻게 우리의 공적 행동의 많은 부분을 흐르고 지배하는지를 탐구했다. 연극 은유와 게임 은유를 통해서는 일상생활에서 이루어지는 자아 표현의 속임수 같은 성격과 그에 따라 우리가 의도적으로 자신에 대한 정보를 제공하거나 마지못해 풍기는 방법을 예증했다면, 의례 은유를 통해서는 일상적인 사회적 행동의 기초가 되는 신뢰와 도덕적 관여라는 요소를 강조했다. 따라서 고프먼은 다양한 분석적 은유를 사용함으로써 일상생활에서의 상호작용을 단지 공연적인 것, 전략적인 것, 또는 도덕적으로 의례화된 것으로만 묘사하지 않았다는 점에 주목하는 것이 중요하다. 고프먼의 은유 각각은 복잡한 현대 사회생활에 동시에 존재하는 층들을 포착한다. 따라서 연극적이고 게임과 같은 그리고 의례화된 주고받기는 동일한 것— 즉, 사회적 상황을 유지하는 데 기여하는 공연과 전략적 조치를 통해 사회질서를 유지하고 생산하는 것은 물론 공연자들을 도덕에 근거한 상호작용 질서의 믿을 만한 성원으로 인식하는 것 — 의 세 가지 측면으로 인식된다. 상호작용 질서 속에서 전략적 및 계산적 행동은 상호작용 의례를 제약하는 체계와 공존한다. 고프먼이 『일상생활에서의 자아 표현』의 끝을 향해가면서 지적하듯이, 사람들은 자신의 사회적 본성 때문에 도덕적 기준을 따른다. 하지만 공연자로서의 그들은 "그러한 기준의 실현이라는 도덕적 문제에 관심이 있는 것이 아니라 그러한 기준이 실현되고 있다는 확실한 인상을 만들어내는 몰도덕적 문제에 관심이 있다"(Goffman, 1959: 251). 고프먼의 일탈사회학으로 넘어가기에 앞서 우리는 더 생각해 볼 몇 가지 질문을 던지려 한다.

연습문제

- '상호작용 질서'는 그 자체로 하나의 영역으로 취급되어야 한다는 어빙 고프먼의 주장은 얼마나 타당한가?
- 사회생활의 연극적 측면, 게임과 같은 측면, 의례적 측면에 대한 어빙 고프먼의 분석은 얼마나 정확한가?
- 상호작용 질서의 과정, 요소, 구조에 대한 어빙 고프먼의 기술은 오늘날의 디지털화된 가상 상호작용을 이해하는 데 얼마나 적실성이 있는가?
- 현대 일상생활의 사회학은 어빙 고프먼의 저작에 어떤 방식으로 빚지고 있는가?

제5장

고프먼의 일탈사회학

이 장에서 우리는 일탈에 관한 고프먼의 저작을 검토한다. 여기서 우리는 세인트 엘리자베스 정신병원에서 수행된 고프먼의 민족지학적 연구 ─ 이 연구는 1950년대 말에 국립정신건강연구소(NIMH)로부터 자금을 지원받아 이루어졌으며, 그 결과가 『수용소』로 출간되었다 ─ 와, 오명*과 훼손된 정체성의 관리에 관한 그의 보다 공식적인 사회적 연구 ─ 『스티그마』(1964)에서 이루어진 ─ 에 일차적으로 초점을 맞춘다. 두 책 모두는 고프먼이 사회규범 위반의 결과와 관리, 그리고 사회적 범주화에 관심을 가지고 있음을 보여주며, 사회질서 문제에 대한 그의 관심을 예증한다.

뻐꾸기 둥지에 대한 한 사회학적 견해

고프먼은 인간의 자아 표현을 이해하기 위해 연극적 모델의 상호작용주의적 해석을 촉진시켰을 뿐만 아니라(Tseëlon, 1992b: 501), 하워드 S. 베커

(Howard S. Becker, 1963)와 데이비드 마차(David Matza, 1969) 같은 학자들과 함께 이른바 낙인이론*을 발전시킨 선구자 가운데 한 사람이었다. 이 부류의 이론화는 특정 행동이 사회의 규제에 대한 위반으로 정의되고 제재되는 사회과정에서 일탈이 어떻게 사회적으로 구성되는지에 초점을 맞춘다(Becker, 1963: 9; Collins and Makowsky, 1993: 328; Manning, 1992: 100). 고프먼은 자신의 몇몇 책 —『수용소』(1961), 『스티그마』(1964) — 과 여러 논문에서 정신질환 및 그러한 상태가 제도적 틀에 의해 그리고 일상생활에서의 상호작용 속에서 관리되고 통제받는 방식에 초점을 맞춤으로써 **일탈사회학**이라고 부를 수 있는 것을 발전시켰다. 그리고 그렇게 함으로써 고프먼은 1960년대의 이른바 반정신병학적 비평에 크게 기여했는데, 그 비평에서 고프먼은 정신병학 전문직에 대해, 그리고 정신병 환자에게 제공되는 제도적 치료 시설에 대해 심대하게 비판했다. 고프먼이 『수용소』를 발표한 것과 거의 동시에 프랑스 철학자 미셸 푸코(Michel Foucault)는 『광기의 역사(The History of Madness)』 (1961)를 출간했다. 그 책에서 푸코는 정신병학 전문직이 18세기 권위주의에서 현대의 의학적 정신병학으로 변화해 온 과정을 역사적으로 분석했다. 그러나 푸코의 비판이 대규모의 역사적 변화에 대한 조사에 기초한 반면, 고프먼은 병원의 전반적인 제도적·전문적 장치뿐만 아니라 미시적 사회과정 또한 정신병 환자의 개인성을 어떻게 서서히 해치는지를 탐구했다(Hacking, 2004). 고프먼에게서 이러한 유형의 연구는 정상상태와 병리상태에 대한 지배적인 개념에 의문을 제기하는 동시에, 정신질환을 앓고 있는 사람들에게 제공되는 제도적 장치들뿐만 아니라 인간의 고통에 대한 정의와 치료 속에 자리하고 있는 사회적 차원도 조사하기 위한 것이었다. 따라서 고프먼은 일탈자나 규칙 위반자들에 대한 연구와 자주 연관 지어지는데, 이는 그가 자신의 저술의 많은 부분을 세인트 엘리자베스 병원에서 자신이 수행한 민족지학적 현장 연구에서 얻은 경험과 관찰에 의지한다는 사실과 관련되어 있다.

하지만 고프먼이 진정으로 일탈과 자신이 연구한 사람들에게 관심이 있었는지를 놓고는 몇 가지 추측이 있었다. 일부 학자들(이를테면 Fine and Martin, 1995)은 고프먼이 환자들을 편드는 당파적 사회학자라고 주장했으며, 다른 학자들(이를테면 Collins and Makowsky, 1993)은 고프먼이 전체주의적 기관(total institution)*의 희생자들을 실제로 결코 동정하지 않았다고 주장했다. 이런 논란에도 불구하고, 고프먼이 사회적 일탈을 고찰했고 정상성, 제도, 자아 간의 복잡한 관계에 대한 사회학적 이해에 상당한 요소를 추가했다는 것은 사실이다. 아래에서 우리는 그중 가장 중요한 요소들에 대해 보다 자세하게 살펴볼 것이다.

『수용소』

고프먼의 사회학은 개인과 사회구조의 관계를 다양한 방식으로 다룬다. 왜냐하면 일상생활의 미시 규범과 의례 속에서 그 관계들이 드러나기 때문이다. 이 테마는 『수용소』(1961)에서 아주 분명하게 드러난다. 그 책에 실려 있는 에세이들은 고프먼이 워싱턴 D.C.에 위치한 대형 정신병원인 세인트 엘리자베스 병원에서 수행한 현지 조사를 바탕으로 하고 있다. 그는 1년 동안(1955~1956년) 병원 병동에서 일상생활과 관례에 대해 참여 관찰을 수행했고, 그 책 전반에 제시된 분석은 보건 및 복지 기관에서 환자/고객, 기관, 전문가들 사이에 일어나는 관계에 초점을 맞추는 연구에 계속해서 영감을 주고 있다. 『수용소』에는 네 편의 에세이가 실려 있다. 첫째 에세이는 전체주의적 기관의 특성을 개관하는 것을 목적으로 하고 있고, 둘째 에세이는 정신병 환자의 도덕적 이력을 살펴보며, 셋째 에세이는 기관 내부에서 이루어지는 감추어져 있는 삶(underlife)의 특징에 초점을 맞추고, 마지막으로 넷째 에세이는 정신병원의 틀 내에서 실행되는 의료 모델의 특징과 문제점을 조사한다.

전체주의적 기관과 도덕적 이력

고프먼은 「전체주의적 기관의 특성에 대하여(On the Characteristics of Total Institutions)」에서 입원 과정 동안 한 사람의 자아에 어떤 일이 일어나는지, 그리고 입원한 사람들이 어떻게 수감자 세계의 일부가 되는지를 비판적으로 검토했다. 고프먼에 따르면, 전체주의적 기관은 "사람들을 변화시키기 위한 속성 재배용 온실"이며, 따라서 그곳은 "자아에 대해 어떤 일이 행해질 수 있는지"를 탐구하는 중요한 사례가 된다(Goffman, 1961: 12). 처음에 그 사람은 일련의 자아의 강등, 굴욕, 모욕으로 특징지어지는 입소 절차를 밟는다. 그 사람은 새로운 사회적 지위를 갖는 새로운 정체성을 창조하는 것과 관련된 '통과의례'를 거친다. 병원에 입원하는 것은 '도덕적 이력'에서 많은 급격한 변화의 출발점이 된다. 고프먼에 따르면, 이 이력은 자신과 중요한 타자들에 대한 그 사람의 믿음과 관련하여 점진적인 변화를 수반한다. 게다가 입원 자체는 그 사람의 민간인 자아에 대해 다양한 공격이 시작된다는 것을 의미한다. 고프먼의 표현으로 그것은 "한 사람의 자아가 굴욕당하는"(Goffman, 1961: 14) 과정의 시작을 나타내며, 그 사람이 외부 세계와 맺는 관계를 점차 지우고 제도적 시설의 제도적·사회적 장치에 부합하는 자아를 구축하는 것을 수반한다.

굴욕화 과정은 개인이 더 이상 외부 세계와 연결되어 있지 않기 때문에 제도적 장치가 제공하는 역할을 위해 자신이 과거에 수행하던 역할을 포기해야 한다는 사실 — 즉, '역할 박탈(role dispossession)' — 을 비롯하여 다양한 요소를 수반한다. 더 나아가 입소 절차가 진행되는 동안 그 사람은 수감자의 생활 이력을 기록하고 사진을 찍고 번호를 부여받고 기관의 표준화된 의복을 지급받고 머리를 깎고 내부 규칙과 규정을 소개받는 등 일종의 '정리' 또는 '프로그래밍'의 대상이 된다. 이 모든 것은 그 사람을 제도적·조직적 기구에 적합한 대상으로 변화시키기 위해 고안된 것이며, 따라서 그 기관의 통상적인 조치를 통해 체계적으로 작동된다(Goffman, 1961: 26). 입소 시에 그 사람은 또한 평상시 지녔던 자신의 '정체성 도구함(kit)'(이를테면 옷, 화장품, 또는 개인적 외양 관리를 위한 기타 도구들)을 빼앗길 가능성이 크다(마찬가지로 바늘과 실, 수건, 비누와 같은 것은 그의 접근이 거부되거나 그가 제한적으로 접근할 수 있는 장소에 보관된다). 자신의 정체성 장비를 박탈당한 개인은 "평소의 자기 이미지를 다른 사람들에게 보여주는 것"을 금지당한다(Goffman, 1961: 19).

자아의 굴욕화(mortification of self)* 과정에서 그 사람은 또한 어떤 저급한 이미지를 전달받는 특정한 자세나 동작을 채택할 것을 강요받을 가능성이 크다. 고프먼이 지적하는 것과 같이, 정신병원에서는 "환자들이 하나의 스푼으로 모든 음식을 먹도록 강요받을 수도 있으며", 그런 자세나 동작을 취함으로써 환자는 정상적인 어른의 한 사람으로서 가졌던 이전의 자기 이미지와 맞지 않는 활동을 하게 된다. 이 과정은 또한 다양한 형태의 '오염에 노출(contaminative exposure)'되기도 한다. 통상적인 일상생활에서 사람들은 자신의 몸과 마음, 그리고 자신의 소유물이 오염의 위협이 있는 것들과 접촉하지 않게 할 수 있다. 하지만 전체주의적 기관에서는 자신과 환경 간의 경계를 효과적으로 유지할 수 없으며, "자아의 구현은 모독당한다"(Goffman, 1961: 21). 고프먼은 다양한 종류의 그러한 모독에 대해 언급한다. 첫째, 그 사람은 입소 시에 수집되어 기록된 자신에 대한 다양한 종류의 (불)명예스러운 사실과 관련된 자아에 대한 정보가 누출되는 경험을 할 수 있다. 둘째로, 특정한 치료요법적 관행에서처럼 전문가 그리고/또는 다른 수감자 청중에게 자신의 생각과 감정을 개인적으로 또는 집단 속에서 고백하거나 노출할 것을 기대받는 고백 관행에 의해 그 사람의 자아가 바뀐다. 또 다른 보다 극단적인 사례는 "자기 파괴적인 정신병 환자가 자신이 보호받고 있다고 느끼게 하기 위해 벌거벗겨져서 계속해서 불이 켜져 있는 격리실 — 병동을 지나는 사람들 모두가 유다의 창(Judas window)을 통해 들여다 볼 수 있는 — 에 갇히는" 경우이다 (Goffman, 1961: 23). 이 외에도 불결한 음식, 다른 사람의 땀에 전 옷, 더러운 화장실과 목욕시설, 강제 투약, 강제급식에 의한 장 오염 등으로 신체를 확실하게 오염시키는 경우도 있다. 자아를 오염시키거나 공격하는 형태를 취하는 자아 모독 외에도, 자아를 모욕하는 과정에는 "개별 행위자와 그의 행위 간의 통상적인 관계"를 분열시키는 것으로 이루어지는 또 다른 미묘한 특성을 띠는 것도 있다(Goffman, 1961: 35). 전체주의적 기관 밖에서 폭행이나 침해를 경험할 때, 사람들은 보통 자신의 자아와 자아 위협적인 상황 사이에 거리를 둠으로써 자신의 자아와 자율성을 방어하거나 보호할 수 있다. 어떤 사람은 그렇게 하기 위해 존경을 표하는 것을 거부할 수도 있고, 상황에 대해 경멸하거나 빈정댈 수도 있다. 하지만 그가 전체주의적 기관의 경계 내에서 그렇게 한다면, 그 결과는 자아를 보호하는 것이 아니라 오히려 직원들로부터 처벌의 형태로 후속 침해를 당할 것이다(그리고 그러한 처벌은 그 수감자가 협력하지 않았거나 나쁜 행실을 했다는 이유에 의해 합리화된다). 따라서 전체주의적 기관에서 자아 보호 행위는 수감자가 모멸적인 상황과 거리를 두려는 시도나 자신의 자아를 지키려는 시도로 인식되기보다는 수감자의 자아를 드러내는 것으로 인식될 가능성이 크다. 고프먼은 그러한 구별 없애기 과정이 유발하는 분열 상태를 루핑(looping)*이라고 칭했다. 이처럼 루핑이라는 개념은 입원환자의 질병 정체성을 형성하는 하나의 요소로 낙인을 강조한다. 왜냐하면 입원환자는 저항 행동을 질병의 표시로 규정하는 권력을 가진 제도적 기관과 전문가들에 의해 얼마간 질병 정체성을 부여받기 때문이다.

종합하면, 자아의 굴욕화 과정을 구성하는 요소들은 개인에게서 일상의 삶에서 그 사람이 자신의 삶을 통제하고 있다는 것, 즉 그가 성인으로서의 자기 결정 능력, 자유, 자율성을 가진 사람이라는 것을 증명할 수 있는 자원을 빼앗아간다. 고프먼은 성인에게 적합한 능력 및 그 능력을 상징하는 것들을 침해하는 것이 자아를 점차 격하시킨다고 분석한다. 자아의 굴욕화 과정 동안 개인은 자신을 독자적으로 행위할 수 있는 능력을 지닌 행위자로 경험할 가능성과 자신의 영토와 정체성 장비를 이용하여 자신에게 하나의 자아를 투영하는 능력을 박탈당한다. 동시에 그러한 분석은 고프먼이 (1) 개인이 그 자신의 자아와 맺는 관계나 (2) 특정한 상호작용 맥락에서의 자아에 전적으로 초점을 맞추는 접근방식을 넘어서 어떻게 자아와 사회적 상호작용을 더 큰 구조 및 체계 정체성과 연관시키는 원래의 입장으로 나아가는지를 보여준다(Bergesen, 1984: 53).

고프먼은 자아의 굴욕화 과정을 분석하는 것 외에 이른바 전체주의적 기관의 전반적인 특징을 개관하기도 한다. 필립 매닝(Philip Manning, 1992: 115)과 니콜라스 페리(Nicholas Perry, 2000: 174~176)의 저작에서 영감을 얻은 <그림 5-1>은 전체주의적 기관을 구성하는 네 가지 특성 및 그러한 특성의 상호관계가 제도적 장비 또는 형태 속에서 나타나는 방식 ― 그 속에서 수감자들은 다양한 정도로 제도적 구조와 전체주의적 복종의 요구에 예속된다 ― 을 도식적으로 보여준다.

하지만 고프먼의 전체주의적 기관 개념은 베버적 의미에서의 하나의 이상형(ideal type)이라는 점을 강조할 필요가 있다. 이는 고프먼이 하나의 추상적이고 형식적인 개념 ― 어떤 현상의 본질적인 특징을 서술하고 포착하지만 그 현상의 순수한 형태를 보여주는 경험적 사례가 반드시 존재하지는 않는 ― 을 제시하고 있다는 것을 의미한다. 『수용소』의 서문에서 고프먼은 그 에세이에서 제시한 모든 특징을 보여주는 기관을 현실 세계에서 찾을 수는 없지만 전체주의적 기관들은 다양한 수준에서 일반적 특징을 얼마간 공유한다고 강조한다.

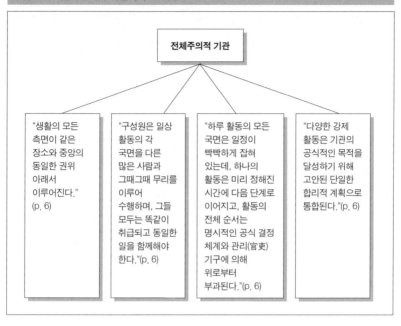

그림 5-1 전체주의적 기관의 주요 특징

```
                          전체주의적 기관


 "생활의 모든      "구성원은 일상      "하루 활동의 모든    "다양한 강제
 측면이 같은       활동의 각          국면은 일정이       활동은 기관의
 장소와 중앙의     국면을 다른        빡빡하게 잡혀       공식적인 목적을
 동일한 권위       많은 사람과        있는데, 하나의      달성하기 위해
 아래서           그때그때 무리를     활동은 미리 정해진   고안된 단일한
 이루어진다."      이루어            시간에 다음 단계로   합리적 계획으로
 (p. 6)          수행하며, 그들     이어지고, 활동의     통합된다."(p. 6)
                 모두는 똑같이      전체 순서는
                 취급되고 동일한     명시적인 공식 결정
                 일을 함께해야      체계와 관리(官吏)
                 한다."(p. 6)      기구에 의해
                                  위로부터
                                  부과된다."(p. 6)
```

이와 같이 전체주의적 기관들은 도덕적·사회적으로 근본적으로 다른 두 유형의 사람들(즉, 밖에 있는 정상인과 안에 있는 일탈자)을 구별하는데, 그 차이는 제도의 다양한 사회적 장치와 의례에서 명백하게 드러난다. 고프먼에 따르면, 수감자가 그러한 장치에 특정하게 적응하는 방식이 결국 그 수감자의 구체적인 성격 발달을, 또는 고프먼의 표현으로는 그 수감자의 도덕적 이력*을 결정할 것이다. 이 특별한 이력은 수감자의 도덕적 지위와 관련하여, 그리고 "자기 자신과 다른 사람들을 판단하는 [그의] 이미지 틀"(Goffman, 1961: 128)에서 점차 일련의 변화를 수반한다. 일단 입원하면, 그는 자유롭고 정상적인 사람에서 점차 자유가 없는 제도화된 환자로 바뀐다. 「정신병 환자의

도덕적 이력(The Moral Career of the Mental Patient)」이라는 에세이에서, 고프먼은 예비환자 단계와 환자 단계의 도덕적 이력을 조사한다. 입소를 함으로써 그리고 따라서 예비환자가 됨으로써 그 사람은 "일종의 배신 통로" ― "각기 다른 대리인들에 의해 관리되는 서로 연계되어 있는 단계들"로 구성되는 ― 를 통과하기도 한다. 그 사람의 자유로운 지위를 점차 하락시키는 이 배신이 지닌 미묘한 특징 중 하나는 그 "중대한 인물들[가족, 친구, 전문가]을 차례로 만나는" 과정에서 각 대리인은 자신의 자유가 더 이상 공격받지 않을 것이라고 예비환자를 안심시키려고 할 뿐만 아니라 그러한 환상을 유지한 채로 그 예비환자를 다음 대리인에게 넘기려고 노력한다는 것이다(Goffman, 1961: 140). 가까운 친구나 친척들이 어떤 사람에게 자율성을 보장할 것이니 입원을 받아들이라고 독려하는 것, 그리고 개인정보를 전달하면서도 그리고 친구나 가족의 대우가 불편하고 고통스러울 것이라는 점을 알고 있으면서도 모든 것이 잘될 것이라고 말하는 것이 그러한 '배신'의 한 예일 수 있다.

일단 입소하면, 환자는 자신이 정상적 세계와 기관의 생활 간의 긴장 상황에 처해 있음을 알게 되고, 따라서 그는 전체주의적 기관이 만들어내는 정체성의 긴장에 적응하는 방법을 찾아야 한다. 전체주의적 기관은 비록 자아를 침해하고 강등시키지만, 그 내부에서 특정한 특권과 지위를 부여하는 위계 체계(병동 시스템)에 의거하여 기관의 시설 내에서 하나의 지위를 제공받는 사람에게 새로운 수감자 정체성을 제공하기도 한다. 수감자는 그러한 장치들에 적응함으로써, 그리고 한편으로는 굴욕적인 경험을 통해 다른 한편으로는 수감자 정체성을 뒷받침하는 병동 시스템 속에서 대처 방법을 찾아냄으로써, 상황별로 철수 또는 전향과 같은 다양한 적응양식을 이용할 수 있다. 따라서 이러한 적응양식들이 수감자가 자신의 통상적인 정체성을 뒷받침하던 환경을 사라지게 만드는 도덕적 경험을 할 때 그 경험에 대처하는 전형적인 방법들을 특징짓는다(Goffman, 1961: 148). 이 분석이 제기하는 요점은 정

신병 환자의 도덕적 이력은 그것 나름의 특수한 규범, 관례, 관계를 가진 제
도적 체계와 밀접하게 관련되어 있다는 것이다. 따라서 고프먼에 따르면, 자
아는 한 사람의 속성으로 간주되어서는 안 된다(이에 대해서는 제6장에서 더 자
세히 다룰 것이다). 오히려 자아는 "한 사람과 관련하여 그 자신과 그를 둘러싸
고 있는 사람들에 의해 행사되는 사회적 통제의 패턴 속에" 거주한다
(Goffman, 1961: 154).

병원의 감추어져 있는 삶

고프먼에 따르면, 전체주의적 기관은 제도의 표면 아래에서 일어나는 비
공식적인 생활을 포함하며, 이 특별한 생활은 상당 부분 이른바 2차 적응
(secondary adjustment)에 의해 이루어진다. 『수용소』의 첫 두 에세이는 주로
전체주의적 기관들이 수감자들의 자아 표현 자원, 그리하여 그들의 자아에
대한 통제력을 어떻게 점차 획득하는지를 분석한다. 「공공기관의 감추어져
있는 삶: 정신병원에서 지내는 방법에 대한 연구(The Underlife of a Public
Institution: A Study of Ways of Making Out in a Mental Hospital)」라는 에세이
에서 고프먼은 환자들이 어떻게 제도적 장치의 사회적 통제에 저항하거나
그 통제로부터 벗어날 수 있는지를 연구한다. 그의 분석은 환자가 자신에게
부여된 역할 및 정체성과 거리를 둘 수도 있고, 그것들을 중요하지 않은 것으
로 인식할 수도 있다는 것을 보여준다. 따라서 2차 적응은

> 조직의 한 성원이 승인되지 않은 수단을 사용하거나 승인되지 않은 목표를 달성
> 하는 데, 또는 둘 다를 하는 데 이용하는, 그리하여 자신이 무엇을 해야 하고 무엇
> 을 획득해야 하는지, 따라서 자신이 무엇이 되어야 하는지에 대한 조직의 가정을

회피하는 데 이용하는 모든 상습적인 장치를 말한다. 2차 적응은 한 사람이 기관에 의해 그 사람에게 당연한 것으로 간주되는 역할과 자아로부터 거리를 두는 방식을 가리킨다.(Goffman, 1961: 189)

고프먼은 환자가 이러한 적응에 이용하는 다양한 자원을 검토하면서 '임시변통(making do)'과 '시스템 이용(working the system)'을 구분한다. 첫째 형태는 숟가락으로 칼을 만들거나 잡지 ≪라이프(Life)≫의 추출물로 잉크를 만드는 것과 같이 기관이 의도하지 않은 방법으로 이용 가능한 인공물을 사용하고 변형하는 것이다(Goffman, 1961: 187). 시스템 이용은 기관의 관례에 대한 철저한 지식을 요구하며, 거기에는 환자가 가져서는 안 되는 물건들을 습득하는 방법이 포함된다. 고프먼은 식당에서 따온 하나의 실례로 이를 예증하는데, "바나나가 나오는 날이면 몇몇 환자는 식이요법으로 우유를 필요로 하는 사람들에게 제공되는 주전자에서 우유 한 컵을 몰래 따른 다음 거기에 바나나를 썰어 넣고 설탕을 약간 넣어서 '나름의' 디저트를 만들어 먹곤 했다"(Goffman, 1961: 211). 2차 적응에는 사적 은신처('은닉물')도 포함된다. 그러한 장소들은 환자로 하여금 자신의 사적 소유물 내지 금지된 소유물 – 실제적인 사용 가치를 지닐 뿐만 아니라 자아를 표현하고 최소한의 프라이버시를 유지하는 데서 자원으로서의 기능도 하는 – 을 얼마간 보유할 수 있게 해준다. 따라서 2차 적응은 수감자가 기관이 자신의 자아에게 가하는 위협에 대한 저항, 따라서 전체주의적 기관의 틈새와 구멍 속에서 자아를 유지하려는 시도를 나타낸다. 고프먼은 이러한 사유 노선을 따라 분석하면서, 2차 적응을 통해 개인은 기관이 자신에게 강요하는 자아 정의에 반대하여 자신의 자아를 정의하고 마음속에 그린다는 것을 보여준다.

우리는 더 광범한 사회적 단위에 끌려 들어가는 것을 통해 자신이 한 명의 사람이라는 사실을 의식할 수 있다. 다시 말해 자아에 대한 우리의 의식은 그러한 끌어당김에 저항하는 사소한 방식들을 통해 생겨날 수 있다. 우리의 지위는 세계의 견고한 구축물들에 의해 뒷받침되는 반면, 개인적 정체성에 대한 우리의 의식은 종종 그러한 틈새들 속에 자리한다.(Goffman, 1961: 280)

따라서 고프먼에 따르면, 자아는 저항에 의해서뿐만 아니라 식별에 의해서도 특징지어지는 변증법적 과정 속에서 발전한다(Zeitlin, 1973: 203).『수용소』는 하나의 차원에서는 정신병 환자와 정신병원 간의 만남에 관심을 기울인다. 또 다른 차원에서는 사회적 자아의 유지와 바뀜에 대해 분석한다. 제도적 틀 내에서 이루어지는 저항 관행과 권력의 미시 정치에 대한 이와 유사한 관심은 미셸 푸코의 저작들(Foucault, 1961, 1977)에서도 발견된다. 푸코는 사회가 정신 질환을 분류하고 통제하는 방식과 기관들이 그것을 '정상화'하는 방식 ─ 그 기관들이 수감자들에게 특정한 정체성을 강요한다는 의미에서의 정상화 방식 ─ 에 대해 고프먼과 관심을 공유했다.

　2차 적응은 이 에세이에서 또 다른 중요한 테마인 전체주의적 기관의 공간적 차원과 밀접하게 관련되어 있다. 고프먼은 다양한 유형의 공간을 나열하는데, 각 공간에는 다음과 같은 일단의 특수한 규범과 특성이 포함되어 있다. 첫째, '출입 금지 공간(out-of-bounds spaces)'이 있는데, 환자는 보통 이 공간에 접근할 수 없지만 특별 취급을 받아 이따금 접근을 허용받을 수 있다. 또한 환자가 자유롭게 머물 수 있지만 감시하에 있는 '감시 공간(surveillance space)'도 있다(이것이 병원의 주요 부분을 구성한다). 제한된 공간과 감시 공간 모두에서는 적절한 행동과 환자와 전문가 간의 격식화된 거리에 특별한 주의를 기울일 것이 요구된다. 게다가 고프먼은 이른바 자유로운 장소(free place)도 확인하는데, 그곳에서는 행동이 완전히 다르고 비공식적일 수 있고, 활동은 종종 기관의 정책과 충돌하며, 규칙과 규정이 창의적으로 해석되고 악용되고 심지어 위반될 수도 있다. 그곳에는 또한 식당처럼 수감자들이 모여 있는 '집단 영토(group territory)'와 수감자들이 독방, 침대, 화장실처럼 자신만의 사적 영역을 가지는 '개인 영토(personal territory)'도 있다.

그 에세이가 끝날 무렵에 고프먼은 우리가 사회적 시설이 그 참여자들에게 공식적으로 기대하는 것에 입각하여 그 시설을 연구할 때마다 연구자들은 참여자들이 (기관이 자신에 대해 가지고 있는 견해를 거부하고 정상적인 사람일 때의 경험을 유지하기 위해) 종종 인정되지 않고 자주 승인받지 못하는 일을 많이 한다는 것을 알게 될 것이라고 지적한다. 우리는 그러한 연구를 통해 일상생활에서는 통상적으로 당연한 것으로 간주되는 은신처나 자유로운 장소와 같은 현상들이 어떻게 성격이 변화하여 2차 적응의 틀로 작용할 수 있는지를 알게 된다. 마찬가지로 우리는 수감자들이 기관 내의 다양한 취약 장소(이를테면 창고, 주방, 작업장)를 이용하는 법을 어떻게 배우는지도 분명하게 알 수 있는데, 고프먼의 결론 중 하나는 그러한 장소들이 다양한 형태의 2차 적응을 위한 훈련장이라는 것이다. 그리고 고프먼이 논평하듯이, "존재하는 모든 세계에서 감추어져 있는 삶이 발전한다"(Goffman, 1961: 305). 이러한 관념은 서로 다른 사회적 장치 속에서 이루어지는 인간의 삶에 대한 다른 많은 사회학적 연구들에 영향을 미치고 영감을 주어왔다. 그러한 사례 두 가지를 노르웨이 사회학자들인 토마스 마티센(Thomas Mathiesen)과 스베르 리스가르(Sverre Lysgaard)의 저작에서 찾아볼 수 있다. 토마스 마티센은 그의 책 『약자의 방어(The Defences of the Weak)』(1965)에서 노르웨이 교도소 수감자들이 교도소 당국의 권력 행사에 대응하여 어떻게 집단적 연대 공동체를 발전시켰는지를 분석했다. 얼마간 비슷한 맥락에서 스베르 리스가르(Sverre Lysgaard, 1976)는 목재 가공 공장의 노동자들을 대상으로 연구를 실시하여 노동자들로 하여금 일련의 사회적 규범 ― 그중 일부는 효율성과 생산성이라는 관리 목표에 도전하는 것이었다 ― 에 헌신하게 하는 형태의 **노동자 집합체**를 확인했다.

의료 모델과 정신병원 입원

『수용소』의 마지막 에세이는 초점과 범위 면에서 앞의 세 편의 에세이와는 다르다. 거기서 고프먼은 환자에게, 그리고 환자와 제도적 장치의 상호작용에 관심을 두는 것이 아니라 오히려 주로 정신병원이라는 기관의 합리성과 관행에 관심을 두고 있다. 따라서 그는 자신이 "기관이 옹호하는 합리적 관점"이라고 부르는 것을 간단히 언급했던 첫 에세이에서 논의의 단초를 찾는다. 고프먼은 「의료 모델과 정신병원 입원(The Medical Model and Psychiatric Hospitalization)」에서 서비스를 제공하는 전문가 체계의 하나로서의 정신병학 전문직을 검토함으로써 전체주의적 기관의 합리성을 계속해서 분석해 나간다. 고프먼은 얼마간 자발적으로 의료전문가의 보호하에 들어가서 서비스를 받고자 하는 환자들 사이에 존재하는 서비스 관계에 관심을 가진다. 고프먼은, 자신의 저작의 다른 부분들에서와 마찬가지로, 은유를 도입함으로써 에세이를 시작한다. 그는 실무 수행자, 수리가 필요한 대상, 그 대상의 소유주 간의 서비스 삼자관계를 '임시변통적 수리 서비스(tinkering service)의 한 예로 묘사한다(Goffman, 1961: 326). 비록 암시적이기는 하지만, 임시변통적 수리 서비스는 가정용품을 수리하거나 수선하고 정비하는 것과 같은 다양한 사소한 서비스로 생계를 꾸리는, 순회 영업을 하는 사람들의 집단(이를테면 집시 또는 아일랜드 유랑민)이 제공하는 서비스를 지칭한다. 이러한 손재주꾼 같은 직업은 부서지거나 제대로 작동하지 않는 물건을 손봐서 다시 작동하게 만든다. 이 비유를 가지고 고프먼은 정신과 의사들을 감정 개입 없이 물건을 수리하는 서비스를 제공하는 손재주꾼의 특별한 한 유형으로 묘사한다. 이를테면 고프먼은 의료 전문직은 자동차 정비사가 고객의 차를 수리하는 것처럼 사람들을 손보려고 한다고 지적한다. 앞서 언급했듯이, 그 에세이는 정신병원이라는 제도적 틀 내에서 치료를 원하는 환자와 전문 서비스를 제공하는 전문가들 사이에 존재하는 사회적 관계를 탐구한다. 고프먼에 따르면, 이 관계는 서비스를 원하는 사람들이 자신을 다른 사람들의 손에 맡기는 것을 포함한다.

> 이상적으로는 이 관계에서 고객은 서비스 제공자의 기술 역량을 존중하고 그가 그 기술을 윤리적으로 사용할 것이라고 믿는다. 고객은 또한 감사를 표하고 수수료를 지불한다. 다른 한편 그 서비스 제공자는 경험적으로 효과를 본 비법 기량을 펼치고, 고객이 원하는 대로 기술을 기꺼이 사용하고, 전문적으로 판단하고, 자발적으로 신중을 기하고(이는 고객의 다른 사정에 대해 또는 심지어는 고객이 애초에 서비스를 원할 수밖에 없었던 이유에 대해서도 규율에 따라 관심을 보이지 않게 한다), 마지막으로 아첨 떨지 않고 공손하게 대한다.(Goffman, 1961: 326)

고프먼은 이 서비스 패턴을 정신병원에서 정신과 의사와 환자 간의 관계 구성을 이해하기 위한 틀로 사용한다. 환자는 서비스의 대상이며, 따라서 수리가 필요한 유기적 체계를 구성한다. 그들 중 일부는 자발적으로 서비스를 요청하는 반면 일부는 본인의 의지에 반하여 입원하는데, 두 경우 모두에서 이는 특유의 치료 사이클 — 또는 고프먼의 표현으로는 평가, 진단, 처방, 치료의 요소를 갖춘 합리적·경험적 치료 — 이 시작됨을 의미한다. 고프먼에 따르면, 정신병원은 "의학적 용어가 아니고서는 자신의 활동을 쉽게 해석할 수 없는 의사와 자신이 겪고 있는 고난의 원인을 조금이라도 알기 위해서는 자신을 감독하는 사람과 싸우고 그를 증오해야 한다고 느낄 수도 있는 환자를 한데 모으는"(Goffman, 1961: 369) 괴상한 형태의 서비스 관계를 제도화한다. 하지만 환자에 비해 의사들은 자신들의 문제에 대처하는 데 도움을 주는 메커니즘을 발전시킬 수 있는 기회를 훨씬 더 많이 가지고 있다.

병원 상황의 몇 가지 특징은 정신과 의사가 자신의 역할을 하는 데 따르는 어려움을 해결하는 데 도움을 준다. 환자의 운명에 대한 의사의 법적 위임과 일부 직원에 대한 의사의 제도적 권력은, 다른 서비스 제공자들은 고객과의 실제 상호작용을 통해 얼마간 획득해야만 하는 권위를 의사에게 자동적으로 제공한다. 더 나아가 정신의학적 지식이 정신과 의사가 환자의 행동을 정확하게 예측할 수 있는 위치에 있게 해주지 못할 때도 종종 있지만, 정신병학은 정신과 의사에게 해석의 여지를 제공한다. 정신과 의사는 사후적으로 자신의 분석을 수정하거나 개관함으로써, 환자에게 어떤 일이 일어났는지를 묘사할 수 있다. 하지만 그 묘사는 증명될 수 없는 것과 마찬가지로 반증될 수도 없다.(Goffman, 1961: 369~370)

물론 정신과 의사는 그러한 서비스 패턴에 더 잘 부합하는 기관에서 이력을 쌓기 위해 병원을 떠나는 식으로 자신의 역할 문제를 해결하고자 할 수도 있다. 그는 또한 다른 직원들과 협력하여 "의료 서비스 상황 정의의 안정화"에 기여하는 말, 의미, 감상들로 이루어진 보호 외피를 구축하려고 노력할 수도 있다(Goffman, 1961: 373). 고프먼은 이러한 안정화 작업의 예를 병원의 홍보 업무에서 찾는데, 거기서 의료 서비스는 전시물, 소책자, 잡지, 전시된 의료 장비 등을 통해 제시된다. 이에 더해, 고프먼은 병원은 자주 의료 전문직이 이용하는 접근방식의 타당성을 보여주는 이야기 모음집도 가지고 있다고 주장한다. 의사의 권고에 반하여 퇴원한 뒤 자살하거나 살인을 저지른 환자의 이야기가 그중 하나의 사례일 수 있다(Goffman, 1961: 373). 이것은 안정화 작업의 한 측면이자 병원의 본성과 관련된 한 측면이기도 하다. 또 다른 중요한 유형의 안정화 작업은 환자의 본성과 관련되어 있다. 병원에서 환자를 바라보는 일반적인 견해에 따르면,

만약 그가 '온전'했더라면, 그는 자발적으로 정신과 치료를 받으려고 했을 것이고, 자발적으로 치료에 순순히 따랐을 것이다. 그리고 퇴원할 때가 되면, 그는 자

신의 진짜 자아가 실제로 치료받기를 원한 대로 그동안 내내 치료받았다고 솔직히 인정할 것이다. 보호자 원칙도 일부 변화한다. 정신병 환자는 아픈 자아를 가지고 있고 상대적으로 '성숙한', '온전한', 또는 '손상되지 않은' 자아가 그 아픈 자아에 예속되어 있다는 흥미로운 관념은 에고의 구조에서 대상과 고객을 분리시킴으로써 그 안으로 보호자를 더 깊숙이 끌어들인다. 그리하여 서비스 삼자관계가 완성된다.(Goffman, 1961: 374)

고프먼은 환자에 대한 이러한 견해를 입증하면서 기록이 수행하는 중요한 역할을 지적한다. 왜냐하면 기록은 정신 병리상태의 점진적 진전을 서류로 입증하여 환자의 개인사를 구축하는 데 도움을 주기 때문이다. 병리상태 범주의 라벨들과 함께 기록은 "환자의 본성을 하나의 단일체로 만들어내는 마법적 방법"의 핵심 요소이다(Goffman, 1961: 375). 더 나아가 이처럼 환자의 본성을 재정의하는 과정에서 '위험 위임(danger mandate)' 개념이 매우 중요한 역할을 한다. 위험 위임 개념에는 서비스 대상에는 특정한 위험한 지점들이 있기 때문에 미숙련자들의 손에서는 그 대상이 손상될 수도 있다는 생각이 포함되어 있다. 고프먼에 따르면, 정신병원에서 위험 위임은 잘못된 조치가 환자에게 피해를 입힐 수 있기 때문에 병원 직원들 가운데서 훈련되고 숙련된 정신과 의사만이 잠재적으로 위험한 서비스를 수행할 수 있다는 견해의 형태를 취한다. 이것은 분명히 정신과 의사의 역할과 관련한 문제를 줄여주는데, "그러한 위임을 받았다는 사실이 자신이 전문 서비스 제공자라는 자아관을 확인시켜 주기" 때문이다(Goffman, 1961: 378).

이러한 재정의 과정에서 환자는 정신과 서비스에 적합한 대상으로 전환된다. 하지만 아이러니(또는 비극)는 고프먼이 지적하듯이 일단 그러한 재정의가 이루어지면 이용할 수 있는 서비스가 거의 없다는 것이다. 따라서 한 사람이 의료 서비스에 적합한 대상으로 전환되는 것은 환자의 이익이 아닌 다른 이익에 도움이 되는 것으로 보인다. 고프먼의 분석은 비록 공식적·명시적으로는 전문적인 치료를 제공하는 것을 목적으로 하고 있지만 그러한 재정의 과정은 의료 서비스 모델을 안정시키고 확인하는 데에도 기여한다는 것을 시사한다. 고프먼은 그러한 과정의 다른 쪽 끝, 즉 퇴원에서도 유사한 패턴을 관찰한다. 퇴원은 제도가 촉매작용을 한 호전의 증거로 간주되며, 고프먼이 지적하듯이 "'호전 후 퇴원'과 같은 문구는 병원이 치료 또는 호전에 관여했다는 것을 암시한다"(Goffman, 1961: 381~382).

따라서 전체주의적 기관과 의료 모델의 합리성에 대한 분석은 '체계 유지'와 관련된 것으로 보인다. 명시적 또는 표면적 수준에서 전체주의적 기관에서 수행되는 의료 서비스는 환자를 위해 그리고 환자를 대상으로 수행된다. 하지만 고프먼은 자신의 연구를 통해 한 걸음 더 깊이 파고 들어가서 거기서 작동하는 다음과 같은 적어도 세 가지 중요한 메커니즘을 부각시킨다. (1) 의료 서비스, 다양한 치료 프로그램, 치료요법적 접근방식, 규율 조치는 환자에게 제공되는 개인 서비스로 제시되지만, 기관을 위해 수행되는 조치인 것처럼 보이기도 한다. 즉, "의료 서비스 모델을 명분으로 상황을 유지하기 위해 실행되는 의료적 관행이 때때로 발견되기도 한다"(Goffman, 1961: 383). (2) 병원정신의학 내에서 의료 서비스 모델을 적용하는 것은 환자의 상황을 개선하기는커녕 악화시키는 것으로 보인다. (3) 전체주의적 기관의 중요한 성과 중 하나는 기관의 정체성을 생산하고 직원의 전문가 자아 인식을 유지하는 것이다. "수감자와 하급 직원들은 방대한 보조 행위 — 정교화되고 극화된 치료 효과 입증 행위 — 에 참여한다. 그러한 행위는 거기서 치료와 같은 서비스가 이루어지고 있고 정신과 직원이 그 서비스를 제공하고 있다는 것을 확인하는 효과(비록 목적은 아니지만)를 가진다"(Goffman, 1961: 385). 이처럼 고프먼의 분석은 정신병원과 같은 치료요법적 기관과 정신의학 및 심리학 같은 분명히 인도주의적인 정신과학이 인간의 자아 통제와 자아 격하 체계로 기능한다는 것을 암시한다. 이러한 관찰은 서구 사회에서의 정신 장애의 치료와 감옥의 발전에 관한 미셸 푸코의 역사적·사회학적 연구에서 되풀이 된다.

오명, 그리고 손상된 정체성의 사회학

우리가 살펴보았듯이, 『수용소』에서 고프먼이 수행한 분석은 전체주의적 기관에서 정신병 환자들이 어떻게 도덕적 이력을 쌓고, 점차 오명을 쓰고, 그들 자신 – 그리고 그들의 자아 – 을 정신병 환자의 역할과 관련시키게 되는지를 부각시킨다. 『스티그마』에서 고프먼은 초점을 기관에서 (어쩌면 보다 정확하게는 기관에서의 행동에서) 일상생활에서의 만남과 행동으로 전환한다. "손상된 정체성의 관리(The Management of Spoiled Identities)"라는 부제가 말해 주듯이, 이 저작은 손상된 정체성을 가진 사람들이 일상생활 속의 무수한 복잡한 만남에서 어떻게 자신과 자신의 정체성을 관리하는지를 살펴본다. 『스티그마』에서 펼쳐지는 분석은 고프먼이 사람들이 실행 가능한 상황 정의를 유지하기 위해 어떻게 협력하는지, 그리하여 어떻게 서로를 도와 적절한 자아를 유지하는지를 탐구한 『일상생활에서의 자아 표현』의 자연스러운 후속 작업이다. 이 테마는 『스티그마』에서도 분명하게 드러나지만, 『일상생활에서의 자아 표현』이 일상생활 상황에서 이른바 정상인의 상호작용적 협력을 고찰함으로써 그 테마를 살펴본다면, 『스티그마』는 부적절하거나 불명예스럽거나 오명을 쓴 특성을 상호작용 과정에서 관리하는 방식에 초점을 맞추고 있다. 이러한 이유에서 『스티그마』는 "일상생활에서 불신받는 자아의 표현"이라는 제목으로 발행되었더라면 더 잘 어울렸을지도 모른다(Friedson, 1983: 361).

따라서『스티그마』에서 고프먼은 오명을 쓴 사람들과 이른바 정상인 간에 일어나는 사회적 상호작용을 탐구한다(고프먼은 특별한 오명을 쓰지 않는 사람들을 '정상인'이라고 불렀다). 보다 구체적으로 말하면, 이 저작은 세 가지 상호 관련된 테마를 포함하고 있다. (1) 오명 씌우기(stigmatization)가 일어나는 방법에 대한 사회학적 인식의 발전과 오명 쓴 사람을 만들어내는 과정에 대한 검토, (2) 오명 쓴 사람이 사회적 상호작용에서 자신과 자신의 오명을 관리하는 방법에 대한 분석, 그리고 마지막으로 (3) 그러한 관리가 오명을 쓴 사람의 자아관에 영향을 미치는 방식이 그것들이다.

오명 씌우기에 대한 사회학적 이해에서부터 시작해 보자. 고프먼에 따르면, 오명은 깊이 불신받는 속성 또는 행동으로, 그는 이 오명을 한 개인의 가시적인 사회적 정체성과 실제 사회적 정체성 간의 불일치로 정의했다.

> 낯선 사람이 우리 앞에 있는 동안, 그가 자신을 다른 사람들과는 다르게 만드는 속성을 가지고 있고 그리하여 범주상 그가 덜 바람직한 종류의 사람 ─ 극단적으로는 대단히 나쁘거나 위험하거나 나약한 사람 ─ 일 가능성이 있음을 보여주는 증거가 나타날 수 있다. 그리하여 그는 우리의 마음속에서 온전하고 평범한 사람에서 흠결 있고 업신여겨지는 사람으로 전락한다. 특히 그러한 속성이 초래하는 불명예 효과가 매우 광범위할 때, 그 속성은 오명(stigma)을 구성한다. 그러한 속성은 때로는 결점, 단점, 장애라고 불린다. 이 오명이 가시적인 사회적 정체성과 실제의 사회적 정체성 간에 특별한 불일치를 만들어낸다.(Goffman 1964a: 12~13)

이처럼 오명은 사회적 만남을 침해하는 규범에 의해 사회적 상황에서 생성되는, 정상적인 정체성과 관점을 손상시키는 형태의 사회적 반응이다(Williams, 2000: 217). '가시적인' 정체성과 '실제의' 정체성 간의 구분은『스티그마』의 또 다른 중요한 관념, 즉 사회적 만남 속에서 우리의 정체성에 가해지는 영구적인 위험을 시사한다. 우리가 아무리 자기 확신적이라고 하더라도, 다른 사람들과의 만남은 우리의 자아 표현을 위험에 빠뜨릴 수 있다. 우리가 이 장의 뒷부분에서 다시 언급하겠지만, 여기서 근본적인 문제는 우리 모두가 실제로 잠재적으로 오명을 쓸 수 있다는 것, 그리고 사회적 만남의 과정이 잠재적 오명이 그 오명을 쓴 사람에게 부정적인 결과를 가져올지의 여부를 결정한다는 것이다.

이처럼 고프먼은 사회적 청중의 반응, 범주화, 평가의 결과로 인해 사회적 정체성이 손상되는 사회적 과정을 묘사한다. 이러한 정의 그리고/또는 범주화 과정을 통해 문화적으로 용인되지 않는 속성이나 행동을 보이는 사람들은 불명예스러운 사회적 스테레오타입 속에 놓이게 된다. 고프먼은 세 가지 서로 다른 유형의 오명을 구별한다. 첫째는 **신체 오명**(physical stigma), 또는 고프먼이 '신체 혐오(abominations of the body)'라고 부르는 것으로, 이것은 다양한 신체적 기형을 포괄한다. 둘째로는 **성격 오명**(character stigma), 보다 구체적으로 말하면 "자주 박약한 의지, 고압적이거나 잔혹한 열정, 위험하고 경직적인 믿음, 부정직함으로 인식되는 개인의 성격상의 흠결"이 있다. 마지막으로는 특정 인종, 종교, 또는 국적에 속한다는 것에서 기인하는 **부족 오명**(tribal stigma)이 있다. 이 세 가지 유형의 오명은 모두 동일한 근본적인 사회학적 메커니즘으로 특징지어진다. 즉, 그 오명들은 사회적 청중의 주목을 끌고, 그 결과 잠재적으로 명예로운 다른 속성을 결여하고 있는 것으로 인식되어 사회적 거부로 이어진다.

고프먼은 고대 그리스인들이 스티그마(stigma)라는 용어를 발명한 이후 개념의 적용과 의미에서 확실하고 중요한 변화가 일어나왔다고 결론 내리면서 분석을 시작한다. 고대 그리스인들에게 스티그마는 그 또는 그녀의 특정한 신분을 나타내는 표시로, 누군가에게 적용되는 신체 기호를 가리켰다. 그들은 그 특정인이 노예나 범죄자임을, 또는 다른 방식으로 표현하면 공중이 접촉을 피해야 하는 흠결이 있는 사람이라는 것을 알리기 위해 그러한 기호를 몸에 불이나 칼로 새겨 넣곤 했다(Goffman, 1964a: 11). 고프먼에 따르면, '스티그마'라는 용어의 현대적 용법은 원래의 그리스 버전과 가까운데, 이는 그리스 버전이 어떤 사람의 일탈적 지위를 지칭하기 때문이다. 그러나 현대의 스티그마 개념은 개인의 신체 기호나 표시보다 개인의 수치심과 치욕을 더 강조하기 때문에 상당한 차이가 있다.

> 물론 우리는 정의에 의거하여 오명을 가진 사람은 뭔가 부족한 사람이라고 믿는다. 이러한 가정하에 우리는 다양한 차별을 행사한다. 우리는 종종 생각 없이 차별하지만, 그러한 차별은 그 사람의 삶의 기회를 실제로 제한한다. 우리는 그의 열등감을 설명하고 그가 상징하는 위험을 해명하는 오명 이론과 이데올로기를 구성하며, 그러한 이론과 이데올로기들이 때로는 서로 다른 차이 ― 이를테면 사회계급의 차이 ― 에 근거하는 특정한 반감을 합리화한다. …… 우리는 광범위한 결함을 본래의 결함에 기인하는 것으로 보기도 하고, 또한 동시에 종종 '육감'이나 '예지'와 같은 초자연적인 성향이 지닌 탐나지만 원하지는 않는 속성에 기인하는 것으로 보기도 한다. …… 더 나아가 우리는 그의 상황에 대한 그의 방어적 반응을 그가 자신의 결함을 직접적으로 표현하는 것으로 인식하고, 그다음에 그러한 결함과 반응 모두를 그 또는 그의 부모 또는 그의 부족이 한 어떤 일에 대한 당연한 응보로 생각하고, 그것에 근거하여 우리가 그를 대하는 방식을 정당화하기도 한다.(Goffman, 1964a: 15~16)

이 인용문은 고프먼의 오명 개념에 들어 있는 몇 가지 기본 요소를 포함하고 있으며, 그가 개인, 집단, 사회 간의 관계에 관한 많은 고전사회학적 개념 및 사회심리학적 개념들을 서로 연관 짓는 방식을 보여준다. 첫째, 관찰된 차이와 고정관념이 서로 관계지어진다. 고프먼이 볼 때, 오명 씌우기는 특정 속성이나 행동을 공유하는 사람들에 대한 차별화와 범주화를 수반하며, 그러한 범주(그들의 속성과 개인적 특성)에 속하는 사람들은 특정한 고정관념을 통해 인식된다. 이 과정을 통해 오명 씌워진 개인이 지닌 독특한 속성과 특성은 인지적으로 삭제된다. 둘째, 차별과 그에 동반하여 사회적 지위가 상실된다. 오명 씌워진 사람은 여러 사회적 장에서 배제되고, 사회에서 정상인이 누리는 일반적인 존경을 받지 못한다. 셋째, 편견이 오명 씌우기 과정에서 중요한 역할을 한다. 인용문에서 볼 수 있듯이, 혐오와 격리는 면밀하고 세세한 정보에 의존하는 것이 아니라 오히려 관찰된 차이나 일탈에 기초한 부정적 견해들의 일종의 직관적 또는 자동적 집적물에 의존한다.

『스티그마』에서 다루는 둘째 테마는 사회적 상황에서의 오명 관리가 다른 여러 요소에 의해 어떻게 영향을 받는지와 관련되어 있다. 그리고 그 책이 사회학적 정전 속에 하나의 고전으로 자리 잡을 수 있었던 이유 중의 하나도 고프먼이 오명을 쓴 사람들과 그들의 사회적 환경 간의 복잡한 상호작용을 뛰어나게 포착했기 때문이다. 이러한 해석을 해나가는 과정에서 그는 '불명예자(the discredited)'와 '잠재적 불명예자(the discreditable)' 간의 분석적 구분을 도입한다. 이 유형이 분석적 유형임을 인식하는 것이 중요하다. 불명예자는 가시적 일탈을 범한 사람인 반면, 잠재적 불명예자의 일탈은 사회적 환경에 의해 폭로되거나 탐지되지 않은 상태에 있다. '정상인들' 간의 모임이나 이른바 그 둘이 뒤섞인 접촉에서 서로 다른 이 두 유형은 근본적으로 다른 형태의 사회적 상호작용을 하게 될 것이다. 잠재적 불명예자의 경우에는 아직 오명이 드러나지 않았다. 그리고 고프먼은 그러한 오명 유형 ─ 원칙적으로 볼 때 우리 모두도 잠재적으로 이 유형에 속한다 ─ 이 정체성을 관리하고 소통하기 위해 노력하는 다양한 방법을 조사한다. 구체적으로 말하면, 이 작업은 자아에 대한 정보를 통제하는 것과 관련되어 있다. 잠재적 불명예자는 사회적 만남에서 참여자들에게 자신의 잠재적 오명을 감추기 위해 자신에 대한 특정 정보를 숨기거나 풍기려고 할 수 있다. 여기서 핵심 문구가 바로 '정보 통제'이다. 오명을 감추기 위한 이러한 정보 통제의 한 예가 비가시적인 오명(이를테면 간질이나 정신질환)을 가진 사람이 자신의 상태에 대해 이야기할 청중을 신중하게 선택하는 관행이다.

고프먼은 자주 '들키지 않고 넘어가다(to pass)'라는 동사를 사용하여 그처럼 오명을 쓸 수 있는 속성을 성공적으로 비밀에 부치는 것에 대해 묘사한다. 어떤 사람이 사회적 만남에서 잠재적 오명을 성공적으로 들키지 않고 넘어가서 자신의 정체성을 '정상'으로 유지할 수 있을지라도, 이러한 노력에는 비용과 위험이 따른다. 첫째, 그 사람은 드러나거나 노출되는 것에 대한 두려움과 위험을 영구적으로 안고 살아간다. 둘째, 넘어가려고 시도하는 동안에, 사람들은 처음에 숨기려고 했던 것과는 다른 무능력을, 우연히 그리고 비자발적으로, 노출시키기도 한다. 이를테면

> 거의 실명을 한 사람이 볼 수 있는 척하다가 걸상에 걸려 넘어지거나 셔츠에 음료수를 엎지를 때, 그는 칠칠치 못한 사람으로 간주된다. 귀가 잘 안 들리는 사람이 그의 결함을 모르는 사람이 건넨 말에 대답하지 못할 때, 그는 주의가 산만하거나 말을 잘 듣지 않거나 아둔하거나 마음을 터놓지 않는 사람으로 간주된다. 교사가 학생의 사소한 간질 발작을 잠깐의 몽상으로 인지할 때, 그 학생은 졸고 있는 것으로 간주된다. 그리고 환자의 걸음걸이가 오해받을 때, 그는 술에 취해 있는 것으로 간주된다.(Goffman, 1964a: 105)

불명예자의 경우에 사회 환경과의 상호작용은 다른 기반을 가진다. 왜냐하면 그의 오명이 공개적으로 알려져 있고, 그렇기 때문에 오명을 쓴 사람과 사회적 청중에게 영향을 미치기 때문이다. 고프먼은 사회적 청중이 어떻게 어떤 사람의 불명예스러운 속성에 주목하지 않으려고 노력하는지, 그리고 그러한

"주목하지 않으려는" 노력이 상황에 어떻게 긴장을 더하는지를 보여준다. 반면에 오명을 쓴 사람들은 다른 참여자들이 자신을 어떻게 생각하는지를 잘 알지 못하는 경우가 많다. 따라서 여기서 해명해야 하는 중요한 문제는 정상인들은 오명을 쓴 사람의 일탈을 어느 정도까지 드러내놓고 주목해야 하는지, 그리고 그러한 상황에서 오명을 쓴 사람들은 (정상인들의 상황판단에 대한 자신의 인식에 근거하여) 어떻게 행동해야 하는지에 관한 것이다. 여기서의 핵심 문구가 '긴장 관리(tension management)'이다. 우리는 긴장 관리의 한 사례를 아주 뚱뚱한 개인이나 가시적인 신체적 핸디캡을 지닌 사람들이 '정상인들' 앞에서 자유롭고 원활한 사회적 상호작용을 촉진하기 위해 자신들의 상황에 대해 농담하는 방식에서 관찰할 수 있다.

『스티그마』에서 고프먼은 셋째 중심 테마로 상호작용 과정에서 불명예스러운 속성의 관리가 불명예자의 자아 인식에 어떻게 영향을 미치는지를 다룬다. 고프먼은 무엇보다도 이른바 좋은 적응(good adjustment) ― 즉, 오명을 쓴 사람이 자신을 받아들일 것을 과도하게 압박하지 않으면서 정상적인 자아를 제시하는 경우 ― 이 어째서 결코 완전한 사회적 수용으로 귀결되지 않는지를 검토한다.

오명을 쓴 개인은 자신의 짐이 무겁다거나 그 짐을 짊어지고 있어서 우리와 다르다는 것을 암시하는 행동을 하지 않을 것을 요구받는다. 이와 동시에 그는 우리와 그러한 간격을 유지하여 우리로 하여금 그에 대한 그러한 믿음을 고통 없이 확인할 수 있게 해주어야 한다. 달리 표현하면, 그는 자기 자신과 우리를 자연스럽게 받아들이라고, 즉 우리가 애초에 전적으로는 동정하지 않았던 자신을 자연스럽게 받아들이라고 조언받는다. 따라서 **유령 수용**(phantom acceptance)이 **유령 정상성의 근거**(phantom normalcy)를 제공할 수 있게 된다.(Goffman, 1964a: 147~148)

여기서 고프먼은 서구 사회의 사회질서의 틀 내에서 일어나는 미묘한 억압의 한 유형을 간파한다. 오명을 쓴 사람은 완전히 정상으로 인식되지는 않지만, 정상적인 정체성을 지닌 정상적인 사람인 척해야 하고, 정상적인 사람의 수용과 도움을 약삭빠르게 받아들여야 하며, 심지어는 그들의 유령 수용의 위선을 복잡하게 만드는 상황을 피함으로써 정상인들을 보호하는 행동을 해야 한다. 다시 말해, 고프먼은 불명예자들이 타인의 관점에서 행동하고 이해하도록 강요받고 그렇게 함으로써 애초에 그들을 배제하는 규범 구조를 확인하고 유지한다는 의미에서 대체로 의식되지 않는 일상적 억압 또는 어쩌면 심지어는 상징 폭력의 한 형태를 발견한다. 따라서 사회적 상호작용 과정에서 오명을 쓰는 속성을 관리하는 것은 강등된 일탈적 자아 관념을 내면화하게 한다. 우리는 일탈자에서 정상인으로 바뀌는 과정에서 자신이 배워가는 중이라고 느끼는 시기가 있을 수 있거나 점차 정상적이고 사회적으로 수용 가능한 사람이 되어가는 중이라고 느끼는 시기가 있을 수 있다는 것을 발견해 온 일부 전과자들 사이에서 유령 정상성 경험의 사례들을 관찰할 수 있다(Farrall and Calverley, 2006을 보라).

이처럼 『스티그마』에서 고프먼이 제기하는 핵심 논점 중 하나는 일부 상황에서 사회의 규범 구조는 사회적 인정을 거의 받지 못하거나 전혀 받지 못하는 사람들에 의해 확인되고 확보된다는 것이다. 따라서 『스티그마』는 현대 서구 사회에 대한 심오한 비판을 담고 있다. 또 다른 핵심 논점은, 오명은 내재적, 개인적, 맥락 독립적 특성이 아니라는 것이다. 오명 씌우기는 특정한 사회적 과정과 상황을 통해 발생한다. 그러므로 우리 모두는 특정한 상황과 맥락에서 일탈적인 것 또는 부적절한 것으로 인식될 수 있는 특성을 가지고 있다는 의미에서 오명을 쓸 가능성이 있다.

고프먼 이후의 『스티그마』

1964년에 『스티그마』가 발표된 이후, 상당한 수의 사회학적·심리학적 연구가 고프먼이 발전시킨 개념과 관점을 이용해 왔다(이를테면 Ainlay, Becker and Coleman, 1968; Franzesese, 2009; Katz, 1982; Link and Phelan, 2001을 보라). 오명과 관련한 광범위하고 다양한 일련의 경험적 연구가 수행되어 왔으며, 그중 많은 것이 다양한 정신적·신체적 질병과 관련된 유형의 오명에 초점을 맞추어왔다. 정신질환과 관련된 오명 씌우기 과정과 오명 효과가 다양한 질적·양적 연구 프로젝트에서 탐구되어 왔다. 많은 연구 가운데서 우리는 오명 씌우기 과정이 정신질환을 가진 사람들 사이에서 삶의 질에 어떻게 영향을 미치는지에 대한 프레드 E. 마코위츠(Fred E. Markowitz, 1998)의 연구, 공식적인 의료적 낙인찍기의 부정적 효과와 긍정적 효과에 대한 사라 로젠펠드(Sarah Rosenfeld, 1997)의 연구, 그리고 이전에 정신질환자였던 사람들 사이에서 일어난 오명의 내면화에 관한 제니퍼 B. 리처와 조 펠란(Jennifer B. Ritscher and Jo Phelan, 2004)의 연구를 언급할 수 있다.

여기에는 그러한 많은, 그리고 여전히 증가하고 있는 연구 전부를 요약할 공간이 허락되지 않지만(이를 개관하고 있는 것으로는 Hinshaw, 2007을 보라), 일반적으로 말하면 오명 씌우기 효과에 대한 해석은 양극화되어 있다. 한편에서 일부 연구들은 특정 정신질환과 관련된 오명이 사회적 배척, 외로움, 수치심을 경험하게 한다고 지적한다. 진단 과정이 문화적 고정관념과 부정적 편견을 동원하고, 그러한 고정관념이 문제의 사람들에게 부착되어 사회적 평가절하, 부정적 자아 인식, 삶의 기회 제한을 초래한다는 것이 얼마간 일관된 발견인 것으로 보인다. 다른 한편에서는 일부 연구들이 정신질환자들이 겪는 사회적 배제는 질병과 그 증상에 의한 것이지 낙인찍기와 문화적 고정관념에 의한 것이 아니라고 시사하는 것으로 보인다. 이런 맥락에서는 진단 과정이 오명을 씌우는 과정에서 이루어지는 전적으로 부정적인 요소로만 인식되는 것이 아니라 도움, 이해, 치료를 증진시키는 방법으로도 인식된다. 신체적 질병과 관련된 오명 씌우기 과정에 관한 조사도 마찬가지로 많이 연구되어 왔다. 다시 몇 가지만 언급하면, 네빌 밀런과 크리스틴 워커(Neville Millen and Christine Walker, 2002)는 만성 질환이 환자의 자아 개념, 질병 관리 능력, 그리고 그들의 사회적 네트워크에 어떻게 영향을 미치는지를 조사해 온 반면, 스콧 E. 러트리지와 그의 연구팀(Scott E. Rutledge et al., 2008)은 HIV 양성자들 사이의 오명 씌우기 과정을 조사해 왔다. 이러한 유형의 연구는 오명의 잠재적 배제 효과를 문서로 증명하는 것 외에도, 고프먼에 의해 묘사된 차별화와 고정관념화가 그들의 오명 쓰기 경험과 그들의 상황 관리 기회에 어떻게 커다란 영향을 미치는지를 보여주었다.

비록 『스티그마』가 일상생활에서의 미시적인 사회적 상호작용에 초점을 맞추고 많은 후속 연구들이 미시적 또는 중간적 수준의 오명 씌우기 과정에 대한 연구에서 고프먼의 관점을 채택해 왔지만, 고프먼의 연구는 우리가 이미 지적했듯이 몇 가지 거시이론적 함의를 지니고 있다. 영국의 사회학자 그레이엄 스캠블러(Graham Scambler, 2006)는 현대 사회에서의 오명에 대한 이해를 확장하는 거시이론적 틀을 제안해 왔다. 그는 오명 개념이 오명 씌워진 오명 경험('느껴진 오명')과 오명 씌우기로 인해 수행된 다양한 행동('실행된 오명')이라는 이중의 관점을 포함한다고 제시한다. 이들 관점 간의 관계와 관련하여 다음과 같은 흥미로운 질문들이 제기된다. 실행된 오명은 자동적으로 느껴진 오명을 낳는가? 그리고 느껴진 오명은 실행된 오명 없이 발생할 수 있는가? 이러한 질문에 답하기 위해서는 사회의 구조적 특징뿐만 아니라 상황적 과정에 대한 분석 역시 요구된다. 그러므로 스캠블러가 제안하듯이, 고프먼이 관찰한 사회적·문화적 맥락 이외의 다른 사회적·문화적 맥락과 관련하여 고프먼의 원래 개념을 이론적으로 정교화하고 확장할 것이 요구된다.

결론

이 장은 정신질환, 전체주의적 제도, 제도화 과정, 오명 씌우기가 어빙 고프먼의 사회학에서 중요한 테마를 구성한다는 것을 예증해 왔다. 그는 『수용소』(1961)에서 세인트 엘리자베스 병원에서 수행한 민족지학적 사례 연구에 기초하여 다양한 절차, 특권 체계, 제도적 관행을 통해 전체주의적 기관이 어떻게 환자의 자아에 굴욕감을 주는지를 탐구했으며, 오늘날 그 연구는 미시사회학적 제도 분석의 획기적인 사례로 자리 잡고 있다. 보다 넓은 범위에서 보면, 고프먼의 연구는 인간의 자아와 정체성이 위급한 상황에서 어떻게 살아남는지를 탐구했고, 그리하여 자아, 역할, 사회제도 간의 관계와 상호연결성을 사회학적으로 이해하는 데 중요한 통찰력을 더했다. 『스티그마』(1964)에서 고프먼은 일상생활에서 사람들이 자신의 자아와 정체성을 보호하기 위해 자신에 대한 잠재적으로 해로운 정보를 어떻게 통제하는지에 초점을 맞추어 일탈에 대한 연구를 계속했다. 고프먼은 오명의 상황적 성격을 강조하여 일탈에 대한 관례적인 이해에 도전하면서, 사실 우리 모두는 오명을 쓸 가능성이 있다고 지적했다. 잠재적으로 불명예스러울 수 있는 정보가 정체성을 손상시킬 것인지는 일상생활에서의 상호작용에서 행위자들이 정보를 성공적으로 통제하는 방식과 상호작용하는 행위자들이 잡다한 접촉에서 발생하는 긴장을 관리하는 방식에 달려 있다.

연습문제

• 일탈은 상황적·사회적으로 구성되는 것으로 이해되어야 한다는 어빙 고프먼의 주장이 갖는 타당성에 대해 논의하라.

- 어빙 고프먼의 스티그마에 대한 연구와 하워드 S. 베커의 낙인이론 간의 주요 차이점은 무엇인가?
- 오명 씌우기가 없는 사회가 가능한지, 그리고 집단 또는 개인에 대한 오명 씌우기의 부정적 효과를 처음에 오명 씌우기를 행한 다른 메커니즘들을 통해 피하거나 줄일 수 있는지에 대해 논의하라.

제6장

고프먼과 자아

이 장에서는 고프먼의 자아*에 관한 견해를 살펴보고 토론할 것이다. 우리는 고프먼의 사회학적 사고에서 자아가 어떻게 고도의 사회적 산물로 나타나는지를 (다시 말해 사회적 만남 속에서 이루어지는 개인적으로 연출된 투영과 반응의 결과일 뿐만 아니라 상황적·사회적 제약의 결과이기도 한지를) 살펴본다. 그렇게 함으로써, 우리는 고프먼의 자아와 상호작용 질서가 어떻게 얽혀 있는지 논의한다.

자아에 대한 이원론적 견해

지금까지 우리는 고프먼이 대면적 만남에서 이루어지는 개인 간 상호작용에 관한 이론을 어떻게 발전시키려고 하는지를 살펴보아왔다. 그러나 비록 고프먼이 아마도 앞서 언급한 상호작용 질서를 "그 자체로 하나의 실질적 영역" 또는 하나의 독특한 질서(an order sui generis)로 이해하는 데 주로 관심이 있었을 것이지만, 그의 또 다른 야망은 인간의 자아, 그리고 그 자아의 형성과 유지에 대한 사회학적 이해를 더욱 발전시키는 것이었다. 자아에 대한 이러한 관심은 대부분의 고프먼의 책, 논문, 에세이에서 하나의 실처럼 이어져 있는데, 우리는 아래에서 고프먼의 자아에 대한 견해에서 나타나는 가장 중요한 요소들을 요약하고자 한다. 하지만 우리는 먼저 고프먼의 저작에는 자아뿐만 아니라 다른 많은 문제도 동일한 관점 및 정의에 의거해서 하나의 일관된 이론으로 제시되지 않는다는 점을 확실히 해둘 필요가 있다(Miller, 1986: 177). 고프먼 저작의 많은 부분에서 자아에 대한 고찰이 나타나며 그곳들에서 자아는 다양한 방식으로 정의되는 서로 다른 관점에서 분석된다. 고프먼은 분석적 관점주의(analytical perspectivism)에 의거하여 자아에 대한 자신의 독창적인 개념을 발전시켰다. 이와 관련하여, 앤 브래너먼(Ann Branaman, 1997)은 고프먼의 저작에서 적어도 두 가지 명백히 상반되는 자아에 대한 인식을 식별하는 것이 가능하다고 지적했다. 즉, 고프먼은 한편에서는 자아를 실제적인 개인적 속마음이 전혀 없는 전적으로 사회적인 산물로 인식하고, 다른 한편에서는 자아를 일정 정도 사회적 제약에서 벗어나 자신을 가장 우호적으로 보이게 하기 위해 전략적으로 사회적 상황을 조작할 수 있는 하나의 이미지로 인식한다.

일견 모순되어 보이는 이러한 자아에 대한 견해는 『일상생활에서의 자아 표현』(1959)에서 분명하게 드러난다. 고프먼은 이 저작에서 연극적 관점을 적용하여 개인들이 다른 사람들에게 자신과 자신의 활동을 제시하는 방식과 개인들이 일상생활의 상황에서 다른 사람들이 자신에 대해 느끼는 인상을 어떻게 관리하고자 하는지를 조사한다. 그 저작에서 고프먼이 제기하는 주요 주장 중 하나는 모든 개인은 자신이 누구인지, 그리고 다른 사람들이 자신을 어떻게 인식하기를 바라는지에 관한 특정한 초상을 전달하고자 한다는 것이다. 달리 말하면, 개인들은 사회적 만남에서 자신의 이미지를 투영하고 그 투영으로부터 자아가 출현한다. 이는 배우와 관객이 참여하는 공연을 통해 집합적으로 이루어진다. 일상생활에서의 만남이나 공연에 참여하는 사람들은 자아 소유자가 자신의 내적 자아 인식과 외부의 사회적으로 확인된 정체성 간의 합치를 경험하기에 앞서 상황에 투사한 자아 개념을 확인할 필요가 있다. 어떤 사람이 투사한 자아를 확인하는 것은 사회적 환경에 대한 신뢰와 자아 소유자의 공연에 대한 신뢰 모두에 의존한다(Weigert, 1981). 이처럼 미드를 따라(제2장을 보라), 고프먼의 자아는 사회적인 것이자 변화할 수 있는 것이며, 자아 소유자와 사회적 관객 간에 이루어지는 협상의 대상이다. 사회적 관객은 공연자가 제시한 자아를 받아들이거나 거부할 수 있는데, 이는 자아가 실제로 그러한 주고받기의 산물임을 강조한다.

> 그 이미지가 그 개인에 대해 **관심**을 불러일으키고 따라서 특정 자아가 그에게 귀속되지만, 그 자아 자체는 그 자아의 소유자에게서 비롯되는 것이 아니라 그의 행위의 전체 장면에서 비롯된다. 즉, 자아는 목격자들에 의해 해석되는 특정 사건의 속성에 의해 생성된다. 제대로 연출되고 공연된 장면은 관객들로 하여금 특정 자아에 연기된 인물을 귀속시키게 하지만, 그러한 귀속(그 자아)은 바라던 대로 된 장면의 **산물**이지 그 장면의 **원인**은 아니다. 따라서 연기된 인물로서의 자아는 태어나고 성장하고 죽을 근본적인 운명을 지닌, 특정한 위치를 갖는 유기체가 아니다. 그 자아는 제시되는 장면에서 발산적으로 발생하는 하나의 연극적 효과(dramatic effect)이며, 자아 특유의 문제, 즉 결정적인 관심사는 자아가 신뢰받을 것인가 아니면 불신받을 것인가 하는 것이다.(Goffman, 1959: 244~245)

따라서 고프먼은 자아를 분석할 때 자아 소유자에게 초점을 맞추어서는 안 된다는 관념을 제시하는데, 왜냐하면 그 사람은 집합적으로 그리고 상호작용적으로 생산된 물건을 일정 기간 걸어놓을 수 있는 '못'에 불과하기 때문이다. 고프먼은 이 점을 강조하면서, 자아는 배우들로 구성된 팀 — 즉, 이용 가능한 무대 장비를 이용하고 관객들이 그 공연을 해석하고 받아들이는 팀 — 에 의해 공연되는 장면에서 출현한다고 제시한다. 하지만 고프먼식 자아는 또한 다른 의미에서는 연극적이기도 하다. 고프먼식 자아는 **적극적인 자아 표현**과 창조적인 인상관리의 산물임과 동시에 사회적 상황이 원활하고 성공적으로 흘러가게 하는 것을 목적으로 하는 연출된 활동이다(Holstein and Gubrium, 2000: 36). 따라서 자아는 개인이 적극적으로 행하는 어떤 것인 동시에 또한 **자신이 위치한 장소를 확인하고** 일상생활의 다양하고 서로 다르게 틀 지어진 사회적 만남에 적응하는 어떤 것이다. 따라서 이를테면 교실에서 학생들은 다양한 자아 이미지(이를테면 비판적 학습자, 참여적 학습자, 반항적 학습자)를 제시할 수 있지만, 사회적 상호작용이 순탄하게 흘러가게 하기 위해서는 그러한 이미지 모두가 교육이라는 틀로 구성된 특정한 사회적 상황과 부합해야 한다. 이것은 개인으로 하여금 자아를 제시하게 하고 특정한 역할을 취하게 하고 신뢰할 만하고 정직하고 재치 있어 보이게 하는 것이 바로 사회적 상황이라는 관념이라는 것을, 그리하여 개인을 행위자로 만드는 것은 바로 사회라는 관념 — 고프먼의 자아에 관한 견해에서 항상 명백하게 드러나지는 않는 관념 — 이라는 것을 강조한다 (Collins, 1986: 107). 개인이 일단 특정한 그리고 상황에 맞는 노선을 선택하고 나면, 그는 그 노선을 고수해야 하는 반면, 다른 한편에서 관객과 공동 공연자들은 공동으로 실행한 상황 정의와 제시된 자아 정의를 따르고 유지해야 한다 (Collins, 2004: 16). 따라서 고프먼에 따르면, 한 사람의 자아가 자신의 역할 연기를 통제하고 관리하는 하나의 동력으로만 이해되어서는 안 된다. 우리는 특정한 자아를 가지고 있기 때문에 특정한 방식으로 행동하는 것이 아니다. 자아는 얼마간 잘 정의된 문화적·도덕적 각본을 따르는 보다 광범한 게임 내에서 공연이 받아들여지고 거부되고 교정되는 상호작용적 협업으로부터 출현하는 어떤 것, 즉 하나의 '연극적 효과'이다. 다시 말해 자아는 우리의 일상생활에서의 공연 — 우리는 그 공연 속에서 독특한 자아 정체성을 만들어내는 방식으로 사회적으로 생산된 역할을 취한다 — 을 통해 생산되는 것이다. 이처럼 고프먼에게서 자아는 행위의 생성자로 인식되는 것이 아니라 오히려 창조적인 역할 연기를 통해 개인적 의도와 주관적인 특성을 가지고 우리의 정체성에 맞을 낼 수 있는 우리의 능력의 결과로 인식되기 때문에, 고프먼의 자아 분석은 정체성을 자아와 의식 사이에 위치시키는 관념에 도전한다(Eliot, 2001: 33).

고프먼(Goffman, 1961)은 역할 거리(role distance)* 개념을 탐구하면서, 유사한 사고방식을 추구한다. 거기서 고프먼은 개인들이 자신이 맡은 사회적으로 상황 지어진 역할들에 대해 어떻게 다르게 대처할 수 있는지, 그리고 그 개인들은 우리가 그러한 역할에 대처하기로 결정한 방식에 따라 특정한 자아를 어떻게 사회적 환경에 전달할 수 있는지를 분석한다. 우리는 그 역할에 관여할 수도 있고, 그 역할에 완전히 빠져들거나 몰입할 수도 있으며, 그 역할과 거리를 둘 수도 있다. 개인들은 자신과 역할을 그러한 방식으로 관련지음으로써, 자신과 그 역할이 암시하는 자아를 관련짓기 위해 적극적으로 노력한다. 어떤 상황에서 사람들은 자신이 마치 완벽한 웨이터 또는 회전목마를 탄 서너 살 아이이거나 한 것처럼 그 역할을 받아들이고 완전히 빠져들 것이다. 그리고 다른 상황에서는 개인들은 자신이 실제로는 사회적 역할이 암시하는 것으로 보일 수 있는 것과는 다른 어떤 사람 또는 그 이상의 사람이라는 것을 주변에 알리기 위해 역할과 그리고 사회적으로 상황 지어진 자아와 거리를 두기 위해 노력한다. 일곱 살이 넘은 어린아이가 지루해하거나 태연한 태도로 회전목마를 탐으로써 거의 말을 탈 수 없는 어린아이의 자아 이미지와 거리를 둘 때, 또는 외과 의사가 자신의 업무를 수행하면서 저속한 노래를 흥얼거림으로써 자신이 전문적인 역할을 수행하는 외과 의사이자 감정적으로 균형 잡힌 사람이라는 것을 동료 직원들에게 확신시킬 때가 그러한 예에 해당한다. 이처럼 고프먼은 행위자가 자신과 사회적으로 상황 지어진 역할 사이를, 더 정확하게 말하면 자신과 그 역할이 함의하는 (그리고 그 역할을 받아들이고 실행하는 모든 사람에게 타당한) 실제 자아 사이를 틀어지게 할 수 있는 능력을 역할 거리 개념으로 지칭한다. 따라서 역할 거리는 사회적 역할을 시작하고 수행하는 데, 그리고 이와 동시에 독특한 퍼스낼리티를 표현하는 데 필요한 조건이다(Goffman, 1961). 고프먼은 나중의 저작들에서는 자아 표현과 관련한 개인의 역량이 어떻게 상당한 제약을 받게 되는지를 더욱 분명하게 강조한다(Branman, 1997). 고프먼은 「장소의 광기(The Insanity of Place)」라는 에세이에서 다음과 같이 진술한다.

> 자아는 개인의 거의 모든 활동을 이해하고 그 활동들을 조직화하는 토대를 제공하는 부호이다. 이러한 자아는 사회활동의 조직 속에서 자신이 차지하는 위치 ─ 자신의 표출적 행동에 의해 확인되는 ─ 를 해석함으로써 사람들이 개인에 대해 읽어낼 수 있는 것이다. 개인이 행동과 표출적 단서를 통해 자신에 대한 **잠재적**(workable) 정의 ─ 긴밀하게 뒤얽힌 타자들이 그 사람에게 보이는 관심을 통해 그에게 부여할 수 있는 정의 ─ 를 부호화된 형태로 제시하는 데 실패할 경우, 그것은 타자들이 하는 거의 모든 활동을 저지하고 방해하고 위협한다.(Goffman, 1971: 366)

따라서 사회적 개인은 사회적 교류를 통해 다른 사람들이 자신에게 부여할 수 있는 정의에 부합하거나 최소한 모순되지 않는 자아 정의를 제시해야 한다. 고프먼은 「얼굴 작업에 대하여」라는 에세이에서 자아에 대한 이중적인 정의를 제시하기도 한다.

> 하나는 어떤 일 속에서 벌어지는 사태의 전체 흐름 속에 함축적으로 표현되는 의미들을 한데 종합한 하나의 **이미지**로서의 자아이고, 다른 하나는 그때그때의 판단에 기초하여 상황에 훌륭하거나 훌륭하지 못하게 또는 외교적으로나 비외교적

으로 대처하는 의례 게임 **플레이어**의 한 유형으로서의 자아이다.(Goffman, 1967: 31; 강조 추가)

고프먼은 이러한 자아에 대한 이중적 견해를 통해 인간의 자아가 자율성과 의존성의 과정에서 출현한다고 제시한다(Laursen, 1997). 따라서 이론적으로 말하면, 고프먼식 자아는 사회적으로 결정된 '사회학적 인간(homo sociologicus)'(Dahrendorf, 1973)과 상징적 상호작용주의가 말하는 살아있는, 그리고 의도를 통제하고 상징을 창조하는 인간 존재 사이에 위치한다.

자아의 영토

이미 살펴본 바와 같이, 자아의 소유물과 영토는 자아의 일부이거나 어쩌면 오히려 자아 확장의 한 형태이며 그러한 소유물 또는 영토를 침해하는 것은 동시에 자아를 침해하는 것이라는 점은 고프먼의 사고에서 중심적인 가정이다. 사람으로서의 우리는 우리의 자아를 외면화하는 과정에서 상호작용이 일어나는 물리적·사회적 공간의 몫에 대한 권리를 주장하고, 동시에 특정한 개인적인 물건이나 소품을 이용한다. 다시 말해 우리는 우리 자신을 내세우고 유지하기 위한 영토와 소품이 필요하다. 영토는 자아에게 요구되는 상징적인 행위 공간이자 물질적인 행위 공간이다. 따라서 자아의 유지는 자아의 영토를 유지하는 것을 전제로 한다. 역으로 자아의 영토를 존중받지 못한다는 것은 그 사람의 자아가 존중받지 못한다는 것을 나타낸다.

고프먼은 『공공장소에서의 관계』(Goffman, 1971: 29~40)에서 『수용소』에서 기술하고 우리가 제5장에서 묘사한 굴욕화 과정의 요소와 그 내용의 측면에 상응하는 서로 다른 유형의 영토를 묘사한다. 그 영토들은 그 영토들의 조직에 의거하여 범주들로 나누어질 수 있다. 첫째, 얼마간 지리적으로 확장될 수 있고 그 사람이 공식적인 합법적 권리를 주장할 수 있는 '고정된 영토(fixed territory)'가 있다. 부동산이 그 영토의 한 사례일 수 있다. 또 다른 범주는 특정 장소와 연결되어 있고 그 사람이 제한된 시간 동안 자신의 소유물로 만들 수 있는 '상황적 영토(situational territory)'가 있다(공원의 벤치). 마지막으로, 그 사람이 가지고 다니는 '자기중심적 영토(egocentric territory)'가 있다. 고프먼은 이 자기중심적 영토의 범주를 더 다양한 하위 유형으로 나눈다.

첫째는 그 사람을 둘러싸고 있고 다른 사람이 그 안에 발을 들여놓으면 침해가 일어날 수 있는 '개인적 공간(personal space)'이다. 둘째는 어떤 사람이 일시적으로 점유할 수 있는 잘 정의된 공간이지만 그 또는 그녀가 소유하거나 소유하지 않는 '구획된 작은 공간(stall)'이다. 편안한 의자, 전망 좋은 테이블, 공중전화 부스 등이 그러한 예일 것이며, 전세 여행객이라면 대부분 수영장에서 선베드를 놓고 싸우는 것을 본 적이 있을 것이다. 셋째는 그 사람의 가까운 주변 또는 바로 앞의 영토인 '사용 공간(use space)'으로, 그곳은 사용 가치를 지니고 있기 때문에 존중받을 것으로 기대된다. 미술관을 방문한 사람이 자신과 자신이 관람하는 예술 작품 주변에 설정한 공간이 그 예일 수 있다. 넷째는 지키고 존중해야 하는 '차례(turn)'로, 숙녀와 어린이에게 우선순위를 부여하는 것 또는 대화에서의 자신의 순서 같은 것을 들 수 있다. 다섯째는 신체의 피부와 우리가 입는 옷 형태인 '외피(sheath)'로, 모든 개인적 공간 중에서 가장 작은 공간이며, 동시에 가장 순수한 형태의 자기중심적 영토이다. 여섯째는 자아와 동일시할 수 있고 몸으로 운반되는 모든 물건의 집합인 '소유 영토(possessional territory)'이다. 재킷, 장갑, 담배, 지갑 등이 전형적인 예이다. 일곱째는 어떤 사람이 다른 사람과의 만남 속에서 통제할 것으로 예상되는 자신에 대한 정보(주머니 속의 내용물, 편지 문구, 전기적 정보)를 보호하는 '정보 보호구역(informational preserve)'이다. 그리고 마지막으로 여덟째는 어떤 사람이 누가 언제 자신을 대화에 끌어들이게 할지를 얼마간 통제하는 권리를 포함하는 '대화 보호구역(conversational preserve)'이다. 다시 말해 이것은 그 사람의 대화 가능성에 대한 문제이다.

고프먼은 자아의 영토 및 그 영토들에 대한 침해와 관련하여 자신이 '침해 양식(modality of violation)'이라고 부르는 것, 또는 침해가 일어날 수 있는 방식에 대해 숙고한다. 그는 다음의 사례들을 열거한다. (1) 몸이 다른 사람의 영토에 너무 가까이에 위치하는 너무 짧은 물리적 거리, (2) 다른 사람의 외피 또는 소유물과 접촉할 수 있는, 그리하여 그것들을 더럽힐 수 있는 몸, (3) 날카로워 보이고 거슬리며 볼품없는 용모, (4) 너무 많은 소리 공간을 차지하고 남의 영토를 침해하는, 다른 사람에 의해 만들어진 소리, (5) 모르는 사람이 말을 걸거나 더 나아가 구애하는 것과 같은 부적절한 말 걸기, 마지막으로 (6) 네 가지 범주로 나누어지는 신체 배설물 — (a) 소변, 정액, 대변, 땀, 구토물, (b) 체취, 방귀, 구취, (c) 의자, 외투, 변기 시트에서 나는 체열, (d) 초콜릿 바나 접시 위의 남은 음식에 나 있는 이빨 자국 형태와 같은 신체에 의해 남겨진 표시 — 이 그 것들이다(Goffman, 1971: 44~47).

『수용소』와 『공공장소에서의 관계』 모두에서 중심 테마인 자아 침해는 또한 소품 및 여타 정체성 장비의 절도나 파괴, 신체 훼손, 그리고 특히 사람의 몸에 대한 상징적·구체적인 오염 — 이것은 몸을 너무 밀착하거나 실제로 더럽히는 것과 관련된 문제이다 — 의 형태로 발생할 수도 있다. 여기서 고프먼의 요점은 그러한 침해 간에는 원칙적으로 차이가 없다는 것이다. 왜냐하면 그러한 침해 모두는 정도는 다르지만 영토에 대한 공격을 표현하는 것이기 때문이다. 고프먼에 따르면, 그러한 공격은 "한 개인이 다른 개인에 의해 그리고 다른 개인을 위해 설정된 보호구역을 침입할 때, 그리하여 한 개인이 다른 개인의 권한을 방해할 때" 발생하는 원형적 침해로 인식될 수 있다(Goffman, 1971: 50). 또 다른 유형은 상이한 형태를 취할 수 있는 이른바 자기 침해(self-violation)이다. 어떤 사람은 스스로를 더럽히기도 한다. 서양에서 가장 극단적인 사례는 개인이 자신의 배설물을 자신에게 바르는 경우이다. 어떤 사람은 다른 사람이 버린 물건을 사용함으로써 자신의 품위를 떨어뜨리기도 한다. 셋째 유형은 노출과 관련이 있다. 이는 일반적으로 너무 사적인 것으로 간주되거나 드러내기에 창피하다고 여겨지는 자신의 측면을 노출시키는 것과 관련이 있다 (Goffman, 1971: 52~56).

가면 뒤에 있는 가면

고프먼(Goffman, 1999)이 (오명에 관한 자신의 저작에서) 사람들의 '가시적인 정체성'이라는 한편과 '실제 정체성'이라는 다른 한편 간의 구별을 유지하지만, 그는 실제의 자아가 과연 존재하는지의 여부에 대한 명확한 결론은커녕 실제 정체성이 무엇인지에 대한 명확한 판단에도 결코 이르지 못한다. 우리는 여기에 사회적 정체성, 개인적 정체성, 에고 정체성을 구별하는 것이 이 질문을 명확히 하는 데 도움이 되지 않는다는 점을 추가할 것이다. 고프먼은 역할 거리에 관한 에세이에서 다른 무엇보다도 인간 행위자는 세속적인 부분과 신성한 부분을 모두 가지고 있다고 쓰고 있다. 신성한 부분은 보다 개인적인 문제, 즉 일단 모든 세속적인 층위가 다 벗겨진 다음에 그 사람이 실제로 어떤 사람인지와 관련되어 있다. 신성한 부분은 그 사람이 긴장을 풀고 다른 사람들에게 자신이 실제로 어떤 사람인지를 보여줄 때 나타난다(Goffman, 1972: 152). 제임스 J. 크리스(James J. Chriss)가 언급하듯이, 이것은 신성한 부분에서는 역할 거리가 하나의 선택사항이 아니라는 인상을 줄 수 있다. 우리가 알다시피, 신성한 부분에서 사람은 자신의 진정한 모습을 드러낸다. 그러나 크리스가 지적하듯이, 고프먼은 그 에세이의 대부분을 역할 거리가 사회생활의 세속적인 영역에서뿐만 아니라 신성한 영역에서도 어떻게 나타나는지를 입증하는 데 할애한다. 달리 말해 고프먼의 자아 사회학에는 어떤 사회적 가면도 쓰지 않은 인간의 자아로 이해되는 진정한 자아가 존재하지 않는다고 생각하게 만드는 요소들이 있다(이는 「역할 거리(Role Distance)」라는 에세이에서 가장 분명하게 드러난다). 게다가 고프먼이 볼 때, 자아는 "사회적 상황에서 개인이 쓰는 가면이다. 그러나 어떤 가면을 쓸 것인지 결정하는 것 역시 가면 뒤에 있는 인간"이다(Branaman, 1997: xlviii). 필립 매닝(Philip Manning, 1992: 44)은 이른바 '두 자아 테제(two selves thesis)'를 전개했다. 매닝이 보기에, 고프먼은 우리가 가면을 쓴 외적 자아 ─ 우리가 누구인지에 대한 사람들의 생각을 조작하기 위해 우리가 사용하는 자아 ─ 와 아마도 보다 진정할 내적 자아 ─ 청중에 맞서 지키고자 하는 자아 ─ 를 가진다고 지적한다. 고프먼에게서 인간의 자아는 사회와 함수관계에 있는 것으로 인식된다. 달리 표현하면, 자아는 과잉 사회화된다. 게다가 『스티그마』에서 두드러진 역할을 하는 자아 정체성 개념은 현상학적으로 영감을 받은 **에고 정체성**(ego identity) 개념과는 다르다. 고프먼이 볼 때, 자아는 환경 ─ 그 속에서 자아가 나타나거나 **행동한다** ─ 의 결과이다. 다시 말해 자아는 필요에 따라 설계할 수 있는 미묘한 형태 없는 물질이아니다. 자아는 사회적 상황과 맥락 속에 존재하고 그것들에 의해 구성된다. 덴마크 철학자 다그 히데(Dag Heede, 1997)는 미셸 푸코 저작을 소개하는 책에 『비어 있는 인간(The Empty Man)』이라는 제목을 붙였다. 푸코에 따르면, 인간의 본래 정체성이나 본질을 밝히고자 하는 것은 이치에 맞지 않기 때문이다. 동일한 제목이 고프먼의 자아에 대한 이해를 분석하기 위한 (단순하고 도발적이지만 여전히 매우 정확한) 헤드라인으로 사용되었을 수도 있다. 자아에 대한 고프먼의 연구는 푸코의 연구가 그러한 것처럼 우리가 단지 가면 뒤에 있는 가면만을 발견할 뿐 가면의 중심을 발견하지 못한다는 의미에서 껍질 벗긴 양파와 유사하다(Heede, 1997: 53).

분명히 히데의 양파 은유는 포스트모더니즘을 연상시키며, 고프먼의 이름은 실제로 포스트모던적 자아 개념과 연관 지어져 왔다(이를테면 Battershill, 1990; Gergen, 1991; Schwalbe, 1993; Tseëlon, 1992a). 포스트모던적 자아 관념은 (만약 단수형으로 그 개념을 말하는 것이 전적으로 가능하다면) 자아는 하나의 확실한 그리고 연속적인 실체로 존재하지 않는다고 시사한다. 케네스 거겐(Kenneth Gergen, 1991: 69)은 실제로『포화된 자아(The Saturated Self)』(1991)에서 포스트모던적 자아가 존재의 다양하고 양립할 수 없는 잠재적 선택지들로 구성된 관계적이고 비본질주의적이고 담론적인 실체라고 주장한다. 포스트모더니즘의 가장 중요한 제창자 중의 한 사람인 장-프랑수아 리오타르(Jean-François Lyotard) 또한『포스트모던의 조건: 지식에 관한 한 보고서(The Postmodern Condition: A Report on Knowledge)』(1984)에서 자아가 다양한 관계, 맥락, 상황에서 이루어지는 의사소통적 교환을 통해 만들어지는 관계적이고 에피소드적인 이미지로 분산되고 해체되어 왔다고 주장했다. 에프라트 트셀론(Efrat Tseëlon, 1992a: 121)은 고프먼의 자아는 "표면이나 외양으로 구성되고, 상황적이고 상호작용적으로 정의되며, 상호작용 외부에 존재하지 않는 하나의 사회적 산물이라는 점에서 포스트모던적"이라고 직설적으로 주장한다. 그러므로 고프먼의 역할 이론(자아는 확실한 실체가 아니라 개인적으로 채색되고 사회적으로 상황 지어진 역할들의 집합이다), 고프먼의 연극적 모델, 그리고 고프먼의 자아 관념(자아는 투영되고 상호작용적으로 확인된 하나의 이미지이다)이 사실 자아의 해체와 분산에 대한 포스트모더니스트들의 관념을 그들에 앞서 제시한 것이었다고 주장하는 것은 어떤 점에서는 정당할 수 있다.

요약하면, 우리는 고프먼에서 자아는 하나의 확실한 실체가 아니라 반대로 타인과의 상호작용과 소통에 의해 창조된다고 결론 내릴 수 있다. 앞서 언급했듯이, 대니얼 포스(Daniel Foss, 1972)는 고프먼을 독해하면서 심지어 실제와 외양 간의 긴장에 대한 고프먼의 강조가 실증주의적 자아 개념(이를테면 우리가 소유하고 있는 실체로서의 자아)에 대한, 그리고 그 결과 실증주의적 지식 개념 전체(현실 세계에서 대상에 대한 진정한 지식은 관찰하는 주체에 의해 생성될 수 있다는 관념)에 대한 비판적 견해를 포함한다고 주장하기까지 한다. 포스에 따르면, 고프먼에서는 관객이 배우의 성격에 상당한 영향을 미치고 그 성격을 규정하며, 따라서 자아를 소유할 수 있는 하나의 확실한 단일체로 보는 생각은 무너진다. 고프먼이 볼 때, 관객 또는 사회적 환경은 실제로 주체가 되고 어떤 사람들을 그것들을 통해 진정한 지식이 무엇인지를 평가하고 규정한다. 따라서 고프먼의 연극적 모델에서 진짜가 아닌 가장한 배우는 연역적 과학의 지식 개념에 대한 간접적인 비판으로 인식될 수도 있다(Foss, 1972: 299). 다시 말해 고프먼이 말하는 연극적 자아 표현이라는 관념은, 개인 속에 존재하는 고정된 실체로서의 자아에 대해 말하는 것은 이치에 맞지 않는다는 것을 함의한다. 포스에 따르면, 고프먼은 자아를 배우 개념과 관객 개념 간의 관계를 통해 예증하고자 한다. 따라서 자아는 특정 표현 장비를 필요조건으로 하는 표현 또는 투영의 한 유형이다. 고프먼에서 이 장비는 '소품'과 '영토'로 지칭된다. 마이클 슈월비(Michael Schwalbe, 1993: 336)에 따르면, 자주 무시되어 온 그러한 투영 또는 자아 표현의 한 측면은 자아가 실제로는 개인의 의식과 통제 밖의 상황에 달려 있다는 것이다. 따라서 앞서 제시한 바와 같이, 고프먼의 자아에 관한 견해에는 완전히 자율적이고 맥락 독립적인 자아 관념은 포함되어 있지 않다. 오히려 고프먼의 견해는 사전에 주어진 단서를 통해 그리고 자기 앞에 존재하는 관객들과의 협력 속에서 자아가 제시되고 투영되고 창조되고 변화되는 방식을 요약한다. 따라서 자아는 연극적 효과일 뿐이다.

따라서 연기된 인물로서의 자아는 태어나고 성장하고 죽을 근본적인 운명을 지닌, 특정한 위치를 갖는 유기체가 아니다. 자아는 제시되는 장면에서 발산적으로 발생

그림 6-1   고프먼의 관점에서의 자아

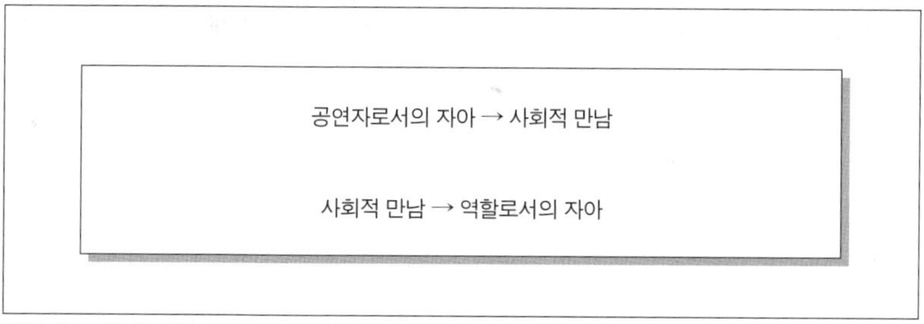

```
공연자로서의 자아 → 사회적 만남

사회적 만남 → 역할로서의 자아
```

자료: Greg Smith, "The sociology of Erving Goffman," *Social Studies Review*, 3(1988), p.119.

하는 하나의 연극적 효과이며, 자아가 봉착하는 특유의 문제, 즉 결정적인 관심
사는 그 자아가 신뢰받을 것인가 아니면 불신받을 것인가 하는 것이다.(Goffman,
1959: 245)

따라서 자아는 연극의 효과이고, 의례의 대상이며, 전략적인 투쟁의 장면이
다(Branaman, 1997: lxiii). 그리고 그 결과 연극, 의례, 공연은 실제로는 동일한
이슈 — 즉, 자아와 관련한 의사소통적·상징적 주고받기 — 의 세 가지 측면이다.
고프먼은 자아를 사회적 공연을 통해 생산되는 (그리고 결정되는) 동시에 개인
이 자신의 지위와 자원을 고려하여 자신의 행동을 통해 형성할 수 있는 것으
로 본다. <그림 6-1>은 이러한 자아 표현의 이중성을 보여준다. 자아는 만남
과 사람들 간의 관계를 통해 생성된다. 고프먼에 따르면, 자아는 사회적 만남
과 독립적으로 존재하지 않으며, 따라서 자아는 달리 표현하면 구체적인 상
황에 매여 있다(Branaman, 1997: lxiii).

<그림 6-1>은 자아가 한편으로는 사회적 연극 속에서 인상을 꾸며내는,
연기하고 공연하는 대행자이고, 다른 한편으로는 (자아의 '성격'이 사회적 만남
속에서 개인의 상호작용 활동의 최종 산물로 인식된다는 점에서) 사회적 만남을

통해 만들어지는 어떤 것이라는 것을 도식적으로 보여준다(Smith, 1988: 120). 고프먼은 자아를 사회적 장치의 산물로 이해하는 것에 대해 다음과 같이 쓰고 있다.

> 거기에는 몸을 단장하는 도구가 있는 후면 영역과 고정된 소품이 있는 전면 영역이 있을 것이다. 거기에는 무대 위에서 소품을 이용하여 공연된 인물의 자아가 출현할 장면을 구성할 활동을 하는 하나의 팀과 그러한 자아가 출현하는 데 필요한 해석 활동을 하는 다른 팀 또는 관객이 있을 것이다. 자아는 그러한 장치들 모두의 산물이며, 자신의 모든 부분에 그러한 생성의 표시를 지니고 있다.(Goffman, 1959: 245)

사회적 만남 속에서 개인은 다른 사람들에 의해 존경받는 자아를 유지하는 것에, 그리고 거기에 더하여 자신이 때때로 노출되는 불명예를 초래하는 위협과 공격으로부터 자아를 방어하는 것에 관심을 가진다. 따라서 고프먼의 자아 사회학은 많은 점에서 개인이 (인상관리, 연극적 실현, 2차 적응 등을 통해) 우리가 '사회적 신용도(social creditworthiness)'라고 부르는 것을 어떻게 보존하고 유지하고자 하는지에 관한 이야기이다. 달리 말하면, 고프먼의 자아 사회학은 사회적 존재로서의 우리가 서로 다른 다소 불명확한 테크닉을 통해 우리 주변의 세계와 우리 자신을 위해 존경할 수 있고 가치 있는 사람의 이미지를 유지하고자 하는 방식에 관한 것이다. 하지만 고프먼이 『일상생활에서의 자아 표현』의 끝을 향해가며 강조하듯이, 이것이 어떤 사람과 투영되고 구성된 그의 자아 간에 하나의 완전한 일치가 존재한다는 것을 의미하지는 않는다. 고프먼에 따르면, 인간은 본성상 '심리생리학적인(psychobiological)' 감정 및 속성(Goffman, 1959: 246)과, 어떤 사람의 선택에 (그리하여 그 사람이 제시한 자아에) 결정적인 영향을 미치는 감정과 속성을 지니고 있다.

그러므로 자아는 단지 의사소통의 문제인 것만이 아니다. 자아는 심리생물학적으로도 뿌리를 두고 있다(하지만 고프먼은 이에 대해서는 상세하게 묘사하지 않는다). 따라서 고프먼의 자아가 기본적으로 **표현된** 자아라는 사실이 개인의 내적 복잡성에 대한 거부를 뜻하지는 않는다(Mortensen, 2000: 95). 고프먼은 내면의 진정한 자아에 대해 관심을 가지고 있지 않고, 그것에 대해 직접 논박하지도 않는다. 사회구조가 아니라 상호작용 질서가 고프먼의 영역인 것과 마찬가지로, 고프먼이 관심을 가진 대상은 바로 그 표현된 자아이다. 게다가 고프먼은 역할 거리에 관한 그의 에세이에서 우리가 어떻게 서로 다른 다양한 **복수의** 자아를 소유하는지, 그리고 우리가 어떻게 상호작용에서 그러한 자아들을 이용하여 우리가 원하는 대로 위치시킨 사회적으로 상황지어진 자아를 보충하고 변화시킬 수 있는지, 따라서 우리 자신의 자아에 독특하고 특별한 성격을 제공할 수 있는지를 설명한다(Goffman, 1972: 133).

뒤르켐을 따라, 고프먼은 인간의 자아를 적절한 의례적 관리를 통해, 따라서 자신들의 행위의 상징적 함의를 설계하는 개인들에 의해 보호되어야 하는 신성한 것으로 특징짓는다(Goffman, 1967: 57). 고프먼은 의례 관점을 이용하여, 많은 사회적 만남에서 실제로 개인들은 어째서 개인을 의례적으로 찬양하는 것에, 그리고 동시에 상호작용 의례를 통해 그러한 취약한 자아를 보호하는 것에 관심을 갖는지를 밝혔다. 요컨대 함께 있는 상황에서 "우리는 다른 사람들의 말과 몸짓을 통해 우리의 정신 보호구역을 쉽게 침투당하고, 우리가 우리 앞에서 유지될 것으로 기대하는 표현 질서(expressive order)를 쉽게 파괴당한다"(Goffman, 1983a: 4). 따라서 다른 사람들과 직접적으로 접촉하는 과정에서 인간의 자아는 다양한 유형의 위험에 노출된다. 우리는 본래 (1) '상황에 적절하지 않는 행동'을 하여 다른 사람들의 자아를 손상시키지 않기 위해, 그리고 (2) 우리 자신의 자아를 보호하기 위해 끊임없이 노력해야 하는 취약한 구성물이다. 고프먼은 많은 세세한 분석을 통해 그러한 취약함이 "우리가 우리 자신을 인식하는 방식 및 우리가 실재하는 것을 인식하는 방식과 어떻게 연결되어 있는지, 그리고 우리가 느끼는 방식이 우리가 의식하지 못하는 방식으로 계속해서 복잡하게 변하는 즉각적인 상호작용 질서의 미시 동학과 어떻게 밀접하게 연관되어 (복잡하게 얽혀)" 있는지를 증명했다(Lofland, 1984: 9). 자아를 하나의 취약한 구성물로 보는 이러한 관념은 그가 위험에 노출된 위치에 있는 사람들, 즉 자아 표현에 실패하거나 그것을 부정당한 사람들에게 관심을 집중하고 있다는 데서도 추론할 수 있다(Davies, 1997: 382). 우리가 제5장에서 살펴보았듯이, 정신병 환자와 다른 오명을 쓴 그리고/또는 주변화된 집단들은 고프먼의 사회학에서 중요한 역할을 한다.

전략적이면서도 도덕적인 자아

일부 해설자들은 일상적 공연의 연극적이고 게임 같은 성격을 강조함으로써 고프먼이 마키아벨리아적인 조작적 자아관을 제안한다고 제시해 왔다. 이 경우 고프먼적 자아는 주어진 상황에서 성공을 거둘 수 있는 온갖 가면 쓰기와 인상관리에만 관심을 집중하고 있는 것으로 묘사된다(Schwalbe, 1993: 336). 마이클 스타인(Michael Stein, 1991: 426)은 이 접근방식이 불쾌하고 문제 있는 다음과 같은 사회 세계를 묘사하고 있다고 기술하면서 그와 유사한 제안을 한다. 그 세계에서는

> 진실은 조작과 외양에 비해 부차적인 것이 된다. 사람들이 가진 그 어떤 진실한 감정도 공식적이고 적절한 상황 정의에 부합하는 자아를 표현함으로써 끊임없이 희석되고 억제되고 감추어진다. 따라서 행위자들은 아무런 내부 스펙(interior specification) 없이 외면적으로 살아가며, 주어진 상황이 자신이 누구이고 어떤 사

람인지를 말하도록 놔둔다.

이미 분명하게 드러났을 수도 있지만, 우리는 고프먼의 자아관에 대한 이러한 해석에 동의하지 않는다. 콜린스(Collins, 1986: 107)를 따라, 우리는 고프먼의 기본적인 이론적 요점은 궁극적으로 개인으로 하여금 서로 다른 배역을 택하게 하고 자신을 신뢰할 만하고 정직하고 빈틈없는 사람으로 보이게 하는 것은 사회, 즉 사회체계이며, 궁극적으로 우리를 배우로 만드는 것도 사회라는 것이었다고 주장한다. 우리가 제4장에서 살펴보았듯이, 고프먼은 진짜임과 은폐함 간의, 외양과 실제 간의 긴장감에 관심을 집중했다. 하지만 이것은 고프먼이 사람들이 오직 조작만 하고 항상 연기를 한다고 생각했다는 것을 뜻하지는 않는다. 그는 우리의 관심을 단지 인간 상호작용의 한 가지 중심적인 측면 — 쉽게 받아들이지 못하겠지만 분명히 사회적 상호작용의 한 요소인 측면 — 으로, 다시 말해 우리는 상황 속에서 이용할 수 있는 기호와 소품을 활용하여 현재 행위의 틀 — 우리가 우리 자신을 발견하는 틀 — 에 맞추어 우리의 자아를 표현한다는 데로 유도할 뿐이다. 그것의 목적은 가장 유리한 자아 표현을 유지하고 우리의 자아를 보호하는 것은 물론, 도덕적 기준에 따라 행동하고 그리하여 여전히 남아 있는 관객을 보호하는 것, 그리하여 상황 자체가 무너지지 않게 하는 것이다. 따라서 전략적 조치들이 의례의 요구 사항들을 충족시키기 위해 수행되기도 하지만, 도덕적 상황 질서가 (행동을 통제하는) 전략적 조치와 정보를 제약하기도 한다(Branaman, 1997: lxxiii). 우리는 우리가 어떤 표현을 하는 데에는 서로 다른 정도의 개방성과 정직성을 요구하는 서로 다른 틀이 존재한다는 논평으로 이를 보완할 수도 있다. 이를테면 특정한 프레임 내에서는 감정을 드러내는 것이 어색하지만, 다른 프레임에서는 감정을 드러내지 않는 것이 어색하다. 다시 말해 고프먼이 제시하는 자아 이미지는 우리가 그의 책을 속독할 때 감지하는 것보다 더 복잡하다(그리고 외견상 모순적이다). 고프먼은 자아를 한편에서는 **운송 단위**(vehicular unit)처럼 후면 영역에서 공연자를 지휘하는 조종사로 인식했고, 다른 한편에서는 사회적 만남에서 표현된 것들이 누적된 하나의 이미지로 인식했다(Branco, 1983: 180; Goffman, 1967: 31). 하지만 고프먼의 자아는 궁극적으로는 사회적 또는 상황적 자아로, 사회적 상황에서 의사소통적 교류가 일어나는 동안에 생산되고 그러한 교류에 의존한다. 그리고 사회적으로 구조화된 자아나 상황 지어진 역할로부터 우리 자신을 해방시키고자 하는, 겉으로 보기에 성공한 시도조차도 고프먼에게서는 진정한 자율성을 보여주는 것이 아니다. 고프먼이 볼 때, 그러한 저항 시도 역시 여타 사회적 상호작용과 마찬가지로 사회적·의례적 질서에 의해 구조화된다는 점에서, 역할 거리는 망상의 한 유형이다. 우리가 어떤 특정한 행동을 어떤 사람이 사회적으로 위치 지어진 역할에 저항하는 상황이나 그러한 역할에서 불편함을 느끼는 상황을 적절하게 표현하는 것으로 간주하는 경우에도, 그것 역시 사회적으로 결정되며, 이는 자신이 자율적으로 역할 연기를 하고 있다는 착각에 빠져 있는 행위자를 달래는 데에도 기여한다(Branco, 1983: 199).

고프먼의 자아에 대한 견해가 개인과 사회의 관계에 대한 그의 인식과 관련해서만 흥미로운 것은 아니다. 고프먼의 자아에 대한 견해는 그의 인식론을 이해하는 지름길이기도 하다. 왜냐하면 그의 인식론이 그의 자아에 대한 견해에서 출현하기 때문이다(Wakler, 1989). 우리가 살펴보았듯이, 자아는 하나의 고정된 독특한 실체가 아니라 정보를 수신하고 발송할 때 제시되고 나타나는 하나의 구성물, 즉 사람 간의 상호작용 속에서 창조되는 것이다. 프랜시스 C. 왁슬러(Frances C. Waksler, 1989: 5)에 따르면, 고프먼은 사회학자들이 사람들 내부 스펙에 접근할 수는 없지만 동일한 사회세계에 참여함으로써 다른 사람들이 알고 있는 것과 생각하는 것에 대해 배울 수 있다는 전제를 받아들였다. 사회학자들이 다른 사람들로부터 배울 수 있는 것과 그들의 내면으로부터 수신할 수 있는 정보는 사회적 상호작용을 통해 걸러져 왔으며, 그러한 상호작용은 이러한 방식으로 그러한 정보의 원천과 한계 모두로 작용한다(Waksler, 1989: 6). 루만(Luhmann)을 따라, 우리는 사회체계와 심리체계는 서로의 주변이지만 자신들의 주변을 자기생성적으로 폐쇄한다고 말할 수도 있다. 왁슬러는 고프먼이 다른 사람들이 자기 자신의 내면을 아는 것처럼 자신도 다른 사람들의 내면을 알고 있다고 주장하는 전지적 사회학자인 척하지 않았다고 주장한다. 대신에 고프먼은 자아가 다른 사람들과의 의사소통적 상호작용에서 창조되고 제시되며, 따라서 원칙적으로 그러한 상호작용에 참여하는 사람들이 다른 사람들의 자아에 대한 정보에 공개적으로 접근할 수 있다는 전제에 기초한 인식론을 제시했다. 따라서 고프먼은 자아를 이해하기 위한 연극적 접근방식을 제안하면서, 학자들에게 사람들의 마음에서 공공장소로 관심을 돌릴 것을 촉구했다(Lyman and Scott, 1975: 107).

결론

우리가 이 장에서 살펴보았듯이, 고프먼이 보기에 인간의 자아는 다양한 사회적 상황에서 개인이 수행하는 여러 가지 역할로 이루어진다. 따라서 고프먼적 자아는 **표현되**며, 그러한 자아의 실현은 행위자의 전략적 인상관리와 자기 모니터링뿐만 아니라 사회 환경의 지원 및 의례화된 배려 모두에도 의존한다. 그러므로 자아는 "자아의 소유자로부터 나오는 것이 아니라 그의 행위의 전체 장면에서 나오는 것"이며, 따라서 그러한 자아는 바라던 바대로 된 장면의 **원인**이 아니라 그러한 장면의 **산물**이다(Goffman, 1959: 245). 개인의 자아 표현은 사회적으로 상황 지어지며, 모든 사회적 만남에서 개인은 수용 가능한 자아 이미지를 표현하기 위해 지배적인 일단의 상황적 속성, 자신

앞에 있는 다른 당사자들, 그리고 상호작용 프레임을 고려해야 한다. 게다가 고프먼은, 자신이 『프레임 분석』에서 입증했듯이, 자아가 본질적이고 영속적이고 마음에서 비롯된다는 관념이나 자아가 인간에 내재한다고 바라보는 관념을 지지하지 않았다.

> 한 사람의 행동이 얼마간은 그의 변치 않는 자아의 표현이자 결과이며 그러한 자아가 어떤 특정한 순간에 그가 수행하는 특정한 역할 뒤에 존재할 것이라는 관념을 지지하는 것처럼 보이지 않고서는 세상에서 행동이 고착화되는 방식에 대해 이야기하는 것은 거의 불가능하다. …… 겉에 입고 있는 옷 밖으로 뭔가가 비치거나 삐져나오거나 그게 아니라면 그 모습을 분명하게 드러낼 것이다. …… 그러면 자아를 위해 만세 삼창을 하자. …… [그러나] 어떤 참여자가 '실제로' 어떤 사람인지는 실제로 문제가 아니다. 그의 동료 참여자들은 그것이 실제로 발견할 수 있는 것일지라도, 그것을 발견하지 못할 가능성이 크다. 중요한 것은 그가 그들과의 교류를 통해 그들에게 자신이 취하고 있는 역할 뒤에 숨어 있는 자신이 어떤 종류의 사람인지에 대해 제공하는 감(感)이다.(Goffman, 1974: 293~298)

이처럼 고프먼의 자아는 절차적이고 수행적이고 연극적이며, 개인들이 사회적으로 상황 지어진 역할과 사회적 환경을 스스로 받아들이고 채택하고 그것들과 거리를 두는 방식과 깊이 얽혀 있었다.

연습문제

• 대부분의 논평자는 어빙 고프먼이 근대 자본주의 사회를 명시적으로 비판하지 않았다는 것에 동의한다. 하지만 그의 사회학은 권력관계와 불평등

이 인간의 자아 발달에 미치는 영향을 고찰할 것을 촉구한다. 고프먼은 자신의 연구 어디에서 사회적 힘이 자아 발달에 미치는 영향에 대해 세심한 주의를 기울이고 있는가?

- 어빙 고프먼의 자아 이해에서 특히 특징적인 것은 무엇이었는가?
- 자아에 대한 어빙 고프먼의 견해는 자아에 대한 상징적 상호작용주의의 견해와 얼마나 부합하는가?

제7장

프레임, 젠더리즘, 담화와 고프먼

어빙 고프먼은 아마도 대면적 상호작용의 복잡한 성격에 대한 그의 초기 연구 가운데 일부, 특히 『일상생활에서의 자아 표현』에서 사용된 연극적 은유 때문에 학자들뿐만 아니라 비학자들 사이에서도 가장 잘 알려져 있을 것이다. 제1장에서 우리는 랜들 콜린스(Randall Collins, 1981a)를 따라 고프먼의 저작이 어떻게 세 개의 전반적인 단계 또는 국면으로 나누어질 수 있는지를 보여주었다. 마지막 단계는 '사회현상학적' 국면 또는 '사회인식론적' 국면으로 불렸는데, 이 단계에서 고프먼은 보다 철학적으로 지향된 테마 ─ 이를테면 의식(意識)이 사건에 대한 인간의 경험을 어떻게 조직하는지, 그리고 고프먼의 표현으로는 우리는 우리가 관여하는 상황을 항상 어떻게 '프레임 짓는지'와 같은 테마 ─ 에 관심을 가지기 시작했다. 이것이 바로 일부 사람들에 의해 고프먼이 '현상학자'로 분류되어 온 이유 중 하나이기도 하다. 게다가 새로 부상하던 민속방법론적 관점과 마찬가지로 1970년대 동안에 고프먼은 언어 의사소통에 대한 관심을 발전시키기 시작했고, 따라서 그는 민속방법론, 특히 민속방법론 내의 대화 분석 노선의 주요 선구자 중 한 사람으로 묘사되어 왔다(Attewell, 1974). 더 나아가 미국 대륙에서 이른바 제2의 물결 페미니즘이 번성하여 가

부장제와 남근중심적 자본주의에 의한 여성 억압을 비판하기 시작한 시기에, 고프먼은 보다 현실적인 상호작용주의적 관점에서 젠더가 광고산업과 같은 사회적 상황에서 어떻게 연기되고 제시되는지에 대해 관심을 가지기 시작했다. 따라서 고프먼의 연구는 1970년대 동안에 테마에서뿐만 아니라 보다 실제적인 측면에서도 크게 변화하기 시작했다. 비록 그가 여전히 상호작용 패턴과 사회적 상황을 개념화하고 도식화하는 데에 관심을 가지고 있었지만, 그의 글쓰기 스타일, 설명, 그리고 산문은 좀 더 관례적이고 덜 실험적인 과학적 형식으로 바뀌었다. 앨런 그림쇼(Allen Grimshaw, 1983: 147)에 따르면, 고프먼은 후기 시절 내내 "자신의 연구를 체계적으로 정식화하는 데로 나아가고 있었다." 이 장에서 볼 수 있듯이, 고프먼은 그의 마지막 10년 내내 자신의 이전의 관심사를 확장하는 동시에 새로운 아이디어를 발전시키기 위한 길을 닦는 새로운 사회생활 영역 쪽으로 자신의 관심을 돌렸다.

프레임 분석

고프먼의 나중 작품들은 1970년대 초반부터 1980년대 초반까지에 걸쳐 있다. 그는 이른바 프레임 분석(frame analysis)*을 통해 미시사회학적 연구와 비교적 구체적인 대면적 상호작용 사례에 대한 기술 ─ 그리고 그와 더불어 자아와 사회 간의 관계에 대한 연구 ─ 에서 현실에 대한 우리의 인식과 우리의 경험의 조직화를 지배하는 보다 추상적인 원리에 대한 연구로 관심을 이동했다(Branaman, 1997: ixxiv). 어떤 면에서 고프먼의 책『프레임 분석』(1974)은 어쩌면 일종의 '거시-미시 사회학(meta-micro-sociology)'으로 가장 잘 특징지어질 수 있다(Park, 1990: 238). 왜냐하면 그 책은 (그 책의 추상화 수준에도 불구하고) 사람들이 자신들의 가까운 주변 세계를 이해하고 헤쳐 나가기 위해 노력할 때 일어나는 일에 관심을 기울이기 때문이다. 어떤 사람들은 이를 고프먼이 초기 관심 영역으로부터 철저하게 이탈한 것으로 생각하는 반면, 다른 사람들은 보다 체계적이고 추상적이며 이론적인 저술에 대한 그의 생각이 자연스럽게 연장된 것이라고 본다. 앞서 우리는 고프먼의 글쓰기 스타일이 동시대의 많은 사람의 글쓰기 스타일과 매우 달랐다는 점과 그의 사회학이 일정한 시적 날카로움을 지니고 있다는 점에 대해 자세히 다루었다. 하지만 『프레임 분석』은 예외이다. 이 저작은 거의 600쪽에 달하는 방대하고 때로는 건조한 작품이며, 항상 즐겁게 또는 쉽게 읽을 수 있는 책은 아니지만, 그럼에도 불구하고 우리가 아주 자주 당연한 것으로 여기거나 여전히 의식하지 못하는 것에 대한 통찰력 있는 관찰들로 가득 차 있다. 많은 논평자(이를테면 Smith, 1999a: 13)가 『프레임 분석』을 가핑켈의 『민속방법론의 연구들(Studies in Ethnomethodology)』(1967)에 대한 고프먼의 등가물로 기술해 왔다. 『프레임 분석』은 관례적인 건조하고 과학적인 방식으로 설명을 하고 있다는 점에서, 그리고 그 분야 내의 기존 문헌 ― 특히 그 당시 사회학에서 점차 입지를 굳히고 있었던 현상학적 전통 ― 과 솔직하고 비판적인 대화를 하고 있다는 점에서 고프먼의 다른 저술들과 다르다. 이것이 바로 그 책에서 보다 기술적이고 지루한 용어가 사용되는 이유 중 하나일 수 있다. 하지만 그는 그 책의 서문을 전형적으로 고프먼적인 짓궂은 스타일로 썼는데, 거기서 그는 독자들에게 이를테면 서문을 쓰는 데 따르는 어려움과 관련하여 자신이 고려하는 사항은 무엇인지, 그리고 단어가 프레임 설정자, 설명, 변명으로서 갖는 능력이 어떻게 처음부터 이미 독자의 불신을 불러일으킬 수 있는지에 대해 말한다(O'Neill, 1981). 누군가는 고프먼이 『프레임 분석』을 통해 인류학적 수필가나 인상주의적 사회학자라는 평판에서 벗어나서 진지하고 체계적인 사회학적 학자로 자리매김하려 했다고 말할 수도 있을 것이다. "경험의 조직화에 관한 한 에세이(An Essay on the Organization of Experience)"라는 그 책의 부제는 독자를 배신하는 동시에 꽤 유용한 정보를 제공한다. 즉, 그 부제는 독자가 그저 하나의 '에세이'를 접하게 될 것이라는 인상을 주는 동시에(에세이라는 표현은 일반적으로 보다 짧은 작품에 대해 쓰지, 500쪽이 넘는 위엄 있는 원고에는 확실히 쓰지 않는 용어이다), 사람들이 사회세계에서 경험하는 일련의 복잡하고 혼란스러운 인상들을 어떻게 의미 있는 전체로 조직화하는지를 설명하려는 그 책의 야망을 충족시켜 준다. 그것이 어떻게 가능한가? 고프먼에 따르면, 그 해답은 '프레임' 개념에서 발견된다. 고프먼은 영국의 인류학자이자 생물학자이고 민족지학자인 그레고리 베이트슨에게서 프레임 개념을 빌려와서 전유했다.

따라서 고프먼이 '프레임'* 개념을 사용하고 그 후 발전시켰음에도 불구하고, 그 개념은 그의 발명품이 아니었다. 노먼 K. 덴진(Norman K. Denzin)과 찰스 켈러(Charles Keller)의 비판에 대한 다소 신경질적인 답변 ─ 이는 고프먼이 자신을 향한 비판에 대해 응답한 몇 안 되는 답변 중의 하나이다 ─ 에서, 고프먼은 자신이 베이트슨 ─ 베이트슨은 자신의『마음의 생태학을 향하여(Steps to an Ecology of Mind)』에서 '프레임' 개념을 사용했다 ─ 에게 지고 있는 빚에 대해 진술했다. "그 빚에 대해서는 내가 베이트슨에게 감사의 마음을 표하고 내가 '프레임'이라는 용어를 베이트슨이 그 개념으로 의미하고자 했던 바를 거칠게 표현하는 것으로 사용할 것이라고 말하는 것만으로 충분하다"(Goffman, 1981b: 64). 베이트슨이 사용한 '프레임' 관념의 용법은 사실 '마음의 프레임(frames of mind)'에 대해 서술한 철학자 길버트 라일(Gilbert Ryle, 1949)에 의해 예기되었다. 또한 '프레임' 개념은 베이트슨 ─ 그리고 고프먼 ─ 이 더 널리 적용하기 전에 인류학자 메리 더글러스(Mary Douglas)와 심리학자 매리언 밀러(Marion Miller)의 연구에서도 사용되었다. 고프먼의 저술에서 프레임은 우리 주변에서 일어나는 상황과 사건들을 이해하고자 할 때 우리가 이용하는 정신적 장비로 이해되어야 한다. 사실『프레임 분석』이 출간되면서, '프레임'

관념은 많은 점에서 고프먼의 저작에서 초기에 자주 언급되던 '상황 정의' 관념을 대체했고, 두 개념은 거의 동일한 방식으로 사용된다. 『프레임 분석』에서 고프먼은 '프레임'과 '프레임 분석'을 다음과 같은 방식으로 구체적으로 정의했다.

> 나는 사건 – 적어도 사회적 사건 – 을 지배하는 조직화 원리와 우리가 그 사건에 주관적으로 관여하는 정도에 준하여 상황 정의가 이루어진다고 생각한다. 프레임은 내가 그러한 기본 요소들을 확인할 수 있을 때 그러한 요소들을 지칭하기 위해 사용하는 단어이다. 이것이 프레임에 대한 나의 정의이다. '프레임 분석'이라는 나의 표현은 그러한 경험의 조직화라는 측면에서 이루어지는 조사를 언급하는 슬로건이다.(Goffman, 1974: 10~11)

우리는 우리의 사회적 지각과 상황 정의를 '프레임' 지음으로써[즉, 그것들을 일반적인 틀이나 '지각의 매트릭스(matrices of perception)'라고 불릴 수 있는 것에 의거하여 해석함으로써] 우리가 사회세계에 대처하고 그 속에서 살아갈 수 있도록 사회세계를 체계화하고 조직화한다. 다시 말해 우리는 사회세계에서 발생하는 혼란스러운 사건을 특정한 프레임 속에 위치시킴으로써 그 사건의 의미를 창조한다. 프레임은 우리가 상황을 정의하고 해독하는 것을 돕고 우리에게 이른바 '헤더(header)'를 제공함으로써 우리로 하여금 해당 상황의 요구와 기대에 적절하게 그리고 부합하게 행동할 수 있게 해준다. 그러므로 『프레임 분석』의 중요한 통찰력 중 하나는, 칼 E. 셰이브(Karl E. Scheibe, 2002: 200)의 표현을 빌리면, "인간은 모든 사회적 상황은 모종의 프레임을 가지고 있다고 생각할 수밖에 없는 것으로 보이며, 모든 프레임은 무언의 경의의 현현이다"라는 것이다. 따라서 고프먼의 프레임 개념은 알프레드 슈츠(Alfred Schutz)의 '레시피(recipe)' 또는 '유형(type)' 관념의 유사물로 인식될 수 있다

(우리는 프레임/레시피/유형을 통해 상황에 대한 우리의 인상을 조직할 수 있으며, 그리하여 그 상황을 이해하고 통제할 가능성이 크다). 상황 정의가 홀로 있는 개인에 의해 언급되거나 유지되는 개인적 구성물이 아닌 것처럼(Thomas, 1923), 프레임도 개인적 구성물이 아니다. 대부분의 프레임은 자주 집단적으로 유지되는 합의된 특성을 포함한다. 하지만 항상 그렇지는 않기 때문에, 우리가 앞으로 살펴보듯이, 프레임은 도전받거나 붕괴되거나 변화될 수 있다. 따라서 프레임 분석에서 중요한 기본 가정 중 하나는 사회 현실은 하나의 단일한 방식으로 이해되지 않는다는 것이다. 다시 말해 상황과 사건은 때로는 서로를 지원하고 때로는 중첩되고 때로는 상충되는 관점에서 이해될 수 있다. '복합적 현실(multiple realities)'의 존재와 존립 가능성에 대한 이러한 인식은 고프먼이 특히 실용주의와 현상학(Berger and Luckmann, 1966; James, 1950; Schutz, 1945)에서 도출한 통찰력이다.

『프레임 분석』의 서론에서 고프먼은 주어진 상황에서 어떤 프레임이 적절한지를 알아내는 한 가지 방법은 다음과 같은 간단한 질문을 던지는 것이라고 진술했다. "지금 무슨 일이 일어나고 있는 거죠?" 그는 계속해서 다음과 같이 말했다.

> 그 질문이 (혼란스럽고 의심이 들 때처럼) 명시적으로 던져진 것이든, 아니면 (대체로 알고 있는 상황에서) 넌지시 던져진 것이든 간에, 그 질문에 대한 답은 개인이 해당 사태를 꾸려가는 방식에 의해 추정된다. 따라서 나는 이 책에서 이 질문을 염두에 두고 그 답을 얻기 위해 의지할 수 있을 것으로 보이는 하나의 프레임워크를 그려내고자 한다.(Goffman, 1974: 8)

우리가 새로운 사회적 상황에 직면하거나 특정한 사건을 목격할 때마다, 우리는 상황이나 사건에 대한 특정한 가정들을 점검한다. 그리고 고프먼이 특정한 개념적 장치를 통해 『프레임 분석』에서 발전시키고 도식화하려고 했던 것도 바로 그러한 가정들이다. 그 책에 제시되어 있는 다양한 개념적 장치의 일부를 살펴보기로 하자.

가장 중요한 개념은 분명히 프레임 개념이다. 그리고 앞서 언급했듯이, 프레임은 사회적 상황과 사건에 의미를 제공하는 근본적인 메커니즘이다. 고프먼은 「기본 프레임워크들(Primary Frameworks)」이라는 제목 아래 가장 기본적인 형태의 프레임들에 대해 논의했고, 거기서 그는 자연적 프레임워크와 사회적 프레임워크를 구분했다. 고프먼에 따르면, "자연적 프레임워크는 통제되지 않고 방향성이 없고 살아 있지 않고 유도되지 않고 '순전히 물리적인' 것으로 보이는 사건들을 식별한다. 그러한 유도되지 않은 사건들은 처음부터 끝까지 전적으로 '자연적' 결정요인들에 의해 기인하는 것으로 이해된다"(Goffman, 1974: 22). 자연적 프레임워크의 명백한 사례의 하나가 날씨일 것이다. 반면에 사회적 프레임 또는 사회적 프레임워크는 한편에서는 매개체(agency)를 포함하고, 고프먼이 진술한 바와 같이, "지적 존재 ─ 즉, 살아 있는 매개체(이러한 매개체의 주요한 것 중 하나가 인간이다) ─ 의 의지, 목표, 통제 노력을 구체화하고 있는 사건들을 이해할 수 있는 배경을 제공한다"(Goffman, 1974: 22). 따라서 사회적 프레임워크는 특정한 사회적 상황에 참여하는 사람들이 그 상황에서 일어나고 있는 일을 동기, 해석, 의도에 기초하여 어떻게 해석하는지를 자신의 출발점으로 삼는다. 자연적 프레임은 통상적으로 물리학과 생물학 내에서 사용되는 반면, 사회적 프레임은 주로 사회과학과 인문과학에서 적용된다. 따라서 고프먼은 구체적인 사회적 상황 ─ 이를테면 때 이른 죽음 ─ 이 어떻게 서로 다른 방식으로, 이를테면 검시관, 목격자, 경찰, 법원에 의해 사고로, 자살로, 살인으로, 또는 계획적인 살인으로 프레임 지어지는지를 보여준다. 자연적 프레임의 경우에는 어떠한 인간 매개체도 비난받을 수 없는 반면, 사회적 프레임의 경우에는 모종의 인간 개입이 설명을 위한 프레임워크를 제공할 것이다.

또 다른 중심 개념은 '키 조정하기(keying)'*라는 개념이다. 이는 '키 이용하기(using a key)'와 유사한 어떤 것을 의미한다. 고프먼은 이 개념 또한 베이트슨에게서 빌려왔다. 베이트슨은 이 개념을 자신의 동물행동 연구에서 발전시켰다. 베이트슨에 따르면, 원숭이들이 싸울 때에는 하나의 상황이나 프레임(실제 싸움)에서 똑같이 구조화된 다른 프레임(장난으로 하는 싸움)으로의 의미 전이가 일어난다. 놀이를 할 때, 원숭이들은 마치 진짜로 무는 것처럼 서로를 물지만, 세게 물지는 않는다. 고프먼은 "이 연기 활동은 이미 그 나름의 의미를 가지고 있는 어떤 것을 본떠서 엄밀하게 만들어져 있다"라고 언급했는데(Goffman, 1974: 40), 그가 말하고자 하는 논점은 우리의 일상적인 상황 해석에서도 그러한 의미 전이 또는 '키 조정하기'가 일어나고 있고 또 작동한다는 것이다. 따라서 행동의 구성 요소라는 측면에서 분명히 동일해 보이는 상황이 어떤 키를 이용하여 그 상황을 이해하거나 '밝혀내는지'에 따라 다르게 정의될 수 있다. 즉, "키스하는 것으로 보이는 '커플'은 한 '남자'가 그의 '아내'를 맞이하는 것일 수도 있고, '존'이 '메리'의 화장에 신경 쓰고 있는 것일 수도 있다"(Goffman, 1974: 10). 고프먼에 따르면, 우리가 상이한 기본적인 프레임워크에 의거하여 목격하거나 참여하는 모든 상황에 의미를 부여할 때, 우리는 그 상황들에 대해 키 조정하기를 실행하는 것이다. 아마도 우리의 일상적인 삶에서 누군가가 어떤 사건이나 상황에 대해 우리가 동일한 상황을 해석해 온 방식과 다른 방식으로 (때로는 아주 근본적으로 다른 방식으로) 해석할 때, 우리는 그러한 키 조정하기를 자주 목도할 것이다. 이처럼 모든 사람은 서로 다른 정신적 프레임워크를 가지고 있으며, 현실을 의미 있는 방식으로 이해하기 위해 그 프레임워크를 현실에 적용한다.

프레임과 상호작용

이처럼『프레임 분석』은 사람들이 다른 사람들과 적절하고 의미 있는 상호작용을 하기 위해 어떻게 사회적 경험을 체계화하고 이용하는지를 이해하기 위한 포괄적이고 시사적이고 메타이론적인 시도이다. 따라서 사람들의 축적된 지식, 사전 경험, 기대가 사회적 상황을 해독하고 무슨 일이 일어나고 있는지를 이해하는 데 사용된다. 고프먼의 프레임 분석에서 중요한 논점은, 프레임이 현재 무슨 일이 일어나고 있는지를 해석하는 토대 ― 우리가 당면한 상황을 정의하는 방식(McHugh, 1968)의 토대 ― 를 형성하는 동시에 동일한 방식으로 우리에게 다음에 어떤 일이 일어날지를 예측하고 예상할 수 있게 해준다는 것이다(Tannen, 1979). 따라서 상호작용에서 호출된 프레임은 행위자로 하여금 자신의 이전 경험으로 돌아가게 할 뿐만 아니라 미래 상황을 예상하게 하기도 한다. 하지만 프레임은 우리가 직면하는 세계에 대한 정신적 구성물이나 프레임워크인 것만은 아니다. 프레임은 또한 개인적 행동과 협력 행동을 위한 지침 역할을 하기도 한다.

> 이러한 프레임워크들은 단순히 마음의 문제가 아니라 어떤 의미에서는 활동의 특정 측면 자체가 조직되는 방식이기도 하다. 개인들은 어떤 일이 일어나고 있는지에 대한 이해에 바탕하여, 자신의 행위를 그러한 이해에 부합하게 조직화하고, 일반적으로 현재 진행 중인 세계가 그러한 조직화를 지지한다는 것을 발견한다.(Goffman, 1974: 274)

스웨덴 사회학자 게르드 린드그렌(Gerd Lindgren, 1994: 102)에 따르면, "프레임은 행위자들이 찾고 대체로 자주 확인하는 키이다. 프레임은 행위자들이 다른 사람들과 관계를 맺는 것을 돕고 현실에 일관성과 의미를 부여한다."

여기서 린드그렌은 고프먼의 프레임 개념과 관련하여 중요한 것을 언급한다. 즉, 그는 고프먼이 자신의 프레임 개념을 통해 랜들 콜린스(Randall Collins, 1988b)가 사회학의 초상대주의(hyperrelativism)라는 한쪽과 객관적 결정론(objective determinism)이라는 다른 한쪽 ─ 또는 다르게 표현하면, 구성주의 대 구조주의 ─ 사이에 '중도(middle road)'라고 부른 것을 발견하려고 시도했다고 말한다. 콜린스가 제시했듯이, 고프먼은 『프레임 분석』의 서론에서 개인이 현실을 구성한다는 현상학적 관념이 만약 현실이 다양한 사회적 맥락에서 개인의 마음속에서 일어나는 일에 의해 구성된다는 것을 암시한다면 너무 급진적이라고 주장했다. 하지만 다른 한편으로는 고프먼은 구조주의자들이 통상적으로 개인행동의 적극적이고 창조적인 측면을 무시하기 때문에 구조주의에 빠지지는 않았다. 대신에 고프먼은 세계는 개인에 앞서 하나의 외적 실체로 존재하며 따라서 상황은 개인들이 진입하는 구조를 포함하고 있다고 주장했다. 그러므로 사회적 현실과 사회적 상황이 전적으로 인간의 건설 작업의 결과(말하자면 '구성된' 것)인 것만은 아니다. 사회적 현실과 사회적 상황은 또한 사람들이 진입해 들어가거나 도달하는 것이기도 하다(Collins, 1988b: 58). 따라서 고프먼의 프레임 분석은 구조적 관점에도, 그리고 행위 지향적(agency-oriented) 관점에도 매어 있지 않다. 왜냐하면 그의 프레임 분석은 프레임이 미리 주어질 수 있다는 것을 분명히 강조하지만, 또한 행위자들이 어떤 프레임이 작동하고 있는지를 포착하고, 그다음에 그들의 행동을 그 프레임에 따라 조정하고, 궁극적으로는 새로운 프레임을 제안하거나 심지어는 지배적인 프레임을 바꿀 수 있는 능력과 역량을 가지고 있다는 점 또한 강조하기 때문이다. 이처럼 고프먼은 프레임이 얼마나 취약한지도 보여주었다. 프레임은 확고하게 고정된 것이 아니다. 그것은 계속되는 상호작용에 의해 바뀔 수 있다. 따라서 프레임은 깨지고 동결되고 전환되고 바뀌고 도전받고 뒤틀리고 늘어나고 대체되고 유지되고 서로 대결하고 제거되고 이전되고 파괴되고 줄어들고 확장될 수 있다. 사실 프레임이 이용될 때, 프레임에서 이 모든 일이 거의 다 일어날 수 있다.

『프레임 분석』에서 고프먼이 자신의 초기 저술들을 정교화한 것은 맞지만, 그는 좀 더 전통적인 학술적인 형태로, 그리고 덜 에세이적인 형태로 그렇게 했다. 그 책에서 그는 우리가 사회적 상징에 대한 지식과 사회적 경험을 통해 어떻게 상황을 '해독'하거나 정의할 수 있는지, 그리하여 그 상황에 따라 우리의 행동을 어떻게 조정할 수 있는지를 보여주었다. 현상학자들이 주장하듯이, 우리 모두는 자연적 태도(natural attitude) ─ 또는 린드그렌(Lindgren, 1994)의 표현으로는 '자동 조종 장치(autopilot)' ─ 를 가지고 있으며, 그것은 우리가 주어진 사회적 상황과 관련된 엄청난 양의 기호, 상징, 신호 ─ 하나의 의미 있고 통합된 프레임의 표현 또는 결정체인 ─ 를 직관적으로 해석하고 헤쳐 나가는 데 도움을 준다. 고프먼은 또한 문명화된 개인인 우리가 해당 프레임이 설정하는 행동의 한계와 가능성에 부합하게 행동할 의무가 있음을 보여주었다. 즉, 우리는 그 프레임을 유지하는 데 참여하는 동시에 그 프레임의 지배를 받는다. 따라서 프레임은 우리가 어떻게 행동'해야' 하는지를 설명하는 규범적 장치이다. 우리는 프레임을 적절하게 존중해야 하며, 그렇게 함으로써 우리는 다른 참여자들을 존경할 만한 사람으로 간접적으로 인정한다. 프레임의 이러한 규범적 차원 때문에, 프레임 관념이 변화의 여지를 더 많이 가지고 있고 덜 제약적임에도 불구하고, 프레임에 대한 고프먼의 이해는 에밀 뒤르켐의 '집합의식(collective consciousness)' 관념과 비교되어 왔다(Damari, 2012). 하지만 고프먼은 또한 우리가 모든 프레임에 동등하게 관여하지 않을 것이라는 점도 신중하게 지적한다. "모든 프레임은 개인이 그 프레임에 의해 조직화된 활동을 얼마나 깊고 완전하게 수행해야 하는지에 관한 규범적인 종류의 기대를 포함한다"(Goffman, 1974: 345). 이를테면 가게 주인과 서비스 거래를 하는 동안 과도하게 감정을 폭발하는 것은 거래 프레임에 과도하게 몰입하는 것일 테지만, 장례 프레임에서는 그와 동일한 양의 감정적 몰입이 기대될 것이다. 게다가 많은 사회적 상호작용 ─ 참여자들 간의 하나의 합작 투자로서의 ─ 은 공유된 프레임을 유지하는 데 기여하는 방법과 관련되어 있다. 하지만 이것이 우리가 기존의 프레임을 수동적으로 받아들인다거나 다른 프레임을 제안할 수 없다는 것을 의미하는 것은 아니다. 고프먼에 따르면, 사람들 사이에서 일어나는 많은 의사소통은 사실 '프레임에 대한 소통(Communication about frames)' ─ 상황이 어떻게 정의되고 프레임 지어져야 하는지에 대한 소통 ─ 이다. 상호작용의 과정이나 강도가 느려지기 시작하거나 불쾌한 방향으로 전개되거나 한 명 또는 그 이상의 참가자에게 아주 지루해지면, 그들은 (종종 성공적으로) 다른 프레임을 제안할 수 있다. 이를테면 우리는 좀 더 비공식적이고 유머러스한 사교성 프레임을 가지고 지루하고 영감을 주지 못하는 학문적 대화 프레임에 활기를 불어넣고자 할 수 있다. 그러한 적극적인 프레임 전환을 이루기 위해서는 어느 정도의 사회적 스킬, 지식, 그리고 재주가 요구된다. 그러한 전환을 이루기 위한 전제조건 중 하나가 프레임 전환의 필요성과 가능성을 보여주는, 그리고 우리가 프레임 전환에 착수하고 그러한 전환을 밀어 붙일 수 있는 힘과 권한을 가지고 있음을 우리에게 (막연하게나마) 알려주는, 외견상으로는 자주 사소하지만 중요한 신호들을 우리가 읽어내고 이해할 수 있어야 한다는 것이다. 오직 존경 받거나 힘 있는 사람들만이 프레임을 바꾸는 데 성공할 수 있다.

프레임에 대한 소통

앞서 언급했듯이, 고프먼은 『프레임 분석』에서 자신의 글쓰기 스타일에서 중요한 변화를 꾀했을 뿐만 아니라 자신의 초기 관심사를 계속 이어나갔다. '프레임에 대해 소통하기' 또는 고프먼의 표현으로는 '메타소통하기 (metacommunicating)'는 또한 『일상생활에서의 자아 표현』에서 그가 개진한 중심 테마 ─ 우리가 대면적 상호작용에서 어떻게 서로 협력하여 (참여자들이 서로를 이해하고 다른 사람들에게 자아를 가장 우호적으로 표현할 수 있게 하는 방식으로) 상황을 정의하는가에 관한 문제 ─ 와 관련되어 있다. 애덤 켄던(Adam Kendon, 1988: 23~24)에 따르면, 고프먼은 『프레임 분석』에서 사람들이 의식적으로 일부러 그리고 아주 자주 말로 '제공하는' 정보와 무의식적으로 부지불식간에 신체적으로 '풍기는' 정보를 구분하는 것(우리는 이에 대해 제4장에서 살펴보았다)으로 돌아갔을 뿐만 아니라 『공공장소에서의 행동』(1963)에서는 '초점 있는' 상호작용과 '초점 없는' 상호작용 간의 구분 ─ 우리는 이에 대해 이미 제4장에서 살펴보았다 ─ 에 대한 관심도 재발명했다. 고프먼은 사람들 간의 상호작용에서 이른바 주의 트랙(attentional tracks)이라고 불리는 것이 어떻게 식별될 수 있는지를 보여주었다. 고프먼의 논점은 모든 만남이나 상호작용 순서에는 특히 두드러지고 눈에 띄는 측면, 즉 참여자들의 주요한 초점의 대상이 되는 것이 존재한다는 것이다. 액자나 창틀이 그림이나 창을 벽의 나머지 부분과 분리하는 것처럼, 상호작용에서도 프레임은 참여자가 중요하게 여기는 활동이나 정보 조각과 적어도 당시에 덜 중요해 보이는 활동이나 정보 조각을 구별한다. 참가자들이 현재 상호작용에 몰두한다는 것이 의미하는 바가 바로 이것이며, 이것이 바로 고프먼이 상호작용의 '메인 라인(main line)'이라고 부르는 것이다(Goffman, 1974: 201). 애덤 켄던에 따르면, 사람들은 두 가지 서로 다른 형태의 행동에 대해 말할 수 있다. 첫째는 이 '메인 라인'과 관련되어 있는 행동으로, 그 행동은 특정한 방식으로 관리된다. 이러한 행동은 자발적인 것으로 인식되고, 전달되는 정보는 풍기는 것이 아니라 제공된다. 또 다른 유형의 행동은 상호작용의 메인 라인과 관련되어 있지 않고, 풍기는 정보를 포함하며, 참여자들에 의해 아주 다르게 취급되지만 결코 덜 중요하게 취급되지는 않는 행동이다.

고프먼은 이러한 '프레임에서 벗어난' 외관상 부적절한 활동을 분석하면서, 상호작용의 서로 다른 구성 요소와 단계들을 규정하고 구분하고 제한하고 표현하는 '방향지시 트랙(directional track)'(Goffman, 1974: 210)이라는 한편과, 참여자들이 상황에 적절하게 또는 기대받는 대로 참여하는 데 위협이 되는 것으로 간주되는, 정신을 산란하게 만들 수 있는 일련의 사건들을 포함하는 '주의 분산 트랙(disattended track)'(Goffman, 1974: 202)이라는 다른 한편 간의 구분을 도입했다. '주의 분산 트랙'에서 일어나는 행동은 상호작용의 주요 내용이나 노선과 전혀 관련이 없다. 이를테면 참여자들이 머리를 긁거나 코를 후비거나 앉은 자리를 바꾸는 경우가 그러하다. '주의 분산 트랙'에서 이루어지는 행동은 비록 행동 규율을 위반하기는 하지만 일종의 수용 가능하거나 허용 가능한 일탈 — 그러한 규율이 없었더라면 모든 참여자가 드러냈을 — 을 의미한다. 하지만 켄던(Kendon, 1988: 24)에 따르면, '주의 분산 트랙'에 속하는 행동은 주목받지 않고 중요하지 않은 거동으로 분류되거나 그냥 넘어가는 어떤 것이 아니다. 사실 그러한 행동들은 사회적 상호작용의 조직화와 관련하여 자주 중요한 역할을 한다. 이를테면 대화 참여자들은 대화가 중단되거나 트랙을 변경해야 할 때 손목시계를 가리키거나 시각적 초점을 변경하거나 손짓을 하여 서로에게 신호를 보내는데, 이런 것이 바로 이 트랙에 속하는 행동이다. 동료와 대화하는 동안 우리가 그 또는 그녀가 의자에서 못 견디겠다는 듯이 뒤척이기 시작하거나 창밖을 보거나 담배에 불을 붙이기 시작한다는 것을 알아차린다면, 그러한 신호들은 우리에게 중요한 것 — 이를테면 우리의 대화 상대가 대화를 끝내거나 화제를 바꾸거나 상황의 흐름이나 내용을 다른 식으로 바꾸기(프레임 전환)를 원한다는 것 — 을 말해준다. 고프먼은 그러한 작지만 그럼에도 불구하고 매우 중요한 신호와 힌트가 상호작용에서 갖는 가치에 대해 지적했다. 그러한 신호와 힌트는 어떤 사람으로 하여금 점점 더 참기 힘들어지는 대화 상대에 대해 자신의 행동을 조정할 수 있게 하여, 그 사회적 상황이 무너지거나 갑작스럽게 끝나는 것을 막아줄 수 있을 것이다. 적절한 순간에 이러한 사소하고 미묘한 신호를 알게 되면, 그 사람은 화제를 바꾸거나 다른 사람에게 그 상황에 대한 그 또는 그녀의 입장을 말함으로써 어색하거나 난처한 상황에 빠지는 것을 피할 수 있다. 이러한 점으로 미루어 볼 때, 『프레임 분석』은 고프먼의 저술에서 이전에 다루었던 주제, 즉 (우호적인 자아 표현을 연출하기 위해서뿐만 아니라 상황이 무너지지 않도록 하기 위해) 다양한 인상관리 전략을 통해 상황을 조작하고자 하는 정보 처리 행위자라는 관념을 보다 학술적인 논의로 이어가고 있는 것으로 독해될 수 있다.

고프먼은 프레임 분석을 통해 자신의 연극적 은유와 이전의 규칙 개념 ― 주로 제약으로 기능하는 ― 으로부터 얻은 인식의 일부를 여러 면에서 수정하거나 교정했다. 이를테면 『프레임 분석』에서 그는 규칙이 어떻게 상호작용에서 자원으로 기능할 수 있는지도 분석했다. 우리는 프레임에 내재하는 암묵적인 규칙을 자원으로 이용할 수 있는데, 이는 우리가 다른 참여자들이 우리의 행동을 특정 규칙과 관련하여 해석한다는 것을 알고 있고 우리도 다른 사람들의 행동을 그러한 방식으로 해석하기 때문이다. 우리가 다른 사람들이 우리의 행위에 대해 내리는 해석을 조작하거나 전략적으로 영향을 미치기 위해 그러한 지식을 이용할 수 있다는 의미에서, 그러한 지식은 하나의 자원이다(Manning, 1991: 83). 『프레임 분석』은 또한 개인적 이익을 얻거나 다른 참가자의 체면을 지켜주기 위해 우리가 상황 정의나 프레임에 대해 소통하는 (또는 '메타소통하는') 방식에도 관심을 두고 있다. 그러나 고프먼은 자신의 초기 저술들에서와는 달리 행위자들의 전략적 자아 표현과 공연은 반드시 개인적인 이익을 목적으로 하는 것이 아니라 자주 이해를 도모하기 위한 것이기도 하다는 점을 강조했다(Chriss, 1995b: 556).

프레임 분석의 적용과 확장

고프먼이 발전시킨 프레임 분석은 (일부 비판가들에 따르면) 고도로 사변적이고 추상적이고 구조와 분리되어 있고 경험적 근거가 없다는 이유로 학계의 다양한 방면으로부터 비판을 받아왔다(이를테면 Craib, 1978; Gonos, 1977; Jameson, 1976; Sharron, 2000을 보라). 하지만 다른 사람들은 프레임 분석이 실제로 많은 환영을 받았고 정신적·인지적 과정에 대한 관념이 다양한 하위 분과 내에서 어떻게 이론적·경험적 용도로 사용될 수 있는지를 이해하는 데 크게 기여했다고 주장해 왔다(이를테면 Entman, 1993; Hazelrigg, 1992; Littlejohn, 1977을 보라). 프레임 분석의 이론적·경험적 잠재력은 『프레임 분석』이 수년간 낳은 수많은 연구 ─ 사회적 상황을 이해하기 위해 일반적인 사회적 환경과 특별한 사회적 환경에서 이용되는 다양한 기본적인 프레임을 발견하고 보여주고 분석하는 연구들 ─ 에서 분명하게 드러난다.

고프먼이 프레임 개념을 명시적으로 사용하기 전에도, 그의 아이디어와 크게 다르지 않은 아이디어들이 이미 사회학에서 사용되어 왔다. 고프먼의 프레임 분석에 앞서 제시된 가장 탁월하고 유망한 선구적인 개념 중 하나 ─ 고프먼 자신이 『프레임 분석』에 중요한 영감을 준 원천의 하나로 언급한(Goffman, 1974: 7) ─ 는 근거 이론의 주창자들인 바니 G. 글레이저와 안셀름 L. 스트라우스(Barney G. Glaser and Anselm L. Strauss, 1964)가 미국 병원 환경에서 일어나는 죽음과 죽어감에 관한 연구에서 독창적으로 발전시킨 '인식 맥락(awareness context)'이라는 관념이었다(Glaser and Strauss, 1965도 보라). 글레이저와 스트라우스는 '인식 맥락'을 특히 제도화된 죽어감의 경험을 포착하기 위해 사용되는 분석 도구로 도입했고, 그들은 그러한 '인식 맥락'을 "특정 상황에서 상호작용자들 각자가 다른 사람의 정체성과 다른 사람의 눈에 비친 자신의 정체성에 대해 알고 있는 것들의 총체"로 정의했다(Glaser and

Strauss, 1964: 670). 따라서 '인식 맥락'은 자아와 타자에 대한 지식과, 그리고 실제의 사회적 상황에서 문제가 되는 것에 대한 서로 다른 관점 간의 상호작용과 관련이 있다. 글레이저와 스트라우스는 제도화된 죽어감의 사회적 맥락에 이 관념을 구체적으로 적용하여, 자신들이 연구한 병원에서 다음과 같은 네 가지 주요 인식 맥락을 확인했다. (1) 말기 환자가 직원이나 친척들이 자신의 실제 상황에 대해 말을 하지 않아서 자신이 '죽어가고 있음'을 알지 못하는 '폐쇄된 인식 맥락(closed awareness contexts)', (2) 죽어가는 환자가 뭔가 잘못되었다고 의심하지만 실제 상황에 대한 검증된 지식을 얻을 수 없는 '의구심이 드는 인식 맥락(suspicion awareness contexts)', (3) 직원과 친척들이 죽어가는 환자가 실제 상황에 대해 무언가를 알고 있을지도 모른다고 의심하고 있고 환자가 그러한 징후를 찾았거나 단서를 확인했을 수도 있지만, 양측 모두 자신들이 실제로 알고 있는 것과 관련한 지식을 서로 숨기고 있는 것처럼 보이는 가식 상태인 '상호 위선적 인식 맥락(mutual pretense awareness contexts)', (4) 모든 상호작용자가 임박한 죽음에 대해 지식을 가지고 있고 그 지식에 대해 공개적으로 이야기하는 '개방적인 인식 맥락(open awareness contexts)'(Glaser and Strauss, 1964, 1965)이 그것이다. 글레이저와 스트라우스는 자신들의 연구에서 분명히 죽어가고 있음을 더 공개적으로 받아들이게 하기 위해 그리고 죽어가는 사람이 자신의 말기 단계에 발언권을 가지게 하기 위해 규범적 측면에서 인식 맥락을 넓힐 필요성을 암시적으로 지지했다. 이처럼 '인식 맥락' 관념은 일단의 인식 맥락 ─ 이 경우에는 제도적으로 유지되는 ─ 이 사회적 상황에서 어떻게 기대와 실제 행동을 틀 짓는지를 보여줌으로써, 여러 면에서 후일 고프먼이 발전시킨 프레임 분석을 예기했다.

하지만 고프먼의 프레임 분석은 이전의 아이디어에 의해 예기되었을 뿐만 아니라 그 자체로 후일 다양한 경험적 영역 내에서 많은 연구에 영감을 주기도 했다. 여기서 프레임 분석의 다양한 매력을 예증하기 위해 후일 고프먼의 프레임 분석을 응용하여 연구를 수행한 몇 가지 사례를 간략히 개관해 보기로 하자. 미국의 사회학자 피터 K. 매닝과 키스 호킨스(Peter K. Manning and Keith Hawkins, 1990)는 고프먼의 프레임 분석을 이용하여 사법체계의 기능을 이해했다. 다른 무엇보다도 그들은 사법체계의 참여자들 — 검사와 피고 측 변호사 — 이 서로 다른 프레임을 사용하여 사건을 진술한다는 것, 그리고 그러한 사건 진술에 의거하여 자신들의 프레이밍을 설득력 있는 방식으로 뒷받침하고 법정에서 이용할 수 있을 것 같은 종류의 증거를 선택한다는 것을 보여준다. 매닝과 호킨스는 사법적 판단 과정은 검사와 피고 측 변호인이 제시하는, 각기 자신에게 유리하게 작동하는, 자주 상충하는 프레임 간의 복잡한 투쟁 속에서 사법적 진실을 구성해 가는 하나의 극화 과정으로 특징지어질 수 있다고 결론 내렸다(Manning and Hawkins, 1990: 204). 이것이 바로 수년 동안 미국의 텔레비전 법정 드라마 시리즈가 예증해 온 것이기도 하다. 이 사법적 프레이밍 과정이 갖는 전체 함의를 이해하기 위해서는 실제의 법정 심의와 진술 속에서 이루어지는 권위 있는 프레이밍 작업을 주의 깊게 연구하고 분석할 필요가 있다(Manning and Hawkins, 1990: 229).

미국 사회학자 필립 B. 곤잘레스(Phillip B. Gonzales, 1993)는 프레임 관념을 이용하여 사람들이 음주운전으로 유죄판결을 받아 자신에게 이른바 DWI 프레임(이것은 법적 프레임이다)이 씌워질 때 어떤 일이 일어나는지, 그리고 음주운전에 대해 양면적인 태도를 가지는 것으로 알려진 미국 사회에서 음주 운전자들이 실제 사회적 상호작용에서 가족, 친구, 동료 등과 만날 때 보다 구체적으로 어떤 프레임을 이용하는지를 분석했다. 곤잘레스는 초범들과의 인터뷰에 기초하여, 특히 널리 퍼져 있는 두 가지 상황 프레임(situational frame)을 찾아냈다. 하나는 음주 운전자들이 음주운전 판정을 받을 때(이를테면 자신의 운전면허증을 보여줄 때) 오랫동안 공개되거나 신용을 잃거나 사회적 지위를 잃는 것에 대해 얼마나 두려워하는지에 영향을 미치는 '수치심 프레임(shame frame)'으로, 이는 그들로 하여금 자신들의 죄를 공개적으로 인정하게 하거나 아니면 자신들이 받은 처벌에 대해 거짓말을 하거나 비밀에 부치게 한다. 다른 하나는 '동료 프레임'으로, 음주 운전자는 아마도 당황하겠지만, 이 프레임에 의거하여 자신의 사회적 네트워크로부터 지원을 받거나 보호를 받아 수치심과 오명을 최소화할 것이다. 여기서 곤잘레스가 제시하는 주요 논점은 전반적인 프레임(이 경우에는 법적 DWI 프레임)과 (음주운전 처벌을 받은 사람과 그들의 주변 사람들 간의 실제 상호작용에서 작동하는) 다양한 상황 및 상호작용 프레임 간에 상당한 차이가 있을 수 있다는 것, 그리고 심지어는 도덕적 불일치가 있을 수 있다는 것이다.

마지막으로, 사회학자 마크 팩스턴(Mark Paxton, 2004)은 미주리주의 한 작은 타운의 서로 다른 지역 파벌들이 한 물고기 ― 일반적으로 익투스(ichthus)라고 알려진 ― 의 상징이 자신들 타운의 문장(紋章)을 장식해야 하는지를 놓고 언론과 법정을 통해 어떻게 싸웠는지를 연구하면서 프레임 분석을 이용했다. 이 싸움은 그 타운의 새로운 로고를 결정하기 위해 지역사회 전체를 대상으로 실시한 디자인 공모전에서 파생되었다. 일부 현지인에 따르면, 이 특별한 물고기는 종교적인 것을 상징했고, 따라서 공적 (종교적) 상징성과 사적 신앙 간에는 뚜렷한 경계가 유지되어야 한다고 주장하는 사람들을 격노하게 했다. 뉴스 보도에 대한 광범위한 분석에 기초하여, 팩스턴은 언론이 지역 물고기 싸움에 대한 이야기를 보도하기 위해 네 개의 서로 다른 프레임(또는 저널리즘적 앵글)을 이용했다고 제시했다. 첫째 프레임은 지역사회를 얼마간 조롱하면서 전체 상황을 크게 부풀리고 지나치게 과장된 것으로, 즉 아무것도 아닌 일을 놓고 법석을 떠는 것으로 묘사하는 사소화 프레임(trivializing frame)이었다. 둘째 프레임은 오명 씌우기 프레임(stigmatizing frame)으로, 이는 이 사건에서 확인된 고소인을 묘사하고 폄하하는 데 이용되었는데, 언론에서는 그 현지 여성을 마법을 부리는 사람이라고 묘사했다. 셋째 프레임인 미디어 프레임에 의해서는 그 지역사회 전체가 자신들의 물고기 상징을 지키기 위해 '외부인의 간섭'에 맞서 싸우는 활동가 집단이나 이상주의 집단으로 묘사되었다. 마지막으로, 언론은 갈등의 본질을 포착하기 위해 군대 은유 프레임을 사용하여, '총격', '소전투', '전쟁', '전투'에 대해 이야기하며 지역사회를 '동원했다'. 전체적으로 보면, 팩스턴은 뉴스 매체들이 자신들의 보도에서 외견상 아주 무의미하고 전혀 선정적이지 않은 사건들에 대해서조차 관심을 불러일으키기 위해 다양한 서로 다른 화려한 프레임을 어떻게 사용하는지를 보여주었다.

북유럽 ─ 우리는 이 지역 출신이다 ─ 에서도 연구자들은 점차 고프먼의 프레임 분석을 받아들여 이를 다양한 경험적 연구에 이용해 왔다. 핀란드에서는 사회학자 안시 페레킬레(Anssi Peräkylä, 1988)가 현대 병원에서 이용되는 이른바 네 가지 죽음 프레임 ─ 즉, '실무적 프레임(practical frame)', '반(半)정신병학적 프레임(semi-psychiatric frame)', '생체의학적 프레임(bio-medical frame)', 그리고 '일반인 프레임(lay frame)' ─ 을 식별했다. 각 프레임은 죽음이 병원 맥락에서 직원과 친척들에 의해 어떻게 인식되고 다루어지는지에 대해 특별한 전문가 및 비전문가가 가지는 관점과 의미를 제공한다. 노르웨이의 사회학자 다그 알붐(Dag Album, 1996)은 입원 환자들 간의 상호작용 패턴에 관한 연구에서 프레임 관념을 사용했다. 이를테면 알붐은 특히 환자들 사이에서 이른바 질병 담화(illness talk)를 분석할 때 프레임 관념을 이용했는데, 그는 네 가지 서로 다른 질병 담화 프레임을 발견했다. '병에 대한 독백(soliloquy of illness)', '대화 학습(learning conversations)', '순간적인 기분에 대한 대화(conversations about momentary sensations)', '신중한 담화(safe talk)'가 그것이다. 이 각각의 프레임은 환자들이 진단과 질병에 대해 어떻게, 왜, 무엇을, 언제, 누구와 이야기하는지에 영향을 준다. 핀란드 아동 연구가 안나-마이자 푸리올라(Anna-Maija Puriola, 2002)는 유치원 보육교사들이 직무 상황을 해석하는 데 이용하는 프레임을 연구했다. 그녀는 인터뷰와 관찰 연구를 바탕으로 보육 노동자들이 이용하는 다섯 가지 프레임 − '교육' 프레임, '돌봄' 프레임, '관리' 프레임, '실무' 프레임, '개인적' 프레임 − 을 식별할 수 있었다. 하넬레 포스베르그와 아사 바글리(Hannele Fosberg and Åsa Vagli, 2006)는 동료들의 담화를 관찰하여 민족지학적 자료를 구축하면서 핀란드와 노르웨이의 아동 보호 사회복지사들 사이에서 감정이 어떻게 사회적으로 구성되는지를 연구하는 데 프레임 분석적 접근방식을 이용했다. 그들은 핀란드와 노르웨이 상황에서 널리 펴져 있는 두 가지 프레임, 즉 악몽, 현실 도피, 그리고 수건을 던지고 싶은 느낌으로 특징지어지는 '절망 프레임(frames of despair)'과 분노, 슬픔, 헌신으로 특징지어지는 '관심 프레임(frames of concern)'을 개발했다. 이러한 몇 가지 사례에서 알 수 있듯이, 고프먼의 프레임 분석 접근방법은 특정한 직업적, 조직적, 또는 제도적 맥락에서 일어나는 행동 패턴을 연구하는 데 (비록 전적으로는 아니지만) 특히 유용하다는 것이 밝혀져 왔다.

　고프먼이 발전시킨 프레임 분석은 분명히 정보기술, 전자통신, 미디어 내에서 많은 현대적 진전이 일어나기 전에 이루어졌다. 하지만 후일 미디어, 커뮤니케이션, 테크놀로지 분야의 연구 내에서 고프먼의 프레임 분석 아이디어는 인터넷 커뮤니티, 휴대전화, 온라인 상황에서 이루어지는 상호작용 행동 − 연극, 프레임, 영역화된 행동 등 보다 물리적으로 경계 지어진 고프먼의 관념들로는 예기할 수 없었을 현상들 − 을 연구하는 데서도 유용하다는 것이 밝혀져 왔다. 이를테면 인터넷과 가상현실 − 오늘날에는 대부분의 사람의 일상적인 삶에 필수적인 부분인 − 이 출현하던 초기에, 메리 차이코(Mary Chayko)는 프레임에 대한 고프먼의 제한된 관점을 수정하거나 확장할 것을 제안했다.

　현대 일상생활에서 경험을 '진짜' 또는 '가짜'로 확실히 분류하기란 어렵다(그리고 불가능해지고 있다). 그보다는 어떤 사건이 실재하는 정도나 '강도(accent)'를 결정하는 것이 더 유익하다. 우리가 한때 실재하는 것과 실재하지 않는 것을 개념적으로 구분하기 위해 사용했던 프레임은 예전만큼 유용하지 않고, 견고하지도 않고, 우리를 배신한다. 그 프레임들이 점점 더 취약해짐에 따라, 우리에게는 새로운 개념과 인식이 요구된다. 우리는 제임스, 슈츠, 고프먼, 베이트슨 등의 중요한 가르침을 받아들여야 한다. 특히 우리는 실재나 글자 그대로의 경험을 보편적으로 이해된 주어진 것으로 당연하게 받아들여서는 안 된다. 그리고 우리는 이제 그러한 작용을 새로운 세계 ─ 우리가 검토해야 하지만 우리가 가지고 있는 물리적 세계의 좌표 사이에 위치시킬 수 없는 ─ 를 창조하는 기술에 비추어 해석해야 한다.(Chayko, 1993: 179~180)

오늘날 사람들의 삶의 너무나도 많은 측면 ─ 쇼핑하기, 데이트하기, 소통하기, 즐기기, 일하기, 시간 때우기 등 ─ 이 점점 더 가상 환경에서 이루어지기 때문에, 차이코의 제안은 실제로 유용할 뿐만 아니라 적절하기도 했다. 게다가 미디어 연구에서 데이비드 L. 알테이드(David L. Altheide, 1997)는 얼마나 많은 뉴스 프로그램이 뉴스를 선정적으로 만들고 특정한 반응을 의도적으로 끌어내고 사건을 특별히 흥미롭게 하거나 시청자에게 적합하게 프레임 짓기 위해 이른바 문제 프레임(problem frame)을 의식적으로 이용하는지를 보여주었다. 인터넷 행동과 관련하여, 사라 와넨책(Sarah Wanenchak, 2010)은 가상 롤플레잉 게임에서 어떻게 서로 다른 종류의 프레임이 이용되는지를 입증해 왔다. 우리가 선택한 이러한 몇 가지 사례에서 알 수 있듯이, 고프먼의 프레임 분석은 원래의 형태에서뿐만 아니라 수정된 형태에서도, 그리고 심지어는 고프먼 자신이 상상하지 못했거나 상상할 수 없었던 맥락에서까지도 연구자와 학자들 사이에 여전히 생생하게 살아 있다.

광고, 젠더리즘, 그리고 양성 사이의 장치

우리 인간이 우리의 정체성, 사회적 역할, 사회적 기능 등을 통해 우리가 다른 사람들과 함께하는 우리의 사회적 경험을 프레이밍하고 조직화하는 가장 기본적인 방법 중 하나는 이분법적 젠더 범주에 기초하는 것이다. 젠더 또는 성차는 남성과 여성, 남편과 아내, 형제와 자매, 웨이터와 웨이트리스 등을 구분하는 근본적이고 포괄적인 범주이다. 게다가 이러한 서로 다른 젠더 범주들 — 단순한 생물학적 또는 자연적인 구별 표시와는 거리가 먼 — 은 사회적·문화적 토대를 가지며, 또한 사회의 거시적 및 미시적 수준에 영향을 미친다. 고프먼이 선호하는 분석 영역인 미시적 토대와 미시적 영향의 경우에 젠더 차이는 아마도 우리가 우리 자신을 표현하는 방식, 우리가 젠더 역할을 수행하는 방식, 그리고 광고에서와 같이 젠더가 공개적으로 전시되는 방식에서 특히 분명하게 드러날 것이다.

많은 점에서 『젠더 광고』(1979)는 고프먼의 저작 중에서 다소 특징이 없는 출판물인데, 왜냐하면 특히 그 책에서 고프먼이 상호작용 자체의 분석이 아니라 젠더 — 사실은 전적으로 여성 — 고정관념의 시각적 또는 상징적 표현에 관심을 두기 때문이다. 잡지 광고에서 따온 수백 장의 사진을 싣고 있는 그 책에서, 고프먼은 앞서 언급한 프레임 분석을 양성 관계 — 그의 논문 「양성 사이의 장치(The Arrangement Between the Sexes)」(1977)에서 탐구한 것과 유사한 것 — 를 탐구하는 출발점으로 이용했다. 『젠더 광고』에서 그가 제시하는 주된 생각은 광고에서 남성과 여성 — 그리고 특히 그들의 상호관계 — 을 묘사하는 방식이 우리가 실제로 서로 수행하는 상호작용에서 남성과 여성의 관계에 대해 어떻게 생각하고 실행하는지에 대해 많은 것을 말해줄 수 있다는 것이다. 고프먼에 따르면, 시각적으로 단순화되거나 과장된 형태의 광고는 남성과 여성 간의 관계에 대한 자주 모호하고 무의식적이며 불분명한 개념을 구체화하고 해설한다. 광고는 우리의 모호한 개념을 명확하게 하고 그것에 패턴을 설정함으로써, 우리로 하여금 사회에서 자주 정형화된 형태로 젠더를 구성하게 한다. 광고는 일상적 경험의 복잡성을 줄여주고, 그러한 단순화된 표현은 우리의 삶에서 모델로 이용된다. 고프먼의 표현으로, 우리는 광고의 단순화된 '젠더 디스플레이(gender display)'와 우리 자신을 동일시하려고 노력한다. '젠더 디스플레이'와 관련하여, 고프먼은 "젠더가 문화적으로 확립된 성의 상관관계 ─ 그것이 생물학의 결과이든 학습의 결과이든 간에 ─ 로 정의된다면, 젠더 디스플레이는 그러한 상관관계에 대한 관례화된 묘사를 지칭한다"라고 언급했다(Goffman, 1979a: 1). 여기서 우리는 고프먼 책의 중심 테제에 다가간다. 그의 테제는 일상생활에서 젠더(그리고 서로 다른 젠더 간의 관계)를 표현하고 이해하는 우리의 방식은 과장과 단순화에 의존한다는 의미에서 고도로 의례화되어 있다는 것이다. 우리의 젠더 디스플레이는 행동과 표현을 통해 이미 뿌리 깊게 의례화되어 있는 것을 전달한다. 그러나 이는 그 자체로는 하나의 혁명적인 통찰력이라고 보기 힘들다. 하지만 고프먼에 따르면, 중요한 것은 다음과 같은 것이다. 우리의 디스플레이는

> 원래의 맥락에서 끌어내어 삽입구로 만들어져 인용 방식으로 이용될 수 있다. 그리하여 그 디스플레이는 (매우 일반적으로는 광고에서 사실인 것처럼 묘사하는 것을 포함하여) 모방, 조롱, 아이러니, 놀리기 및 여타 장난스러운 의도를 드러내는 제스처의 자원이 된다. …… 하나의 의례였던 것이 그 자체로 의례화되는데, 이는 이미 하나의 변형인 것이 변형되는 것, 즉 '초의례화(hyper-ritualization)'이다. 따라서 인간이 이용하는 디스플레이들은 행동을 재프레이밍하는 인간의 능력에 의해 복잡해진다.(Goffman, 1979a: 3)

이처럼 고프먼의 논점은 광고가 최종 심급에서는 일상생활과 관계되어 있기

때문에 이른바 '초의례'로서의 광고를 살펴봄으로써 우리는 현재 존재하는 젠더 관계에 대해 많은 것을 배울 수 있다는 것이다. 우리는 광고를 연구함으로써 젠더의 미시정치에 대한 통찰을 얻을 수 있다. 그리고 여성이 남성에게 예속된다는 것은 광고에서 분명하게 드러나는데 그 까닭은 광고가 일상생활에서 일어나는 상호작용 상황을 초의례화한 것이기 때문이다. 고프먼은 『젠더 광고』에 포함된 광대한 일련의 사진에 대한 소개를 마치면서 다음과 같은 중요한 명제를 정식화했다.

> 나는 광고주가 자신의 제품의 가치를 극화하는 일은 사회가 자신의 사회적 상황에 참여자들이 서로 간의 지향을 용이하게 하는 의식(儀式)적 및 의례적 기호를 주입하는 일과 다르지 않다고 주장하고 싶다. 둘 다 사회적 상황에서 이용할 수 있는 제한된 '시각적' 자원을 이용하여 특정한 이야기를 전달해야 한다. 둘 다 그렇게 하지 않았더라면 불분명했을 일을 쉽게 독해할 수 있는 형태로 변형시켜야 한다. 그리고 둘 다 동일한 기본 장치 ― 의도의 표현, 사회구조에 대한 미시생태학적 도식화, 승인된 유형화, 그리고 내적 반응으로 간주될 수 있는 것의 제스처를 통한 외부화 ― 에 의존한다.(Goffman, 1979a: 27)

이 명제가 중요한 것은 고프먼이 거기서 광고 산업이 (사회 일반과 동일한 방식으로) 사회의 성원이나 상호작용 참여자들로 하여금 서로 간에 균형 있고 상호 조정할 수 있는 관계를 맺게 해주는 분명한 의례 신호를 제공함으로써 사회에서 일정한 질서와 안정성을 확보하는 과제를 어떻게 수행하는지를 보여주었기 때문이다. 고프먼은 또한 광고주가 어떻게 일상적 상호작용 속에서 일반 사람들이 수행하는 역할과 유사한 역할 ― 고프먼이 『일상생활에서의 자아 표현』(1959)에서 보여주었던 것처럼 다른 사람들에게 이상화되고 극화된 자아(광고주의 경우에는 다른 사람들의 자아) 인상을 제시하는 역할 ― 을 수행하는지 보여주었다. 이러한 방식으로 사회 자체뿐만 아니라 광고주도 사람들 간의 (젠더) 관계가 어떻게 구성되어야 하는지를 암시하는 (또는 간접적으로 지시하는) 지향 도식(schemes of orientation)을 제시하고 제공함으로써 사회질서를 유지하는 데 참여한다. 이런 점에서 고프먼은 당시에 선천적인 남성'성'이나 여성'성'은 없고 단지 문화적으로 구성되고 사회적으로 규정된 '남성적인' 것과 '여성적인' 것의 이미지만이 존재한다고 주장한 많은 페미니스트 저술가들과 노선을 같이했다. 이처럼 젠더는 부분적으로 사회적으로 구성되며, 고프먼에 따르면 젠더 고정관념과 관련한 널리 퍼져 있는 이미지들에 관한 연구는 우리에게 젠더 자체에 대해 어떤 것도 말해주지 않고 오히려 그러한 이미지들이 사회에서 어떻게 기능하는지에 대해 말해준다. 따라서 『젠더 광고』는 페미니즘 운동 내 일부 투사들에 의해 여성 억압에 대항하는 투쟁에서 이용할 수 있는 하나의 강력한 무기로 간주되었다. 게일 맥그레거(Gaile McGregor)는 이를 다음과 같이 표현했다.

> 제스처의 유아화라는 오명에 대한 고프먼의 분석은 여성이 광고에서 고정관념화되고 **있다**는 것을 확인시켜 줄 뿐만 아니라(이것은 그 자체로 정치적으로 유익한 성취이다), 더 나아가 특정한 젠더 관계가 지닌 불분명한 함의 ─ 그러한 고정관념화 과정에 의해 (비록 실제로 구성되지 않았더라도) 시사되는 함의 ─ 를 명확하게 밝혀준다.(McGregor, 1995: 7)

『젠더 광고』는 '페미니즘적' 분석에도 불구하고, 다양한 잡지의 여성 논평자들로부터 덜 긍정적인 반응을 불러일으켰고(이를테면 Wedel, 1978을 보라), 고프먼은 몇 차례나 자신을 남성 우월주의자로 바라보는 것을 받아들여야 했다. 우리가 살펴보듯이, 고프먼은 페미니즘 운동에 탄약을 제공하기를 원하지도 않았고, 여성의 젠더를 격하시키기를 바라지도 않았다. 오히려 그는

『젠더 광고』를 통해 다양한 사회적 상황에서 여성을 묘사하는 시각적 형태들에 대해 냉정하게 그리고 객관적으로 연구하기를 원했다. 그러나 랜들 콜린스(Randall Collins, 1986: 108)가 우리에게 상기시켜 주듯이, 고프먼 저술의 주요 자산 중 하나는 그가 여러 겹으로 글을 썼다는 것이다. 그래서 겉으로 분명하게 드러나는 것은 한 가지이지만, 보다 면밀하게 독해해 보면, 상황이 실제로는 처음에 시사했던 것보다 훨씬 더 복잡하고 덜 간단하다는 것이 드러날 것이다. 따라서 많은 사람이『젠더 광고』를 페미니즘적 비평으로 간주했지만, 그것은 동시에 전통적인 그리고 기능적으로 파생된 젠더 역할에 대한 옹호로 인식될 수도 있다. 페미니즘적 비평으로 의도되었든 아니면 기능주의적 방어로 의도되었든 간에,『젠더 광고』는 그것의 분석 대상뿐만 아니라 비관례적인 방법론 때문에, 고프먼의 글에서 얼마간 이상한 삽입어구처럼 보인다.

고프먼은『젠더 광고』의 행간에서 두드러졌던 '문화 대 생물학'과 관련된 질문을 자신의 논문「양성 사이의 장치」(1977)에서 훨씬 더 직접적으로 다루었다. 거기서 고프먼이 제시한 주된 주장은 사회적 상호작용의 장면들이 "양성 간의 자연적 차이를 표현하는 것이 아니라 그 차이 자체를 생산한다"는 것이다(Goffman, 1977a: 324). 거기서 제시된 핵심 개념이 바로 '제도적 성찰성(institutional reflexivity)'이다. 고프먼은 이 개념을 통해 자연적인 젠더 차이가 강조되고 가시화되고 중요하게 보이게 하는 사회적 환경이 조직화되는 과정을 기술한다(Branaman, 1997: lxxx). 고프먼은 사회생활 조직화의 다섯 가지 서로 다른 특징 모두 ― 신원 확인 시스템은 물론, 젠더별로 분할된 업무, 형제자매 간 양육, 젠더별로 분리된 화장실 관행, 외모, 직업 선택까지도 ― 가 어떻게 생물학에 기반한 젠더 고정관념을 확인하는 데 기여하는지를 지적한다. 그의 논점은 젠더 간의 생물학적 차이가 실제로 존재하기는 하지만, 그러한 차이들은 전혀 자명하지도, 그리고 현대 사회에서 남성과 여성 간의 관계를 설명하는 데 충분한 근거를 제공하지도 않는다는 것이다. 양성 사이의 장치, 서로 다른 젠더 정체성, 젠더 관행['젠더리즘(genderism)'*], 그리고 여성의 남성에의 관례화된 예속은 생물학적 설명을 찾는 대신에 사회적·문화적으로 설명될 필요가 있다. 요컨대, 우리는 생물학을 넘어설 필요가 있다. 고프먼에 따르면, 사회생활은 우리가 사회적으로 구성된 양성 간의 관계를 의례를 통해 확인하고 유지하는 데 어느 정도 의식적으로 참여할 수밖에 없는 상황(또는 프레임)을 만들어내는 방식으로 조직화된다. 고프먼은 다음과 같이 주장했다.

> 따라서 깊이 착근된 뿌리 깊은 제도적 관행은 사회적 상황을 양성 모두가 젠더리즘을 수행하는 장으로 변화시키는 데서 [중요한 역할을 한다]. 그러한 공연 중 많은 것이 양성 간의 인간 본성의 차이에 대한 믿음을 확인하는 의례의 형태를 취하며, 심지어는 양성 간의 행동이 어떻게 서로 맞물릴 것으로 기대될 수 있는지를 시사하기도 한다.(Goffman, 1977a: 325)

고프먼에 따르면, 우리는 일상적이고 사소한 사회적 상황에 참여함으로써, 자주 알지 못하는 사이에 양성의 서로 다른 본질을 확인하는 데 참여한다. 필립 매닝은 양성 간의 관계를 다룬 고프먼의 텍스트들이 프레임 분석을 실제로 이용하고 있다고 묘사했는데, 왜냐하면 그 텍스트들이 광고에서뿐만 아니라 일상적 상호작용에서도 탐지할 수 있는 프레임에 초점을 맞추고 있기 때문이다. 이 두 경우 모두에서 프레임은 양성 간 관계를 이해하는 지침의 역할을 한다. 광고에서 남자를 극기심 있고 충실하게 여자를 보호하는 사람으로 표준화하고 과장되게 표현하는 것은 (상위의) 남성과 (하위의) 여성 간의 지위 차이를 설명하는 부모-자식 프레임의 초의례화이다(Manning, 1992: 134). 따라서 젠더 차이는 자연적 (즉, 생물학적) 차이에만 의존한다고 말할 수 없으며, 오히려 젠더에 기반한 남성과 여성 간의 관계는 전혀 다른 사회적 프레임을 통해 해석되어야 한다는 사실에 근거한다. 동일한 방식으로 고프먼은 젠더별로 분리된 공중화장실에 대해 다음과 같이 진술했다. 실제로 기능상의 차이에 기초하는, 젠더별로 분화된 신체 기관이 존재하지만,

> 이 기능의 작용에서 **생물학적으로** 분리를 권고하는 것은 아무것도 없다. **그러한** 장치는 전적으로 문화적 문제이다. 그리고 그 장치는 제도적 성찰의 한 사례이다. 즉, 화장실 분리는 성-계급 간 차이의 자연스러운 결과로 제시된다. 실제로 그러한 장치는 오히려 (비록 그러한 차이를 생산하는 수단은 아니지만) 그 차이를 받아들이게 하는 수단이다.(Goffman, 1977a: 316)

이처럼 고프먼은 당시 꽤 뜨거웠던 젠더 논쟁에 직접 뛰어들었지만, 그가 실제로 '문화 대 생물학' 문제에 결정적인 또는 새로운 지식을 가지고 기여했는지를 묻는 것은 여전히 중요하다. 단도직입적으로 말하면, 고프먼의 메시지는 다소 진부했다. 즉, 그의 메시지는 젠더는 사회적으로 구성된다는 것이다. 한 논평자는 다음과 같이 놀리듯이 진술했다.

> [『젠더 광고』에서] 사진 자료에 대한 실제 논의 중 어떤 것도 그리 독창적이지 않다. 마치 압박감을 느끼기라도 하듯이, [고프먼]은 많은 똑똑한 여자 대학원생들의 비위를 맞추는 동시에 그들보다 한발 앞서가기 위해 노력하고 있던 것으로 보인다.(Carter, 1979: 9)

하지만 독창성이 결여되어 있음에도 불구하고, 고프먼 분석의 참신함은 그가 젠더 차이가 **어떻게** 완전히 다른 프레임들(이를테면 자식-부모 관계)을 따라 구성되는지, 그리고 프레임들이 그 자체로 그리고 프레임들에 의해 **어떻게** 성별 차이를 생산하고 강화하는지를 예증한다는 것이었다. 게다가 젠더와

젠더리즘을 다룬 고프먼의 저작은 젠더가 자연적이고 불변하고 본질적일 뿐이기는커녕 어째서 사람들이 '행하는' 수행적인(performative) 것인지(이를 테면, Brickell, 2005; Butler, 1993; West and Zimmerman, 1987을 보라), 그리고 젠더가 광고, 텔레비전 프로그램, 상업 광고, 여성용 어드바이스 북 등에서 어떻게 고정관념화된 방식으로 묘사되는지를 보다 체계적이고 이론적으로 정교화한 다수의 다른 저술가들에게 영감을 주었다. 비록 '젠더 수행하기(doing gender)'라는 관념이 고프먼의 책『젠더 광고』이전에 이미 만들어졌고 그 책의 각주(Goffman, 1979a: 3)에 실제로 언급되었지만, 그럼에도 불구하고 고프먼의 저작은 이 '수행적'이라는 관념을 뒷받침하는 데서 중요한 역할을 했다. 이를테면 알리 R. 혹실드(Arlie R. Hochchild, 1990)는 미국의 많은 여성용 어드바이스 북이 어떻게 서로 다른 두 가지의 '젠더 코드' ― 전통적 코드와 근대의 평등주의적 코드 ― 를 제시하는지를 보여주었다. 혹실드에 따르면, 그러한 젠더코드들은 젠더가 색상, 얼굴 배치, 신체 자세, 악수, 감정 규칙, 감정 통제 등과 관련하여 표현되는 방식을 축으로 하여 구성된다. 고프먼의 아이디어에 영감을 받은 혹실드는 그러한 코드들이 널리 퍼져 있음에도 불구하고 우리는 전통적인 젠더 역할과 고정관념들이 어떻게 점점 더 도전받고 변화하고 있는지를 보여주는 일정한 코드 혼합을 발견하기도 한다고 주장한다. 게다가 고프먼이『젠더 광고』에서 시각 이미지들을 독창적으로 그리고 광범하게 이용하고 분석한 것은 후일 많은 다른 연구자로 하여금 다양한 독자적인 연구 영역들 내에서 시각적 방법론을 개발하게 했다.

『담화의 형태』

고프먼이 마지막으로 출간한 책은『담화의 형태』(1981)였다. 그가 사망하기 불과 1년 반 전에 출판된 이 책은 서론과 그 뒤를 잇는 다섯 편의 에세이 ― 일부는 비교적 서로 관련이 있고, 다른 일부는 좀 더 개별적인 작품들로 보이는 ― 로 구성되어 있는데, 그 에세이들에서 고프먼은 자신의 이전의 많은 관념을 혼합하여 새로운 연구 맥락, 즉 담화의 맥락에 적용시켰다. 거기서 우리는 우선 그가 프레임 은유를 사용하는 데 계속해서 관심을 보이고 있음을 발견한다. 이를테면 고프먼의 머리말에 따르더라도, 『담화의 형태』의 모든 에세이는 프레임 분석 접근방식 위에 구축되었다. 말하자면, 프레임 분석이 고프먼이 담화 현상과 담화 연구에 접근하는 방식을 틀 짓고 있다. 둘째로, 그 책에서도 계속해서 연극 은유가 분명하게 사용되지만, 그곳에서는 주로 담화 상황에 적용된다. 이를테면 고프먼은 서론에서 연극적 관념의 사용에 대해 이렇게 진술했다. "따라서 나는 아래에서 사회생활은 하나의 무대일 뿐이라는 거창한 문학적 주장을 전혀 하지 않는다. 단지 연극적 특성의 기본 요건들이 담화의 본질에 깊숙이 통합되어 있다는 작은 기술적 주장만을 할 뿐이다"(Goffman, 1981a: 4). 또한 고프먼은 전형적인 고프먼식 방식으로 『담화의 형태』를 시작했다. 그는 '서론'에서 거의 자기 변명적인 방식으로 그 책에서 발명되고 제안된 개념의 본질에 대해 다음과 같이 언급했다. "정교화된 개념 중 그 어떤 것도 미래를 가지고 있지 않을 수도 있다. 따라서 나는 이 페이퍼들이 단지 연습, 시도, 시험, 다시 말해 사실을 정립하는 수단이 아니라 가능성을 보여주는 수단이라고 생각한다"(Goffman, 1981a: 1). 고프먼에 따르면, 자신은 『담화의 형태』에서 주로 세 가지 주요 관념, 즉 '의례화', '참여 프레임워크(participation framework)', '끼워 넣기(embedding)'에 주안점을 두고 그 관념들을 정교화했다(Goffman, 1981a: 3). 이들 관념은 『담화의 형태』에 포함되어 있는 에세이들 ― 이 에세이들은 담화가 참여자들의 관심과 관점에 의존하는 매우 의례화된 활동이고 항상 특정한 상황적·해석적 상황에 근거하고 있다는 것을 보여준다 ― 에서 비록 체계적으로는 아니지만 각자의 방식으로 추구되며, 서로를 가로지른다(Goffman, 1981a: 3).

『담화의 형태』는 고프먼의 이전의 많은 책처럼 비언어적 행동에 관심을 두지 않기 때문에, 그리고 그가 그 책에서 상호작용 상황에서 사람들이 제시하고 풍기는 기호와 신호 ─ 언어적인 것은 물론 비언어적인 것까지도 ─ 에 대해 사고하고 분석한다는 점에서 그 책은 일종의 '언어적 전환(linguistic shift)'으로 특징지어졌다(Phillips, 1983). 『담화의 형태』 도처에서 두 가지 기본적인 가정이 작동하고 있는 것으로 보인다. 첫째 가정은 담화의 연구는 언어학의 엄격하게 정식화된 방법에만 국한되지 말고 상호작용 프레임 내에서 인식되어야 한다는 것이고, 둘째 가정은 담화 ─ 사회적 상호작용으로서의 담화 ─ 는 항상 자아 표현과 자아 유지의 실례들을 수반한다는 것이다(Collins, 1994: 283; Corsaro, 1983: 220). 따라서 담화는 그저 행위 ─ 사람들 사이에 일어나는 어떤 것 ─ 로 축소할 수 있는 것이 아니다. 즉, 담화는 **상호**작용으로 간주되어야만 한다. 그 책의 첫째 에세이 「대답과 반응(Replies and Responses)」에서 대화 또는 담화는 "개인들이 함께 모여서 현재 공동으로 가지기로 한 관심사 ─ 그들을 모종의 상호주관적인 정신세계 속에 함께 머무르게 하는 관심사 ─ 를 계속해서 유지하는 [사회적] 장치의 한 사례로 인식된다"(Goffman, 1981a: 70~71). 이와 관련하여 구어(口語)는 중요한 역할을 한다. 왜냐하면 "말은 화자와 청자를 동일한 관심의 초점으로, 그리고 (그리하여 주의를 기울이게 된 것에 적용할) 동일한 해석 체계로 끌어들이는 훌륭한 장치이기 때문이다. 여기서 '해석 도식(interpretation schema)' 개념은, 그 개념이 언어적 주고받기에 의미를 제공하고 적절한 행동 방식에 대한 규칙을 제공하는 경우, 앞에서 논의한 '프레임' 개념과 동등하다는 것에 주목하라. 고프먼은 자신의 담화 분석을 통해 담화가 양 당사자 간의 대화적 연결일 뿐만 아니라 프레임에 기초한 상호작용의 한 형태 역시 구성한다고 결론짓는다. 그리고 바로 이 점이 이를테면 공식적인 게임에 참여하는 사람들이 취하는 '조치들'과 담화를 구별할 수 있게 해준다(Goffman, 1981a: 52). 고프먼에 따르면, 담화를 그러한 일련의 반응들 ― 이 과정에서 다양한 반응이 프레임을 유지시킬 수도 있고, 변화시킬 수도 있고, 아니면 새로운 프레임을 도입하게 할 수도 있다 ― 로 간주함으로써, 사람들은 담화를 훨씬 더 치밀하게 이해할 수 있다(Phillips, 1983: 114).

고프먼은 『담화의 형태』에 실려 있는 둘째 에세이 「외마디 반응(Response Cries)」에서는 우리가 누군가를 겨냥하거나 의도하지 않은 말과 언어적 표현이나 우리가 혼자라고 생각할 때면 내뱉는 말과 언어적 표현이 갖는 사회적 중요성을 다루고 있다. 그런 말과 표현은 답을 기다리는 표현으로도, 주어진 표현에 대한 답변으로도 간주되지 않는다는 의미에서 "따로 떨어져 있는" 표현들이다. 이를테면 우리가 저녁식사를 준비하다가 커피 잔을 떨어뜨리고 나서 깜짝 놀라 "으악(Whoops)"이라거나 "아이쿠(Oops)"라고 표현할 수 있다. 고프먼에 따르면, 그러한 외마디 반응은

> 완전한 말이 아닌 감탄조의 갑자기 지르는 소리이다. '아이쿠!'가 한 예이다. 어떤 말이 지닌 비분절적, 음조적, 운율적 특색처럼, 이러한 비어휘화된 별개의 감탄사는 인간 본성에 대한 우리의 교의와 아주 부합한다. 우리는 그러한 '표현'을 자연발생적으로 터져 나온 것, 즉 이전의 억제되었던 감정이 넘쳐흐른 것, 정상적인 자제심이 무너진 것, 허를 찔린 경우로 본다. 이것은 거리에 있는 남자에게 그가 이러한 형식을 이용하는지, 그리고 만약 이용한다면 그 의미가 무엇인지를 물어봄으로써 알 수 있는 것이다.(Goffman, 1981a: 99)

그 에세이의 목적은 이처럼 외견상 사소하고 자동적이며 무심결에 하는 발언들이 어떻게 상당한 사회적·상호작용적 중요성을 지니는지를 입증하는 것이다(Watson, 1983: 104). 고프먼에 따르면, 그러한 말들이 중요한 까닭은 그 말들이 우리의 주변 사람들에게 우리의 행동을 설명하거나 변명하는 신호의 한

종류로 작동하기 때문이다. '외마디 반응'은 (그것이 아무리 자동적으로 또는 무심결에 이루어지는 것으로 보일지라도) 우리의 주변 사람들에게 우리가 상황에 대한 (그리고 심지어는 우리 자신에 대한) 통제력을 상실하는 것은 순간적인 것일 뿐이며 다시 곧 정상 궤도로 돌아갈 것임을 보장하는 데 기여한다. 동시에 외마디 반응은 뭔가 특별한 일이 막 일어났다는 것을 우리가 알고 있다거나 실수를 했다는 것을 우리가 알고 있다는 신호를 보낸다. 우리가 박물관을 나와서 정신을 판 나머지 출구를 그냥 지나치고 나서 출구를 다시 찾기에 앞서 "아이쿠"라고 말한다면, 우리는 우리 앞에 있는 다른 사람들에게 우리의 행동에 대해 변명하고 설명하는 것이다. 우리는 "으악" 또는 "아이쿠"라는 말로 우리 가까이에 있는 주변 사람들에게서 우리가 하는 행동의 특정한 측면들이 사소한 사고로 인식되도록 함으로써 그 행동이 보다 일반적인 행동 무능력을 표현하는 것으로 해석되지 않게 한다(Goffman, 1981a: 102). 이것은 또한 「입장 취하기(footing)」라는 제목의 그다음 에세이에서 분명히 드러나는 테마인데, '입장 취하기'*라는 관념은 언어적 상호작용에 참여하는 사람들이 어떤 주어진 상황에서 다른 사람들 또는 말해지고 있는 내용에 맞추어 자신들을 조정하는 방식, 즉 말하기 또는 말 받아들이기를 관리하는 것을 가리킨다.

『담화의 형태』의 마지막 두 에세이 「강의(The Lecture)」와 「라디오 토크(Radio Talk)」 모두는 어떤 한 개인이 (많은 일상 대화에서와는 달리) 별다른 방해를 받지 않고 더 오랜 시간 동안 더 많은 청중에게 (직접 또는 매개 형식으로) 접근할 수 있는 기회를 갖는 상황을 분석한다(Burns, 1992: 337). 「강의」에서 고프먼은 단과대학이나 종합대학에서 이루어지는 강의를 일종의 연설 행위로 바라본다. 그리고 그 에세이는 사실 그 자체로 고프먼 자신이 한때 했던 강의를 글로 옮겨놓은 것이다. 그 에세이의 목적은 강의를 일방적인 스피치 커뮤니케이션의 전형적인 사례가 아닌 사회적 상호작용의 한 예로 볼 수 있는 정도에 대해 검토하는 것이다. 거기서 고프먼이 강의의 성공 여부가 특히 "특별한 존재 영역"에서 강사가 자신과 청중을 결합하는 능력에 달려 있다는 점을 처음으로 명시한다는 것이 중요하다. 그러므로 강의를 한다는 것은 청중을 흡수하는 공유된 상황실을 만드는 것이다. 이것은 아마도 대부분의 강사가 자신들의 교수 경험을 통해 인식할 수 있는 것일 것이다. 고프먼은 거기에서 강사가 공연하는 동안 야기한 사소한 실수나 작은 사고와 그것들을 보완하기 위해 노력하는 창의적이고 기발한 방법들 ― 대부분의 강사는 아마도 이를 인지할 수 있을 것이다 ― 을 분석하는 것으로 나아간다. 고프먼에 따르면, 그러한 실수는 두 가지 서로 다른 방식으로 해석될 수 있다. 다시 말해 그러한 실수는 (1) 텍스트와 정보 전달로 간주되는 강의를 방해하는 것으로 인식되거나, (2) 강의자와 청중에게 강의를 하나의 살아있는 상호작용의 장으로 만드는 반주 음악으로 인식된다. 고프먼은 그러한 것들이 "바로 집에서 강의안을 읽는 것과 실제로 강의를 하는 것 간의 차이"라고 웅변적으로 표현했다(Goffman, 1981a: 186). 실제로 그러한 행동상의 사고나 사소한 실수는 강사가 말을 더듬을 때, 목소리가 뚝 끊길 때, 당황할 때, 오버헤드 프로젝터나 파워포인트 프레젠테이션이 거꾸로 뒤집힐 때, 인용할 책을 집에 놓고 왔을 때 발생하는데, 사실은 이것들로 인해 상호작용이 시작된다. 게다가 강사와 청중이 서로 하나로 연결되는 것도 바로 강사가 그다음에 실수를 드러내놓고 해소하고 상황에서 벗어나기 위해 노력하는 과정을 통해서이다. 이것은 강의를 단지 정보의 전달로 보는 것이 아니라 사회적 상호작용의 한 사례로 본다는 점에서 의미가 있다.

　「라디오 토크」에서 다루는 테마도 얼마간 유사하다. 하지만 거기서 중점을 두는 것은 강사가 아니라 라디오 쇼 진행자가 범하는 크고 작은 실수 및 실책과 그다음에 자신의 발언을 해명하고 정정하고 다시 시작하려는 시도들이다. 그러한 시도들은 「강의」에서와 같이 라디오 진행자와 추상적이고 눈앞에 존재하지 않는 미지의 청취자들 간의 사회적 상호작용의 사례들로 분석된다. 그것은 분명히 단방향 커뮤니케이션의 한 사례이다. 라디오 진행자는 청취자들에게 끊임없이 말하고, 청취자들은 (비록 라디오를 끌 수는 있지만) 그 말에 응답하거나 항변하거나 저지할 수 없다. 하지만 고프먼에게서 이것은 오히려 언어적 상호작용의 전형적인 사례의 하나로 인식된다. 따라서 잘못된 발음, 말 더듬기, 재치 없음, 무분별과 같은 진행자의 다양한 말실수는 물론(Goffman, 1981a: 209~211), 그에 따르는 그 또는 그녀의 자기 정정, 은폐, 변명 역시 라디오 진행자와 청취자 간의 상호작용의 원천으로 분석된다. 아래의 예를 살펴보자.

> 이 멋진 새 브래지어를 해보세요 …… 여러분은 착용하기에 매우 편안한 부드러운 안감을 댄 컵을 특히 좋아할 것입니다. 좀 더 특별한 것이 필요한 분들은 저희 모델 718을 써보시기 바랍니다. 가볍게 패딩 처리가 되어 있어 틀림없이 좋아할 것입니다. 나는 그렇습니다. …… 내 말은 그 모양이 마음에 든다는 것입니다. …… 음 …… 내가 말하려는 것은 나는 남자니까 당연히 나한테는 그것이 필요하지 않다는 것입니다. 하지만 당신에게 필요하다면, 추천합니다. 내가 어떻게 아냐구요? 나는 실제로는 알지 못합니다. …… 나는 단지 감기에 걸려서 집에 있는 메리 패터슨의 광고를 읽고 있을 뿐입니다.(Goffman, 1981a: 302)

이 예는 꽤 재미있을 뿐만 아니라, 고프먼(Goffman, 1981a: 301) 또한 라디오 진행자가 이 위태롭고 난처한 상황에서 자신의 평판에 해가 가지 않게 하기 위해 필사적으로 노력하는 와중에 어떻게 공개적으로 기꺼이 "프레임을 깨고" 청취자들에게 그렇지 않았더라면 제공하지 않았을 정보를 제공하는지를 보여주는 하나의 실례로 간주한다. 「라디오 토크」에는 "우리의 오류 방식에 관한 한 연구(A Study of the Ways of Our Errors)"라는 부제가 달려 있는데, 이는 고프먼의 전략 ─ 즉, 말실수가 발생했을 때, 그리고 규범으로 여겨지는 것을 순간적으로 위반했을 때 어떤 일이 일어나는지를 살펴봄으로써 담화를 사회적 상호작용으로 연구하는 전략 — 을 여실히 보여준다.

『담화의 형태』는 전형적인 동시에 탈전형적인 고프먼적 저작이다. 그 책이 전형적으로 고프먼적인 까닭은, 다양한 에세이를 통해 우리가 담화(이를테면 강의와 라디오 방송)를 상호작용으로 이해하게 하려고 할 뿐만 아니라 또한 고프먼 특유의 스타일 — 어떤 주목할 만한 논평을 덧붙이지도 않으면서 계속해서 예를 들어가며 어떤 곳에서는 아주 추상적으로, 다른 곳에서는 매우 비분석적으로 길게 논의하는 — 로 서술하고 있기 때문이다(Stubbs, 1983: 78). 그 책이 탈전형적으로 고프먼적인 까닭은, 거기서 고프먼이 비언어적 상호작용보다는 언어적 의사소통에 관심을 가지고 있을 뿐만 아니라 또한 이전처럼 상호작용의 의례 측면보다는 체계 측면을 탐구하기 시작했기 때문이다. 더 정확히 말하면, 그는 행동의 규범적 수칙이, 즉 '의례의 제약'이 (대면적 상황에서 서로 이야기하는 사람들 간에 일어나는 상호작용을 촉진하고 구조화하는) '체계의 요구사항(system requirement)'*과 어떻게 협력하는지를 연구했다. 요컨대 고프먼은 상호작용에 대한 체계의 요구사항을 의례의 제약 곁으로 끌어올렸다. 상호작용에 대한 체계의 요구사항은 상호작용이 상호작용으로 성공하기 위해서는 준수해야만 하는 전제 조건 또는 의사소통-기술적 요구사항(communication-technical demand)이다. 고프먼은 「응답과 반응」이라는 에세이에서 그러한 '체계의 요구사항'으로 다음과 같은 여덟 가지를 언급했다.

1. 적절하고 쉽게 해석할 수 있는 청각 메시지를 송수신하는 **양방향 능력**
2. 수신이 일어나는 동안 그것을 알리는 **백 채널의 피드백 능력**
3. 채널 연결을 탐색하고 있음을 알리는 수단, 찾는 채널이 지금 열려 있음을 확인하는 수단, 이전에 개통된 채널을 폐쇄하는 수단 등과 같은 **접속 신호**
4. 메시지가 종료되고 다음 화자가 송신 역할을 넘겨받는다는 것을 알리는 수단

과 같은 **전환 신호**

5. 다시 실행할 것을 유도하는 수단, 채널 요청을 보류하는 수단, 말을 하고 있는 사람을 방해하는 수단 등과 같은 **선제적 신호**

6. 별개의 커뮤니케이션 조각들을 가로지르며 적용할 수 있는 특별한 해독법을 식별할 수 있는, 즉 비꼬는 여담을 하거나 또 다른 것을 인용하거나 농담을 하는 경우에서처럼 그렇지 않았다면 관례적이었을 의미를 재조명할 수 있는 단서와 같은 **프레이밍 능력**

7. 응답자에게 자신들이 관련되어 있는 것으로 알고 있는 모든 것을 정직하게 대답할 것을 의무화하는 **규범**

8. 엿듣기, 야단법석 떨기, 눈빛 신호의 길목 가로막기 등과 같은 **비참여자 제약 사항**(Goffman, 1981a: 14~15; 강조 추가)

이러한 '체계의 요구사항' 각각은 그 나름으로 일종의 모델 — 다른 사람들과 명시적 신호를 주고받는 사람들 간에 일어나는 상호작용(다시 말해 담화)을 설명하거나 체계화하는 모델 — 로 기능한다. 그러나 이미 지적했듯이, 고프먼은 거기서 그치지 않았다. 그는 또한 『담화의 형태』에서 이러한 체계의 요구사항이 상황에 대한 보다 규범적인 의례적 책임 — 커뮤니케이션을 촉진하기도 하고 제한하기도 하는 — 에 의해 어떻게 보완되거나 강화되거나 철저히 통제되는지를 보여주었다. 이를테면 고프먼에 따르면, 타인과 의사소통적 상호작용을 시작 또는 종료하라는 요구는 참여자가 의사소통-합리적 의무 (communication-rational obligation)를 준수하는 것과 관련한 문제일 뿐만 아니라 미시 의례가 어째서 서로의 체면을 지켜줄 것을 요구하는 방식인지를 보여주는 사례이기도 하다(Goffman, 1981a: 18~19).

언어와 대화 분석에 대한 고프먼의 관심은 고프먼의 미망인이자 언어학자인 길리언 샌코프(Gillian Sankoff)의 도움을 받아 고프먼이 사망한 다음 해에 출판된 방대한 에세이 「적절성의 조건(Felicity's Condition)」 — 아마도 이 글은 ≪미국사회학(American Journal of Sociology)≫에 게재된 가장 긴 에세이 중 하나일 것이다 — 에서도 뚜렷하게 나타난다(Goffman, 1983b). 이 에세이에서 고프먼은 화용론, 대화 분석, 사회언어학에서 영감을 받아, 언어 의사소통에서 배경 가정(background assumption), '배경 기대(background expectation)', 또는 '전제 조건'이라고 불리는 것 — 우리가 대화에서 (그리고 보다 일반적으로는 사회적 상호작용에서) 상호작용을 성공적으로 이끌어가기 위해 서로 다른 기대와 가정을 어떻게 이용하고 그것들에 어떻게 의존하는지를 보여주는 것 — 에 관심을 가졌다. 고프먼의 열망은 사회언어학과 (그 당시에 특히 미국 대륙에서 점점 더 많은 관심을 끌기 시작한) 대화 분석의 통찰에 의지하여, 성공적인 사회적 상호작용에 기여하는 메커니즘에 대한 사회학적 이해를 발전시키는 것이었다. 그 에세이 전반에 걸쳐, 고프먼은 두 낯선 사람 간의 언어적 교환과 두 지인 간의 언어적 교환 각각의 다양한 예를 통해 (우리의 말과 행동의 생산자로서의 우리가 우리의 말과 행동의 수신자로 하여금 우리의 말과 행동을 의미 있고 타당한 것으로 해석할 수 있게 해주는 요소들을 의식적·무의식적으로 구체화하는 것과 마찬가지로) 우리의 상호작용이 상당한 정도로 다른 사람들의 의도, 동기, 지식 등에 대한 가정들에 근거한다는 것을 보여주었다. 이를테면 극장 밖의 매표소 창구에서 어떤 사람이 필사적으로 자신의 주머니를 뒤지면서 판매원에게 "표 두 장 주세요"라고 말할 때, 판매원은 그것을 오늘 밤 상영하는 영화 티켓 두 장을 간절히 사고 싶어 하는 것으로 별 탈 없이 생각할 수 있다(Goffman, 1983b: 34).

고프먼은 많은 사례에 바탕하여, 우리가 말과 행동의 생산자와 수신자로서 사회적 상호작용에서 (실제 대화 속에서이든 아니면 단지 함께 있음으로써이든) 이용하는 다른 모든 배경 가정은 우리가 상호작용에서 능력 있고 유능하며 이해할 수 있고 책임감 있는 참여자임을 다른 사람들에게 입증하는 기본적인 기능을 한다는 논지를 발전시켰다. 그리고 그가 '적절성의 조건'*이라고 묘사한 것이 바로 이 요구이다. 고프먼이 애매하게 정식화하고 있는 '적절성 의 조건'은 다른 모든 배경 가정 뒤에 있는 배경 가정을 말한다. 고프먼 자신 의 표현으로, 그것은 "우리로 하여금 개인의 언어적 행동이 어떤 이상한 것을 표현하는 것이 아니라고 판단하게 하는 어떤 장치이다. 「적절성의 조건」 이 면에는 제정신이라는 것이 무엇인지에 대한 우리의 감(感)이 자리하고 있 다"(Goffman, 1983b: 27). '지표성(indexicality)', '해명 가능성(accountability)', '여백 원리(etcetera principle)'라는 민속방법론적 관념에 분명하게 근거하는 '적절성의 조건'은 (언어적 및 비언어적인) 사회적 상호작용을 하나로 묶어주 고, 그 상호작용을 신뢰할 수 있고 인식할 수 있고 이해할 수 있고 의미를 지 닐 수 있는 것으로 만들어주는 것이다. '적절성의 조건'은 의미 있는 상호작용 을 보장하고 보증하는 모든 것을 지배하는 기본 가정이다. 또는 달리 표현하 면, '적절성의 조건'은 우리가 서로 다 알고 있다는 듯이 소통할 수 있다는 것, 단편적이거나 분절적이거나 단절된 정보조차도 의미 있고 일관된 말로 받아 들여지고 이해된다는 것, 그리고 다른 사람들의 행동과 말에 대한 우리의 가 정은 의심받지 않는다는 것을 우리에게 확인시켜 주는 기본적인 장치이다. 다시 말해 우리가 '적절성의 조건'이 기대하는 바에 부응할 때, 우리는 다른 사람들에게 우리의 행동의 예측 가능성과 온당함을 입증하라는 사회적 요구 에 부응한다. 고프먼은 다음과 같은 진술로 이를 분명하게 표현함으로써 그 에세이를 끝맺었다.

우리가 메일, 전화, 대면적 담화, 또는 단지 가까이에 함께하는 것을 통해 다른 사 람과 접촉할 때마다, 우리는 하나의 중심적인 임무 — 즉, 우리가 상대방으로 하여금 무슨 일이 일어나고 있는지를 지각할 수 있도록 행위해야 한다는 것 — 를 깨닫는다. 어 쨌든 간에, 우리의 활동은 상대방의 마음에 (즉, 우리의 말과 행동을 우리의 감정, 생각, 의도에 대한 증거로 독해할 수 있는 상대방의 능력에) 맞추어져야 한다. 이것은 우리가 말하고 행하는 것을 제한하지만, 또한 우리로 하여금 상대방이 세상에 대해 시사할 수 있는 모든 것에 대응할 수 있게 해준다.(Goffman, 1983b: 51)

이처럼 '적절성의 조건'은 다른 모든 상호작용 규칙의 근거를 이루는 규칙이다. 따라서 '적절성의 조건'을 분석한다는 것은 상당 정도 우리가 사회적 상호작용에서 잠재의식적으로 당연한 것으로 간주하고 의존하는 모든 것을 분석하는 것을 의미한다.

결론

이 장에서 우리는 고프먼이 그의 삶의 마지막 10년 동안 출판한 저작을 의미하는 '후기 고프먼'이라고 지칭될 수 있는 것을 대략적으로 기술하고 논의하는 데 관심을 가져왔다. 고프먼의 후기 저술 중 많은 것이 그의 초기 저작과는 전혀 다른 주제 ─ 정신적 프레임, 젠더, 담화 ─ 에 관심을 기울인 것처럼 보일 수 있지만, 그럼에도 불구하고 그가 그렇게 한 데에는 얼마간 이유가 있다. 고프먼은 자신의 후기 저서들에서 말하자면 사회적 상호작용 조직의 '후면 무대' ─ 즉, 사람들로 하여금 언어적·비언어적으로 사회적 상황에 참여하게 하고 그 상황을 이해할 수 있게 해주는 근원적이고 비가시적이고 인지적인 구조와 조직화 원리들 ─ 를 점점 더 탐색하기 시작했다. 고프먼이 쓴 마지막 세 권의 책 ─『프레임 분석』(1974),『젠더 광고』(1979), 그리고『담화의 형태』(1981) ─ 각각은 그 나름으로 상황 정의, 인상관리, 의례화된 관행, 공연에 대한 이전의 주장의 일부를 확장하고 정교화했다.

고프먼의 마지막 책 중에서 가장 중요한 것은 아마도『프레임 분석』이었을 것이다. 돌이켜보면, 고프먼의 프레임 분석 관념은 1970년대와 1980년대 동안에 사회적·문학적·인문학적 연구에서 이른바 인지적 전환(cognitive turn)으로 불린 것 ― 인간 삶의 모든 측면(조직적 측면, 제도적 측면, 일상적 측면)이 어떻게 참여자들(전문적 참여자와 비전문적 참여자 모두)로 하여금 자신들의 사회적 맥락을 이해할 수 있게 해주는 서로 다른 인지적 프레임에 의존하는지를 보여주는(이를테면 Rogoff and Lave, 1984를 보라) ― 의 촉매자이자 그 자체로 그것의 화신이었다. 게다가 아마도 고프먼의 프레임 분석은 시대에 대한 신랄한 사회학적 진단이기도 했을 것이다. 이를테면 김광기는 『프레임 분석』이 얼마간 문명 비평으로 (아니 어쩌면 오히려 안도감으로) 독해될 수도 있다고 제시했다.

> 개인들은 현대 사회에서 전례 없는 대혼란에 휩싸여 있다. 하지만 그러한 상태하에서조차 개인들은 아무런 도움 없이 혼돈의 바다에 빠져 허우적거리지는 않는다. 프레임이 마치 등대처럼 개인들에게 특정한 상황에 대한 관점 또는 해석을 제공한다. …… 다시 말해 고프먼은 프레임워크의 분석을 통해 점점 더 모호성과 양면성에 직면하는 개인들의 인식을 다루고 싶어 한다.(Kim, 2002: 65~66)

이처럼 프레임은 루트비히 비트겐슈타인(Ludwig Wittgenstein)이 제안한 것처럼 자유와 가능성이 점점 더 증가하고 행동 규약은 점점 더 느슨해지고 비공식화되는 사회에서 개인들이 "어떻게 해야 하는지를 알게" 해준다. 아마도 우리는 이와 유사한 신랄한 또는 비판적인 감성을 『젠더 광고』에서는 현대의 젠더 고정관념에 대한 짓궂은 논평에서, 그리고 『담화의 형태』에서는 사회가 실수, 잘못, 당혹스러운 공연을 피하는 데 집착한다는 것을 들추어내는 데서 발견할 수도 있을 것이다. 비록 고프먼이 사회적 상호작용의 세세한 부분을 연구하는 데 계속해서 헌신했지만, 우리는 그의 후기 연구에서 인간의 사회생활 참여의 아래나 배후에 놓여 있는, 그간 간과된 조직화 원리 중 일부나마 발견하고 열거하고 체계화하려는 보다 냉정하고, 보다 분석적인, 그리고 어쩌면 보다 야심찬 시도를 감지한다.

연습문제

- 우리는 어빙 고프먼의 '프레임' 관념을 어떻게 이해해야 하고, 그것은 그가 이전에 선호하던 개념 중 하나 — 이를테면 상황 정의 — 와 어떻게 연관되어 있는가?
- 어빙 고프먼은 왜 담화를 연구하기 시작했고, 『담화의 형태』와 「적절성의 조건」에서 발전된 그의 관념들은 우리가 일상의 언어적·비언어적 상호작용의 규칙과 의례를 이해하는 데 어떻게 기여했는가?
- 어빙 고프먼은 젠더와 젠더 차이를 어떻게 이해했는가?
- 어빙 고프먼의 초기 저작과 마지막 세 저서 간의 주요 유사점과 차이점은 무엇이었는가?

제8장

고프먼을 '앞으로 나아가며' 독해하기

제2장에서 우리는 고프먼을 이른바 '거슬러 올라가며' 독해하면서, 다양한 지적 관점과 이론적 전통에서 그의 미시사회학적 사고의 기원을 개관하고자 했다. 이 장에서 우리는 이른바 고프먼을 '앞으로 나아가며' 독해하려고 노력할 것이고, 따라서 그의 저작의 요소들이 어떻게 다른 사회학 사상가들에게 영감을 주었고 현대 사회이론과 사회학 이론의 구성 요소로 이용되는지를 확인하려고 노력할 것이다. 고프먼의 출판물들은 근대의 일상생활 영역을 다룬 가장 중요한 사회학적 분석의 일부라는 사실 말고도, 현대 사회학 이론에 반박의 여지없는 뚜렷한 흔적을 남겼다. 고프먼의 저작은 오늘날 가장 저명한 사회학 이론 구축자 중 일부에게 영감의 원천이나 대화 파트너로 작용했을 뿐만 아니라, 그의 사회학은 서로 다른 사회적 상황과 맥락에 있는 개인들에 대한 수많은 경험 지향적 연구로 성장한 것의 발판 역할을 했다. 아래에서 우리는 그들 자신의 독창적인 이론을 구성하면서 고프먼의 개념적 틀을 이용했거나 그 틀과 연관시킨 여러 주요 사회학자들이 고프먼과 어떻게 연결되어 있고 그로부터 어떠한 영감을 받았는지를 고찰할 것이다. 고프먼이

많은 사회학 사상가들에게 영향을 미쳐왔기 때문에, 우리가 여기서 열거한 고프먼적 정취를 지닌 이론가들의 목록은 물론 완전한 것이 아니다. 우리는 고프먼의 관념이 중요한 영향을 미친 유명한 사회학자들 가운데서 표본을 뽑았다. 그것이 바로 해럴드 가핑켈과 그의 민속방법론적 입장, 위르겐 하버마스와 그의 의사소통행위이론, 니클라스 루만의 체계이론, 피에르 부르디외의 성찰적 사회학, 앤서니 기든스와 그의 구조화이론이다. 우리는 고프먼의 미시사회학에 기반을 둔 최근의 몇몇 이론적 혁신에 대해 간단히 언급하는 것으로 이 장을 끝맺는다.

해럴드 가핑켈

고프먼은 미국 사회학자 해럴드 가핑켈의 민속방법론 프로그램으로부터 등을 돌렸다. 고프먼에 따르면, 민속방법론은 너무나도 이론적인 문제를 지향했고, 인식론적 함의와 결론에서 너무나도 급진적이었으며(Collins, 1985: 225), 사회적인 모든 것이 국지적이라는 관념은 너무나도 개인주의적이었다. 하지만 고프먼이 자신의 사회학을 내놓기 시작했던 것과 거의 같은 시기에 가핑켈(Garfinkel, 1967)은 자신의 민속방법론을 발전시켰고, 그 둘 간의 의견 차이에도 불구하고 그들은 또한 서로에게 영감을 주었다고 전해진다. 어쨌든 간에 고프먼이 가핑켈을 언급하는 것은 사실이다. 그것은 이를테면 『수용소』(1961)에서, 그중에서도 특히 고프먼이 가핑켈의 격하 의식(degradation ceremony) 개념(Garfinkel, 1956)을 이용하여 정신질환자의 도덕적 이력을 분석하는 데에서(Goffman, 1961: 130) 분명하게 드러난다. 둘 다 사람들이 일상에서 사회적 모임을 성공적으로 이끌기 위해 특별한 역량을 활용하고 그간 축적된 특별한 암묵적인 관련 지식을 이용하는 방식을 다루는 미시지향적인 일상생활 사회학을 제시한다. 이 둘의 또 다른 공통된 특징은 사회질서를 인간 행동의 실제적 결과로 바라본다는 것이다(두 사람 모두 이 관념을 아마도 실용주의로부터 끌어왔을 것이다). 고프먼은 실제로 후일 민속방법론에 의해 발전된 관념 중 많은 것의 실제 선구자로 이따금 제시된다(Attewell, 1974). 더 완전한 설명을 위해서는 고프먼이 실제로 자신의 학생들에게 가핑켈의 텍스트들을 읽도록 권했다는 것을 언급할 필요가 있다. 그 결과 많은 학생이 가핑켈의 강의와 사회학 실험에 참석하기 위해 고프먼이 근무하던 버클리 대학교를 떠나 로스앤젤레스로 향했다(Wallace and Wolf, 1999: 227).

가핑켈은 이른바 자신의 파괴 실험(breaching experiment)을 통해 상호작용의 규범적 의무가 깨지고 사회질서가 순간적으로 붕괴될 때 어떤 일이 일어나는지를 예증하는 데 관심을 기울이고 있었다. 가핑켈에 따르면, 개인들은 상황을 정의하기 위해 상호작용한다. 그리고 가핑켈은 그러한 의미를 창출하는 정의 과정에 참여하는 사람들이 이용하는 일상적인 방법과 절차에 관심을 가졌다. 이것이 가핑켈이 고프먼과 다른 지점이다. 고프먼도 실제로 행위자들이 의미를 창출하는 절차에 관심을 가졌지만, 가핑켈보다 훨씬 더 규범적이고 덜 인지적인 관심에 바탕을 두고 있었다(Album, 1995: 252). 가핑켈이 사회적 상황에서 의미를 창출하고 사회질서의 토대를 구성하기 위해 개인들이 사용하는 **미시적 기법**(microtechnique)에 관심을 가졌던 반면, 고프먼은 사회적 상호작용에서 개인들이 의례적 의무에 따라 사는 방식과 그런 점에서 그들이 어떻게 외재하는 초개인적인 사회적 구문에 의해 통제되는지에 더 몰두했다고 주장될 수도 있다(Knorr-Cetina, 1981: 3). 둘 다 규칙에 관심을 두었지만, 고프먼이 보기에 규칙은 행위자들에게 요구되는 도덕과 규범을 표현하는 것이었다면, 가핑켈의 경우에 규칙은 그러한 요구가 적용되었을 때 참가자들이 서로 이해할 수 있게 해주는 실용적인 도구일 뿐이었다. 달리 표현하면, 고프먼과 가핑켈 둘 다 대면적 상황에 있는 개인들에게 관심이 있었지만, 가핑켈은 대체로 상황이 결정되고 정의되는 방식에 관심이 있었던 반면, 고프먼은 그것에 더하여 개인들이 그 상황에서 적절하게 행동하는 방법을 만들어내는 방식에도 관심을 집중했다(Album, 1995: 253).

따라서 가핑켈과 고프먼은 사회적 행위자에 대한 견해와 상호작용의 규범적 요소에 대한 평가에서 상당 정도 서로 다르다. 가핑켈은 고프먼에서 개인이 '문화적 멍청이(cultural dope)' — 즉, 기계적으로 규칙과 규정을 따르는 수동적인 존재 — 로 축소된다는 견해를 가지고 있는 반면, 고프먼은 민속방법론자들이 현실과 동떨어진 신비한 시각 속으로 스스로를 고립시킨다는 견해를 가지고 있었다. 하지만 비록 고프먼이 자신을 민속방법론(특히 모든 것을 집합적인 사회적 화용론으로 돌리는 과장된 실용주의)과 분리시켰지만, 그 자신의 저술이 『담화의 형태』(1981)의 출간과 함께 분명히 민속방법론으로 전환했다고 언급하는 것은 종국적으로는 정당해 보인다. 거기서 고프먼은 자신을 '대화 분석'으로 일컬어지는 민속방법론의 한 조류에 속하는 것으로 기술한다.

앤서니 기든스

고프먼의 사회학을 보다 이론적인 방식으로 실제적으로 사용한 사례 중 하나가 영국 사회학자 앤서니 기든스가 전개한 구조화이론이다. 이를테면 기든스는 『사회의 구성(The Constitution of Society)』(1984)에서 함께하는 개인들 간에 이루어지는 상호작용에 대한 고프먼의 분석에 상당한 정도로 다가간다. 기든스의 야망은 사회의 재생산을 행위자 지향적인 행위 관점과 구조주의적인 체계 관점 둘 중 어느 하나에서 바라보지 않고 이 두 측면이 서로 뗄 수 없게 연결되어 있다는 것을 받아들이는 하나의 일반 사회이론 또는, 자신이 칭한 바로는, **접근방식**을 정식화하는 것이다. 기든스는 상호작용 질서의 단위를 이루는 고프먼의 개념 중 많은 것(모임, 사건, 초점 있는 상호작용, 초점 없는 상호작용, 만남)을 일반 사회이론의 중요한 구성 요소로 강조한다. 그리고 기든스는 또한 우리는 고프먼의 저작으로부터 **관행적 의식**(practical consciousness)이 일상생활에서 수행하는 역할을 이해할 수 있는 중요한 영감을 얻는다고 주장한다.

기든스가 고프먼에 주목한 까닭은, 고프먼이 개인들이 어떻게 예리한 관행적 의식을 갖추는지, 그리고 그러한 관행적 의식이 어떻게 우리가 일상적인 상호작용을 성공으로 이끌고 아무런 문제가 없게 만드는 데 도움을 주는지를 입증해 왔기 때문이다. 기든스가 지적한 바와 같이, 고프먼은 자신의 분석을 통해 일상생활에서 우리가 어떻게 많은 양의 내면화된 암묵적 지식에 의지하는지를 보여준다. 암묵적 지식은 일상생활에서의 만남에 규칙 및 의례의 속성을 제공한다. 그러므로 기든스에 따르면, 그러한 관행적 의식을 이해하는 것은 사회의 재생산을 설명하고 동시에 구조와 행위자 간의 이분법적 관계의 간극을 메우기를 원하는 사회학에 절대적으로 필요한 것이다. 기든스는 고프먼의 저작에 분명하게 의지하여 다음과 같이 진술한다.

> 나는 만남이 일반적으로 관례적으로 이루어진다는 사실을 강조하는 것이 매우 중요하다고 생각한다. 다시 말해 덧없는 순간의 시각에서 볼 때 단시간의 사소한 교류인 것처럼 보일 수 있는 것이 사회생활의 반복적 성격에 내재된 것으로 인식되는 순간 훨씬 더 많은 중요성을 지니게 된다. 만남의 관례화는 일시적인 만남과 사회적 재생산, 따라서 외견상 제도의 '고정성'처럼 보이는 것을 연결 짓는 데서 보다 중요한 의미를 지닌다.(Giddens, 1984: 72)

기든스는 구조주의적 결정론이나 자원주의로 귀결되지 않고도 사회생활의 보존을 설명하는 이론을 구축하기 위해 고프먼으로부터 무엇보다도 특히 개인의 관행적 의식(그리고 몸의 사회적 의미)에 관한 지식을 빌려온 것으로 보인다. 기든스에 따르면, 고프먼과 민속방법론자들은 일상생활에서 개인들이 어떻게 자신이 '사회통합'이라고 부르는 것을 이루기 위해 규칙과 지식을 이용하는지를 입증해 왔다. 기든스는 이른바 자신의 **구조화이론**에서 대면적 상호작용을 하는 개인들과 사회체계 모두가 사회질서와 사회통합의 유형을 만들어낼 수 있다는 사실을 설명하기 위해 사회통합이라는 개념과 체계통합이라는 개념을 사용한다. 그리고 거기서 기든스는 고프먼에 의지하여 어떻게 특정한 관행적 의식을 가진 개인들이 연쇄적인 교류를 통해 다소 안정된 사회질서를 산출하고 유지하는지를 보여준다. 기든스에 따르면, 고프먼은 행위자들의 동기를 당연한 것으로 간주하고 자기중심적 동기에 근거하여 주어진 상황에 적응하고 맞추어나가는 냉소적이고 자원주의적인 행위자를 전제하고 있다고 비판받아 왔다. 고프먼이 확실히 자원주의적 방향에서 해석될 수도 있지만, 우리가 입증해 왔듯이, 그리고 기든스가 지적한 바와 같이, 그러한 해석은 고프먼이 사회적 만남에서 개인들이 드러내는 재치, 그리고 상황과 그 상황에 참여하는 당사자들 때문에 개인들이 느끼는 근심을 강조했다는 것을 무시한다. 따라서 기든스는, 고프먼은 단지 미시사회학을 실천한 것만이 아니라, 실제로 사회적 재생산의 가장 내밀한 역학에도 관심을 보였다고 지적한다(Giddens, 1984: 70). 다시 말해 기든스는 대면적 상황에서 일어나는 인간 행동을 세세하게 이해하는 것은 사회가 어떻게 재생산되는지를 설명하려는 사회이론에 필수적인 요소라고 주장한다.

기든스는 또한 고프먼에 의존하여 관행적 의식의 본질을 탐구한다. 관행적 의식은 삶을 이해할 수 있게 하고 혼란스럽지 않게 한다는 의미에서 삶을 예측 가능하게 만든다. 동시에 기든스는 일상의 관례들이 무의식적으로 반복되는 고정되고 절대적인 실체가 아니라 오히려 끊임없이 부지런히 성찰적으로 적응하려고 노력해야 하는 대상이라는 것을 보여주기 위해 고프먼과 민속방법론자들을 이용한다(Giddens, 1984: 86). 달리 표현하면, 개인의 (상호) 행위 과정이 일상적 관례들에 의해 매우 잘 제어될 수 있지만, 그러한 '제약 요소'들은 상당 정도 관행적 의식을 지닌 행위자들 간의 다소 의식적인 교류 과정 – 즉, 끊임없이 변화되고 전개되는 과정 – 의 결과이다. 기든스는 '존재론 적 안전(ontological security)' 개념을 정식화하면서도 고프먼에 의존한다. 기 든스의 출발점은 에릭 에릭슨(Erik Erikson)의 발달심리학이지만, 고프먼의 프레임 개념 역시 포함된다. 왜냐하면 기든스에 따르면, "프레이밍은 일상의 관례를 실행하는 과정에서 존재론적 안전을 유지시켜 주는 활동과 의미들을 질서 있게 정렬해 주는 것으로 간주될 수 있"기 때문이다(Giddens, 1984: 87). 따라서 프레임은 행위자가 자신이 처한 사회적 환경 속에서 의미를 이해하 고 창출하기 위해 이용하는 도구의 하나이며, 그리하여 프레임은 자아를 유 지하는 데 필요한 예측 가능성과 안전감을 확보하는 데 일조한다.

위르겐 하버마스

고프먼의 개념과 이론적 통찰력을 이용하는 또 다른 주요한 현대 사회 학자 가운데 한 사람이 독일 사회학자 위르겐 하버마스이다. 그는 후기 자본 주의의 정당성 문제에 대한 자신의 분석에서[『후기 자본주의의 정당성 문제 (Legitimations probleme im Spätkapitalismus)』, 1973], 원시사회를 특징짓는 사 회조직 원리를 묘사하기 위해 (비록 고프먼을 언급하지는 않았지만) 전체주의적 기관 개념을 이용했다. 그러나 하버마스는 자신의 영향력 있는 저작『의사소 통행위이론(Theory of Communicative Action)』을 출간할 때까지는 고프먼의 사고에서 드러나는 요소들을 완전한 방식으로 명시적으로 거론하지 않았었 다. 하버마스는 주로 네 가지 서로 다른 행위 개념(목적론적 행위, 규범에 의해 규제되는 행위, 연극적 행위, 의사소통·행위)에 대한 논의에서 고프먼을 언급했다. 하버마스는 연극적 행위를 정식화하며 고프먼의 저작을 다음과 같이 명시적으로 언급한다.

> 연극적 행위의 관점에서 우리는 사회적 행위를 참여자들이 서로에게 하나의 가시적 공중을 형성하고 서로에게 공연하는 하나의 만남으로 이해한다. 여기서 '만남'과 '공연'이 핵심 개념이다. 제3자들의 눈앞에서 벌이는 공연단의 공연은 하나의 특별한 사례일 뿐이다. 공연은 배우로 하여금 청중에게 특정한 방식으로 자신을 보여줄 수 있게 한다. 배우는 자신의 주관성 중에서 특정한 어떤 것을 겉으로 드러냄으로써, 자신이 공중에게 특별한 방식으로 보여지기를 원한다.(Habermas, 1984: 90)

연극적 행위에 대한 고프먼의 탐구는 이러한 방식으로 하나의 특별한 의사소통 합리성 ─ 규범을 확립하는 하나의 도구로서의 역할을 할 수 있는 합리성 ─ 의 발전과 관련하여 이루어지는 주요한 이론구성작업 속으로 끌어들여진다. 하버마스와 고프먼이 실제로 개인의 의사소통적 상호작용에 대한 관심을 공유하고 있다는 사실을 고려하면, 이러한 통합은 매우 자연스럽다. 하지만 하버마스는 고프먼의 연극적 모델을 다소 일방적으로 독해한다. 왜냐하면 하버마스가 고프먼이 역할을 연기하는 행위자에게서 확인한 정보 조작과 냉소주의의 요소를 과도하게 강조하는 것처럼 보이기 때문이다. 이를테면 하버마스(Habermas, 1984: 93)가 "고프먼의 행위 모델은 규범 순응적 태도로 사회세계를 지향하는 행동을 제시하지 않는다"라고 진술할 때, 그는 고프먼 저작의 중요한 차원을 무시하는 것으로 보인다. 고프먼은 『일상생활에서의 자아 표현』─ 하버마스가 명시적으로 의지하는 유일한 출판물인 ─ 에서 역할을 연기하는 개인은 실제로 도덕적인 면을 가지고 있고 상호작용은 실제로 협력과 관련되어 있음을 입증한다. 그뿐만 아니라 후일 『상호작용 의례』에서 는, 우리가 제4장에서 예증했듯이, 우리의 일상적 상호작용이 성공을 거두고 여러 상황에서 붕괴되지 않은 것은 우리가 특정한 의식(儀式)적 규칙, 따라서 규범적 규칙에 따라 살고 그러한 규칙을 준수하기 때문이라고 지적한다. 하 버마스에서 드러나는 것과 같은 고프먼 독해는 실제로 고프먼 해석자들에게 서 반발을 유발했다. 이를테면 제임스 크리스(James Chriss, 1995b: 562)는 "하 버마스와 다른 예리한 사회사상가들이 명확하게 이해하지 못한 것은, 비록 모든 현혹적 표현이 연출되기는 하지만, 모든 연출된 표현이 현혹적인 것은 아니며, 혼란 유발이나 왜곡을 목적으로 하지도 않는다는 것이다"라고 진술 했다.

니클라스 루만

앞서 우리는 고프먼에게 실질적으로 의존하는 사회학자 가운데 한 사람 으로 앤서니 기든스를 언급했다. 독일 사회학자 니클라스 루만은 또 다른 한 사람이다. 체계이론에 대한 많은 중요한 후속 저작의 선조이자 '신뢰'와 '확 신' 같은 현상이 어떻게 분화된 복잡한 사회에서 일어나는지 설명하려는 루 만의 시도인 『신뢰와 권력(Trust and Power)』에는 루만이 고프먼의 사회학에 직접적으로 빚고 있음을 보여주는 사례들이 수없이 많다(하지만 루만이 자 신의 개념들을 만들고 적용하고 분석하는 데서 파슨스와 후설(Husserl)이 그 내용을 제공한 것 역시 사실이다(Luhmann, 1979). 거기서 고프먼이 기여한 주요한 부 분은 개개인이 서로를 도와 체면을 유지하고 서로 조력하여 상호작용을 지 속시키는 방식을 세밀하고 상세하게 분석하고 그 사례들을 제시한 부분이 다. 이때 신뢰는 상호작용이 붕괴되지 않고 계속해서 유지되는 데서 필수적이다. 루만에서 이러한 상호작용 신뢰는 각기 **개인 신뢰**(personal trust)와 **체계 신뢰**(trust in systems)로 나뉜다. 개인 신뢰는 개인이 확신을 주는 존재로, 그리고 믿을 수 있는 존재로 보이는지의 여부에 의해 취해질 수 있다. 루만에서 그러한 신뢰는 상당 정도 개인이 자아 표현에 성공하는지의 여부에 기초한다. 루만의 자아 표현 개념이 고프먼의 사고에 의지한다는 것은 아래의 인용문으로부터 알 수 있다.

> 우리가 이미 살펴본 바와 같이, 사람과 사회체계는 자신의 자아를 표현할 때 자신에 대한 일관된 그림을 그리기 위해, 그리고 그 그림이 사회적으로 받아들여지게 하기 위해 노력한다. 다른 사람들과 다른 사회체계들 역시 주변 사람들로부터 신뢰할 만한 기대를 쌓는 것에 관심을 가지기 때문에 그리고 그러한 기대가 정체성을 유지시켜 주는 것으로 보기 때문에, 사회적 상호작용 속에서 행위를 사람 또는 사회체계에 귀속시킬 수 있게 해주는, 그리고 실제로 인과적으로뿐만 아니라 상징적으로도 자신들의 본질(즉, 자신들의 자아)을 표현하는 형태의 표현 언어(expressive language)가 발전한다.(Luhmann, 1979: 82)

따라서 루만에 따르면, 사회의 복잡성을 줄이는 데 기여하는 것이 바로 신뢰 ― 개인 신뢰와 추상적 체계에 대한 신뢰 모두 ― 이다. 게다가 루만은『전략적 상호작용』에 나타나 있는 불신과 속임수에 대한 고프먼의 생각을 활용한다. 그렇기에 고프먼은 모든 유형의 사회체계에 필요한 신뢰를 분석하면서 미시적 수준에 사회학적 중요성을 부여함으로써 신뢰에 대한 루만 논의의 중심 요소를 정당화한다고 말할 수도 있을 것이다. 이처럼 루만은 고프먼의 많은 저작에 광범하게 의존하고 있다.

루만의 방대한 체계이론적 저작인『사회체계(Social Systems)』(1995)에서도 고프먼의 사고가 드러난다. 거기서 루만의 임무는 매우 다르다. 왜냐하면 그 책은 자동생성(autopoiesis), 관찰, 의사소통 끈(communication string)에 대한 보다 추상적인 사고가 지배하기 때문이고, 또한 상상할 수 있는 모든 사회적 상황과 관련되어 있고 그러한 상황들을 분석할 수 있는 일반 사회학의 토대를 만들어내는 것을 임무로 하기 때문이다. 거기서 상호작용 질서에 대한 고프먼의 관념과 사회체계의 특정한 한 유형으로서의 상호작용 체계에 대한 루만의 개념 간에는 강한 유사성이 존재한다. 고프먼은 또한 루만이 '포함'과 '배제'의 개념을 정식화하는 데서도 일정한 역할을 한다. 루만은 거기서 고프먼의 전체주의적 기관에 대한 개념을 직접적으로 언급한다. 루만에 따르면, 계층화된 사회에서 전체주의적 기관들은 사회에 의해 배제된 개인들을 포함시키는 역할을 한다(Mortensen, 2000: 98). 고프먼은 또한 행위는 항상 다른 사람들의 인식에 열려 있는 행위 – 즉, '당신을 위한' 행위, '당신에게 대항하는' 행위, 또는 '당신 앞에서의' 행위 – 라는 루만의 관념에 (비록 잠시이기는 하지만) 통합된다(Luhmann, 1995: 130). 마지막으로 지적해야 하는 것은 루만이 『대중매체의 현실(The Reality of the Mass Media)』에서 고프먼의 대상 개념과 프레임 개념에 의지한다는 것인데, 거기서 루만은 처음에는 엔터테인먼트를 이해하기 위해 게임 은유를 이용한다. 덧붙이자면, 고프먼과 루만의 관계는 아주 분명하다. 둘 다 의사소통에 깊은 관심을 가지고 있다. 즉, 고프먼이 개인의 자아를 창조하고 유지하는 의사소통 과정에 관심을 두었다면, 루만은 서로 다른 유형의 체계 사이에서 일어나는 의사소통 과정에 관심을 가졌다. 마지막으로, 얼마간은 루만은 고프먼이 수행하기 시작한 분석 중 하나 – 사회의 거시 수준과 평범한 일상적 상호작용을 결합시키기 – 를 수행한다고 말할 수도 있다(Luhmann, 1995: ch. 10). 게다가 고프먼-루만 관계를 검토할 때 발견되는 주목할 만한 일치점 중의 하나가 상호작용 질서와 사회구조 간의 관계에 대한 고프먼의 다소 모호한 개념화가 사실은 분명하게 체계이론적인 특징을 가지고 있었다는 것이다. 제4장에서 우리가 살펴보았듯이, 고프먼은

'느슨한 결합'이라는 용어를 사용했는데, 이는 일정 수준의 체계이론적 영감
— 고프먼은 이 영감을 루만에게도 영감을 준 그레고리 베이트슨의 저작에서 발견했
을 가능성이 아주 크다 — 을 보여주는 것일 수도 있다.

피에르 부르디외

비록 군데군데 검토해 보았을 뿐이지만, 고프먼의 저작과 프랑스 사회학
자 피에르 부르디외의 저작 간에는 하나의 전문적인 연관성이 존재했다. 사
실 고프먼 책의 프랑스어 번역본 다섯 권 모두를 편집하여 프랑스에 고프먼
을 소개한 사람도 부르디외였으며, 부르디외와 고프먼은 함께 1982년 미국
사회학회 연례회의에서 공동발표를 계획했지만, 고프먼의 위암으로 인해 무
산되었다(Winkin, 1983: 109). 이처럼 부르디외는 고프먼과 사회학에 대한 그
의 공헌을 매우 존경했으며, **사회적 게임**이 갖는 이중성 — 한편에서 개인들은
서로 다른 분야의 사회적 경쟁에서 작동하는 특정 분야의 게임 규칙에 적응함으로써
(따라서 특정한 아비투스를 발전시킴으로써) 이익을 증진시키고 성취하고자 하며,
따라서 동시에 사회질서를 재생산하고 공고화한다 — 에 대한 부르디외의 예리한
인식은 고프먼과 분명하게 유사한 지점들을 포함하고 있다. 부르디외는 고프
먼이 사망한 직후에 발표한 한 논문에서 그에게 다음과 같이 경의를 표했다.

> 비관적으로 보일 수도 있는, 사회세계에 대한 이러한 통찰은 (어쩌면 모든 일상적
> 인 형태의 학문적 의식(儀式)과 지적 허세를 심히 견딜 수 없어서 사회생활의 연극성에
> 더 민감해졌을 수도 있는) 따뜻하고 친절하고 겸손하고 사려 깊은 사람의 통찰이었
> 다.(Bourdieu, 1983: 113)

하지만 고프먼의 저작과 관점에 대한 부르디외의 긍정적인 평가는 애매하다. 부르디외는 경험적 민감성과 사회세계에 대한 직접적인 관찰 수행의 욕구를 인정하고 높이 평가하면서도, 상호작용주의적 전통 ― 고프먼은 이 전통의 선도적인 인물 중 하나로 간주된다 ― 에 대해서는 의구심을 드러냈다. 이를테면 로익 바캉(Loïc Wacquant)과 함께 집필한 『성찰적 사회학으로의 초대(Invitation to Reflexive Sociology)』에서 부르디외는 상호작용주의적 인식론에 대해 회의적인 견해를 표명했다. 왜냐하면 상호작용주의적 인식론이, 부르디외의 표현으로는, 객관적이고 거시적인 권력 구조에 대해 얼마간 무지하기 때문이다(Bourdieu and Wacquant, 1992). 부르디외에 따르면, 고프먼과 상호작용주의 사회학은 언어나 상호작용의 실제 구조에 착근되어 있을 수 있는 '상징적 폭력'과 같은 사회의 중요한 권력 차원을 파악하지 못한다. 부르디외에 따르면, 개인들은 서로 다른 '장(field)'을 오가며 자신들의 '아비투스'를 형성한다. 이 아비투스는 주변의 사회적 공간, 해당 장에서 그들이 차지하는 구체적인 위치, 그리고 그들이 지닌 '자본'의 양에 의해 틀 지어진다. 그러므로 아비투스는 그러한 사회적 궤적 사이에서 역사적으로 생산되고 재생산된 관계 패턴들의 체현물로, 개인들에게 사회적 상호작용에서 표현되는 특정한 행위 성향을 제공한다. 다시 말해 부르디외에 따르면, 개인의 상호작용과 성향은 주로 사회구조의 표현이다. 반면 고프먼에서는 사회적 측면은 과거의 역사나 추이와 거의 무관하게 실제의 상호작용, 즉 개인 간의 구체적인 만남 속에서 전개된다. 부르디외가 인간 만남이 그 이전의 상황에 의해 틀 지어지고 규정된다는 것을 전제하고 있다면, 고프먼은 그보다는 상황의 즉각성과 무조건성을 상정했다. 따라서 전자가 보다 구조주의적이라면, 후자는 뚜렷하게 상호작용주의적인 관점을 드러낸다. 고프먼(Goffman, 1983a: 11)에서 상호작용 관행과 사회구조가 "느슨하게 결합되어" 있다면, 부르디외에서는 그러한 구조들이 아비투스를 통해 개인의 마음과 개인의 행동에 착근된다.

부르디외는 자신의 후기 저서 중 하나인 『남성 지배(Masculine Domination)』 (1998)에서는 고프먼과 다른 사람들이 개척한 통찰의 일부에 직접 의존했다. 그 책은, 제목이 말해주듯이, 한 젠더가 다른 젠더를 지배하게 하는 구조가 우리 사회에서 어떻게 분명하게 재생산되고 우리의 의식, 행동, 담론을 틀 짓는지에 대해 기술한다. 거기서 부르디외는 우리가 제7장에서 다루었던 고프먼의 젠더 관계 이론을 도입하고, '여성성의 의례화'(Goffman, 1977c)의 배후에 깔려 있는 사고를 현대 사회에서 나타나는 젠더에 기초한 불공평한 격차를 설명하는 데 어떻게 이용할 수 있는지를 언급한다. 부르디외에 따르면, 그러한 젠더 격차는 남성을 보호자이자 감독자로, 여성을 섬세하고 순종적인 피조물로 묘사하는 사회적 구성물이다. 다시 말해 그것은 아비투스의 차이 자체의 문제가 아니라, 오히려 가족, 교회, 국가, 학교 등과 같은 서로 다른 사회제도로부터 역사적으로 발전한 '젠더 도식'에서의 차이의 문제이다.

감정사회학

우리가 제4장에서 시사했듯이, 고프먼 저작의 대부분은 감정을 사회학 이론에 통합하는 데서 선구적이었으며, 감정의 상호작용 동학과 사회적 기능에 관한 그의 연구가 사회학의 한 하위 분야 ― 감정사회학 ― 에 문을 열어주어 온 것이 분명하다. 고프먼의 연극적 모델뿐만 아니라 사회적 의례화에 대한 그의 저술들도 당혹감과 수치심이라는 감정을 관리하는 것이 어떻게 개인들의 일상생활 상호작용에서 필수적인 부분인지를 탐구한다. 이러한 통찰을 바탕으로 토머스 J. 셰프, 랜들 콜린스, 알리 R. 혹실드와 같은 사회학자들은 고프먼의 사고를 무엇보다도 감정 관리에 초점을 맞추는 사회학의 새로운 하위 분과로 발전시키고 확장시켜 왔다. 셰프(Scheff, 2005)는 고프먼을 쿨리 노선의 상징적 상호작용주의자로 독해하면서, 그의 저작의 두 가지 중심적 측면에 주목해 왔다. (1) 타인의 마음속(공유된 의식)에서 살아가는 과정에 대한 분석과 (2) 그 과정이 감정을 생산하는 방식이 그것이다. 셰프가 지적한 바와 같이, 고프먼의 많은 저작에서 개인은 다른 사람들의 눈에 비치는 자신의 평판에 끊임없이 주의를 기울이고 반응하는데, 이는 그가 항상 당혹감과 같은 감정 상태에 놓여 있음을 암시한다. 일상생활에서 상호작용을 하는 개인들은 체면을 잃거나 불명예를 초래하여 당혹감에 휩싸이지 않게 하기 위해 신경 쓴다. 쿨리와 같은 초기 상호작용주의자들은 이것을 인정했지만, 셰프에 따르면 고프먼은 쿨리를 넘어 개인이 이 과정과 관련하여 감정을 어떻게 관리하는지를 탐구했다.

> 고프먼이 비록 자존심이라는 선택지에 대해서는 아무 말도 하지 않지만, 그의 사례들은 행위자들이 대체로 수치심/당혹감을 수동적으로 받아들이지 않는다는 것을 암시한다. 그보다는 행위자들은 가능하면 수치심/당혹감을 관리하여 피하려고 한다. 고프먼의 사례가 탐구하는 당혹감/수치심의 발생 가능성 대부분은 실제로 발생한 감정에 관한 것이 아니라 그러한 예상과 그러한 예상에 근거한 관리에 관한 것이다.(Scheff, 2005: 159)

셰프가 보기에, 개인들의 감정 관리는 사회질서를 유지하는 것과 관련하여 중요한 기능을 한다. 셰프(Scheff, 1990, 2006)는 **유대 작업**(bond work)을 통해 사회적 유대를 유지하는 것은 인간의 필수적인 활동이라고 제시한다. 일상생활에서 개인들은 서로의 체면을 인정하고 추인함으로써 정상적인 사회적 유대를 유지하기 위해 노력한다. 인정의 결여는 배제감과 당혹감을 초래할 수 있기 때문에, 그러한 감정은 사회적 규범과 상황적 기준을 따르게 하는 중요한 동인으로 간주되어야 한다.

또 다른 맥락에서 알리 R. 혹실드의 감정 관리에 관한 연구(Hochschild, 1979, 1983)는 고프먼에게 큰 (그러나 비판적인) 빚을 지고 있다. 혹실드에 따르면, 고프먼 분석의 대부분은 그녀가 말하는 **표면 연기**(surface acting)에 초점을 맞추고 있다. 표면 연기는 관객 앞에서 공연하는 종류의 연기로, 그것은 공연자가 관객을 위해 행동한다는 것을 암시한다. 따라서 혹실드는 표면 연기는 사회적 상황에서 (감정) 표현의 관리와 통제를 포함하지만, 이 관리가 개인의 표면 아래로까지 내려가지는 않는다고 주장한다. 혹실드가 보기에, 고프먼은 개인들이 실제로 자신의 감정을 통제하는 방식과 사회적 상황이 그러한 감정 통제를 제한하는 방식에 대해서는 관심을 가지지 않았다. 혹실드는 고프먼의 저작에서 이처럼 결점으로 간주되는 것들을 다루면서, 개인이 자신의 감정을 통제하거나 유도하고 그렇게 관리된 감정에 따라 행동하는 과정을 설명하기 위해 **심층 연기**(deep acting)라는 용어를 제안한다. 이 관점에서 볼 때, 개인들은 사회적 상황에서 '진정하게' 행동하기 위해 그들 자신의 감정을 조작할 수 있다. 하지만 개인의 감정이 사회적 상황에 적용되는 사회적 규범과 관습에 맞추어 조정되기 때문에, 그것이 전적으로 내부 프로젝트인 것은 아니다. 혹실드(Hochschild, 1983)는 이러한 상황적 감정 각본을 **감정 규칙**(feeling rule)이라고 칭했는데, 왜냐하면 그것이 감정 작업(emotion work)을 인도하는 의무 의식을 유발하기 때문이다. 게다가 혹실드는 상호작용 권력의 비대칭성에 대한 고프먼의 생각을 따라 어떻게 감정이 사회에서 불평등하게 고려되는지를 탐구했다. 왜냐하면 사회적 지위가 낮은 사람들이 특히 지위가 높은 사람들과 접촉할 때 그들의 감정을 관리할 것으로 기대되기 때문이다. 더 나아가 그녀는 서비스 산업에서 이러한 비대칭성이 자주 직업의 일부로 통합되어 있음을 보여주었다.

감정을 느끼고 표현하는 방식에 대한 규칙이 경영진에 의해 정해질 때, 노동자가 고객보다 예의에 대한 권리가 약할 때, 심층 연기와 표면 연기가 판매되는 노동의 형태일 때, 그리고 개인이 지닌 공감 능력과 따뜻한 마음이 기업에 의해 이용될 때, 한 사람이 자신의 감정을 드러내고 얼굴 표정을 짓는 방식에서 어떤 일이 벌어지는가? 조작된 따뜻한 마음이 서비스 노동의 도구가 될 때, 사람은 자신의 감정으로부터 자신에 대해 무엇을 배울 수 있는가?(Hochschild, 1983: 89)

이처럼 혹실드는 고프먼의 아이디어를 확장하여 느낌과 감정이 어떻게 상업화되어 상품으로 판매될 수 있는지, 그리고 그러한 감정의 사용이 어떻게 사회의 위계질서를 반영하고 예속적 지위에 있는 사람들에게 감정 작업의 가장 무거운 짐을 지우는지를 증명한다.

결론

이 장을 마무리하면서, 우리는 어빙 고프먼의 저작에서 나온 주요 테마와 통찰이 많은 사회사상가와 사회이론 구축자들에게 영감을 주어왔다고 말할 수 있다. 따라서 고프먼의 사회학적 유산은 이처럼 이 장에서 간략하게 살펴본 사회과학 공동체의 저명한 성원들에 의해 소생되고 계발되고 있다. 고프먼 자신은 버클리 시절부터 하비 삭스(Harvey Sacks)와 이매뉴얼 셰글로프(Emmanuel Schegloff)를 비롯한 그의 제자 중 몇몇이 국제적인 찬사를 받는 것을 목격할 만큼 충분히 오래 살기는 했지만(Collins, 1985: 216), 고프먼으로부터 영감을 받은 다른 많은 이론 구성물들이 출판된 것은 1982년에 그가 사망한 이후였다. 고프먼식 사상의 명확한 가닥 중 하나는 고프먼의 또 다른 제자인 랜들 콜린스의 저작에서 발견된다. 콜린스는 감정과 사회계층화에 대한 자신의 연구(Collins, 1990)와 이른바 자신의 상호작용 의례 사슬(interaction ritual chain) 이론(Collins, 2004)이 고프먼에게 빚지고 있음을 아주 분명하게 보여준다. 상호작용 의례 사슬 이론 – 실제로 '감정사회학' 내에서 의례 이론에 기여한 것으로 간주될 수 있다(Summers-Effler, 2007) – 에서, 콜린스는 "이전의 만남의 사슬을 통해 감정과 의식(意識)으로 채워진 인체들 사이에서 이루어지는 순간적 만남"(Collins, 2004: 3)에 관한 자신의 이론을 구축하면서 고프먼(그리고 뒤르켐)의 의례 개념을 광범위하게 이용한다. 고프먼으로부터 사람보다는 순간(상황)에 초점을 맞추는 방식을 채택한 콜린스는 사회적 상황에서 일어나는 일들을 결정하는 조건들을 가시화하는 상호작용 의례 이론을 발전시켰다(Collins, 2004: 9). 콜린스의 상호작용 의례 사슬 이론은 사회동학 이론이다. 그 이론의 핵심 메커니즘은, 상호주관성의 수준이 높은 사회적 행사에서는 감정적 합류(emotional entrainment)가 감정 에너지를 생산하며, 그러한 순간 중 일부(의례의 강도 수준이 높은 순간)에서는 옛 사회구조가 해체되고 새로운 사회구조가 형성된다는 것이다(Collins, 2004: 42).

마지막으로, 비록 고프먼의 기본적 구성물 중 일부를 비판적으로 평가하기는 하지만, 또 다른 현대 사회학 이론가 조너선 H. 터너(Jonathan H. Turner, 2002)도 언급할 만한 가치가 있다. 터너는 대인 행동(interpersonal behavior)에 대한 자신의 사회학 이론을 전개하면서, 사회적 상호작용의 착근성을 탐구하는 데서 고프먼의 미시사회학으로부터 여러 가지 구성물을 채택하고 있다. 그 저작에서 터너의 주요 야망은 대인 행동의 미시동학 이론을 제시하는 것인데, 터너는 그 과제를 수행하면서 조지 허버트 미드, 지그문트 프로이트, 알프레드 슈츠, 에밀 뒤르켐, 그리고 고프먼의 저작에 근거하여 개념적 토대를 구축한다. 터너가 자신의 이론을 전개하는 첫 단계는 인간 상호작용의 사회문화적 착근성을 탐구하는 것이다. 터너에 따르면, 사회학자들은 아직 "만남이 뿌리내리고 있는 구조와 문화체계를 적절히 개념화하지 못했다"(Turner, 2002: 27). 터너는 이 문제를 다루면서, 고프먼의 사회적 상호작용 모델을 정교화함으로써 사회문화적 착근성의 동학을 개념화한다. 이처럼 그는 고프먼으로부터 인간의 만남이 다양한 제도적 체제와 영역 — 그 체제와 영역 각각은 인간의 상호작용을 속박하는 구조와 문화를 가지고 있다 — 에 뿌리내리고 있다는 개념을 채택하고 있다. 그다음에 터너는 고프먼을 통해 '만남의 규범화(normatizing of encounter)'라는 관념을 전개한다. 만남의 규범화는 "문화체계가 만남의 상징적 동학에 제약을 가하는 지점"을 의미한다(Turner, 2002: 47).

이 장을 끝맺으며, 우리는 고프먼의 지적 영향은 많은 경험적 연구에서도 분명하게 드러난다는 점을 언급할 필요가 있다. 그중 몇 가지만 거론하면, 고프먼적 개념과 관점은 인도에서 특권 없는 사람들이 부당한 노동조건 및 삶의 조건에 맞서 벌인 저항(Oommen, 1990), 미국 야구선수들의 정체성 형성(Adler and Adler, 1989), 장례 의식의 조직화(Turner and Edgley, 1976), 노르웨이 병동 암 환자들의 상호작용 의례와 에티켓(Album, 1996), 골반 검사와 관련한 여성 몸의 탈성화(desexualization)(Henslin and Biggs, 1978) 등의 분석에 적용되었다.

연습문제

• 현대 사회학은 어떤 점에서 특히 어빙 고프먼의 저작에 빚지고 있는가?
• 어빙 고프먼의 사회학은 현대 사회학에서 한 분파를 형성하고 있는 다양한 유형의 감정사회학과 어떻게 유사하고 어떻게 다른가?
• 어떤 종류의 이론적 쟁점과 경험적 쟁점이 어빙 고프먼의 관점으로부터 도움을 받을 수 있는가?

제9장

어빙 고프먼의 유산

앞의 장들에서 살펴보았듯이, 고프먼은 사회학 및 관련 학문에 실제적 측면에서뿐만 아니라 글쓰기 스타일 면에서도 유산을 남겼다. 고프먼의 실제적 공헌은 '상호작용 질서'라고 이름 붙인 사회생활의 영역 — 고프먼에 따르면, 그 자체로 분석할 만한 가치가 있는 — 을 개념적으로 (매우 상세하게 그리고 독창적으로) 개척하는 것이었다. 더 나아가 공연, 오명, 전체주의적 기관, 자아, 그리고 프레이밍에 대한 고프먼의 저술들 또한 후대에 중요한 영향을 남겼고 그 중요성 역시 계속해서 입증되어 왔다. 그의 글쓰기 스타일이 남긴 유산은 의심의 여지없는 하나의 고프먼식의 절묘한 방법론적 스타일을 구성하고 있는데, 그것은 다른 비법 가운데서도 아이러니와 비꼬기, 에세이주의, 은유, 그리고 가추적 추론과 같은 글쓰기 및 수사학적 기법으로 이루어져 있다. 고프먼의 유산은 에밀 뒤르켐, 게오르그 짐멜, 초기 시카고 사회학자들, 미국의 실용주의, 동물행동학, 실존주의, 그리고 노르베르트 엘리아스의 저작과 같은 다양한 고전 사회사상가와 전통에 의해 고무되었다. 게다가 고프먼의 아이디어들은 또한 많은 현대 사회사상가 — 그중 몇몇 사람들만 예로 들면 앤서니 기든스, 위르겐 하버마스, 니클라스 루만, 피에르 부르디외, 토머스 J. 셰프, 알리 R. 혹실드, 랜들 콜린스, 조너선 H. 터너, 주디스 버틀러(Judith Butler) — 에게 영감을 주었을 뿐만 아니라 그들의 사고를 자극하기도 했다. 고프먼이 그러한 통찰력의 보물창고를 학계에 남길 수 있었던 것은 그가 일관되게 추구한 아웃사이더의 입장을 고려했을 때 다소 놀랍다. 아마도 이것이 바로 그의 연구가 사회과학 내에서 여전히 건재한 주요 이유 중 하나일 것이다. 이를테면 토머스 셰프는 다음과 같이 언급했다. "지평선 위에 그 어떤 새로운 고프먼도 존재하는 것처럼 보이지 않기 때문에, 우리 모두는 사회과학에서 당연한 것으로 간주되는 가정들을 해체하는 그의 기술을 연습할 필요가 있다. 고프먼만큼 인상적인 인물이 되기 위해서는 우리는 그처럼 주변인이 될 필요가 있다"(Scheff, 2003: 66). 우리가 이 책에서 앞서 보여주었듯이, 고프먼은 실제로 주변인, 즉 이단아*였다.

고프먼의 유산

어빙 고프먼 사회학의 주요 강점은 지금까지 어느 누구도 진지하게 주목하지 않았던 듯한 것을 탐지해 내어 세련되게 분석하는 능력이었다. 고프먼은 자신의 경력 내내 외견상 사소하고 주목되지 않은 일상적 상황의 특징에서 의미 있고 중요한 것을 포착하는 예리한 안목과 날카로운 감수성을 가지고 있었다. 우리는 고프먼의 저술들에서 사회조사에 착수하고 그것을 수행하는 방법에 관한 몇 가지 규칙 또는 절차를 추출하여 다음 세대의 사회학자들에게 영감을 줄 수 있기를 원한다. 전체적으로는 우리는 고프먼을 다음의 명제들이 보여주듯이 사회조사에 관한 당연한 것으로 간주되는 많은 가정을 비판적으로 해체한 모종의 '창조적 사회학(creative sociology)'의 창도자 가운데 한 사람으로 바라본다(Kristiansen, 2000).

귀납과 연역을 넘어서는 사회학. 사회학적 조사는 지식구성에 대해 귀납적 접근방식이나 연역적 접근방식에 의존할 수 있다. 이는 일반적인 통찰이 구체적이고 독특한 단일 사례에 대한 철저한 경험적 연구 - 지식(이론 또는 유형학)은 그다음에 그러한 경험적 연구로부터 추상화되고 일반화된다(자료가 모델을 틀 짓는다) - 를 통해 생성되거나, 아니면 조사가 연역적 차원 - 이를 통해 이론이 경험적 발견에 견주어 검증되는 동시에 사회 현실도 그 현실에 부과되는 기존 이론과 모델에 견주어 검증된다(모델이 자료를 틀 짓는다) - 을 포함한다는 것을 의미한다. 고프먼의 저작에서 귀납적 접근방식 - 그의 박사학위 논문에서 엿볼 수 있는 - 은 근거 이론의 귀납적 접근방식처럼 엄격하게 형식화된 또는 체계적인 절차가 아니다(Glaser and Strauss, 1967). 고프먼의 귀납적 접근방식은 훨씬 더 직관적이고 열려 있고 탐색적이다. 연역적 접근방식은 주로 고프먼의 은유 사용 전반에서, 그리고 특히 『일상생활에서의 자아 표현』에서 널리 활용되고 있다. 고프먼은 『일상생활에서의 자아 표현』의 서문에서 이미 독자에게 그가 조사하는 사회 현실에 구체적이고 포괄적인 은유가 적용될 것임을 통보한다(Goffman, 1959: 9). 고프먼은 은유에 의해 영감을 받은 저작을 통해 귀납법과 연역법 간의 전통적으로 엄격하게 보호되던 경계를 실제로 초월했다. 리처드 하비 브라운(Richard Harvey Brown, 1976: 171)의 표현을 빌리면, 우리는 고프먼이 '설명대상(설명하고자 하는 경험적 현상)에 대한 은유적 재기술(metaphorical redescription of the explanandum)'을 수행한다고 말할 수 있다. 만약 우리가 이 명제를 받아들인다면, 고프먼의 은유적 재기술과 관점주의는 전적으로 귀납적 접근방식이나 연역적 접근방식에서가 아니라 오히려 가추적 접근방식에서 추구되었을 것이다. 실용주의 철학자인 찰스 샌더스 퍼스(Charles Sanders Peirce, 1979)에 의해 정의된 가추라는 관념은 (새로운 지식의 생성을 의미하는) 과학적 발견이 그 자체의 논리적 단계를 따른다고 제안하며, 그러한 단계들은 (통계적으로 개연적인) 귀납이나 (이론적으로 필연적인) 연역으로 이해될 수 없고, 단지 가추로 이해될 수 있다고 제안한다. 가추는 조건부 추측과 비유적 추론을 수반하며, 추가 조사를 통해 검증되거나 반증될 수 있다(Brent, 1993). 퍼스의 주장 — 고프먼이 자신의 연구 일부에서 따르는 것으로 보이는 — 은, 새로운 지식의 창조는 전통적인 귀납적 절차나 연역적 절차(때로는 '발견'의 맥락과 '정당화'의 맥락으로 지칭되는)를 통해서만 이루어지는 것이 아니며 새로운 발견을 하는 연구자들은 가추를 통해 시작하고 그런 다음 차후에 귀납적 접근방식과 연역적 접근방식을 이용한다는 것이다 (Jacobsen, 2014를 보라).

개념 발견으로서의 이론. 사회학적 조사와 이론구성은 (반드시) 완전하고 포괄적이고 정적인 이론을 제시하는 것을 목적으로 하는 것이 아니라 오히려 끊임없이 개념을 검증하는 과정이다. 개념은 새로운 자료와 항상 끊임없이 대결하는 가운데 계속해서 제안되고 입증되거나 거부되고 수정되고 재정의되고 재통합되어야 한다. 고프먼은 자신의 개념을 다양한 출처로부터 나온 데이터 자료와 끊임없이 대결시켰고, 그 개념이 서술 잠재력과 설명 잠재력 면에서 한계에 도달하게 하기 위해 자신의 은유를 자료들로 가득 차게 했다. 그런 까닭에 고프먼은 자신의 연극 은유를 의례 은유로 보완했는데, 그 이유는 의례 은유가 연극 은유가 남겨놓은 인간 만남의 측면들(이를테면 배려와 신뢰를 기반으로 하는 사회생활의 도덕적 특성)을 탐구하기 때문이다. 자료 수집, 개념과 가설의 개발, 그리고 이론의 발견은 사회 현실의 변화하고 모호하며 복잡한 특성을 포착하고자 하는 하나의 순조로운 과정에서 공시적(共時的)으로 일어난다. 이를 통해 우리가 말하고자 하는 것은 그러한 전략이 하나의 통합이론[또는 거대이론(grand theory)]의 정식화로 이어질 수 없다는 것이 아니다. 우리가 말하고자 하는 것은 그러한 전략은 조사를 단지 현실에 대해 철저하게 파악할 것을 주장하는 엄격하고 단계적인 일단의 절차로 바라보기 보다 현실에 대한 이해를 추구하는 계속되는 탐색적 과정으로 바라보는 데 더 관심이 있다는 것이다. 그레그 스미스(Greg Smith, 1999b: 17)는 한때 각주에서 "누적적인 이론구성은 고프먼이 공언한 의제의 일부가 아니었다(하지만 이것이 고프먼의 관념이 일반 이론에 기여할 수 있다는 것을 부인하는 것은 아니다)"라고 지적한 바 있다. 실제로 고프먼의 야망은 [아리스토텔레스(Aristotle) 나 린네(Linnaeus)의 사회학적 화신으로서 또는 피터 K. 매닝(Peter K. Manning, 1980: 253)의 적절한 표현으로는 '악마적 분류학자(diabolical taxonomist)'로서] 오히려 느긋하게 사회학적 상상력을 작동시키는 데 도움이 될 수 있는 일단의 인상적인 분류 개념과 분석 개념들을 제시하고 발전시키는 것이었다. 우리는 고프먼의 프로젝트가 사회적 상호작용의 심층을 이해하는 것으로 이루어졌고, 그러므로 그의 책과 에세이들은 새롭고 독자적인 사회학적 탐구 영역, 즉 '상호작용 질서'에 접근하고 개념화하려는 시도로 인식되어야 한다는 점을 반복하고 강조하고자 한다. 그러한 프로젝트는 직관적이고 탐색적인 접근방식을 요구했다. 그리고 게오르그 짐멜의 적절한 표현을 빌리면, "세세한 것을 모호하게 직감적으로 다루는 것에 기초해서는 [결코] 전적으로 만족할 수 [없을] 것이지만, 만약 새로운 과제 앞에서 첫걸음을 내딛는 조건이 하나의 완전하게 정식화된 방법론이라면, 과학은 아무런 결과도 내놓지 못할 것이다"(Simmel, 1909: 309). 고프먼은 자신의 저작 도처에서 겉으로 보이는 것이 현실의 전부가 아니며, 우리는 오직 서로 다른 관점 ― 때로는 잠정적이고 개략적인 관점 ― 에서 현실의 여러 층위를 설명함으로써만 현실을 보다 심층적으로 이해할 수 있을 것이라고 주장했다. 고프먼의 개념과 은유 중 많은 것이 비록 관례적인 검증 절차를 회피하기는 하지만, 그럼에도 불구하고 그러한 개념과 은유는 발견적이고 탐구적인 가설 생성 장치로 중요한 과학적 기여를 한다.

비교사회학. 사회학적 조사는 많은 그리고 종종 아주 다른 사회적 상황을 가로지르는 일반적 특징들을 확인하고 추론하고자 한다는 점에서 '비교적'이다. 비교 방법은 일반적으로 사례 또는 단위의 비교로 이해되며, 주로 국민국가나 조직의 비교 연구를 통해 알려져 있다. 고프먼의 책은 사회적 만남에 대한 상세한 묘사로 가득 차 있는데, 그것은 그가 그러한 만남 자체에 관심이 있었기 때문이 아니라, 오히려 그가 그러한 (자주) 다양한 상황에 바탕하여 개인들이 대면적 상황을 성공으로 이끌기 위해 일반적으로 의존하고 이용하는 자원, 능력, 절차를 발견하기를 원했기 때문이다. 유사한 맥락에서 글레이저와 스트라우스(Glaser and Strauss, 1967: 101~115)의 '연속적 비교 방법(constant comparative method)'의 원리처럼, 고프먼 역시 (적어도 표면적으로는) 서로 다른 많은 사회적 상황, 집단, 현상들 사이의 유사점을 찾고 있었다. 고프먼의 접근방식이 취한 비교 측면은 그가 횡단적이고 형식적인 개념을 명확히 하기 위해 그러한 많은 예들을 상세하게 비교한다는 데 있다. 그러한 비교 절차는 동시에 일종의 개념 수정자의 기능을 하는데, 그 이유는 새로운 발견이 기존 개념을 거듭해서 검증하기 때문이다. 고프먼은 자신의 마지막 텍스트 ― 발표되지 않은 회장 취임 연설 ― 에서 사회적 상호작용에 관한 연구는 도시의 삶이 시골의 삶과 근본적으로 다르고 공적 행동이 사적 행동과 근본적으로 다르며 낯선 사람들 간의 상호작용이 가까운 친구 간의 상호작용과 근본적으로 다르다는 잘못된 선입견에서 벗어나야 한다고 주장했다.

어쨌든 보행자 교통 규칙은 붐비는 길에서뿐만 아니라 붐비는 주방에서도 연구될 수 있고, 중단시킬 권리는 법정에서뿐만 아니라 아침 식사에서도 연구될 수 있고, 애정 표시 호격(呼格)은 침실에서뿐만 아니라 슈퍼마켓에서도 연구될 수 있다. 만약 거기에 전통적인 분할선에 따른 차이가 있다면, 그것이 무엇인지는 여전히 미해결의 문제로 남아 있다.(Goffman, 1983a: 2)

이 인용문은 고프먼이 서로 다른 많은 사회적 맥락 전반에서 인간의 대면 상황에 공통적으로 나타나는 상호작용 파라미터를 식별하고 정의하기 위해 어떻게 사례별로 비교 작업을 했는지를 보여준다(Drew and Wootton, 1988b: 8).

사회적 시너지에 대한 애매모호한 사회학. 사회학적 조사는 노르웨이 사회학자이자 철학자인 다그 외스테르베르그(Dag Østerberg, 1993: 110)가 사회적 상황과 관련하여 '애매모호한 것(the amphibological)'이라고 칭한 것을 발견하고 보존하고자 해야 한다. 이는 사회학자들이 도구-합리적 행위에 근거하지도 않고 또 초개인적 동기에 의해 규정되지도 않는 형태의 사회적 상호작용에 초점을 맞추어야 하지만 동시에 그 둘을 통합하려고 노력해야 한다는 것을 의미한다. 달리 말하면, 사회학자들은 한편에서는 순전한 형태의 행위-개인주의(action-individualism) — 사회적 상황의 양태를 개별 참여자들의 동기와 의도로 환원하는 — 의 함정을 피하고, 다른 한편에서는 기능주의 — 개별 행위자의 의식과는 다른, 개인의 행위를 제약하는 독자적인 집합의식을 지닌 '사회체(social body)'가 개인에 앞서 존재한다고 주장하는 — 의 함정을 피해야 한다. 고프먼이 한편에서는 연극적-게임이론적 은유를 통해, 다른 한편에서는 의례와 신뢰에 기초한 은유를 통해 포착하고자 한 것이 바로 일상생활에서 일어나는 많은 대면적 상호작용이 지닌 이러한 이중성 또는 '애매모호한' 특성이었다. 고프먼은 이러한 크게 다른 비유를 통해 인간의 만남은 의례적·규범적 차원뿐만 아니라 전략적·도구-합리적 측면 모두를 포함하고 있으며 사회생활은 개인적 행위 동기뿐만 아니라 초개인적 행위 동기로도 구성되어 있다고 지적했다. 둘 또는 그 이상의 사람 간의 사회적 만남에서 시너지 효과가 창출된다는 고프먼의 명제 역시 동일한 경향을 지적한다. 고프먼이 신비한 합일이라고 칭한 이것은 참여자들이 자발적으로 함께 참여하는 것이 상황의 통합에 기여한다는 것을 보여주는 사회적 무아지경의 한 형태이다(Goffman, 1967: 113). 여기서의 핵심 논점은, 그 상황이 통합되고 성공을 거두고 또는 심지어 도취적이고 무아지경적이 되는 까닭은 참여자들이 의도적으로 그러한 방식으로 자발적으로 참여하기를 원하기 때문이 아니라 그들이 충동적으로 그리고 아무런 생각 없이 상황에 따라 처신하고 모종의 '사회적 비자아 의식(social unself-consciousness) 속에서 상황에 굴복하기 때문이라는 것이다(Goffman, 1953b: 244). 고프먼에 따르면, 사회적 상황은 특정한 구속 효과 또는 최면 효과를 가지고 있고, 그러한 상황이 (적어도 대부분의 시간 동안) 계속될 수 있는 까닭은 우리가 그러한 상황에 전(前)성찰적·충동적·자발적으로 참여하고 몰입하기 때문이다. 이렇듯 모임이나 만남에서 참여자들 사이에는 전(前)의식적이고 비개인적이고 순간적으로 공유되는 동기가 자리하고 있으며, 사회학자들이 진지하게 고려해야 하는 것이 바로 이 독특한 측면이다. 그러므로 첫째, 사회적 상황이 식별 가능한 개인으로 환원될 수 없는, 그렇지만 이를테면 그들 사이의 분위기 속에 존재하는 동기와 의도에 의해 구성되고 전개된다는 것을 이해하는 것이 중요하다. 둘째, 사람들이 사회적 상황에서 서로 통합될 때, 그것은 반드시 그들이 일반적으로 공유되고 유지되는 세계 — 그리하여 자신의 동기와 다른 사람들의 동기 간의 경계가 모호해지는 세계 — 에 자신들을 통합시키는 것을 목표로 하기 때문이 아니라(Østerberg, 1993: 100), 사람들이 자신의 사회적 본성에 따라 스스로 다른 사람들을 지향하고 공동의 협력 프로젝트를 수행하기 때문이다.

이데올로기 저편에 있는 사회학. 사회학적 조사는 항상 초연한 또는 객관적인 관찰이라는 한편과 사회참여 또는 정치적 공감이라는 다른 한편 사이에서 미묘한 균형을 맞추려고 노력해야 한다. 너무 초연하고 객관적인 척하는 사회학은 그 자신을 무의미하게 만들 위험이 있는 반면, 정치 이데올로기나 사회적 행동주의를 신봉하는 사회학은 결국에는 자신의 과학적 잠재력을 약화시키거나 심지어 배신하게 된다. 전통적으로 사회학은 자유주의적 또는 좌파 정치적 견해와 자주 연관되어 있었던 것으로 잘 알려져 있다. 하워드 S. 베커가 한때 고백했던 유명한 말처럼, "대부분의 사회학자들이 얼마간은 정치적으로 자유주의적이라는 것은 비밀이 아니다. …… 우리는 보통 약자의 편을 든다. 다시 말해 우리는 흑인을 지지하고 파시스트들에게 반대한다"(Becker, 1967: 244). 이것은 또한 ─ 그리고 어쩌면 사회학자들 중에서도 특히 ─ 고프먼의 생애 동안에도 사실이었다. 그러나 누군가가 고프먼의 저작에서 특정한 정치적 관념에 대한 지지를 찾으려 한다면, 아마도 그것은 부질없는 일일 것이다. 만약 '정치'가 사회의 바람직한 구성에 관한 규범적 처방을 의미한다면, 그 시대의 많은 실증주의자처럼, 고프먼은 적어도 그의 사회학적 자아 표현에서는 정치적 '음치'였다. 고프먼은 자신의 저술들에서 임상적으로 몰정치적이었고, 심지어 자신이 신념을 가지지 않은 것에 대해 농담하는 데서 즐거움을 느끼는 것처럼 보였다. 이를테면 윌리엄 A. 갬슨(William A. Gamson)은 한때 누군가가 고프먼에게 고프먼의 정치에 대해 질문했던 이야기를 인용한다. "[고프먼은] 그 질문에 순간적으로 당황한 것 같았다. '나의 '정치?''(잠시 멈춤), '나에게 '정치'라는 건 없는 것 같아요'(또 잠시 멈춤). '만약 있다면, 무정부주의자'"(Gamson, 1985: 605). 고프먼의 '정치'는, 만약 그 단어를 그의 개인적 공감이나 세계관으로 이해한다면, (그 당시 상징적 상호작용, 일탈, 그리고 다른 도덕적으로 논란되던 주제들에 대한 많은 연구자처럼) 편견 없는 관대한 한 남성의 정치였다. 고프먼은 결코 자신을 어떤 정치운동의 대변인으로 보지도 않았고, 거시정치적 비전을 떠벌이지도 않았다. 그리고 마셜 버먼은 학생 반란, 인종 폭동, 반전 시위가 한창이던 시기에 고프먼이 계속해서 보인 정치적 침묵에 대해 이렇게 지적했다. "비록 고프먼의 저작들이 1960년대의 감성을 분명하게 표현하고 있지만, 그의 목소리는 실제 행동이 막 시작될 즈음에 갑자기 이상하게도 조용해졌다"(Berman, 1972/2000: 267). 그러나 『수용소』(1961)와 『스티그마』(1964) 같은 책들에서 분명하게 알 수 있듯이, 고프먼은 정신질환자, 일탈자, 약자들의 곤경에 대해 동정심이 없는 것과는 거리가 멀었다. 따라서 갬슨은 계속해서 고프먼이 취한 방식을 이렇게 유머러스하게 제시했다. "고프먼은 영원한 사냥에서 산토끼들과 함께 달렸다"(Gamson, 1985: 605). 그렇기에 권력과 정치에 대한 고프먼의 견해는 제도적·비제도적 환경에서 덜 권력 있는 사람들이 어떻게 감시와 오명 씌우기에 저항하고 의미 있고 실행 가능한 자아의식을 만들어내는지를 강조하는, 훨씬 더 '상향적인(bottom up)' 방식의 것이었다(Alaszewski and Manthorpe, 1995: 39). 미시사회학적·미시정치적 의미에서 고프먼은 매우 민감한 사람 — 그러나 국가 적자, 전쟁 캠페인, 빈곤, 인종 불평등, 또는 핵 군축과 관련된 정치와는 거리가 먼 — 이었다. 고프먼은 자신의 저서 중 하나 — 특히 사회과학이 정치적 목적을 위한 수단으로 작동해야 한다거나 비판적 의식을 발전시키기 위한 알람시계 역할을 해야 한다고 믿는 사람들을 대상으로 한 — 에서 다음과 같이 장난스럽게 선언했다.

> 허위의식에 맞서 싸우는, 그리고 사람들에게 잠자고 있는 진정한 이해관계를 일깨우려는 사람은 할 일이 많다. 왜냐하면 그것이 아주 깊이 잠들어 있기 때문이다. 그리고 거기서 나의 목적은 자장가를 들려주는 것이 아니라 그저 몰래 들어가서 사람들이 코를 고는 모습을 지켜보는 것이다.(Goffman, 1974: 14)

고프먼이 자신의 저작에서 품위 있게 보여주었듯이, 오명, 제도화, 일탈, 여타 잠재적 또는 현재적인 정치적 문제 등과 같은 민감한 주제에 대해 공감을 드러내는 진술이나 정치적 선언의 희생물이 되지 않고도 글을 쓰는 것은 실제로 가능하며, 어쩌면 그의 노골적이고 거의 과시적인 몰정치적 관찰이 약자, 소수민족, 그리고 억압받는 사람들에 대한 오늘날의 연구에서 그가 계속해서 적실성을 지니는 데 기여했을지도 모른다. 고프먼의 저작이 증명했듯이, 몰정치적이라는 것은 양심이나 관심이 없는 것, 또는 분석적 깊이와 정교함이 없는 것과 같지 않지만, 사회학자는 사회과학의 과제가 정치 캠페인에 이데올로기적 무기를 제공하는 것이 아니라 지식(그리고 실제로, 또한 그리고 어쩌면 가급적이면 혁신적이고 사고를 자극하고 반직관적이고 심지어는 위험하고 몹시 싫어하는 지식)을 창출하는 것이라는 것을 인정할 준비가 되어 있어야 한다.

고프먼의 문제점

고프먼의 천재성과 흥미롭고 재치 있고 사고를 자극하는 사회학적 글쓰기 재능과 관련해서는 의문을 가질 여지가 거의 없었다. 그러나 고프먼이 학계의 모든 캠프나 서클에서 똑같이 인기가 있었던 것은 아니었다. 시카고 대학교에서 고프먼의 스승이었던 에버렛 C. 휴즈는 한 서평에서 인간 삶의 가장 내밀한 측면의 일부에 대한 고프먼의 관찰과 폭로에 반대하는 사람들에게 유리할 수 있는 증언을 한 바 있다.

> 그러한 강도로 측정되는 관찰은 관찰대상이 도덕적 존재일 경우 실제로 그들의 체면에 하나의 위협이다. 찜찜하고 난처했던 고프먼은 자신들을 오류를 범할 수 있는 정상적인 인간으로 간주하는 것에 만족하는 모든 사람의 체면을 세워준다. 고프먼의 분석을 받아들일 수 없는 사람들은 분명히 그를 없애버리고 싶은 유혹을 받을 것이다.(Hughes, 1969: 426)

고프먼은 비판에 잘 대처하지 못했다. 그는 비판을 무시하는 것 같았거나, 아니면 몇몇 경우에는 포괄적이고 신랄하게 반론을 제기했다. 이 후자의 사례 중 하나는 1980년대 초에 노먼 K. 덴진과 찰스 켈러(Norman K. Denzin and Charles Keller, 1981)가 고프먼의 입장과 관점을 비판적으로 평가했을 때 일어났다. 고프먼은 광범하고 세련되고 성마른 답변 속에서 자신의 저작에 대한 그들의 이해에 대해 신중하게 논평했다(Goffman, 1981b). 로빈 윌리엄스 (Robin Williams)는 그 논란과 관련한 전체 상황을 다음과 같이 적절하게 요약했다.

> 그 특정한 책[『프레임 분석』]의 세부 사항에 대한 그들의 이해와 서술에 대한[고프먼의] 불만과는 완전히 별개로, 그 에세이[덴진과 켈러의 글_옮긴이]의 두 가지 추가적인 특성이 고프먼에게 특별한 반감을 불러일으켰다. 첫째는 그들이 고프먼의 저작을 특정한 알고리즘 — 이미 완성된 작업을 이해할 수 있게 해주고 아직 진행되지 않은 작업을 예측할 수 있게 해주는 기준 — 에 의해 특징지어질 수 있는 하나의 실제적 전체 — 즉, 노력의 성과를 하나로 통합시키기 위해 조직화된 하나의 연구 모음집 — 로 취급하려 한다는 것이다. 둘째는 그들이 고프먼의 저작을 얼마간 한정할 수 있는 '전통', '학파', 또는 '패러다임' 안에 위치시킴으로써 고프먼이 현대 사회학에 기여한 것의 본질을 더 손쉽게 평가할 수 있게 하고 싶어 한다는 것이다. 고프먼은 자신을 사회학의 관행 및 성과에 적극적으로 맞서기보다는 사회학에 대해 무색의 현학적 관심을 가지고 있는 것으로 바라보게 한 이 두 가지 경향을 더 유감스러워했다.(Williams, 1983: 99)

고프먼 자신이 자신의 관념에 대해 제기된 일부 비판에 굴복하거나 그러한 비판을 받아들이기를 꺼림에도 불구하고, 몇 가지 비판적 또는 탐구적인 논점이 고프먼의 저작에 대해 제기될 수 있고, 제기되어 왔고, 또 제기되어야만 한다. 여기서 우리는 단지 세 가지 비판점만 언급할 것이다.

상황적 제약. 고프먼은 한때 자신의 저작이 지닌 성격에 대해 다음과 같이 도발적으로 진술했다. "나는 사회학의 핵심 문제로 칭해지는 것 ― 사회조직과 사회구조 ― 에 대해서는 어떤 주장도 하지 않는다"(Goffman, 1974: 14). 사실 고프먼의 저작은 (그 아류나 비판가들에 의해 어떻게 뒤틀리고 바뀌었든 간에) 기본적으로 미시사회학적**이다.** 비록 노먼 K. 덴진이 "[고프먼의] 이론을 또 다른 미시 모델로 전환하는 데 몰두하는 사람들은 아마도 사회학에 해를 입힐 것"이라고 주장했지만(Denzin, 2002: 111), 고프먼의 아이디어들은 실제로 미시사회학적**이었고,** 그 후 미시사회학적 맥락에서 사용되었다. 하지만 이것은 고프먼의 아이디어들이 다른 분석적인 목적을 위해 이용될 수 없다는 것을 의미하는 것이 아니라, 그러한 아이디어들의 기반이 미시사회학이라는 것을 의미한다. 이런 이유에서 앤서니 기든스는 고프먼이 어떻게 "대규모 또는 장기간과 관련된 문제들에 대해 어떠한 방식으로든 관여하는 것을 의도적으로 피했는지"를 적절하게 보여주었다(Giddens, 1988: 251). 앨빈 W. 굴드너는 좀 더 비판적인 논평에서 고프먼의 저작은 "에피소드적인 것을 깊이 생각하는, 그리고 삶을 단지 좁은 대인 영역에서, 즉 역사와 사회 저편에서 이루어지는 몰역사적이고 비제도적인 것으로 바라보는 사회이론"이라고 진술한 바 있다(Gouldner, 1970: 379). 고프먼 자신도 몇 번의 인터뷰 중 하나에서 다음과 같이 언급했을 때 자신의 미시적 관점이 갖는 한계를 기꺼이 인정했다.

> 당신이 정신병원과 같은 실제적 기관을 사례로 택할 경우, 병원에 대한 나의 논법이 역사적 관점에 기반하지 않았고, 더 해롭게는 정신병원과 (그 병원이 상호의존적인 일부를 이루는) 기관들의 체계 간의 관계에 대해서도 제대로 다루지 않았다고 말할 수도 있다. 그렇게 하지 않는 것은 내가 하는 작업의 특징이자 약점이다.

그렇다고 해서 아무나 그것을 잘한다고 말하는 것은 아니지만, 그렇다는 말이다. 나는 아무런 변명도 하지 않고 내가 '작은 실체들'을 나의 주제로 삼는 것에 대해 그냥 변호할 뿐이다.(Goffman in David, 1980: 7)

하지만 앞서 언급했듯이, 그렇다고 해서 반드시 고프먼의 연구가 거시적 규모의 이론화에 중요한 함의를 지니지 않을 것이라고 말할 수는 없다. 앞 장에서 살펴보았듯이, 많은 현대 사회이론가들 — 아마도 특히 거대이론을 구축하는 프로젝트에 관심이 있는 사람들 — 이 근대성, 사회, 계급, 의사소통, 사회변화, 젠더, 사회질서 및 여타 주요한 거시적 규모의 현상들에 대한 자신들의 추상적인 이론화 속에서 고프먼의 일부 아이디어들을 중요한 구성 요소로 이용해 왔다.

따라서 우리는 고프먼의 연구가 보다 거시사회학적인 관심과 맞설 수도 있고, 그러한 관심에 통합될 수도 있다고 제안한다. 실례를 들어 설명해 보자. 사회변화에 대한 고프먼의 암묵적인 견해를 다룬 사람은 거의 없으며, 대체로 상황적 측면에 초점을 맞춘 고프먼의 미시사회학이 일부 주요한 사회적·문화적 변화가 초래하는 영향을 조명하는 데 적합하기나 한지는 여전히 의문으로 남아 있다. 어떤 사람들은 고프먼이 만남과 모임에서 '인상관리' 기술을 강조한 것이 현대 사회에서 자아를 타인으로부터 확인받는 것에 강박적으로 관심을 가지는(Zussman, 2001) '타자 지향적' 퍼스낼리티 유형이 부상한 것에 관한 테제(Riesman, Glazer and Denney, 1953/2001)를 뒷받침한다고 지적하는 것처럼 보인다. 반면 다른 사람들은 오히려 고프먼을 현대의 교양 있는 사회에서 인정의 요구와 상호 간의 예의 바름의 부상을 주창한 사람으로 보아왔다(Jacobsen, 2010b; Jacobsen and Kristiansen, 2009). 또 다른 사람들, 이를테면 마셜 버먼은 1972년 ≪뉴욕타임스(New York Times)≫에 게재한 『공공장소에서의 관계』에 대한 서평에서 고프먼의 다소 정적인 견해(stationary view)의 이면을 보고자 했고, 사회관계에 대한 고프먼의 묘사에서 사회의 미래에 대한 몇 가지 불안한 조짐을 포착했다.

> 만약 그렇다면, 그것은 우리로 하여금 1960년대의 약진에 대한 몇 가지 불온한 질문에 직면하지 않을 수 없게 한다. 너무나 많은 미국인에게 1960년대는 전례 없는 개인적인 표현과 정치적 대결의 시대였다. 모든 영역에서 우리는 "제자리를 지키는 것을 거부했다." 우리는 경계를 부수고, 벽을 허물고, 우리가 느끼는 바를 실행하고, 다른 사람들에게도 똑같이 하도록 권했다. 우리는 지금 어디에 있는가? 고프먼의 최종 전망은 한없이 암담해 보인다. 거리에서의 삶은 홉스의 악몽처럼 보이고, 가정에서의 삶은 실존적 전쟁터처럼 보인다. 외출하는 것도, 집에 머무는 것도 무서워 보인다. 그리고 사회생활은 우리가 생각했던 것보다 훨씬 더 연약하고 더 취약한 것으로 판명된다.(Berman, 1972/2000: 276)

미국의 사회학자 로런 랭먼(Lauren Langman)은 버먼의 선례를 따라 다음과 같이 제안했다.

> 일상생활에서의 자아 표현과 상호작용 의례 — 즉, 소비문화의 맥락에서의 대인 게임과 물질적 게임에서 이기는 전략 — 에 대한 고프먼의 분석은 현대 소외의 본질을 알려준다. 상품화된 자아 표현과 상호작용 의례는 종종 오늘날의 특징인 소외된 자아를 표현하는 것으로 볼 수 있다.(Langman, 1992: 108~109)

따라서 랭먼과 버먼이 고프먼의 미시사회학적 저술들에서 탐지해 낸 '상업화 되고' '소외된' 삶과 '홉스적 악몽'에 대한 이러한 불길한 견해가 실생활에서 일어나는 거시적 사건들에 의해 입증될 수 있는가라는 문제가 제기된다. 몇몇 징후는 고프먼에 대한 버먼과 랭먼의 불길한 독해를 뒷받침할 수도 있는 방향을 가리키고 있다. 이를테면 우리가 점점 더 표면적 정체성, 연출된 인상, 피상적 이미지(이를테면 페이스북, 트위터, 리얼리티 TV 쇼)에 집착하는 스펙터클 사회에서 살게 되었다는 점, '거리에서의 삶'이 (이를테면 범죄율 증가, 테러 위협, 그리고 그것에 동반되는 경향이 있는 얼마간의 도덕적 패닉으로 인해) 이전보다 더 위험해 보일 수 있다는 점, 그리고 이전에 세대를 인도했던 확신과 안전감 중 많은 것이 (이를테면 지구화와 금융 위기로 인해) 사라지거나 약화되었다는 점 등이 그러하다. 하지만 다른 많은 것은 분명히 정반대 방향을 가리키고 있다.

고프먼의 저술들에 숨어 있는 정치적 진술, 비판적 잠재력, 또는 보다 일반적이고 거시적인 규모의 성격을 진단하는 경향을 읽어내려는 시도가 여럿 있었다. 하지만 고프먼은 결코 사회생활에 관한 초시간적이거나 보편적인 모델을 제시하려 하지 않았고, 시대를 진단하려 하지도 그리고 하나의 비판 사회이론을 제시하려 하지도 않았다는 것을 인식하는 것이 중요하다. (어떤 사람들은 보다 겸손하게 말할 수도 있고, 다른 사람들은 보다 거창하게 말할 수도 있지만) 고프먼의 열망은 사회학이라는 학문에 (그 당시까지 중요하지 않거나 이해할 수 없는 것으로 보였던) 사회생활의 미시적 측면들을 포착하고 이해할 수 있는 개념적 장치와 그러한 측면들에 초점을 맞추는 하나의 시각을 제공하는 것이었다. 따라서 이를테면 미셸 푸코 — 지식의 고고학과 계보학으로 무장하고 권력관계, 담론, 진실 게임, 지식 레짐에 초점을 맞추어 역사적 맥락에서 감옥과 클리닉 같은 기관, 그리고 실제로는 '일반화된 감옥'으로서의 사회 그 자체를 연구했던 — 와는 반대로, 고프먼은 ('전체주의적 기관'의 특성이 학교, 군대 막사, 강제 수용소처럼 다양한 환경에서도 발견될 수 있다고 주장하기는 했지만) 정신병원 내에 존재하는 '상호작용 질서'를 근대성이나 문명에 대한 거대 서사로 바꾸지 않고 그 질서에 대한 훨씬 더 상황적이고 내부적인 관점을 제시하는 데 만족했다(Hacking, 2004).

따라서 고프먼이 어쩌면 거시사회적 변화와 구조적 변형을 분석하는 데서 부족했던 점은 그가 미시적 사회환경의 복잡성과 세부 사항을 분석하면서 제시한 잘 다듬어진 세세한 묘사와 화려하고 매력적인 개념들로 보상하고도 남았다. 이를테면 로빈 윌리엄스가 고프먼에 대한 조사(弔詞)에서 대담하게 언급했듯이, 고프먼의 저작은 "현대 사회 이론의 가장 중요한 요건 — 알고자 하는 대상의 의미를 포착하는 것 —"을 충족시켰다(Williams, 1983: 102). 고프먼이 탐구하여 지식을 얻고자 했던 것은 '상호작용 질서'와 그 질서의 윤곽, 구성 요소, 그리고 그 자체로 하나의 분석적인 미시 영역으로서의 상호작용 질서의 내용이었다.

체계적인 과학적 방법론의 부재. 제3장에서 살펴보았듯이, 고프먼은 그의 생애 동안 가르쳐지고 실행되었던 관례적인 연구 방법론과 기법의 많은 것에 비판적이었는데, 그 이유는 아마도 그러한 '추상적인 경험주의자들(abstracted empiricists)' — 양적 사회학자들을 지칭하는 C. 라이트 밀스(C. Wright Mills, 1959)의 용어 — 이 사회생활의 진리는 분명히 사회생활을 포착하고 측정하고 이해하는 데 사용되는 방법에서 발견된다고 믿었기 때문이었을 것이다. 하지만 많은 비판가에 따르면, 고프먼의 방법론은 통상적으로 과학적 연구에서 기대되는 것과 대학에서 대부분의 사회학과 학생들에게 첫해에 가르치는 것 — 즉, 반복 시행, 일반화, 검증, 또는 연구 영역 내의 기존 연구에 대한 전문적 논의 등 — 의 많은 것을 갖추고 있지 않았다. 고프먼의 방법은 분명히 다른 많은 질적 연구자가 겪는 것과 동일한 문제 — 즉, 자신들의 연구가 양적 연구로부터 도출된 용어와 입장에 의해 평가받는다는 문제 — 로 시달렸다. 실제로 고프먼은 자신의 연구 결과가 어떻게 얻어졌는지, 자신이 어떻게 특정한 분석적 지점에 도달했는지, 또는 자신의 결론이 어디까지 확장될 수 있는지를 독자에게 성실하게 말해주지 않았다. 고프먼 저작의 과학적 자격 문제에 대해서는 그간 다음과 같이 언급되어 왔다.

> 고프먼은 또한 많은 오해를 받고 있다. 어쩌면 잘못 이해되고 있다고 보는 것이
> 더 나을 것이다. 고프먼은 그에 대한 많은 비판적인 논평 — 그의 저작이 인간 본성
> 에 대해 냉소적인 태도를 지니고 있을 뿐만 아니라 비사회학적인 출처와 연구 결과에 지
> 나치게 의존한다는 — 에 의거해서 판단되기 때문에, 어떤 사람들에게는 얄팍하고
> 함축된 의미가 없다는 인상을 준다. 그의 저작은 추론과 타당성에 심각한 문제가
> 있는 '인상주의적'인 것이고 결코 '객관적' 사회과학의 발전에 기여하지도 않는
> 것으로 간주된다. 이처럼 고프먼의 저작이 부적절한 것으로 평가받는 근본적인
> 이유는 반복 시행이 전혀 불가능하기 때문이다. 고프먼의 기여는 비록 종국적으
> 로는 비과학적일지 모르지만, 독특하고 해명적이고 통찰력이 있다.(Anderson,
> Hughes and Sharrock, 1985: 144)

의심할 바 없이 고프먼의 방법론은 **달랐다**. 고프먼의 방법론은 실제로 인
상주의적이고 대안적이고 우회적이었으며, 그리고 마지막으로 하나를 덧붙
이자면 논리가 서 있지 않았다. 이는 사회학이 하나의 실제 과학 — 엄밀한 '경
성(hard)' 과학을 의미하는 — 으로서의 지위를 얻기 위해 고군분투하던 시기에
그를 취약하게 만들었다. 폴란드의 사회학자 스타니슬라브 안드레스키
(Stanislav Andreski, 1972: 117)는 이 시기 동안에 어떻게 "방법론 숭배자들이
인상주의적이라고 낙인찍힌 사람에게 (특히 그가 글을 잘 쓰고 흥미롭게 책을 쓸
수 있을 경우) 포악한 사냥패처럼 변하는지"를 기술했다. 그것은 실제로 고프
먼에게 일어났던 일을 적절하게 묘사한 것일 것이다. 수천 명의 응답자로부
터 체계적으로 표집된 조사에 기초하여 다량의 정보를 수집하고 자료에 대
해 컴퓨터의 지원을 받는 정교한 통계적 상관관계를 구하는, 정부의 지원을
받아 공동으로 수행하던 대규모의 양적 연구와 비교할 경우, 고프먼의 연구

는 (자주 예감, 소규모 관찰, 특이한 사례들, 의심스러운 데이터 자료, 재미있는 개념들로 이루어지는) 비과학적인 연구로 분류될 수밖에 없었다. 하지만 그의 방법론은 비과학적인 것과는 거리가 멀었다. 실제로 그의 방법론 — 특히 은유 — 이 예술적 장르와 과학적 장르에 걸쳐 있기는 했지만, 고프먼의 저작은 엄격한 양적 또는 통계적 기준에 따라 평가되어서는 안 된다. 그것은 완전히 다른 것이었다. 그러나 우리는 고프먼의 비관례적인 방법론과 관련하여 두 가지 훈계적인 지침을 제안한다.

첫째, 은유를 사회학적 설명의 전거로 사용하는 것은 유사성을 동일성으로 오인할 위험을 내포한다(Burke, 1984: 97). 이 은유적 오류(metaphorical fallacy)는 은유를 너무나도 진지하게 받아들이는 데 있다. 고프먼은 의심할 바 없이 사회학적 지식은 결코 진실일 수 없다고 주장할 것이며, 이는 사회학적 지식은 사회적 현실의 객관적 반영물이 아니라는 것을 의미할 것이다. 고프먼의 견해에 따르면, 사회학적 지식은 항상 특정한 관점에서 생산되고 이해되는 지식이며[무(無)에서 나오는 견해는 없다], 사회학적 분석은 필연적으로 사회학자의 관점에 의해 제한되거나 영향을 받는다. 하지만 이러한 상황이, 고프먼이 제안하고 사용한 은유의 방법론이 개념의 실제 성격과 관련한 문제에 대해 독자에게 모호한 채로 남겨놓고 있다는 사실까지를 해소시켜 주지는 않는다. 은유의 방법론은 유치하고 상대적으로 느슨한 제안으로 간주되어야 하는가, 아니면 오히려 체계적으로 개발된 분석적 구성물인가?(Manning, 1976: 21) 고프먼의 은유의 방법론은 이전에 숨어 있었거나 일관성이 없었던 현실의 측면을 발견하는 것을 가능하게 하지만, 동시에 느슨한 가설에서 잘 확립된 이상형으로 전환하는 과정이나 그 둘 간의 분할선을 흐리게 하는 경향이 있다. 이것이 또한 아마도 고프먼이 "물론 모든 세상이 무대는 아니지만, 세상이 무대가 아니라는 것을 보여주는 결정적인 방식을 구체화하기란 쉽지 않다"(Goffman, 1959: 78)라고 썼을 때 표현하려고 했던 것이었을 것이다.

둘째, 복잡한 사회세계를 단순화된 개념으로 과학적으로 추상화하기 위해서는 사회학의 개념과 일상생활의 개념 간의 관계에 대해 고찰할 필요가 있다. 알프레드 슈츠(Alfred Schutz, 1970)는 '1차적 개념(first-order concept)' ─ 일반인들이 자신의 일상생활을 묘사하고 이해하기 위해 이용하는 개념 ─ 과 '2차적 개념(second-order concept)' ─ 그러한 1차적 개념에 대한 연구자들의 해석 ─ 간의 구분을 도입했다. 사람들의 삶에 대한 이론적 지식을 산출하는 것을 목표로 하는 사회학은 연구 대상이 되는 사람들의 1차적 개념과 사회학자의 2차적 개념이 어떻게 관련되어 있는지에 대해 반드시 질문해야만 한다. 다시 말해 사회학자의 추상화된 개념과 그들이 대체하거나 압축적으로 표현해야 하는 일상생활의 현상 간에 제시된 관계를 분명히 해야만 한다. 고프먼은 일반적으로 이 점에 대해 이상하리만큼 여전히 침묵했다. 독자들은 그의 저작에서 사회학 이론의 내용이 연구되는 사람들의 의식을 초월하는지, 그리고 만약 그렇다면 어떻게 초월하고 전문적으로 훈련된 사회학자에 의해 그것이 어떻게 정식화되어야 하는지에 대한 명확한 답변을 찾을 수 없을 것이며, 그와 반대로 일반화된 사회적 사실이 실제로 사회적 현실의 미시 수준에서 행위자들에 의해 구성되는지(이 경우에는 '초월적 거시 세계'에 대한 어떠한 관념도 필요하지 않게 된다), 만약 그렇다면 어떻게 구성되는지에 대한 명확한 답변도 전혀 찾을 수 없을 것이다. 비록 고프먼 저작의 행간에서 에밀 뒤르켐의 '사회적 사실' ─ 모든 의도와 목적에서 사회적 상황에 강제적인 제약을 행사할 뿐만 아니라 개인의 의식에 외재하고 따라서 오직 전능한 사회학자에 의해서만 알려지거나 밝혀질 수 있는 ─ 이론에 대한 일정한 편애를 발견할 수 있기는 하지만, 고프먼은 사회학적 개념이 자신이 포착하고 개념화하려는 일상생활의 현상과 어떻게 관련되는지에 대해서는 결코 어떠한 설명도 하지 않았다 (Sharrock, 1999: 121~122). 따라서 고프먼이 데렉 레이더(Derek Layder, 1998)가 '개념-지표 연결 고리(concept-indicator link)'라고 지칭하는 것에 대한 분명한 논의를 회피했을 때, 그는 실제로 연구자가 서로 다른 수준에서 자신의 이론과 자료 간의 관계를 어떻게 적절히 문서화하고 확립하는지에 대한 중요한 논의를 건너뛰었다.

행위자의 몰도덕성. 모든 사회학 이론은 이른바 '선험적으로 인지하는(cognitive apriori)'(Bauman, 1967) — 이러한 인지가 구조, 행동, 의도, 권력, 책임, 도덕 등의 이해와 같은 이론의 많은 다른 측면을 상당 정도 결정한다 — 존재로서의 인간 이미지를 암시적이든 명시적이든 포함하고 있다. 제6장에서 우리는 개인 또는 '자아'에 대한 고프먼의 관념을 상세히 기술하고 토론했다. 이제 우리가 분명하게 알고 있듯이, 고프먼은 자신이 사람을 구체적으로 어떻게 이해하는지에 대해 항상 분명하게 해명하지 않았다. 어떤 때에는 사람들이 자신의 인상관리에 몰두하는 연기자, 사기꾼, 또는 공연자로 묘사되기도 했고, 어떤 때에는 '개인 숭배'를 찬양하고 옹호하는 의례적이고 의식(儀式)적 존재로 묘사되기도 했으며, 또 다른 때에는 자신과 타인에 대한 정보를 노출하거나 폭로하는 데 관심이 있는 스파이, 사설탐정, 또는 조작자로 묘사되기도 했다. 고프먼은 "보편적인 인간 본성이라는 것은 그리 인간적인 것이 아니다"라고 주장했는데(Goffman, 1967: 45), 이것이 바로 그가 사람들의 내면적 또는 정신적 구조를 구체화하기를 거부한 주요 이유 중 하나일 것이다. 그는 자아를 심리학화하고 싶어 하지 않았다. 그에게 자아는 표면적으로는 사람들이 주장할 수 있는 어떤 것이 아니라 보는 사람의 눈에 보이는 외견상의 연극적 효과일 뿐이었다. 하지만 많은 고프먼 해석가 사이에서 공유되는 (그릇된) 생각 중 하나 — 이는 의심할 바 없이 『일상생활에서의 자아 표현』(1959)에 대한 널리 받아들여진 독해에서 기인한다 — 는 고프먼이 기본적으로 마키아벨리적이고 몰도덕적이며 냉소적이고 깊이 없고 전략적인 인간 이미지를 자세하게 서술했다는 것이었다(이를테면 Brittan, 1973; Gouldner, 1970; Habermas, 1984; Hollis,

1977; Lyman and Scott, 1970을 보라). 이를테면 마틴 홀리스(Martin Hollis)는 이렇게 주장했다.

> 고프먼의 행위자는 고프먼과 마찬가지로 후일의 '자아'를 위해 노력과 재주를 투자하는 이타적인 사업에 종사하지 않는다. 고프먼의 행위자는 자신을 위해, 즉 시점과 역할에 따라 순전히 그 자신을 유지하고 계발하기 위해 일한다.(Hollis, 1977: 103)

하지만 많은 가면, 연극 공연, 적절한 소품, 정교한 자아 표현 뒤에 숨어 있는 위선자로서의 인간의 이미지는 정확하지도 않고 철저하지도 않다. 고프먼의 많은 다른 은유 ― 그리고 특히 배려와 존중에 초점을 맞춘 의례 은유 ― 는 그의 인간관이 훨씬 더 미묘하다는 것, 그리고 실제로는 그의 저술들에 도덕적이고 자비롭고 이타적인 개인이 들어설 여지가 있다는 것을 보여주었다(Smith, 1988: 118). 노먼 K. 덴진은 고프먼이 (그가 집필하던 당시에) 널리 퍼져 있던 기능주의자들의 과잉사회화된 개인 개념이라는 한편과 행동주의적 연구들의 과소사회화된 인간 개념이라는 다른 한편의 함정 모두를 피했다고 지적함으로써 고프먼이 인간이라는 자신의 연구 대상을 표현하는 방식을 옹호했다.

> 세기의 중반기에 미국 사회학은 고프먼과 같은 사회학자를 요구했다. 우리가 그를 진지하게 고려하기 시작했을 때, 우리 모두는 어쩌면 우리가 응당 받아야 할 것을 받았을지도 모른다. 고프먼은 사회학적 주제에 인간의 얼굴을 부여했다. 그는 기능주의자들과 교환 이론가들이 기술한 얼굴 없는 인간에게 생명, 의미, 목적을 부여했다. 그는 상호작용 질서에 뉘앙스와 도덕적 의미를 부여했다.(Denzin, 2002: 106)

고프먼의 책략은 인간이라는 대상을 바라보는 관점이 어느 하나의 이미지에 너무 확고하게 고정되지 않도록 끊임없이 바꾸는 것이었다. 따라서 개인에 대한 그의 서로 다른 스냅 사진들은 인물 사진이 아니라 오히려 이해하기 힘든 대상을 포착하기 위해 사용하는 렌즈였다.

열거된 이러한 비판 중 많은 것은 분명히 누가 어떤 특정한 목적을 가지고 고프먼을 읽느냐에 달려 있다. 게다가 그러한 비판들은 고프먼이 자신의 저작에 대한 비판과 자기주장에 대해 논하기를 꺼린 것과 확실히 관련되어 있었다. 마크 웩슬러(Mark Wexler)는 이를 다음과 같이 날카롭게 요약한다.

> 만약 누군가가 공격을 받았을 때 침묵하고 있거나 대체로 침묵한다면, 그리고 더 나아가 대부분의 사람이 공격 받은 사람이 격렬하게 방어할 수 있다고 믿는다면, 공격 받은 그 사람은 수수께끼 같은 인물로 인식될 가능성이 있다. 그러면 그의 저작에 대한 모순된 견해들이 출현할 것이다. …… 침묵을 빌려 수수께끼를 가중시키는 고프먼은 자신의 동료나 독자들에게 자신의 지적 영역에 대한 지도를 제공하지 않는다. …… 고프먼의 침묵에서 가장 중요한 것은 고프먼이 자신을 수동적인 형태의 저자임을 공식화함으로써 다른 사람들 – 즉, 독자, 상반되는 이론가들, 숭배자들 – 이 고프먼의 저작에 대한 자신들의 인식을 적극적으로 전파하게 만드는 유형의 불확실성을 키운다는 것이다.(Wexler, 1984: 41~42)

의심할 바 없이 고프먼의 수수께끼 같은 침묵은 그의 저작에서 명확한 대답이나 교의적 지침을 찾는 사람들로 하여금 좌절하게 했지만, 그의 저작의 난해함은 또한 해석의 여지를 열어둠으로써 지속적인 토론을 가능하게 했고 고프먼으로 하여금 사후에 사회학의 불멸자들 사이에서 한자리를 차지할 수 있게 했다.

고프먼 쟁탈전

대부분의 사회학자 ― 그리고 보다 일반적으로는 사회과학자 ― 는 정규 교육의 일부로 분류하기, 포괄하기, 범주화하기, 배치하기, 나누기, 묶기 등과 같은 세밀하고 중요한 기술을 주의 깊게 훈련받는다. 겉으로 보기에는 모든 것이 그러한 기술이 생산한 작은 범주 상자에 깔끔하게 들어맞는다. 하지만 오늘날 사회학자들은 고프먼의 글이 어디에 속하는지에 대해 의견이 분분하다. 따라서 하워드 슈워츠와 제리 제이콥스(Howard Schwartz and Jerry Jacobs, 1979: 184)는 "고프먼이 뛰어나긴 한데, 대체 고프먼이 몇 명이지?"라고 혼잣말을 하기도 했다. 짧고 분명하게 답하면 많은 고프먼이 있다. 사실 고프먼자신의 저술들 속의 여러 층위를 의미하는 여러 고프먼이 있을 뿐만 아니라그 주변에 많은 고프먼 독해와 해석들도 있다. 비록 N. G. 하트랜드(N. G. Hartland, 1994: 251)가 "사회이론가들과 연구자들이 고프먼을 자신의 것으로만들기는 어렵다"라고 주장했지만, 고프먼 사후에 곧 거의 모든 사회학 이론이 그의 유산을 전유하기 위한 경주에 나섰다.

고프먼이 사망한 1982년에 그는 세계에서 가장 널리 읽히는 사회학자 가운데 한 사람으로 알려져 있었다. 그러한 지위는 또한 특히 고프먼을 자신들의 특별한 이론적 관점의 상징적인 대표자 또는 지적 선구자로 여겼던 그의후계자들로 하여금 그의 지적 유산을 특히 전유하고 독점하고자 하게 만들었다. 그 결과 특정한 학술 캠프, 학파, 패러다임, 또는 연구 전통이라는 표제하에 고프먼을 전유하고 그의 아이디어를 포괄하려는 시도들이 여럿 있었다. 그레그 스미스가 고프먼의 저작을 놓고 그러한 '프레이밍' 작업이 행해진주요 이유 중 하나로 들었듯이, "사회학과 인문학의 주요 전통과 관점 측면에서 고프먼의 사회학을 프레임 짓고자 하는 시도들은 부분적으로는 많은 독자가 그의 사회학의 분명한 특이성과 마주쳤을 때 경험하는 혼란에서 기인한다"(Smith, 1999a: 4). 폴란드 사회학자 마렉 치제프스키(Marek Czyżewski)가 다음과 같이 통찰력 있게 제안한 것처럼, 아마도 고프먼은 당연히 그럴 만한 자격이 있을 것이다. "고프먼은 자기 자신을 스스로 묘사해야 하는 상황에 처해 왔다. 다양한 독자들의 눈에서 '정체성 말뚝(identity peg)'의 역할을 하는 단편적인 정보 조각과 인용구들이 선별적으로 선택되어 그의 개인적 정체성으로 구성되어 왔다"(Czyżewski, 1987: 40).

하지만 이단아이자 외톨이인 고프먼과 같은 사람이 그런 논쟁적인 유산을 남길 수 있었던 것은 아주 놀라운 일이었다. 토마스 루크만(Thomas Luckmann)은 사망 당시 고프먼의 지위에 대해 다음과 같이 진술했다.

> [고프먼]은 확실히 "사회적으로 중요한" 것으로 여겨지지 않는 분야에서 작업하고 있었다. 그리고 그는 사회과학을 특징짓는 것(shibboleth)은 '의미심장함(significance)'이 아니라 '경성 과학'이라고 생각하는 다른 사람들에게는 마음에 들지 않는 방식으로 작업하고 있었다. 그는 소심하고, 심지어는 확신이 없고, 동시에 은근슬쩍 비꼬는 것처럼 보였다. 그는 전문적인 후원을 하는 영향력 있는 집단에 달라붙지도 않았고, 대가의 명성을 전파하고 외부의 악으로부터 서로를 보호하는 데 전념하는 주변 분파에 가입하지도 않았고, 그리고 분파를 설립하지도 않았다.(Luckmann, 1985: 175)

따라서 고프먼은 자신을 추종하는 제자들을 남기거나 자신의 이름으로 학파를 설립하려는 의도가 전혀 없었다. 그는 이단아였고, 스스로도 그렇게 여겼다. 우리는 고프먼에 대해 그는 "분류할 수 없는 독자적인 영혼"이었다고 논급한 이언 해킹의 의견에 동의한다(Hacking, 2004: 292). 그럼에도 불구하고, 몇몇 사회학적 전통은 고프먼의 저작이 자신들의 특정 관점에 속하거나 그 관점을 구현한다고 주장하면서 고프먼에 대한 소유권을 주장했다. 상징적 상호작용주의자, 실용주의자, 포스트모더니스트, 민속방법론자, 현상학자, 실존주의자, 대화 분석자, 뒤르켐주의자, 짐멜주의자, 비판이론가, 상징적 실재론자, 사회기호학자 등등 모두가 고프먼을 자신들의 특정한 패러다임의 일부로 포함시키려고 시도했다. 이러한 수많은 전유 시도에도 불구하고, 고프먼은 (특히 말년에) 어떠한 패러다임과의 제휴에도 저항했다. 하지만 고프먼은 그러한 제휴가 사회학 게임의 피할 수 없는 한 부분이자 지적 스타덤을 위해 치러야 할 대가라는 점을 인정했다.

> 나는 사회학과 대학원생들이 자신들의 논문 심사위원에게 자신들이 사회학적 신념과 하나의 분야로서의 사회학에 대해 특정한 의식을 가지고 있다는 것을 보여주기 위해 그러한 이데올로기적 형식(또한 학파와 '패러다임')을 필요로 할 수 있다는 것을 알고 있다. 그리고 그들의 선생들이 강의실에서 입지를 세우기 위해 동일한 슬로건에 의지할 수 있다는 것도 알고 있다.(Goffman, 1981b: 61)

입문 텍스트들에서 흔히 그러한 것처럼, 누군가는 고프먼의 사회학적 공헌을 로버트 E. 파크, 윌리엄 I. 토머스, 존 듀이, 조지 허버트 미드, 찰스 H. 쿨리, 허버트 블루머 같은 저명인사의 저작을 직접 확장하고 있는 실용주의자들과 상징적 상호작용주의자들 사이에 비교적 쉽게 위치 지을 수도 있다 (Abraham, 1982; Bottomore and Nisbet, 1978). 반면 다른 사람들은 고프먼을 하나의 의례로서의 일상생활과 하나의 도덕 질서로 사회적으로 구성된 세계에 대한 에밀 뒤르켐 이론의 계보 내에 의식적으로 자신을 위치시키는 미시 기능주의자로 보아왔다(Collins, 1988b; Collins and Makowsky, 1993; Jacobsen, 2010b). 사실 고프먼은 상호작용주의적 미시사회학과 뒤르켐적 거시사회학 사이에서(Collins, 1985), 즉 상호작용주의적 입장과 기능주의적 입장 사이에서 혼성적인 입장을 취했다. 왜냐하면 고프먼이 탐구한 의식(儀式)은 뒤르켐이 탐구한 의식과 달리 인간행위에 울타리를 만드는 대규모의 공식화된 또는 특별한 의례들이 아니라 오히려 우리의 일상생활의 모든 측면에 스며드는 너무나도 일상적인 의례들이기 때문이다. 따라서 사회학의 한 명물로서의 고프먼은 사회학의 역사적 발전과정에서 1940년대와 1950년대에 최고조에 달한 구조기능주의적 추상화와 보편주의라는 한편과 1960년대와 1970년대에 한창이던 일상생활 사회학의 문화적 상대주의와 특수주의라는 다른 한편 사이에 끼어 있는 엄청난 삽입어구로 여겨질 수 있다.

따라서 우리는 고프먼이 사회학에서 흥미로운 중재자 자리를 차지하고 있었다고 주장한다. 그는 사회학주의 캠프와 심리학주의/실존주의 캠프 — 이는 에드워드 티르야키안(Edward Tiryakian, 1962)의 용어이다 — 모두에게서 등을 돌리고 대신에 그의 표현으로 "행위가 존재하는 곳"으로 관심을 돌렸다. 그가 웅변적으로 표현했듯이, 그곳은 "숙명적인 연극적 행위의 장, 존재의 한 국면, 의미의 엔진, 다른 모든 세계와는 다른 그 자체로서의 하나의 세계"를 의미한다(Goffman, 1972: 26). 고프먼에 따르면, "행위가 존재하는" 시간-공간 배열태(time-place constellation)는 인간의 함께 있음 및 상호작용의 세계와 동일한 것이었다. 이를테면 기능주의자들은 그 자체로서의 사회 — 즉, 하나의 통일된 실체로서의, 그리고 하나의 전체 사회질서로서의 사회 — 는 구조와 그 구조의 기능 간의 모든 연결 지점을 밝히는 것과 함께 그 자체로 독자적인(sui generis) 것으로 분석되어야 한다고 믿었던 반면, 마르크스주의자들은 최종심급에서는 경제가 정치와 사회의 상태를 결정한다는 관념에 기초하여 오히려 사회 속의 갈등, 분열, 균열을 고찰했다. 그리고 현상학자들과 실존주의자들은 의식, 행위, 사회 간의 결합관계 — 그리고 때로는 분리 — 를 고찰했다면, 고프먼은 그 대신에 사회학의 과제는 상호작용을 독자적인 것으로 연구하는 데 있다고 믿었다(Goffman, 1983a; Rawls, 1987). 분명 이러한 생각은 게오르그 짐멜과 1920년대와 1930년대의 초기 시카고학파의 저작, 그리고 다른 누구

보다도 특히 조지 C. 호만스(George C. Homans)와 쿠르트 레빈(Kurt Lewin)에 의해 수행된 소집단 동학 연구로 거슬러 올라간다. 하지만 고프먼의 마지막 텍스트인 「상호작용 질서(The Interaction Order)」(1983)에서 분명하게 드러나듯이, 그리고 우리가 살펴본 바와 같이, 고프먼은 그러한 전통에서 나온 다른 많은 사회학자가 했던 것처럼 자신의 주제에 대해 이데올로기적 관심, 정치적 참여, 또는 개인적 공감과 관련한 목소리를 전혀 내지 않았다. 사실 고프먼은 그러한 것들에 훨씬 더 거리를 두고 있었다. 이를테면 고프먼의 옛 제자 중 한 명인 게리 T. 막스는 이렇게 보고했다. "고프먼은 자신을 초연하고 감정을 드러내지 않는 지적 냉소주의자로, 즉 1940년대의 사설탐정으로서의 사회학자로 제시했다. 그는 히피적이고 실존적이며 쿨하고 본질적으로 (적어도 지배적인 이데올로기와 관련하여) 몰정치적인 스타일이었다"(Marx, 1984: 653). 또한 그런 의미에서 그는 냉정하게 그리고 객관적으로 사회생활을 기록하는 아웃사이더였다. 이것이 고프먼의 인간관에 대해 다음과 같이 논평한 이른바 부조리 사회학(sociology of the absurd)의 발명자들 ― 스탠퍼드 M. 라이먼(Stanford M. Lyman)과 마빈 B. 스콧(Marvin B. Scott) ― 을 낳았다. "마키아벨리의 군주와 고프먼의 사회적 행위자는 어떠한 내적 스펙도 없다. 오히려 상황이 그들을 구체화한다. 인간의 성공은 인간성의 존재나 부재에서 비롯되는 것이 아니라 외양을 전략적으로 이용하는 데서 비롯된다"(Lyman and Scott, 1970: 20). 이러한 관점에서는 부당한 사회적 조건이나 인간의 내재화된 습관, 선호, 또는 편애에 대한 관심이 개입할 여지 ― 또는 필요성 ― 가 거의 없다. 세상은 기본적으로 사회적 상황, 공연 의례, 그리고 전략적 상호작용으로 요약될 수 있다.

그러므로 사회문제를 정확히 집어내거나 분석하는 문제와 관련될 경우, 고프먼은 자주 비관여적이고 무심하고 몰정치적인 사회학자 내지 미국의 보수적인 백인 중간계급 가치의 대변자로 묘사된다. 그렇다면 이것은 정당한 묘사인가? 고프먼이 정치적 공감을 명시적으로 드러낸 적이 결코 없다는 사실에도 불구하고, 의심할 바 없이 그는 정치를 의식하고 있었다. 그의 저작은 절제적이고 균형 잡힌 형태의 정치 인식을 보여주었다. 미국 사회학자 T. R. 영(T. R. Young, 1971: 276)에 따르면, "고프먼은 성직자를 찬양하지도 않고 매춘부를 크게 책망하지도 않는다." 사실 고프먼은 자신이 연구하는 동안 정신병원의 몇 가지 충격적인 상황과 오명 쓴 사람들에 대한 몇몇 가슴 아픈 이야기를 발견하고 보고했지만, 그는 결코 그 자료를 정치적인 목적에 사용하지 않았다. 따라서 그의 생각은 행동주의를 위한 잠재력을 포함하고 있었지만, 적어도 고프먼 자신의 손으로 그것이 정치적 프로그램이나 이데올로기적 분출로 이어지지는 않았다. 고프먼은 분명히 셰틀랜드섬 주민, 정신과 환자, 라스베이거스 카지노 딜러들 사이를 자유롭게 오가면서 그들이 행한 일의 세세하고 내밀한 내용을 조심스럽게 수집하는, 비관여적이고 냉소적이고 객관적인 연구자였다. 미첼 스타인(Michael Stein, 1991: 432)은 한때 "[고프먼] 자신의 자아 표현은 관객들이 많은 가면 뒤에서 실제로 무슨 일이 벌어지고 있는지 계속해서 추측하고 있을 때조차 깨우침과 즐거움을 선사한다"라고 제시한 바 있다. 결국 고프먼의 학문적 자아와 유산을 묘사하고 포착하는 가장 좋은 방법은 아마도, 그가 좋아하는 표현 중 하나를 사용하면, 그것은 그저 하나의 '연극적 효과'일 뿐이었다고 말하는 것일 것이다.

결론

비록 세월이 흘렀고 책의 표지는 바랬지만, 비록 새로운 것과 특이한 것이 갖는 참신함과 매력은 침잠했지만, 비록 일부 표현들은 이제 구식이 되어버린 것으로 보이지만, 그리고 비록 이용된 사례들(전화 부스, 저녁 식사 에티켓,

경례 제스처 등)이 새로운 사회적 규범과 기술 발전에 의해 시대에 뒤떨어진 낡은 것처럼 보이지만, 어빙 고프먼의 저작은 여전히 활기를 유지하고 있다. 우리는 그가 자신의 학문 및 관련된 분과 학문들에 남긴 가장 중요한 유산 중 일부를 열거했고, 그의 저작에 대해 제기된 특정한 비판점들을 논의했으며, 다양한 학파와 이론적 전통들이 그의 아이디어들을 자신들의 패러다임 구성의 일부로 만들기 위해 어떻게 프레임 짓고 (아니 보다 정확하게는 재프레임 짓고) 전유하려고 계속해서 노력해 왔는지를 보여주었다. 그래서 고프먼은, 이단아, 외톨이, 괴짜로서의 자신의 지위에도 불구하고, 그의 학문, 그의 연대 (年代), 그리고 그의 후대에 지울 수 없는 영향력 있는 흔적을 남겼다. 데이비드 엘킨드(David Elkind)는 이를 다음과 같이 품격 있게 요약했다.

> 고프먼은, 그의 영향력에도 불구하고, 연구자로서 이단아 같은 존재이다. 그의 인류학적 방법 — 그가 자신의 필드 노트, 신문과 잡지에서 오려낸 기사들, 소설과 에티켓 북의 인용구들을 자료로 이용한 것 — 은 많은 연구자에 의해 비과학적인 것으로 여겨진다. 마찬가지로 고프먼의 과잉 일반화 경향, 대안적 해석을 고려하지 않는 것, 그리고 그의 책들에서 색인이 없는 것 등은 많은 사회과학자의 신경을 건드렸다. 마지막으로, 외톨이라는 그의 평판과 그의 지적 말대꾸 기술은 그를 자신의 동료 누구로부터도 사랑받지 못하게 만들었다. 그럼에도 불구하고 그의 일부 해석의 탁월함, 여러 나라에서 수집한 보잘것없는 행동들에 통일성과 개념적 무결성(conceptual integrity)을 부여하는 그의 비범한 재능은 그로 하여금 미국 사회과학에서 독특한 위치를 차지하게 했다.(Elkind, 1975: 25~26)

우리는 어빙 고프먼이 계속해서 주목받고 해석되고 비판받고 응용되고 이용되고 모방되고 있다고 믿는다. 그 이유는 그가 수행한 일이 원래 흥미로웠기 때문이다. 머레이 S. 데이비스(Murray S. Davis, 1971: 311, 342)는 한때 '흥미로운 것(the interesting)'이라는 관념은 "당연한 것으로 간주되는 [그것의] 관객의 세계를 공격"하는 것을 기반으로 하고 있으며, 따라서 "관객의 마음에 일정한 동요"를 수반한다고 주장했다. 그렇다면 고프먼의 저작은 흥미로웠는가? 그렇다. 그의 저작은 사회과학의 많은 뿌리 깊은 진리(방법론, 상호작용, 자아, 일탈, 젠더 역할 등에 관한 진리)를 비판적으로 해체했고, 심지어 비학술자들에게서도 일상생활의 세계를 바라보는 방식에 관한 참신하고 승인할 수 있는 견해로 인정받았다. 고프먼의 저작은 과학적이었는가? 우리는 그렇게 믿는다. 우리의 과학관이 널리 적용되는 정의로 불필요하게 좁혀지지 않는다면 말이다. 그의 저작은 유용했는가? 그의 저작을 전유하고 이용하기 위해 노력하는 이론적 전통과 학파의 수뿐만 아니라 그의 관념에 전념하는 문헌과 그의 아이디어에 의존하는 연구의 양을 고려할 때, 분명히 그렇다. 이 맨 나중의 논점이 바로 이어지는 마지막 장에서 우리가 다룰 주제이다.

연습문제

• 어빙 고프먼이 사회학이라는 학문에 남긴 주요 유산은 무엇이었는가?
• 어빙 고프먼의 저작에서 가장 문제가 되는 측면은 무엇이라고 생각하는가?
• 어빙 고프먼의 연구는 과학적이었는가? 그리고 사회과학에 '과학'이라는 관념을 적용한다는 것은 무엇을 의미하는가?
• 우리는 어빙 고프먼의 사회학을 어떻게 분류하고 범주화해야 하는가? 상징적 상호작용주의로, 민속방법론으로, 실존주의로, 현상학으로, 연극적 모델로, 미시기능주의로, 아니면 다른 그 무엇으로?

제10장

더 읽을거리

수년에 걸쳐 어빙 고프먼에 대한 많은 글이 쏟아졌고, 많은 말이 있었으며, 많은 이야기와 단편적 가십거리가 떠돌았고, 많은 신화가 널리 퍼졌으며, 수많은 기억과 추억의 조각들이 옛 학생, 동료, 그리고 친구들에 의해 출판되었고, 그의 삶과 업적을 포착하기 위해 많은 꼬리표와 별칭들이 제안되었다. 이를테면 앨버트 버거슨(Albert Bergesen, 1984)은 한때 고프먼을 "사회학 이론에 대한 세계적 수준의 미국 공헌자"라고 칭했고, 랜들 콜린스(Randall Collins, 1981a)는 그를 "탁월한 인류학자(hero-anthropologist)", "우리의 사회적 무의식의 탐험가", 그리고 "이론 지향적 경험주의자"라고 불렀다. 앨런 그림쇼(Allen Grimshaw, 1983)는 그를 "진정으로 독창적인 인물"로 명명했고, 고프먼이 사망한 직후 피에르 부르디외(Pierre Bourdieu, 1983)는 그를 "무한소의 발견자(discoverer of the infinitely small)"라고 묘사했다. 폴 부이색(Paul Bouissac, 1990)이 그에게 "코미디언 같은 실험자(comedian-experimenter)"라는 명칭을 붙였다면, 앨빈 굴드너(Alvin W. Gouldner, 1970)는 그를 "말썽꾸러기(young turk)"라고 묘사했다. 분명히 고프먼은 서로 다른 많은 별명이 어울리는 사람이었다. 사회학자로서의 고프먼을 둘러싼 이러한 평판과 달리, 사인(私人)으로서의 고프먼에 대해서는 전해지는 바가 거의 없다. 그의 가족은 고프먼이 하나의 상품이 되는 것을 피하기 위한 방법으로 호기심 많은 연구자, 언론인, 학생들에게 고프먼에 대한 정보를 누설하는 것에 격렬하게 저항해 왔다.

우리가 앞 장에서 살펴보았듯이, 고프먼은 실제적 유산만 남긴 것이 아니라 글쓰기 스타일 면에서도 유산을 남겼다. 그는 '상호작용 질서'라는 관념을 사회학에 도입했고, 미시적 연구의 적실성을 주장했으며, 일탈, 오명, 제도화를 연구했을 뿐만 아니라 일상적인 사건들도 탐구했고, 프레임 분석을 위한 포괄적인 주장도 개진했다. 그러나 아마도 가장 중요한 것은 고프먼이 사회학 및 관련 분과학문에서 현재 통상적으로 사용하고 있는 많은 개념을 만들어내는 특별한 재능을 가지고 있었다는 것이다. 랜들 콜린스는 고프먼이 만든 개념의 보고(寶庫)로부터 가장 중요한 공헌물 중 몇 가지를 꺼내 다음과 같이 열거한 적이 있다.

> 얼굴 작업, 존대와 처신, 인상관리, 자아 표현; 전면무대와 후면무대, 팀과 팀워크, 모순된 역할; 비밀의 유형(추악한 비밀, 전략적 비밀, 내부 비밀, 위탁받은 비밀, 공공연한 비밀); 도덕적 이력, 전체주의적 기관, 그리고 그 속에서 지내는 방법; 헌신, 애착, 수락, 참여, 역할 거리; 초점 있는 상호작용과 초점 없는 상호작용, 대면 참여(face engagement), 접근 가능한 참여(accessible engagement), 상황적 적절함과 부적절함, 상황 규칙의 엄격함과 느슨함; 운송 단위와 참여 단위; 자아의 영토, 개인 공간, 사용 공간, 차례, 정보 보호구역과 대화 보호구역; 영토 침입; 표식과 결합 기호(tie-sign); 지원적 주고받기(접근 의례)와 치료적 주고받기(설명, 사과, 신체 허례); 프레임, 키 조정하기, 꾸밈, 프레임 파괴, 프레임 이탈 활동.(Collins, 1981a: 222)

분명히 이 목록은 빙산의 일각일 뿐이다. 로빈 윌리엄스 — 그는 고프먼이 수년에 걸쳐 개발하고 활용한 많은 개념을 수전 제인 비렐(Susan Jane Birrell)이 철저하게 수행한 작업에 의거하여 분류하고 색인화했다 — 가 지적했듯이, 고프먼은 1,000개에 가까운 개념과 신조어를 발명했다(Williams, 1988: 88fn). 고프먼이 매우 다채롭고 유용하며 거의 즉각 알아볼 수 있는 개념을 만들어냈다는 사실은 또한 (앞의 장에서 보았듯이) 그렇게도 많은 후계자가 그의 이름과 아이디어를 전유하기를 원했던 주된 이유 중 하나이다. 이 마지막 장에서 우리는 그간 우리가 어떻게 고프먼을 독해해 왔는지를 간략히 논의하고 그 장점과 한계를 지적하고자 한다. 우리는 또한 고프먼 저작이 다양한 분과학문 및 하위 분과 내에서 어떻게 계속해서 연구와 조사를 고무해 왔는지를 보여주고, 마지막으로 더 읽을거리를 얼마간 제시한다. 비록 고프먼이 사회학이라는 건물을 떠났을는지는 모르지만, 그는 분명히 사회학의 외관을 버리지는 않았다.

고프먼 독해하기

고프먼은 정말로 달랐다. 어쩌면 심지어 일탈적이었다(Posner, 1978: 72). 우리가 앞에서 살펴보았듯이, 그는 지적 구분 작업을 극히 싫어했고, 자신의 사회학을 어떤 하나의 학파나 이론적 전통 내에 위치시키려는 어떠한 시도에도 격렬하게 저항하고 반대했다. 그는 다양한 출처와 이론적 전통에서 나온 통찰들을 혼합하고 빌려오고 가져오고 가지고 놀았으며, 그 과정에서 자신만의 독특한 관점을 가지고 서로 다른 장르와 분과학문 간의 경계선을 의식적으로 흐리게 만들었다. 고프먼은 자신을 잡종, 외톨이, 이단아라고 보는 관점을 즐겁게 받아들였고, 어쩌면 심지어는 조장했다. 비록 우리가 이 책에서 서론을 통해 그다음에 펼쳐질 진술들을 (고프먼이 주장해 온 방식으로) 프레임 지어 놓기는 했지만, 우리는 고프먼을 이해하고 독해하는 방식에 대한 권위 있는 견해를 제시하고픈 유혹을 물리치려고 노력해 왔다. 분명히 우리는 고프먼에 대한 특정한 견해나 관점에 동의하지만, 이 책에서 우리의 목적은 가능한 한 열려 있는 태도로 세심하게 그리고 편견 없이 고프먼을 독해하는 것이었다. 다시 말해 우리는 고프먼의 저술들에서 나타나는 많은 미묘한 차이를 보여주고 층위들을 벗겨내고 심층을 파고들고자 했다. 고프먼은 자신이 동의한 몇 안 되는 인터뷰 중 하나에서 제프 C. 베르훼벤(Jef C. Verhoeven)에게 다음과 같이 밝혔다.

> 내가 보기에, 당신이 그들에게 그들이 하는 것에 대해 묻거나 그들의 텍스트에서 그들이 하는 것에 대한 명시적인 진술들을 읽는 것을 통해서는 당신은 누군가의 작품을 제대로 이해할 수 없다. 왜냐하면 그것은 대체로 교의와 이데올로기일 뿐이기 때문이다. 당신은 그들의 작품 전체를 문학적으로 분석함으로써 그것을 이해해야 한다. 만약 당신이 그들이 하는 것에 대해 어떤 한 사람의 견해를 그저 취한다면, 당신은 일어나고 있는 일에 대한 매우 피상적인 견해를 가지게 될 것이다.(Goffman in Verhoeven, 1993: 322)

우리는 진지하게 그 같은 도전을 해왔고, 고프먼의 프로젝트를 이해하기 위해 고프먼의 저작을 깊이 파고들었다. 따라서 이 책은 고프먼을 독점하거나 정복하려는 서로 다른 연구 전통에 반대하며, 특히 '고프먼의 미국화(Americanization of Goffman)'라고 불릴 수 있는 것에 반대한다. 많은 미국 사회학 — 적어도 많은 유럽 사회이론과 대비되는 것으로서의 — 의 중심적인 특징은 사회적인 것과 구조적인 것을 희생시키면서 개인적인 것과 주관적인 것을 찬양하고 그것들에 분석적 특권을 부여하는 것이었다. 이것은 미국에서 매우 두드러지는 자유지상주의적이고 실용주의적인 전통 속에 깊이 착근되어 있다. 따라서 많은 사람에 의해 고프먼은 중간계급의 관념이나 보수적 가치를 옹호하는 사람으로도 독해되었다. 하지만 고프먼은 자신의 저작에서 오히려 주관성과 자아가 어떻게 항상 사회적·맥락적 상황에 뒤덮여 있는지를 보여주었고, 어네스트 겔너(Ernest Gellner, 1975: 450)의 말을 바꾸어 표현하면, 많은 점에서 그는 사회적인 것을 희생하지 않고도 "주관성에 다시 매혹되게" 할 수 있었다(겔너에 따르면, 이것은 캘리포니아식 상호작용주의와 민속방법론의 트레이드마크였다). 비록 고프먼의 저작이 종종 특히 1960년대 후반과 1970년대 초반에 출현한 '창조적 사회학'(Morris, 1977)의 물결 — 민속방법론, 상징적 상호작용주의, 연극적 모델, 현상학, 그리고 부조리의 사회학과 같은 — 과 연관 지어지지만, 그는 개인들이 자유롭게 부유하는 그리고 독립적이고 연결되어 있지 않은 사회세계의 이미지를 결코 제시하지 않았다. 만약 누군가가 우리가 이 책에서 고프먼에 대한 특정한 독해를 가지고 독자를 속이고 싶어 한다고 말한다면, 그 독해는 바로 고프먼이 고립되고 원자화된 개인의 대변자로는 전혀 보이지 않는다는 것일 것이다. 고프먼의 저술들에서 개인은 결코 혼자가 아니다. 개인은 초점이 있든 없든, 연극적이든 의례적이든 아니면 전략적이든 간에 항상 다른 사람들과 모종의 상호작용을 한다. 사실 개인이 사회생활과 밀접하게 연결되어 있다는 것이, 다시 말해 엮여 있다는 것이 사실이 아니라면, 개인은 존재하지 않을 것이다. 이처럼 고프먼의 기여는 전적으로 **사회학적**이며, 따라서 우리는 상호작용, 개인, 규범, 자아 표현, 만남, 오명, 프레임, 일탈, 태도, 상황, 전략 등에 대한 그의 묘사에서 사회적 차원을 강조한다. 그가 한때 다음과 같이 기술했다는 것을 기억하라. 논의의 초점이 되는 것은 "사람과 그들이 마주하는 순간이 아니라 순간과 그 순간에 함께하는 사람들이다"(Goffman, 1967: 3).

고프먼을 넘어서

고프먼이 사망하기 전에 이미 언급되었듯이, "고프먼의 사회학에 뚜렷한 후계자는 없지만, 그의 발자국을 따르는 수많은 사회학자가 있다. 고프먼은 새로운 세대의 사회학자들을 고무해 왔다"(Fontana, 1980: 76~77). 고프먼이 떠나고 이제 4반세기가 지났고, 그의 사망 이후 많은 새로운 사회적·문화적·지적·기술적 발전이 이루어졌다. 지구화(그리고 지구화와 함께 이동성, 무역, 관광의 증가), 감시사회의 부상, 새로운 정보기술의 발명과 확산, 새로운 과학적 발전, 학문 시장에 등장하고 있는 새로운 이론적 용어, 정치 이데올로기의 등장·진전·되풀이, 새로운 이상·가치·규범의 출현, 그리고 새로운 형태의 함께 하기와 공동생활 등을 생각해 보라. 사회학은 항상 서로 경쟁하고 서로 비교할 수 없고 자기 혼자 주장하는, 그리고 유서 깊으면서도 끊임없이 등장하고 사라지는 많은 이즘(ism)으로 이루어진 과학이었다. 이를테면 사회학이라는 학문에서 새로운 이론적 지형은 그간 사회구성주의, 탈구조주의, 네오프라그마티즘, 행위자 네트워크 이론, 탈식민주의, 제3의 물결과 제4의 물결 페미니즘, 포스트모더니즘 등의 지지자들에 의해 다루어져 왔다. 고프먼이 기술했던 세계는 이제 더 이상 현재와 같은 세계가 전혀 아니다.

고프먼이 사망하고 나서 이처럼 긴 시간이 흘렀기 때문에, 그는 이제 거의 사회학의 고전학자 중 한 사람으로 여겨져야 한다. 왜냐하면 그는 그와 그의 동시대인들이 살았던 특정한 시기와 시대에 대한 가치 있는 통찰로 사회학에 기여했기 때문이다. 하지만 그는 또한 '현대의 고전학자' 중 한 사람이다. 왜냐하면 그의 저작은 그 자신의 생애 기간을 포착했을 뿐만 아니라(다시 말해 그의 견해는 시간과 장소에 갇혀 있지 않았다), 대면적 상황에서 인간이 함께 하는 것이 지닌 보다 근본적이고 지속적인 특성을 지적하기 때문이다. 최근 몇 년 동안 고프먼의 저작과 그의 기본 아이디어 그리고 구체적인 개념의 유용성과 용도는 서로 다른 다양한 연구 영역으로 확장되어 왔다. 1980년대 후반 고프먼을 기리는 책의 두 편집자가 "고프먼의 '황금 삽'을 실질적으로 개선한 경험적 연구는 별로 없다"(Drew and Wootton, 1988b: 2)라고 주장한 이후 실제로 많은 일이 일어났다. 고프먼의 저작에서 가장 중요하고 명백한 특징 중 일부는, 그의 저작이 특정한 사회문화적 시대와 맥락(1950년대에서 1980년대 초에 이르는 미국 사회)과 특정 학문 분야(사회학) 내에서 진술되었음에도 불구하고, 아마도 상대적인 **초시간성**(timelessness)(원래의 지점에서 멀리 떨어진 시간과 장소에서도 사용될 수 있는 능력 또는 매력), **융통성**(versatility)(원래의 또는 의도된 용도와 멀리 떨어진 영역의 연구와 관련해서 적용할 수 있는 능력), **탄력성**(elasticity)(서로 다른 매우 다양한 상황적 환경, 연구 프로그램, 이론적 관점에 맞게 확장되고 각도를 조절할 수 있는 능력)을 가지고 있다는 사실일 것이다. 고프먼의 출판물 목록은 완전히 고정되어 있는 반면(몇 가지 불분명한 미발표 문건이나 발견되지 않은 자료가 갑자기 나타나지 않는 한), 고프먼의 저작이 전 세계의 아주 많은 곳에서 계속해서 이용되고 적용되기 때문에, 2차 문헌의 출판물 목록(이를테면 Waksler and Psathas, 1989를 보라)은 모두 출판될 때마다 이미 낡거나 시대에 뒤진 것이거나 적어도 불완전한 것으로 여겨진다. 이것은 너무나도 많은 새로운 텍스트들이 쏟아져 나오는 인터넷 출판의 시대에는 특히 더 그러하다.

우리가 제안한 초시간성, 융통성, 탄력성을 예증하기라도 하듯이, 고프먼의 전반적인 관점뿐만 아니라 보다 구체적인 개념적 장치들도 다양한 맥락에서 이용되어 왔고 또 이용될 수 있다. 몇 가지 실례를 거론하자면, 부시 대 케리의 대통령 선거 운동에서 나타난 연극적 차원(Brown, 2005), 미국 엘리트 성원들이 자신의 '저명한 부인'을 과시하는 방식으로 진행하는 인상관리(Gillespie, 1980), 장례 지도사들이 수행하는 세심한 인상관리 및 행동 조정(Turner and Edgley, 1976), 리츠칼튼 호텔에서 이루어지는 인상관리(Dillard,

Browning, Sitkin and Sutcliffe, 2000), 상반신을 드러내는 클럽에서 웨이트리스 댄서들이 수행하는 냉소적인 공연(Sijuwade, 1995), 유치원 아이들의 얼굴 작업(Hatch, 1987), 시험 후 '잘 본 사람'과 '망친 사람'이 행하는 인상관리(Albas and Albas, 1988), 인간과 그들의 반려 애완동물 간의 관계(Sarmicanic, 2004)와 비둘기와 같은 다른 반려동물 간의 관계(Jerolmack, 2004), 부고 기사에서 이루어지는 정체성 작업(Bonsu, 2007), 병원 환경에서 환자들 간에 일어나는 상호작용 패턴(Album, 2010), 도박의 합법화(Cosgrave, 2008), 대학원생들 사이에서 이루어지는 자연주의적 관찰 윤리(McDonald, Higgins and Shuker, 2008), 초등학교 수학 과목 시간에 일어나는 협력적 상호작용 과정(Brandt and Tatsis, 2009), 무대 행사에서 참석자가 느끼는 경험과 감정(Nelson, 2009), 공공장소에서 이루어지는 젠더 디스플레이(Gardner, 1989), 의례로서의 스포츠(Birrell, 1981), 슬로베니아 노인정에서의 경험(Mali, 2008), 연극 교습(Brown, 2003), 공적 삶에서의 정치적 자아 표현(Eliasoph, 1990), 종교 의식에서 이루어지는 체면치레와 사회질서의 유지(Donnelly and Wright, 2013), 약물 사용으로부터의 회복(Neale, Nettleton and Pickering, 2011), 홍보 이론 개발(Johansson, 2007), 국제관계이론(Schimmelfennig, 2002), 수치심 유발, 수치심 관리 및 수치심 회피(Gardner and Gronfein, 2005), 가족생활(Collett and Childs, 2009), 기업의 평판과 보고(White and Hanson, 2002), 신체 커뮤니케이션(Heilman, 1979), 음주운전 선고자가 겪는 사회적 경험(Gonzales, 1993), 심각한 의학적 문제가 있는 아동을 둔 가족에 대한 오명 씌우기(Carnevale, 2007), 현대 자아의 몸짓 동학(Handler, 2009), 현대 신학과 종교 관행(Boulton, 2001), 경기 중 엘리트 유소년 축구 코치가 하는 행동(Partington and Cushion, 2012), 요양원에서 일어나는 친척과 관리자 간의 투쟁(Richard, 1986), '새로운 개인주의'가 자아와 상호작용에 미치는 영향(Branaman, 2010), 인터넷상에서 등장하는, 그리고 일상적인 교통 상황에서 우리의 신체 동작상에서 등장하는 새로운 상호작용 질서(Jenkins, 2010), 그리고 세입자·집주인 분쟁(Borey, 2004) 등을 들 수 있다. 그리고 '젠더 광고'에 대한 고프먼의 고전적인 분석은 그 이후로 여러 차례 업데이트되고 수정되고 비판받아 왔고(Belknap and Leonard, 1991; Bell and Milic, 2002; Kang, 1997; McGregor, 1995; Smith, 2010), '오명'에 대한 그의 인식은 그 후 여러 연구에서 계속해서 경험적·이론적으로 확장되고 다듬어졌다(이를테면 Link and Phelan, 2001; Renfrow, 2004; Scambler, 2006을 보라). 그리하여 고프먼의 저작은 시대의 검증을 견뎌낼 수 있었다. 그리고 이 목록은 결코 완전한 것이 아니라 단지 다양한 특정한 경험적 또는 이론적 연구 맥락에서 고프먼의 원작이 빈번히 이용되고 있음을 예증하는 것일 뿐이다.

이 목록에서 알 수 있듯이, 상호작용이 존재하는 모든 곳 − 기본적으로 거의 모든 곳을 의미한다 − 에서 고프먼의 개념과 관점은 유용하고 영감을 주는 것으로 입증되어 왔다. 앞서 언급한 주제 중 일부는 처음에는 다소 모호하거나 주변적인 것 − 고프먼이 전혀 신경을 쓴 적이 없는 것 − 처럼 보일 수 있지만, 그럼에도 불구하고 그것들은 고프먼의 용어가 매우 다양하고 놀라운 분야에서도 어떻게 뿌리를 내렸는지를 보여준다. 게다가 최근 몇 년 동안 고프먼의 개념적 병기들은 새로운 정보통신 기술의 부상에 관한 연구에서, 특히 휴대전화와 인터넷 행동에 관한 연구에서 하나의 참고문헌이 되고 더 광범위하게 적용되었다(이를테면 Dell and Marinova, 2002; Hancock, Toma and Ellison, 2007; Jenkins, 2010; Meyrowitz, 1990; Miller, 1995; Pinch, 2010; Rettie, 2009; Ross, 2007; Sannicolas, 1997; Williams and Weninger, 2012를 보라). 그리고 우리는 인터넷, 휴대전화, 아이패드, 아이팟, 그리고 다른 유형의 정보통신 매체의 맥락에서 고프먼의 용어를 사용하고 있는 더 많은 저널 기사, 책, 학생 보고서가 있다고 확신한다(특히 Winkin and Leeds-Hurwitz, 2013을 보라). 고프먼은 심지어 사후에 ERVING이라는 컴퓨터 프로그램의 이름으로도 사용되었는데, 그 프로그램은 인공지능 기술을 통해 학생들에게 고프먼의 연극적 관점에서 사고하고 추론하는 방식을 가르치기 위한 것이다(Brent et al., 1989).

또한 수년간 고프먼의 저작에 대해 논평하고 기술하고 발전시키고 확장하고 수정하고 비판하는, 그리고 마지막으로 꼭 덧붙여야 하는 말로는 찬양하는 상당수의 국제 저작들(특히 편집서들)이 다양한 언어로 출간되었다(이를테면 Bovone and Rovati, 1992; Burns, 1992; Ditton, 1980; Drew and Wootton, 1988a; Fine and Smith, 2000; Gregersen, 1975; Hettlage and Lenz, 1991; Isaac, 1989, 2002; Jacobsen, 2010a; Jacobsen and Kristiansen, 2002; Lemert and Branaman, 1997; Manning, 1992; Nahavandi, 1979; Neri, 2002; Nizet and Rigaux, 2005; Persson, 2012; Raab, 2008; Riggins, 1990; Scheff, 2006; Smith, 1999a, 2006; Treviño, 2003a; Winkin, 1988을 보라). 이것 외에도 고프먼은 수년간 민속방법론(Attewell, 1974), 연극적 모델(Branco, 1983; Brissett and Edgley, 1990; Combs and Mansfield, 1976; Hare and Blumberg, 1988; Hopper, 1981; Messinger et al., 1962), 낙인이론(Petrunik, 1980), 부조리의 사회학(Lyman and Scott, 1970), 포스트모던 사회학(Battershill, 1990), 몸의 사회학(Crossley, 1995), 도시사회학(Hannerz, 1980; Jensen, 2006), 스포츠사회학(Birrell and Donnelly, 2004), 친숙한 것의 사회학(Birenbaum and Sagarin, 1973)과 같은 사회과학 내에서 다양한 학파의 선구자로 채택되거나 지명되어 왔다. 게다가 고프먼은 다양한 전통적인 연구 분야와 하위 분과학문뿐만 아니라 새로 출현하는 연구 분야와 하위 분과학문들 — 망라한 것과는 거리가 멀지만 몇 가지 예만 들더라도 정치사회학(Gamson, 1985), 의료사회학(Strong, 1983), 조직이론(Manning, 2008), 심리학적 인류학(Bock, 1988), 사회심리학(Sarbin, 2003), 장애학(Drake, 2005; Ewing, 2002), 인정 이론(Jacobsen and Kristiansen, 2009), 존엄의 정치(Scheff, 2010), 매스미디어 연구와 신정보통신기술(Ling, 2010; Ytreberg, 2002, 2010), 관광학(Larsen, 2010), 모빌리티와 도시 연구(Jensen, 2006, 2010), 감시학(Marx, 2004), 권력 연구(Jenkins,

2008), 테러 연구(Weigert, 2003), 환경론(Brewster, 2009; Hargreaves, 2011) — 의 창시자 가운데 한 사람이나 영감의 주요 원천 가운데 하나로도 인식되어 왔다. 이 모든 것에 다수의 과학 분야와 연구 분야에 걸쳐 있는 그의 저작에 대한 수천 개의 학생 보고서, 워킹 페이퍼, 북 챕터, 인터넷 출판물, 인용문들을 더하면, 다른 많은 사람이 고프먼 사후에 고프먼의 유산을 알아보고 갱신했다는 것은 더 분명해진다. 이 모든 것은 또한 고프먼 저작의 동시대성(contemporaneity)과 지속적인 적실성을 입증한다. 이렇듯 고프먼의 저작은 그의 저술들에서 주류와는 크게 다르게 학문에 접근하는 방식과 관련해서뿐만 아니라 그간 간과되어 온 주제와 글쓰기 스타일과 관련해서도 정당성을 (각자의 학문 영역에서) 발견해 온 후속 사회학자 및 여타 분과학문의 학자 세대들에게 영감을 주어온 것으로 입증되어 왔다. 이처럼 고프먼의 유산은 그의 아이디어들을 자신의 연구에 활용하는 기성학자들과 향학열에 불타는 학생들에 의해 수행된 연구에서 계속 살아 있다. 그래서 매년 C. 라이스 밀스 상(C. Wright Mills Award), 조지 허버트 미드 상(George Herbert Mead Award), 발터 벤야민 상(Walter Benjamin Award), 로버트 맥키버 상(Robert MacIver Award) 등이 수여되는 것처럼, 2004년부터 매년 "상징적 상호작용의 생태학에서 뛰어난 학자"에게 어빙 고프먼 상(Erving Goffman Award)이 수여되어 왔다. 수상자 목록은 <표 10-1>과 같다. 이 수상자 목록에서 분명하게 드러나듯이, 새로운 세대의 사회과학자들은 고프먼의 원래의 아이디어와 관점을 새로 출현하는 연구 분야, 새로운 사회적 조건, 그리고 그가 예상치도 못했던 놀라운 사회연구 분야와 성공적으로 연관시켰다.

만약 고프먼이 오늘날 살아 있었다면 그의 예리한 눈길은, 비록 그가 특정한 현상의 미시사회학적 함의와 구체적인 양태를 연구할 것을 주장했음에도 불구하고, 현대 사회를 특징짓는 다양한 새로운 문화적 경향과 거시사회적 발전에 주목했을 것이라는 데에는 의심의 여지가 거의 없다. 랜들 콜린스

표 10-1　어빙 고프먼 상 수상자(2004~2013년)

연도	수상자 명	저서 명
2004	코리 앤턴 (Corey Anton)	『자아와 진정성(Selfhood and Authenticity)』
2005	에런 벤제브 (Aaron Ben Ze'ev)	『온라인 사랑: 인터넷에서의 감정(Love Online: Emotions on the Internet)』
2006	데이비드 브레비 (David Berreby)	『우리와 그들: 당신의 부족적 정신 이해하기(Us and Them: Understanding Your Tribal Mind)』
2007	리처드 랜햄 (Richard A. Lanham)	『주목의 경제학: 정보시대에서의 스타일과 내용(The Economics of Attention: Style and Substance in the Age of Information)』
2008	폴 메이슨 포시 (Paul Mason Fotsch)	『교통 흐름 지켜보기: 미국 도시에서의 운송과 고립(Watching the Traffic Go By: Transportation and Isolation in Urban America)』
2009	리치 링 (Rich Ling)	『새로운 기술, 새로운 시대: 모바일 커뮤니케이션은 사회적 응집성을 어떻게 다시 틀 짓는가(New Tech, New Times: How Mobile Communication is Reshaping Social Cohesion)』
2010	케니스 J. 거겐 (Kenneth J. Gergen)	『관계적 존재: 자아와 공동체를 넘어서(Relational Being: Beyond Self and Community)』
2011	리처드 S. 핼럼 (Richard S. Hallam)	『가시적 자아, 실제의 사람: 학제적 대화(Virtual Selves, Real Persons: A Dialogue Across Disciplines)』
2012	코리 앤턴 (Corey Anton)	『의미의 원천: 세속적 회춘과 신스토아적 영웅주의(Sources of Significance: Worldly Rejuvenation and Neo-Stoic Heroism)』
2013	발레리 V. 피터슨 (Valerie V. Peterson)	『섹스, 윤리, 커뮤니케이션: 친밀성 대화에 대한 인간주의적 접근(Sex, Ethics and Communication: A Humanist Approach to Conversations on Intimacy)』

(Randall Collins, 1986)는 고프먼이 암으로 일찍 삶을 마감하지 않았더라면 어떤 연구를 했을지 곰곰이 생각해 본 적이 있다. 콜린스에 따르면, 고프먼은 적어도 두 권의 책을 더 썼을 것으로 보인다. 그중 한 권은 아마도 지식 세계에 대한 예리하고 신랄한 분석 ― 아마도 전형적인 고프먼 방식으로 학계의 상아탑 내부에서 일어나는 지적 삶의 미시 동학에 초점을 맞추는 일종의 과학사회학이나 사회학의 사회학 ― 이었을 것이다. 그러한 종류의 작업은 의심할 바 없이 연구기금을 따기 위한 끊임없는 과당경쟁이 지적 작업에 미치는 영향, 학문적 생

산의 정량화, 연구 부서에서의 존대와 처신, 그리고 지식인들(사회학자와 같은)이 점점 미디어 달링(media darling), 진실의 공적 증인, 예언가(soothsayer)로 행세하는 방법 — 고프먼이 경멸했을 것 — 등도 다루었을 것이다. 아주 민감한 문제에 대한 고프먼의 관심과 지그문트 프로이트의 저작에 대해 고프먼이 초기에 가지고 있던 관심을 고려해 볼 때, 예상되는 또 다른 책은 아마도 섹슈얼리티에 관한 것이었을 것이다. 왜냐하면 슈퍼에고 형태의 섹스 및 섹스에 관한 사회적 규범은 일상생활에서 놀랄 만하지만 자주 거의 비가시적인 수많은 미시 의례를 축으로 하여 이루어지기 때문이다. 더 나아가 만약 고프먼이 새천년까지 살았더라면, 그는 확실히 인터넷의 부상과 확산에, 그리고 사람들이 온라인에서 이용할 수 있는 끝없는 자아 표현의 가능성, 초점 있는 상호작용과 초점 없는 상호작용, 비밀, 정체성 놀이, 행동 의례, 에티켓 등에 대해 깊은 관심을 가졌을 것으로 보인다. 이러한 책들 외에도, 사람들은 고프먼이 사회에서 무시되거나 간과되거나 확실하게 비밀에 부쳐졌을 많은 것을 다룬 책을 훨씬 더 많이 출간했을 것이라고 확신할 수 있다.

추천 도서

이 책에 인용된 저술들에서 분명하게 알 수 있듯이, 어빙 고프만의 연구에 관심이 있는 학자나 학생들에게는 이미 고프먼 자신이 출간한 11권의 책과 그의 몇 안 되지만 매우 중요한 저널 기사와 함께 그의 삶과 저작의 다양한 측면을 다룬 방대한 양의 2차 문헌이 존재한다. 출판된 책 가운데 일부(모노그래프뿐만 아니라 편집된 책들도)가 주로 전기의 세세한 내용에 주의를 기울이고 있다면 다른 책들은 더 분석적이거나 입문용 텍스트이고, 시중에서 판매되는 책 중 일부는 영어로 출판된 반면 다른 책들은 독일어, 이탈리아어, 프랑스어, 스웨덴어, 덴마크어와 같은 더 현지화된 언어로만 이용할 수 있다. 이를테면 이브 윙킨이 쓴『어빙 고프먼: 순간과 사람들(Erving Goffman: Les moments et leurs hommes)』(1988)이라는 제목의 프랑스어 책은 주로 고프먼 자신의 텍스트를 번역하여 제시하는 것에 관심이 있지만, 고프먼의 삶과 배경에 대한 매우 흥미롭고 광대한 논평을 포함하고 있다. 지금까지 나온 가장 포괄적인 소개서는 여전히 톰 번즈(Tom Burns)의『어빙 고프먼(Erving Goffman)』(1992)으로, 이 책은 고프먼의 개인적 삶과 직업적 업적의 대부분의 측면을 통찰력 있게 그리고 테마별로 조직화해 놓은 역작이다. 같은 시기에 출판된 또 다른 중요한 책은 필립 매닝의『어빙 고프먼과 현대 사회학(Erving Goffman and Modern Sociology)』(1992)인데, 이 책 역시 (그리고 좀 더 연대기순으로 구조화하는 방식으로) 고프먼 저작의 이론적 테마와 방법론의 기관실을 파고든다. 좀 더 최근에 나온 그레그 스미스의 입문서도 추천할 만한데, 왜냐하면 그 책이 상대적으로 간결하고 또 고프먼의 삶과 일의 가장 중심적인 교의에 집중하고 몰두하기 때문이다. 간략한 개요를 원하는 학생들에게는 이 맨 나중의 책이 좋은 출발점이 될 것이다.

또한 주요 고프먼 해석가들의 중요한 해석과 추천할 만한 챕터를 담고 있는 편집서들도 있다. 제이슨 디튼(Jason Ditton)의『고프먼의 시선에서(The View from Goffman)』(1980), 폴 드류(Paul Drew)와 앤서니 우튼(Anthony Wootton)의『어빙 고프먼: 상호작용 질서의 탐구(Erving Goffman: Exploring the Interaction Order)』(1988), 스티븐 H. 리긴스(Stephen H. Riggins)의『고프먼을 넘어서(Beyond Goffman)』(1990), 그레그 스미스의『고프먼과 사회조직: 사회학적 유산 연구(Goffman and Social Organization: Studies of a Sociological Legacy)』(1999), A. 하비에르 트레비뇨의『고프먼의 유산(Goffman's Legacy)』(2003)이 그러한 책들이다. 그 밖에도 찰스 레머트와 앤 브래너먼은『고프먼 독본(The Goffman Reader)』(1997)이라는 선집을 출판했는데, 이 책에는 고프

먼 저술의 발췌물뿐만 아니라 두 편집자의 흥미로운 해석과 토론도 담겨 있다. 게다가 게리 앨런 파인과 그레그 스미스는 고프먼에 관한 많은 2차 문헌을 모아 네 권의 인상적인 책으로 엮어 출판했다(Fine and Smith, 2000). 고프먼의 작업을 모바일 텔레커뮤니케이션, 관광 사진, 또는 모빌리티과 같은 새로운 사회 조건에 확대·적용하고자 하는 사람들에게는 『현대의 고프먼(The Contemporary Goffman)』(Jacobsen, 2010a)이라는 편집서를 추천하며, 미디어 및 커뮤니케이션 연구에서 고프먼이 갖는 유용성에 관심이 많은 사람들에게는 『어빙 고프먼: 미디어와 커뮤니케이션 이론에 대한 비판적 입문(Erving Goffman: A Critical Introduction to Media and Communication Theory)』(Winkin and Leeds-Hurwitz, 2013)을 추천한다. 게리 앨런 파인과 필립 매닝(Gary Alan Fine and Philip Manning, 2003)은 한 편집서의 자신들이 쓴 장에서 고프먼의 삶과 저작에 대해 훌륭하고 간결하게, 그리고 쉽게 이해할 수 있게 개관하고 있다. 마지막으로, 학술 저널의 몇몇 특집호는 고프먼 관점에 대해 공감적 또는 비판적으로 분석하고 적용하는 데 지면을 할애해 왔다. ≪이론, 문화, 사회(Theory, Culture and Society)≫의 제2권 제1호(1983)와 ≪인간 연구(Human Studies)≫의 제12권 제1호와 제2호(1989)가 그것들이다. 그 밖에도 저널, 도서관, 인터넷 등에는 엄청난 양의 논문, 학위논문, 프로젝트들이 산재해 있는데, 이 모든 것은 사회세계에 대한 고프먼의 견해가 지속적인 중요성과 활력을 지니고 있음을 입증한다. 고프먼에 대한 기록보관소 정보와 유용하고 계속해서 업데이트되는 다양한 자료에 관심이 있는 사람들을 위한 홈페이지인 어빙 고프먼 아카이브(The Erving Goffman Archives)도 있다. 거기에는 많은 흥미로운 정보, 논문, 논평들이 담겨 있다. 이 정보에 접근하고자 한다면, 웹사이트 www.unlv.edu/centers/cdclv/ega/index.html을 방문하면 된다.

결론

로버트 어윈(Robert Erwin, 1992: 338)은 한때 고프먼의 "특별한 어법은 결코 인기를 끌지 못했다. 고프먼은 주목받았지만 받아들여지지는 않았다"라고 진술한 적이 있다. 하지만 시간이 지나고 나서 다시 살펴보니 (그리고 이 책의 장들을 되돌아보니) 어빙 고프먼의 노력이 성공을 거두지 못했다고 생각하기란 실제로 어렵다. 어윈의 생각은 엄청난 과장이라는 것이 우리의 주장이자 확신이다. 고프먼은 주목받았을 뿐만 아니라 받아들여졌다. 이 책의 많은 장에서 보여주었듯이, 고프먼은 그의 동시대 사람들 대부분보다, 그리고 심지어 그의 후계자들 대부분보다도 훨씬 더 많은 용어를 만들어냈고, 후세대의 연구자들과 학자들에 의해 받아들여지고 해석되고 적용된, 그리고 과학의 다양한 학문 분과와 하위 분과에서 연구 의제를 틀 짓고 의식을 고취시키는 데 도움을 준 분석을 수행했다. 따라서 비록 고프먼이 이제 더 이상 (직접) 사회학적 풍경의 일부를 이루는 것은 아니지만, 그는 오늘날에도 여전히 얼마간 직간접적인 다양한 방식으로 우리 사이에 존재한다. 그는 이러한 방식으로 우리에게 키워나갈 유산과 추진해 나갈 비전과 열정을 남겨주고 있다. 엘리엇 프리드슨(Eliot Friedson)이 주장한 바와 같이,

> 우리가 물려받은 것은 하나의 이론 또는 심지어 하나의 이론을 위한 토대가 아닌, 어빙 고프먼 자신의 사회학자로서의 자아이다. 우리가 물려받은 것은 세계의 관습에 매혹적으로 저항하기보다는 사회학자로서 자신의 자아를 확고히 하고자 하는 그의 투쟁이다. 우리는 그가 우리 대부분이 간과하고 있는 인간의 삶의 측면을 조명하는 데, 그리고 우리가 다른 방법으로 볼 수 있는 것보다 인간성의 더 많은 것을 우리에게 보여주는 데 유용해 보이는 모든 자원을 상상력과 열정을 가지고 이용하고 있음을 본다.(Friedson, 1983: 362)

아주 다행스럽게도 이제 어빙 고프먼 없는 사회학은 상상하기 어려울 것이다. 고프먼의 정신은 사회학에 계속해서 들어오는 새로운 신참자 세대 — 고프먼의 저작과 관점에서 우리 모두가 참여하는 미시세계를 좀 더 잘 감지하고 이해할 수 있는(그리고 어쩌면 좀 더 인간적이게 만들 수 있는) 기회를 포착하는 능력을 지닌 — 속에서 살아 숨 쉬고 있다.

이 마지막 장에서 우리는 탁월한 사회학자로서의 고프먼에 대한 우리의 독해 방식에 대해 논의했고, 고프먼의 아이디어를 다양한 구체적인 경험적 맥락에서 이용하는, 그리하여 고프먼이 어떻게 전 세계의 동료와 연구자들에게 여전히 강력한 영감의 원천으로 남아 있는지를 증명하고 예증하는 (고전적 및 현대적) 연구 문헌들의 목록을 제시했다. 그리고 마지막으로, 우리는 고프먼을 더 깊이 파고드는 데 관심이 있는 사람들을 위해 몇 가지 더 읽을거리를 추천했다. 하지만 우리는 이 책을 어빙 고프먼 자신의 말 — 정확하게는 그의 마지막 출간물의 일부 — 로 끝맺고자 한다. 그는 사후에 출판된 자신의 유명한 회장 취임 연설에서 대체 왜 사회학이 얼마간 필요한지를 비꼬는 투로 다음과 같이 선언했다.

나는 우리[사회학자들]가 지금까지 생산해 온 것을 정말 좋은 몇 가지 개념적 구별 및 차가운 맥주와 맞바꿀 수 있다면 그것에 기뻐해야 한다는 말을 들어왔다. 하지만 우리가 가지고 있는 것과 교환할 수 있는 것은 세상에 아무것도 없다. 우리가 가진 것이라고는 사회생활의 모든 요소에 대해 규제나 후원을 받지 않고 탐구하려는 정신을 유지하고자 하는 경향, 그리고 이 명령을 수행하기 위해 우리 자신과 우리의 학문 이외의 다른 곳을 바라보지 않는 지혜뿐이다. 이것이 우리의 유산이고 지금까지는 우리가 물려주어야 할 것이다. 사회적 욕구를 다루는 것이 정당한 일이 되기 위해서는 제도적 권위를 가진 사람들 — 성직자, 정신과 의사, 학교 교사, 경찰, 장군, 정부 지도자, 부모, 남성, 백인, 전국 조직, 미디어 운영자, 그리고 현실에 대한 견해에 공식 날인하는 지위에 있는 다른 모든 좋은 자리를 차지하고 있는 사람들 ─ 이 누리는 사회적 장치의 후원을 받지 않고 분석을 수행해야 한다.(Goffman, 1983a: 17)

연습문제

- 어빙 고프먼의 아이디어와 개념은 어떻게, 어디서, 왜, 그리고 언제 가장 쉽게, 가장 중요하게, 그리고 가장 창의적으로 현대 사회연구에 적용될 수 있는가?
- 만약 어빙 고프먼이 10년 또는 20년 더 살았다면, 당신은 그가 무엇에 대해 쓰고 있었을 것이라고 생각하는가?
- 현대 사회에서 어빙 고프먼의 사회학적 관점에 대해 제기된 주요한 도전은 어떤 것이 있을 수 있는가?
- 만약 당신이 이 책을 읽은 후, 어빙 고프먼의 저작을 단 세 단어로 묘사하라는 요구를 받는다면, 어떤 단어들로 묘사하겠는가?

용어 풀이

가추(abduction) ㅣ 귀납과 연역 각각에서 통찰력을 빌리지만, 명확한 이론을 생성하거나 이론을 검증하는 것과는 달리, 관찰에서 (관찰된 현상을 해명하거나 설명할 수 있는) 하나의 가설을 진술하는 것으로 나아가는 추론 노선에 주로 관심이 있는 추론 양식 또는 추리 논리[때로는 조건부 추측(qualified guessing)이라고도 불린다].

공연(performance) ㅣ 어떤 사람이 관객 앞에서 보여주는 행동 또는 활동. 공연에 참여할 때, 행위자들은 상호작용을 촉진하고 정체성을 확립하거나 유지하기 위해 관객에게 자신들의 인상을 만들어낸다.

근거 이론(grounded theory) ㅣ 구체화된 표집, 코딩 및 분석 절차를 통해 기존 이론을 검증하거나 실증하기보다는 데이터 자료의 수집에 기반하여 개념을 생성하고 이론을 구성하는 것에 주로 관심을 두는 급진적인 귀납주의적 입장 위에 구축된 방법론적 접근방식.

기호 매체(sign vehicle) ㅣ 개인들이 특정한 환경, 자신들의 태도와 외양을 이용하여 자신들에 대한 정보를 전달하는 방법을 묘사하기 위해 고프먼이 제안한 개념. 이 매체들이 한 사람의 겉모습을 이루는 주요 부분을 구성한다.

낙인 이론(labeling theory) ㅣ 낙인찍기를 처음의 행위와 그에 대한 사회적 반응을 포함하는 동적이고 상호작용적인 과정 ─ 개인들이 사회적으로 구성된 규칙을 위반한 결과만큼이나 개인을 일탈자로 규정하는 결과를 초래하는 — 으로 정의하는, 상징적 상호작용주의에 뿌리를 둔 일탈에 관한 이론적 관점.

도덕적 이력(moral career) │ 한 사람이 정상적인 인간에서 인간의 존엄성과 시민권을 박탈당한 덜 가치 있는 인간으로 변형되는 것을 포함하여 제도적 장치에서 일어나는 하나의 과정.

루핑(looping) │ 굴욕에 맞서 자신을 보호하려는 개인의 시도가 저항으로 해석되고 그 사람의 실패의 한 측면으로 간주되는 상호작용 과정을 포함하는 굴욕의 한 원천.

미시사회학(microsociology) │ 주로 상황적 또는 대면적 환경에서 사회적 상호작용, 정체성, 매개체와 같은 일상생활의 서로 다른 측면에 관심을 기울이는, 그리고 종종 사회적 불평등, 정치, 또는 구조적 장치와 같은 더 관례적인 거시사회학적 주제에서 소홀히 다루거나 덜 관심을 가지는 측면에 관심을 기울이는 사회학의 한 분파.

상징적 상호작용주의(symbolic interactionism) │ 사람들이 다른 사람들과의 사회적 상호작용 과정(이를테면 언어적 또는 비언어적 행동)과 상황 정의를 통해 타자, 자아, 사회에 대한 주관적 의미를 어떻게 끌어내고 발전시키고 믿게 되는지를 연구하는 데 관심을 두는, 자주 미시사회학적인 것 또는 사회심리학적인 것으로 간주되는 사회학의 접근방식 또는 관점.

상호작용 의례(interaction ritual) │ 사회적 상호작용 속에서 다른 사람들에 대한 존경을 드러내고 당혹감을 피하고 사회적 상호작용 과정에 위협을 가하지 않기 위해 사용되는 방어적 또는 보호적인 행위와 절차. 상호작용 의례는 사람들이 개인의 체면과 근원적인 사회질서에 대해 존경을 드러내는 것이기 때문에 상징적인 측면을 포함한다.

상호작용 질서(interaction order) ㅣ 특정한 규범에 의해 규제되는, 사람들이 물리적으로 함께하는 사회적 영역. 고프먼에 따르면, 상호작용 질서는 사람들의 대면적 상호작용에서 관찰될 수 있는 질서이며, 그 자체로 연구할 가치가 있는 질서이다.

상황 정의(definition of the situation) ㅣ 어떤 사회적 상황을 이해하는 특별한 방식을 유지 또는 협의하는 것과 관련한 개인들의 협력을 포함하는 상호작용 과정을 지칭하는 말. 하나의 구체적인 상황 정의는 구체적인 상호작용 규범과 역할 요구를 포함한다.

성격 경쟁(character contest) ㅣ 상대방을 희생시켜 자신의 체면을 유지하고자 하는 두 개인 간의 대결을 포함하는 상호작용 순서.

시카고학파(Chicago School) ㅣ 19세기 후반 이후 시카고 대학교 사회학과에서 일한 연구자들 ― 사회학자와 사회사업가 ― 을 정의하기 위해 사용된 기술적 호칭. 그 성원들은 테마와 접근방법이 서로 달랐음에도 불구하고, 특히 상호작용주의에 연구의 초점을 맞추는 것을 장려하고 질적 연구에 의존했다.

역할 거리(role distance) ㅣ 어떤 사람이 자신이 현재 수행 중인 역할에 대해 얼마간 초연하다는 것을 드러내는 행위를 묘사하는 용어. 그 사람은 역할 거리를 실행함으로써, 특정한 사회적 역할을 하고 있음을 인정하지만, 그 상황에서 이용 가능한 특정한 역할 유형으로부터 자신을 분리시킨다.

연극적 모델(dramaturgy) ㅣ 사회생활의 측면을 묘사하기 위해 연극적·연극학적 개념을 사용하는 것. 연극적 모델은 사회적 상호작용의 공연적·역할연기적 측면에 초점을 맞춘다. 고프먼은 상호작용 질서의 요소와 과정을 기술하기 위해 연극적 개념을 사용했다.

영역(region) ㅣ 사회적 상호작용이 관객의 서로 다른 역할과 인식을 포함하는 서로 다른 환경에서 일어난다는 것을 설명하기 위해 고프먼이 사용한 관념. 고프먼의 연극적 모델에서 상정한 주요 영역은 전면 무대, 후면 무대, 무대 밖이다.

(자아의) 영토[territories (of the self)] ㅣ 어떤 개인을 둘러싸고 있는 영역, 어떤 개인이 우선권을 갖는 특정한 사물, 한 개인이 차지하는 시간적 차례나 장소, 또는 그 개인이 통제권을 가지는 것으로 예상되는 개인에 대한 정보를 지칭하는 고프먼의 용어. 고프먼의 행동학적 분석에서 다른 사람들에 의해 침입될 수 있는 이러한 영토들이 자아를 구성한다.

예의 있는 무관심(civil inattention) ㅣ 사람들이 다른 사람의 존재를 인정하면서도 그들의 사생활을 침해하지 않는 사소한 상호작용 의례이자 초점 없는 상호작용의 유형. 사람들은 예의 있는 무관심을 수행함으로써 자신을 위협적이지 않은 상호작용 상대로 보이게 한다.

오명(stigma) ㅣ 불명예스러운 속성이나 행동을 드러내는 개인들이 부정적으로 분류되고 제재되는 사회적 과정. 오명은 자주 신분 상실과 수치심, 불안감, 당혹감을 수반한다.

위반의 방법론(methodology of violation) | 규칙이 깨지거나, 규범이 위반되거나, 일상생활의 정상적이고 원활한 기능에 또는 규제된 질서에 위기가 발생하는 상황에 대한 연구를 출발점으로 삼아 사회생활을 탐구하는 접근방식.

은유(metaphor) | 두 존재 영역 — 이를테면 일상생활과 연극 공연과 같이 자주 서로 관계없는 — 간의 유사성을 보여주거나 제안하는 데 사용되는 텍스트적 또는 문학적 장치로, 그 두 영역의 결합을 통해 이해하고자 하는 현상에서 간과되었거나 발견되지 않았거나 숨어 있는 측면을 조명하는 것을 상상적으로 돕는다.

의례(ritual) | 신성한 것으로 간주되는 어떤 사람 또는 어떤 것을 적절한 존경심을 가지고 대하는 상징적 행위.

이단아(maverick) | 사회연구의 공식적이고 잘 확립된 패러다임들 간의 바리케이드 밖에 의식적으로 서 있거나 그러한 바리케이트에 걸쳐 있거나 걸터앉아서 독창적인 관점을 제공하는 사람.

인상관리(impression management) | 사람들이 관객을 상대로 하여 자신과 상황에 대한 인상을 만들어내는 행위. 이것은 사람들이 의도적으로 정보를 제공하는 것과 알게 모르게 정보를 풍기는 것뿐만 아니라 자신들의 인상관리를 감지하기 위해 다른 사람들을 모니터링하는 것도 포함한다.

입장 취하기(footing) | 언어적 상호작용에 참여하는 사람들이 어떤 주어진 상황에서 다른 사람들에게 또는 말해지고 있는 내용에 맞추어 자신들을 조정하는 방식을 가리키는 **프레임** 개념과 밀접하게 관련된 관념.

자아(self) ㅣ 사회적 상황에서 받는 인상과 그에 대한 반응으로부터 만들어지는 어떤 사람의 이미지. 따라서 고프먼의 관점에서 볼 때, 자아는 행위자의 공연, 실제 무대장치, 그리고 관객의 해석으로부터 출현하는 하나의 산물이다.

자아의 굴욕화(mortification of self) ㅣ 개인이 자신을 자유롭고 자결적인 유능한 시민으로 표현하는 데 필요한 자원을 박탈당하여, 인간의 존엄성과 자존감의 상실을 경험하는 과정.

적절성의 조건(Felicity's Condition) ㅣ 언어적·비언어적 상호작용에서 다른 모든 배경 가정의 밑에 깔려 있는 배경 가정 또는 원칙을 말하며, 이는 사회적 상호작용을 하나로 묶어주고, 그 상호작용을 참여자들에게 신뢰할 수 있고 인식할 수 있고 이해할 수 있고 의미 있게 만들어준다.

전면 무대(frontstage) ㅣ 고프먼의 연극적 모델에서 중요한 영역의 하나. 사람들은 전면 무대에서 행해지는 공연에 참여하면서, 자신이 관객들 앞에 있음을 인식하고, 그리하여 역할을 연기하고 정보를 제공하고 흘림으로써 인상을 만들고자 한다.

전체주의적 기관(total institution) ㅣ 감금이라는 특성을 가지는, 즉 수감자가 외부세계와 접촉하는 것뿐만 아니라 그 시설을 떠날 가능성도 차단하는 형태의 기관.

정교화된 아이러니(sophisticated irony) ㅣ 자신의 연구 주제, 자신의 독자, 또는 자신의 방법론과 연구 결과에 대한 아이러니나 장난스러운 풍자적 입장이 (이를테면 묘사된 것에 대한 친숙감 만들어내기, 독자들을 놀리거나 유혹하기, 신랄한 논평을 가능하게 하기, 비판에 대한 방벽 쌓기와 같은) 중요한 분석적 목적에 얼마나 기여하는지를 기술하기 위해 사용된 용어.

젠더리즘(genderism) ｜ 젠더에 기반한 젠더 역할의 구성을 지칭하는 용어로, 그것에는 이를테면 남성과 여성의 예측 가능한 표현, 정형화된 젠더 기대와 젠더 이미지, 고도로 조직화된 성별 장치, 서로 다른 젠더 정체성 및 젠더 특수적 관행 등이 포함된다.

존대(deference) ｜ 행위자들이 다른 사람의 자아를 존경 내지 존중한다는 것을 드러내는 행동이나 정중한 말. 사람들은 존대의 표시를 받기 위해서는 적절한 방식으로 행동할 필요가 있다(**처신**을 참조하라).

참여 관찰(participant observation) ｜ 연구자가 연구 대상자의 삶과 행위에 적극적으로 참여하고 종종 연구자 자신을 자신의 연구 대상과 동일한 생활 조건에 처하게 하기도 하는 (때로는 보다 광범하게 민속방법론 또는 현지 조사라는 표제하에 포함되기도 하는) 자료수집 방법.

창조적 가추(creative abduction) ｜ 특히 상상적이고 창조적인 방법으로 특정한 관찰된 현상을 해명하거나 설명하거나 그 현상에 의미를 부여하고자 하는 가추 유형을 기술하기 위해 움베르토 에코가 발명한 관념.

처신(demeanor) ｜ 어떤 사람의 외모와 행동. 좋은 처신으로 자신을 표현할 때, 그리하여 상호작용 규범을 인정할 때, 그 사람은 사회적 환경으로부터 존대를 받을 것이다(**존대**를 참조하라).

체계의 요구사항(system requirement) | 상호작용 — 참여자들 간의 상호 참여의 체계로서의 — 이 상호작용으로 성공하기 위해 준수해야만 하는 상호작용(고프먼의 경우에는 주로 언어적 상호작용이나 담화)의 전제 조건 또는 의사소통-기술적 요구.

키 조정하기(keying) | '키 이용하기(using a key)'와 유사한 어떤 것을 의미하는 개념으로, 참여자들에게 (상호작용의 층위, 상호작용과 다른 프레임 간의 관계 등을 포함하여) 상호작용의 의미를 알리는 말이나 행동을 가리킨다. 우리는 특정한 키를 사용하여 잠금을 풀고 서로 다른 방법으로 상황을 정의하거나 재정의한다.

프레임(frame) | 사람들이 자신의 주변에서 일어나는 상황과 사건을 이해하고자 할 때 적극적으로 이용하는 정신적 장비를 일컫는 개념. 프레임은 사람들이 자신의 경험을 조직화하고 사회적 상황을 헤쳐나가는 것을 돕는다.

프레임 분석(frame analysis) | 프레임 — 상황에 대한 우리의 이해와 상황 정의를 지배하고 우리의 행위를 인도하는 정신적 지도, 인식의 매트릭스, 또는 암묵적이고 근원적인 이해 도식 — 을 분석하는 것을 지칭하는 이름. 프레임 분석은 왜 사람들이 특정한 방식으로 행동하는지, 그리고 그들이 다양한 특정 프레임에 따라 자신들의 경험을 어떻게 구성하는지를 이해하기 위해 노력하는 것을 포함한다.

후면 무대(backstage) | 고프먼의 연극적 모델에서 중요한 영역 중 하나. '후면 무대'는 무대장치 뒤에서 일어나는 활동을 묘사한다. 후면 무대에 있을 때, 배우들은 (비록 반드시 진정성을 가지고 행동하는 것은 아니지만) 긴장을 풀 수 있고 상호작용 역할에 의해 덜 구속받는다고 느낄 수 있다(**전면 무대**를 참조하라).

고프먼의 저술 목록

Goffman, E. (1949). *Some characteristics of response to depicted experience.* Unpublished master's thesis, University of Chicago.

Goffman, E. (1951). Symbols of class status. *British Journal of Sociology, 11,* 294~304.

Goffman, E. (1952). On cooling the mark out: Some aspects of adaptation to failure. *Psychiatry, 15,* 451~463.

Goffman, E. (1953a). *The service station dealer: The man and his work.* Chicago: Social Research Incorporation.

Goffman, E. (1953b). *Communication conduct in an island community.* Unpublished PhD thesis, University of Chicago.

Goffman, E. (1955). On face-work: An analysis of ritual elements in social interaction. *Psychiatry, 18*(3), 213~231.

Goffman, E. (1956a). The nature of deference and demeanor. *American Anthropologist, 58*(3), 473~502.

Goffman, E. (1956b). Embarrassment and social organization. *American Journal of Sociology, 62,* 264~274.

Goffman, E. (1957a). Alienation from interaction. *Human Relations, 10,* 47~59.

Goffman, E. (1957b). On some convergences of sociology and psychiatry. *Psychiatry, 20*(3), 201~203.

Goffman, E. (1957c). Interpersonal persuasion. In B. Schaffner (Ed.), *Group processes.* New York: Josiah Macy Jr. Foundation, pp. 117~193.

Goffman, E. (1957d). Some dimensions of the problem. In D. J. Levinson & R. H. Williams (Eds.), *The patient and the mental hospital.* New York: Free Press, pp. 507~510.

Goffman, E. (1959). *The presentation of self in everyday life.* New York: Overlook Press.

Goffman, E. (1961). *Asylums: Essays on the social situation of mental patients and other inmates.* Harmondsworth: Penguin Books.

Goffman, E. (1963). *Behaviour in public places: Notes on the social organization of gatherings.* New York: Free Press.

Goffman, E. (1964a). *Stigma: Notes on the management of spoiled identity.* Chicago: Aldine.

Goffman, E. (1964b). The neglected situation. *American Anthropologist, 66*(2), special issue: 133~136.

Goffman, E. (1966). Communication and enforcement systems. In K. Archibald (Ed.), *Strategic interaction and conflict.* Berkeley, CA: Institute for International Studies, pp. 198~220.

Goffman, E. (1967). *Interaction ritual: Essays on face-to-face behaviour.* New York: Anchor Books.

Goffman, E. (1969). *Strategic interaction.* Oxford: Basil Blackwell.

Goffman, E. (1971). *Relations in public: Microstudies of the public order.* New York: Basic Books.

Goffman, E. (1972). *Encounters: Two studies in the sociology of interaction.* Harmondsworth: Penguin Books.

Goffman, E. (1974). *Frame analysis: An essay on the organization of experience.* New York: Harper &

Row.

Goffman, E. (1976a). Replies and responses. *Language and Society, 5*(3), 257~313.

Goffman, E. (1976b). Gender advertisements: Studies in the anthropology of visual communication. *Society for the Anthropology of Visual Communication, 3*(2), 69~154.

Goffman, E. (1977a). The arrangement between the sexes. *Theory and Society, 4*, 301~331.

Goffman, E. (1977b). Genderisms: An admittedly malicious look at how advertising reinforces sexual role stereotypes. *Psychology Today, 11*(3), 60~63.

Goffman, E. (1977c). La ritualisation de la féminité. *Actes de la recherce en sciences sociales, 14*, 34~50.

Goffman, E. (1979a). *Gender advertisements*. London: Macmillan.

Goffman, E. (1979b). Footing. *Semiotica, 25*(1~2), 1~29.

Goffman, E. (1981a). *Forms of talk*. Oxford: Basil Blackwell.

Goffman, E. (1981b). Reply to Denzin and Keller. *Contemporary Sociology, 10*(1), 60~68.

Goffman, E. (1983a). The interaction order. *American Sociological Review, 48*, 1~17.

Goffman, E. (1983b). Felicity's condition. *American Journal of Sociology, 89*, 1~53.

Goffman, E. (1983c). Microsociologie et historie. In P. Fritsch (Ed.), *Le Sens de L'ordinaire*. Paris: Editions du Centre National de la Recherche Scientifique, pp.197~202.

Goffman, E. (1989). On fieldwork. *Journal of Contemporary Ethnography, 18*(2), 123~132.

참고문헌

Abels, H. (1998). *Interaktion, identität, präsentation.* Wiesbaden: Westdeutsche Verlag.

Abrahams, R. D. (1984). Pros and players. *Raritan, 3*(4), 76~94.

Adler, P. and Adler, P. (1989). The gloried self: The aggrandizement and the constriction of self. *Social Psychology Quarterly, 52*(4), 299~310.

Ainlay, S., Becker, G. and Coleman, L. M. (Eds.). (1986). *The dilemma of difference: A multidisciplinary view of stigma.* New York: Springer.

Alaszewski, A. and Manthorpe, J. (1995). Goffman, the individual, institutions and stigmatization. *Nursing Times, 91,* 38~39.

Albas, D. and Albas, C. (1988). Aces and bombers: The post-exam impression management strategies of students. *Symbolic Interaction, 11,* 289~302.

Album, D. (1995). Hvordan går det med Goffman og Garfinkel? Teorier om samhandling ansikt til ansikt. *Sociologisk Tidsskrift, 4,* 245~262.

Album, D. (1996). *Nære fremmede: Patientkulturen i sykehus [Close strangers: Patient culture in a Norwegian hospital].* Otta: Tano.

Album, D. (2010). Close strangers: Patient-patient interaction rituals in acute care hospitals. In M. H. Jacobsen (Ed.), *The contemporary Goffman,* pp. 352~371. London: Routledge.

Altheide, D. L. (1997). The news media, the problem frame and the production of fear. *Sociological Quarterly, 38*(4), 647~668.

Anderson, R. J., Hughes, J. A. and Sharrock, W. (1985). Reading sociology: Goffman as example. In R. J. Anderson, J. A. Hughes and W. Sharrock (Eds.), *The Sociology Game.* London: Longman.

Andreski, S. (1972). *Social sciences as sorcery.* London: Pelican Books.

Atkinson, P. (1989). Goffman's poetics. *Human Studies, 12*(1~2), 59~76.

Attewell, P. (1974). Ethnomethodology since Garfinkel. *Theory and Society, 1,* 179~210.

Baldamus, W. W. (1972). The role of discoveries in social science. In T. Shannin (Ed.), *The rules of the game: Cross-disciplinary essays on models in scholarly thought,* pp. 276~302. London: Tavistock.

Bateson, G. (1972). *Steps to an ecology of mind.* Chicago: University of Chicago Press.

Battershill, C. D. (1990). Erving Goffman as a precursor to post-modern sociology. In S. H. Riggins (Ed.), *Beyond Goffman: Studies on communication, institution and social interaction,* pp. 163~186. Berlin: Mouton de Gruyter.

Bauman, Z. (1967). Image of man in the modern sociology—Some methodological remarks. *Polish Sociological Bulletin, 7*(1), 12~21.

Becker, H. S. (1963). *Outsiders: Studies in the sociology of deviance.* New York: Free Press.

Becker, H. S. (1967). Whose side are we on? *Social Problems, 14*(3), 239~247.

Becker, H. S. (2003). The politics of presentation: Goffman and total institutions. *Symbolic Interaction, 26,* 659~669.

Belknap, P. and Leonard, W. M., II. (1991). A conceptual replication and extension of Erving

Goffman's study of gender advertisements. *Sex Roles, 25*(3/4), 103~118.

Bell, P. and Milic, M. (2002). Goffman's *Gender Advertisements* revisited: Combining content analysis with semiotic analysis. *Visual Communication, 1*(2), 203~222.

Berger, B. M. (1973). A fan letter on Erving Goffman. *Dissent, 20*, 353~361.

Berger, P. L. (1963). *Invitation to sociology: A humanistic perspective*. Garden City, NY: Doubleday.

Berger, P. L. and Luckmann, T. (1966). *The social construction of reality*. Harmondsworth: Penguin Books.

Bergesen, A. (1984). Reflections on Erving Goffman. *Quarterly Journal of Sociology, 8*, 51~54.

Berman, M. (1972). Weird but brilliant light on the way we live now: Review of *Relations in public*. In G. A. Fine and G. W. H. Smith (Eds.), *Erving Goffman: A four-volume set*, Vol I., pp. 266~277 (Sage Masters in Modern Social Thought Series). London: Sage Publications.

Birenbaum, A. and Sagarin, E. (Eds.). (1973). *People in places: The sociology of the familiar*. London: Nelson.

Birrell, S. (1981). Sport as ritual: Interpretations from Durkheim to Goffman. *Social Forces, 60*, 354~376.

Birrell, S. and Donnelly, P. (2004). Reclaiming Goffman: Erving Goffman's influence on the sociology of sport. In R. Giulianotti (Ed.), *Sport and modern social theorists*, pp. 49~64. Basingstoke, UK: Palgrave/Macmillan.

Blumer, H. (1969). *Symbolic interactionism: Perspective and method*. Berkeley: University of California Press.

Bock, P. K. (1988). The importance of Erving Goffman to psychological anthropology. *Ethos, 16*, 3~20.

Boeskov, B. (1975). Sindsygdom: en social tilbøjelighed. In Bo Gregersen (Ed.), *Om Goffman —11 artikler*, pp. 142~157. Copenhagen: Hans Reitzels Forlag.

Bonsu, S. K. (2007). The presentation of dead selves in everyday life: Obituaries and impression management. *Symbolic Interaction, 30*(2), 199~219.

Borey, V. (2004). Tenant-landlord conflict: Goffman's interaction ritual applied. *Suite101.com: The Genuine Article*.

Bottomore, T. and Nisbet, R. (Eds.) (1978). *A history of sociological analysis*. New York: Basic Books.

Bouissac, P. (1990). Incidents, accidents, failures: The representation of negative experience in public entertainment. In S. H. Riggins (Ed.), *Beyond Goffman: Studies on communication, institution and social interaction*, pp. 409~442. Berlin: Mouton de Gruyter.

Boulton, M. (2001). "We pray by his mouth": Karl Barth, Erving Goffman and a theology of invocation. *Modern Theology, 17*(1), 67~83.

Bourdieu, P. (1983). Erving Goffman: Discoverer of the infinitely small. *Theory, Culture & Society, 2*(1), 112~113.

Bourdieu, P. (1998). *Masculine domination*. Stanford, CA: Stanford University Press.

Bourdieu, P. and Wacquant, L. J. D. (1992). *An invitation to reflexive sociology*. Chicago: University of Chicago Press.

Bovone, L. and Rovati, G. (Eds.). (1992). *L'ordine dell'interazione: La sociologia di Erving Goffman*. Rome: Armando Editore.

Branaman, A. (1997). Goffman's social theory. In C. Lemert and A. Branaman (Eds.), *The Goffman reader*, pp. xvl~lxxxii. Oxford: Blackwell.

Branaman, A. (2003). Interaction and hierarchy in everyday life. In A. J. Treviño (Ed.), *Goffman's legacy.* New York: Rowman and Littlefield.

Branaman, A. (2010). The protean Goffman: Erving Goffman and the new individualism. In M. H. Jacobsen (Ed.), *The Contemporary Goffman*, pp. 232~255. London: Routledge.

Branco, D. J. (1983). *Dramaturgical rhetoric: Erving Goffman's theory of communication-conduct.* Iowa City: University Library Microfilms.

Brandt, B. and Tatsis, K. (2009). Using Goffman's concepts to explore collaborative interaction processes in elementary school mathematics. *Research in Mathematics Education, 11*(1), 39~55.

Brent, E. E. et al. (1989). Erving: A program to teach sociological reasoning from the dramaturgical perspective. *Teaching Sociology, 17*(1), 38~48.

Brent, J. (1993). *Charles Sanders Peirce: A life.* Bloomington: Indiana University Press.

Brewster, B. H. and Bell, M. M. (2009). The environmental Goffman: Toward an environmental sociology of everyday life. *Society & Natural Resources, 23*(1), 45~57.

Brickell, C. (2005). Masculinities, performativity and subversion: A sociological reappraisal. *Men and Masculinities, 8*(1), 24~43.

Brinkmann, S., Jacobsen, M. H. and Kristiansen, S. (2014). Historical overview of qualitative research in the social sciences. In P. Leavy (Ed.), *The Oxford handbook of qualitative research methods.* Oxford: Oxford University Press.

Brissett, D. and Edgley, C. (Eds.). (1990). *Life as theater* (2nd ed.). Chicago: Aldine de Gruyter.

Brittan, A. (1973). *Meanings and situations.* London: Routledge and Kegan Paul.

Brown, D. K. (2003). Goffman's dramaturgical sociology: Developing a meaningful theoretical context and exercise involving embarrassment and social organization. *Teaching Sociology, 31*, 288~299.

Brown, R. H. (1976). Social theory as metaphor: On the logic of discovery for sciences of conduct. *Theory and Society, 3*, 169~197.

Brown, R. H. (1977). *A poetics for sociology: Toward a logic of discovery for the human sciences.* Cambridge: Cambridge University Press.

Brown, R. E. (2005). Acting presidential: The dramaturgy of Bush versus Kerry. *American Behavioral Scientist, 49*(1), 78~91.

Bulmer, M. (1984). *The Chicago school of sociology: Institutionalization, diversity and the rise of sociological research.* Chicago: University of Chicago Press.

Burke, K. (1936/1984). *Permanence and change.* Indianapolis, IN: Bobbs-Merrill.

Burns, T. (1992). *Erving Goffman.* London: Routledge.

Butler, J. (1993). *Bodies that matter: On the discursive limits of sex.* London: Routledge.

Bynum, J. and Pranter, C. (1984). Goffman: content and method for seminal thought. *Free Inquiry in Creative Sociology, 12*, 95~99.

Cahill, S., Fine, G. A. and Grant, L. (1995). Dimensions in qualitative research. In K. S. Cook, G. A. Fine and J. S. House (Eds.), *Sociological perspectives on social psychology*, pp. 605~628. Needham Heights, MA: Allyn and Bacon.

Cappetti, C. (1993). *Writing Chicago: Modernism, ethnography and the novel.* New York: Columbia University Press.

Carnevale, F. A. (2007). Revisiting Goffman's *Stigma:* The social experience of families with children requiring mechanical ventilation at home. *Journal of Child Health Care, 11*(1), 7~18.

Carter, A. (1979). Female persons. *The Guardian*, 31 May.

Caudill, W. (1962). Review of Erving Goffman's *Asylums*. *American Journal of Sociology, 68*, 366~369.

Cavan, R. S. (1983). The Chicago school of sociology, 1918~1933. *Urban Life, 11*, 407~420.

Chayko, M. (1993). What is real in the age of virtual reality? "Reframing" frame analysis for a technological world. *Symbolic Interaction, 16*(2), 171~181.

Chriss, J. J. (1993). Durkheim's cult of the individual as civil religion: Its appropriation by Erving Goffman. *Sociological Spectrum, 13*, 251~275.

Chriss, J. J. (1995a). Some thoughts on recent efforts to further systematize Goffman. *Sociological Forum, 10*(1), 177~186.

Chriss, J. J. (1995b). Habermas, Goffman, and communicative action: Implications for professional practice. *American Sociological Review, 60*, 545~565.

Chriss, J. J. (1999). Role distance and the negational self. In G. Smith (Ed.), *Goffman and social organization: Studies in a sociological legacy*, pp. 64~80. London: Routledge.

Collett, J. L. and Childs, E. (2009). Meaningful performances: Considering the contributions of the dramaturgical approach to studying family. *Sociology Compass, 3~4*, 689~706.

Collins, R. (1981a). The three stages of Goffman. In R. Collins, *Sociology since the midcentury: Essays in theory cumulation*, pp. 219~253. New York: Academic Press.

Collins, R. (1981b). On the microfoundations of macrosociology. *American Journal of Sociology, 86*(5), 984~1014.

Collins, R. (1985). *Three sociological traditions*. New York: Oxford University Press.

Collins, R. (1986). The passing of intellectual generations: Reflections on the death of Erving Goffman. *Sociological Theory, 4*(1), 106~113.

Collins, R. (1988a). *Theoretical sociology*. San Diego: Harcourt Brace.

Collins, R. (1988b). Theoretical continuities in Goffman's Work. In P. Drew. and A. Wootton (Eds.), *Erving Goffman—Exploring the interaction order*, pp. 41~63. Boston: Northeastern University Press.

Collins, R. (1990). Stratification, emotional energy and the transient emotions. In T. D. Kemper (Ed.), *Research agendas in the sociology of emotions*, pp. 27~57. Albany: State University of New York Press.

Collins, R. (1994). *Four sociological traditions*. Oxford: Oxford University Press.

Collins, R. (2004). *Interaction ritual chains*. Princeton, NJ: Princeton University Press.

Collins, R. and Makowsky, M. (1993). *The discovery of society*. New York: McGraw-Hill.

Combs, J. and Mansfield, M. (Eds.). (1976). *Drama in life*. New York: Hastings House.

Cooley, C. H. (1902). *Human nature and the social order*. New York: Scribner's.

Corradi, C. (1990). The metaphoric structure of scientific explanation. *Philosophy and Social Criticism, 16*(3), 161~178.

Corsaro, W. A. (1983). Review of Erving Goffman's *Forms of talk*. *American Journal of Sociology, 89*, 220~222.

Coser, L. (1976). Sociological theory from the Chicago dominance to 1965. *Annual Review of Sociology, 2*, 145~160.

Cosgrave, J. F. (2008). Goffman revisited: Action and character in the era of legalized gambling. *International Journal of Criminology and Sociological Theory, 1*(1), 80~96.

Craib, I. (1978). Erving Goffman: *Frame analysis. Philosophy of the Social Sciences, 8*, 79~86.

Crossley, N. (1995). Body techniques, agency and intercorporeality: On Goffman's *Relations in public. Sociology, 29*(1), 133~149.

Czyżewski, M. (1987). Erving Goffman on the individual: A reconstruction. *Polish Sociological Bulletin, 17*(3), 31~41.

Dahrendorf, R. (1973). *Homo sociologicus.* London: Routledge and Kegan Paul.

Damari, C. (2012). From Durkheim to Goffman: Collective consciousness and meta-frame. In A. Salvini, D. Altheide and C. Nuti (Eds.), *The present and future of symbolic interactionism* (Vol. II), pp. 39~46. Milan: Franco Angeli/Sociologia.

David, P. (1980). The reluctant self-presentation of Erving Goffman. *The Times Higher Education Supplement,* September 19, p. 7.

Davis, M. S. (1971). That's interesting—Towards a phenomenology of sociology and a sociology of phenomenology. *Philosophy of the Social Sciences, 1*(4), 309~344.

Davis, M. S. (1975). Review of *Frame analysis. Contemporary Sociology, 4*(6), 599~603.

Davis, M. S. (1997). Georg Simmel and Erving Goffman: Legitimators of the sociological investigation of human experience. *Qualitative Sociology, 20*(3), 369~388.

Dawe, A. (1973). The underworld-view of Erving Goffman. *British Journal of Sociology, 24,* 246~253.

Dell, P. and Marinova, D. (2002). Erving Goffman and the Internet. *Theory of science (teorie vedy). Journal for Theory of Science, Technology and Communication, 4,* 85~98.

Denzin, N. K. (2002). Much ado about Goffman. *American Sociologist, 33*(2), 105~117.

Denzin, N. K. and Keller, C. (1981). *Frame analysis* reconsidered. *Contemporary Sociology, 10*(1), 52~60.

Dillard, C., Browning, L. D., Sitkin, S. B. and Sutcliffe, K. M. (2000). Impression management and the use of procedures at the Ritz-Carlton: Moral standards and dramaturgical discipline. *Communication Studies, 51*(4), 404~414.

Ditton, J. (Ed.). (1980). *The view from Goffman.* London: Macmillan.

Donnelly, C. M. and Wright, B. R. E. (2013). Goffman goes to church: Face-saving and the maintenance of collective order in religious ceremonies. *Sociological Research Online, 18*(1).

Drake, M. S. (2005). Erving Goffman's political sociology and the politics of disabled people's movement in the UK. In B. Haas (Ed.), *Macht—Performativität, Performanz und Polittheater seit 1990,* pp. 61~73. Würzberg: Königshausen und Neumann.

Drew, P. and Wootton, A. (Eds.). (1988a). *Erving Goffman—Exploring the interaction order.* Boston: Northeastern University Press.

Drew, P. and Wootton, A. (1988b). Introduction. In P. Drew and A. Wootton (Eds.), *Erving Goffman—Exploring the interaction order,* pp. 1~13. Boston: Northeastern University Press.

Durkheim, É. (1912/1943). *The elementary forms of religious life.* New York: Free Press.

Durkheim, É. (1982). *The rules of sociological method.* New York: Free Press.

Eco, U. (1984). *Semiotics and the philosophy of language.* London: Macmillan.

Edmondson, R. (1984). *Rhetoric in sociology.* London: Macmillan.

Elias, N. (1939/1994). *The civilizing process.* Oxford: Blackwell.

Eliasoph, N. (1990). Political culture and the presentation of a political self: A study of the public sphere in the spirit of Erving Goffman. *Theory and Society, 19,* 465~494.

Elkind, D. (1975). Encountering Erving Goffman. *Human Behavior, 4*(3), 25~30.

Elliot, A. (2001). *Concepts of the self.* Cambridge: Polity Press.

Entman, R. M. (1993). Framing: Toward clarification of a fractured paradigm. *Journal of Communication, 43*(4), 51~58.

Erwin, R. (1992). The nature of Goffman. *The Centennial Review, 36,* 327~342.

Ewing, D. W. (2002). Disability and feminism: Goffman revisited. *Journal of Social Work in Disability & Rehabilitation, 1*(2), 73~82.

Farrall, S. and Calverley, A. (2006). *Understanding desistance from crime: Theoretical directions in resettlement and rehabilitation.* Berkshire, UK. Open University Press.

Fine, G. A., (1984). Negotiated orders and organizational cultures. *Annual Review of Sociology, 10,* 239~262.

Fine, G. A. and Manning, P. (2003). Erving Goffman. In G. Ritzer (Ed.), *The Blackwell companion to major contemporary social theorists.* Oxford: Blackwell.

Fine, G. A. and Martin, D. D. (1990). Sarcasm, satire, and irony as voices in Erving Goffman's *Asylums. Journal of Contemporary Ethnography, 19*(1), 89~115.

Fine, G. A. and Martin, D. D. (1995). Humour in ethnographic writing: Sarcasm, satire, and irony as voices in Erving Goffman's *Asylums.* In J. van Maanen (Ed.), *Representation in ethnography,* pp. 185~197. London: Sage Publications.

Fine, G. A. and Smith, G. W. H. (Eds.). (2000). *Erving Goffman: A four-volume set* (Sage Masters in Modern Social Thought Series). London: Sage Publications.

Fontana, A. (1980). The mask and beyond: The enigmatic sociology of Erving Goffman. In J. D. Douglas (Ed.), *Introduction to the sociologies of everyday life,* pp. 62~81. Boston: Allyn and Bacon.

Ford, J. (1975). *Paradigms and fairy tales, volume 1~2.* London: Routledge and Kegan Paul.

Fosberg, H. and Vagli, Å. (2006). The social construction of emotions in child protection case-talk. *Qualitative Social Work, 5*(1), 9~31.

Foss, D. C. (1972). Self and the revolt against method. *Philosophy of the Social Sciences, 2,* 291~307.

Foucault, M. (1961/1973). *Madness and civilization: A history of insanity in an age of reason.* New York: Vintage Books.

Foucault, M. (1977). *Discipline and punish: The birth of the prison.* London: Penguin.

Franzese, R. J. (2009). *The sociology of deviance: Difference, tradition and stigma.* Springfield, IL: Charles C. Thomas Publishers.

Friedson, E. (1983). Celebrating Erving Goffman. *Contemporary Sociology, 12*(4), 359~362.

Frisby, D. (1981). *Sociological impressionism: A reassessment of the social theory of Georg Simmel.* London: Heinemann.

Gamson, W. A. (1985). Goffman's legacy to political sociology. *Theory and Society, 14*(5), 605~622.

Gardner, C. B. (1989). Analyzing gender in public places: Rethinking Goffman's vision of everyday life. *American Sociologist, 20*(1), 42~56.

Gardner, C. B. and Gronfein, W. P. (2005). Reflections on varieties of shame induction, shame management and shame avoidance in some works of Erving Goffman. *Symbolic Interaction, 28*(2), 175~182.

Garfinkel, H. (1956). Conditions of successful degradation ceremonies. *American Journal of Sociology, 61*(4), 420~424.

Garfinkel, H. (1967). *Studies in ethnomethodology.* Englewood Cliffs, NJ: Prentice-Hall.

Garfinkel, H. (2002). *Ethnomethodology's program: Working out Durkheim's aphorism* (edited by A. W. Rawls). Lanham, MD: Rowman and Littlefield Publishers.

Gellner, E. (1975). Ethnomethodology: The re-enchanted industry or the Californian way of subjectivity. *Philosophy of the Social Sciences, 5*(4), 431~450.

Gergen, K. J. (1991). *The saturated self: Dilemmas of identity in contemporary life.* New York: Basic Books.

Giddens, A. (1976). *New rules of sociological method.* London: Hutchinson University Library.

Giddens, A. (1984). *The constitution of society.* Cambridge: Polity Press.

Giddens, A. (1987). *Social theory and modern sociology.* Cambridge: Polity Press.

Giddens, A. (1988). Goffman as a systematic social theorist. In P. Drew and A. Wootton (Eds.), *Erving Goffman—Exploring the interaction order,* pp. 260~279. Boston: Northeastern University Press.

Giglioli, P. P. (1984). Una lettura durkheimiana di Goffman. *Rassegna italiana di sociologia, 3,* 401~427.

Gillespie, J. B. (1980). The phenomenon of the public wife: An exercise in Goffman's impression management. *Symbolic Interaction, 3*(2), 109~126.

Glaser, B. G. and Strauss, A. L. (1964). Awareness contexts and social interaction. *American Sociological Review, 29*(5), 669~679.

Glaser, B. G. and Strauss, A. L. (1965). *Awareness of dying.* Chicago: Aldine.

Glaser, B. G. and Strauss, A. L. (1967). *The discovery of grounded theory: Strategies for qualitative research.* Chicago: Aldine de Gruyter.

Goffman, E. (1949). *Some characteristics of response to depicted experience.* Unpublished master's thesis, University of Chicago.

Goffman, E. (1953a). *The service station dealer: The man and his work.* Chicago: Social Research Incorporation.

Goffman, E. (1953b). *Communication conduct in an island community.* Unpublished PhD thesis, University of Chicago.

Goffman, E. (1956). The nature of deference and demeanor. *American Anthropologist, 58*(3), 473~502.

Goffman, E. (1959). *The presentation of self in everyday life.* New York: The Overlook Press.

Goffman, E. (1961). *Asylums: Essays on the social situation of mental patients and other inmates.* Harmondsworth: Penguin Books.

Goffman, E. (1963). *Behavior in public places: Notes on the social organization of gatherings.* New York: Free Press.

Goffman, E. (1964). *Stigma: Notes on the management of spoiled identity.* Chicago: Aldine.

Goffman, E. (1967). *Interaction ritual: Essays on face-to-face behaviour.* New York: Anchor Books.

Goffman, E. (1969). *Strategic interaction.* Oxford: Basil Blackwell.

Goffman, E. (1971). *Relations in public: Microstudies of the public order.* New York: Basic Books.

Goffman, E. (1972). *Encounters: Two studies in the sociology of interaction.* Harmondsworth: Penguin Books.

Goffman, E. (1974). *Frame analysis: An essay on the organization of experience.* New York: Harper & Row.

Goffman, E. (1977a). The arrangement between the sexes. *Theory and Society, 4,* 301~331.

Goffman, E. (1977b). Genderisms: An admittedly malicious look at how advertising reinforces sexual role stereotypes. *Psychology Today, 11*(3), 60~63.

Goffman, E. (1977c). La ritualisation de la féminité. *Actes de la recherce en sciences sociales, 14,* 34~50.

Goffman, E. (1979). *Gender advertisements.* London: Macmillan.

Goffman, E. (1981a). *Forms of talk.* Oxford: Basil Blackwell.

Goffman, E. (1981b). Reply to Denzin and Keller. *Contemporary Sociology, 10*(1), 60~68.

Goffman, E. (1983a). The interaction order. *American Sociological Review, 48,* 1~17.

Goffman, E. (1983b). Felicity's condition. *American Journal of Sociology, 89,* 1~53.

Goffman, E. (1983c). Microsociologie et historie. In P. Fritsch (Ed.), *Le Sens de L'ordinaire*. Paris: Editions du Centre National de la Recherche Scientifique. pp. 197~202

Goffman, E. (1989). On fieldwork. *Journal of Contemporary Ethnography, 18*(2), 123~132.

Gonos, G. (1977). "Situation" versus "frame": The "interactionist" and "structuralist" analyses of everyday life. *American Sociological Review, 42*, 854~867.

Gonzales, P. B. (1993). Shame, peer and oscillating frames in DWI conviction: Extending Goffman's sociological landscape. *Symbolic Interaction, 16*(3), 257~271.

Gouldner, A. W. (1970). *The coming crisis of western sociology*. London: Heinemann.

Gregersen, B. (Ed.). (1975). *Om Goffman—11 artikler*. Copenhagen: Hans Reitzels Forlag.

Grimshaw, A. D. (1983). Erving Goffman: A personal appreciation. *Language in Society, 12*(1), 147~148.

Gusfield, J. R. (1995). Preface: A second Chicago school? In G. A. Fine (Ed.), *A second Chicago school?—The development of a postwar American sociology*, pp. ix~xvi. Chicago: University of Chicago Press.

Habermas, J. (1973/1997). *Legitimation crisis*. Cambridge: Polity Press.

Habermas, J. (1984). *The theory of communicative action vol. 1: Reason and the rationalization of society*. Boston: Beacon Press.

Hacking, I. (2004). Between Michel Foucault and Erving Goffman: Between discourse in the abstract and face-to-face interaction. *Economy and Society, 33*(3), 277~302.

Hall, J. A. (1977). Sincerity and politics: "Existentialists" vs. Goffman and Proust. *Sociological Review, 25*(3), 535~550.

Hancock, J. T., Toma, C. and Ellison, N. (2007). The truth about lying in online dating profiles. *CHI 2007 Proceedings*, April 28~May 3. Available at http://portal.acm.org/citation.cfm?id =1240624.1240697

Handler, R. (2009). Erving Goffman and the gestural dynamics of modern selfhood. *Past & Present, 203*(4), 280~300.

Handler, R. (2012). What's up, Doctor Goffman? Tell us where the action is! *Journal of the Royal Anthropological Institute* (New Series), *18*, 179~190.

Hannerz, U. (1980). The city as theater: Tales of Goffman. In U. Hannerz, *Exploring the city: Inquiries toward an urban anthropology*. New York: Columbia University Press.

Hare, P. and Blumberg, H. (1988). *Dramaturgical analysis of social interaction*. New York: Praeger.

Hargreaves, T. (2011). Pro-environmental interaction: Engaging Goffman on pro-environmental behaviour change. *CSERGE Working Paper*, 2011⁻04.

Hartland, N. G. (1994). Goffman's attitude and social analysis. *Human Studies, 17*, 251~266.

Hatch, J. A. (1987). Impression management in kindergarten classrooms: An analysis of children's face-work in peer interactions. *Anthropology & Education Quarterly, 18*(2), 100~115.

Hazelrigg, L. (1992). Reading Goffman's framing as provocation of a discipline. *Human Studies, 15*, 239~264.

Heath, C. (1988). Embarrassment and interactional organisation. In P. Drew and A. Wootton (Eds.), *Erving Goffman—Exploring the interaction order*, pp. 136~160. Boston: Northeastern University Press.

Heede, D. (1997). *Det tomme menneske: Introduktion til Michel Foucault* [*The empty man: An introduction to the works of Michel Foucault*]. Copenhagen: Museum Tusculanum Press.

Heilman, S. C. (1979). Communication and interaction: A parallel in the theoretical outlooks of

Erving Goffman and Ray Birdwhistell. *Communication, 4*(2), 221~234.

Henslin, J. M. and Biggs, M. A. (1978). Dramaturgical desexualization: The sociology of vaginal examination. In J. M. Henslin and E. Sagarin (Eds.), *The sociology of sex: An introductory reader*, pp. 243~272. New York: Schoken Books.

Hettlage, R. and Karl L. (Eds.). (1991). *Erving Goffman: Ein soziologischer Klassiker der zweiten Generation.* Bern: Haupt.

Hillyard, S. (1999). Responding to text construction: Goffman's reflexive imagination. In A. Massey and G. Walford (Eds.), *Studies in educational ethnography: Explorations in methodology, volume 2*, pp. 57~71. Bingley: Emerald.

Hinshaw, S. P. (2007). *The mark of shame: Stigma of mental illness and agenda for change.* New York: Oxford University Press.

Hochschild, A. R. (1979). Emotion work, feeling rules, and social structure. *American Journal of Sociology, 85*, 551~575.

Hochschild, A. R. (1983). *The managed heart: Commercialization of human feeling.* Berkeley: University of California Press.

Hochschild, A. R. (1990). Gender codes in women's advice books. In S. H. Riggins (Ed.), *Beyond Goffman: Studies on communication, institution and social interaction*, pp. 277~294. Berlin: Mouton de Gruyter.

Hollis, M. (1977). *Models of man: Philosophical thoughts on social action.* Cambridge: Cambridge University Press.

Holstein, J. A. and Gubrium, Jaber F. (2000). *The self we live by: Narrative identity in a postmodern world.* New York: Oxford University Press.

Hopper, M. (1981). Five key concepts of the dramaturgical perspective. *Free Inquiry in Creative Sociology, 9*(1), 47~52.

Hughes, E. C. (1969). Review of Erving Goffman: *Interaction ritual. American Journal of Sociology, 75*(3), 425~426.

Hymes, D. (1984). On Erving Goffman. *Theory and Society, 13*, 621~631.

Isaac, J. (Ed.). (1989). *Le parler frais d'Erving Goffman.* Paris: Éditions de Minuit.

Isaac, J. (2002). *Erving Goffman et al microsociologie* (2nd ed.). Paris: PUF.

Jacobsen, M. H. (Ed.). (2008). *Encountering the everyday—An introduction to the sociologies of the unnoticed.* London: Palgrave/Macmillan.

Jacobsen, M. H. (Ed.). (2010a). *The contemporary Goffman.* London: Routledge.

Jacobsen, M. H. (2010b). Recognition as ritualized reciprocation—The interaction order as a realm of recognition. In M. H. Jacobsen (Ed.), *The contemporary Goffman*, pp. 199~231. London: Routledge.

Jacobsen, M. H. (2014). Den metaforiske fantasi—Kreativ rekontekstualisering og rekonstruktion i kvalitativ metode. In J. E. Møller, S. Bengtsen and K. P. Munk (Eds.), *Metodefetichisme— Kvalitativ metode på afveje?* Aarhus: Aarhus University Press (forthcoming).

Jacobsen, M. H., Antoft, R. and Jørgensen, A. (2013). Chicago vice and virtue—The poetic imagination meets the sociological imagination. In M. H. Jacobsen, M. S. Drake, K. Keohane and A. Petersen (Eds.), *Imaginative methodologies in the social sciences—Creativity, poetics and rhetorics in social research*, pp. 23~54. Farnham: Ashgate.

Jacobsen, M. H. and Kristiansen, S. (2002). *Erving Goffman—Sociologien om det elementære livs sociale former.* Copenhagen: Hans Reitzels Forlag.

Jacobsen, M. H. and Kristiansen, S. (2006). Goffmans metaforer—Om den genbeskrivende og rekontekstualiserende metode hos Erving Goffman. *Sosiologi i dag, 36*(1), 5~33.

Jacobsen, M. H. and Kristiansen, S. (2009). Micro-recognition—Erving Goffman as recognition thinker. *Sosiologisk Årbok/Yearbook of Sociology, 14*(3~4), 47~76.

Jacobsen, M. H. and Kristiansen, S. (2010). Labelling Erving Goffman—The presentation and appropriation of Erving Goffman in sociology. In M. H. Jacobsen (Ed.), *The contemporary Goffman*, pp. 64~97. London: Routledge.

Jacobsen, M. H. and Kristiansen, S. (2012). Micro-social interaction and everyday life. In G. C. Aakvaag, M. H. Jacobsen and T. Johansson (Eds.), *Introduction to sociology: Scandinavian sensibilities*, pp. 238~255. London: Pearson Education.

James, W. (1950). *Principles of psychology, volume 2*. New York: Dover.

Jameson, F. (1976). On Goffman's frame analysis. *Theory and Society, 3*(1), 119~133.

Jaworski, G. D. (2000). Erving Goffman: The reluctant apprentice. *Symbolic Interaction, 23*(3), 299~308.

Jenkins, R. (2008). Erving Goffman: A major theorist of power? *Journal of Power, 2*(2), 157~168.

Jenkins, R. (2010). The 21st-century interaction order. In M. H. Jacobsen (Ed.), *The contemporary Goffman*, pp. 257~274. London: Routledge.

Jensen, O. B. (2006). "Facework," flow and the city: Simmel, Goffman and mobility in the contemporary city. *Mobilities, 1*(2), 143~165.

Jensen, O. B. (2010). Erving Goffman and everyday life mobility. In M. H. Jacobsen (Ed.), *The contemporary Goffman*, pp. 333~351. London: Routledge.

Johansson, C. (2007). Goffman's sociology: An inspiring source for developing public relations theory. *Public Relations Review, 33*(3), 275~280.

Jørgensen, A. and Smith, D. (2008). The Chicago school of sociology: Survival in the urban jungle. In M. H. Jacobsen (Ed.), *Encountering the everyday—An introduction to the sociologies of the unnoticed*, pp. 45~68. London: Palgrave/ Macmillan.

Kalekin-Fishman, D. (1988). Games, rituals and theater: Elements in Goffman's grammar of social action. *Sociologia Internationalis, 26*(2), 133~146.

Kang, M. E. (1997). The portrayal of women's images in magazine advertisements: Goffman's gender analysis revisited. *Sex Roles, 37*(11~12), 979~996.

Katz, I. (1982). *Stigma: A social psychological analysis*. New York: Lawrence Erlbaum.

Kendon, A. (1988). Goffman's approach to face-to-face interaction. In P. Drew and A. Wootton (Eds.), *Erving Goffman—Exploring the interaction order*, pp. 14~40. Boston: Northeastern University Press.

Kim, K. (2002). *Order and agency in modernity: Talcott Parsons, Erving Goffman and Harold Garfinkel*. New York: State University of New York Press.

Kjørup, S. (1985). *Forskning og samfund [Research and society]*. Copenhagen: Gyldendal.

Knorr-Cetina, K. (1981). The micro-sociological challenge of macro-sociology: Towards a reconstruction of social theory and methodology. In K. Knorr-Cetina and A. V. Cicourel (Eds.), *Advances in social theory and methodology: Toward an integration of micro-and macrosociologies*, pp. 1~47. London: Routledge and Kegan Paul.

Kristiansen, S. (2000). *Kreativ sociologi—Om Erving Goffmans sociologiske teori og metode [Creative sociology —On the sociological method and theory of Erving Goffman]*. Unpublished PhD thesis, Department of Social Relations and Organisation, Aalborg University.

Kristiansen, S. (2002). Det kvalitative continuum: om data og teoriudvikling i kvalitativ sociologi. In M. H. Jacobsen, S. Kristiansen and A. Prieur (Eds.), *Liv, fortælling, tekst—Strejftog i kvalitativ sociologi*, pp. 315~340. Aalborg: Aalborg Universitetsforlag.

Kuzmics, H. (1991). Embarrassment and civilization: On some similarities and differences in the work of Goffman and Elias. *Theory, Culture & Society, 8*, 1~30.

Langman, L. (1992). Alienation and everyday life: Goffman meets Marx at the shopping mall. In F. Geyer and W. Heinz (Eds.), *Alienation, society and the individual: Continuity and change in theory and research*, pp. 107~124. New Brunswick, NJ: Transaction.

Lanigan, R. L. (1988). Is Erving Goffman a phenomenologist? *Critical Studies in Mass Communication, 5*, 335~345.

Larsen, J. (2010). Goffman and the tourist gaze: A performative perspective on tourism mobilities. In M. H. Jacobsen (Ed.), *The contemporary Goffman*, pp. 313~332. London: Routledge.

Laursen, E. (1997). Selvet mellem personlighed og rolle [Self between personality and role]. Unpublished paper, Department of Sociology and Social Work, Aalborg University.

Layder, D. (1998). *Sociological practice: Linking theory and social research*. London: Sage Publications.

Ledger, M. (1982). The observer. *Pennsylvania Gazette,* February 28, pp. 36~42.

Leeds-Hurwitz, W. (1986). *Erving Goffman and the concept of social order.* Paper presented at the conference Erving Goffman: An Interdisciplinary Appreciation, University of York, July 8~11.

Lemert, C. (1997). Goffman. In C. Lemert and A. Branaman (Eds.), *The Goffman reader,* pp. ix~xliii. New York: Blackwell.

Lemert, C. and A. Branaman (Eds.). (1997). *The Goffman reader.* New York: Blackwell.

Lindgren, G. (1994). Fenomenologi i praktikken. In B. Starrin and P. Svensson (Eds.), *Kvalitativ metod och vetenskabsteori*, pp. 91~110. Lund: Studentlitteratur.

Ling, R. (2010). The "unboothed" phone: Goffman and the use of mobile communication. In M. H. Jacobsen (Ed.), *The contemporary Goffman*, pp. 257~274. London: Routledge.

Link, B. G. and Phelan, J. C. (2001). Conceptualizing stigma. *Annual Review of Sociology, 27*, 363~385.

Littlejohn, S. W. (1977). Review essay: Frame analysis and communication. *Communication Research, 4*, 485~492.

Lofland, J. (1984). Erving Goffman's sociological legacies. *Urban Life, 13*(1), 7~34.

Lofland, L. H. (1995). Social interaction: Continuities and complexities in the study of nonintimate sociality. In K. Cook, G. A. Fine and J. S. House (Eds.), *Sociological perspectives on social psychology*, pp. 176~201. Needham Heights, MA: Allyn & Bacon.

Luckmann, T. (1985). On Goffman's last work. *Semiotica, 53*, 175~178.

Luhmann, N. (1973/1979). *Trust and power.* Chichester, UK: John Wiley and Sons.

Luhmann, N. (1984/1995). *Social systems.* Stanford, CA: Stanford University Press.

Lyman, S. M. (1973). Civilization: Contents, discontents, malcontents. *Contemporary Sociology, 2*, 360~366.

Lyman, S. M. and Scott, M. B. (1970). *A sociology of the absurd.* New York: Appleton-Century-Crofts.

Lyman, S. M. and Scott, M. B. (1975). *The drama of social reality.* New York: Oxford University Press.

Lyotard, J.-F. (1984). *The postmodern condition: A report on knowledge.* Manchester, UK: Manchester University Press.

Lysgaard, S. (1976). *Arbeiderkollektivet: En studie i de underordnedes sosiologi [The worker collectivity: A sociology of subordinates]*. Oslo: Oslo University Press.

MacCannell, D. (1990). The descent of the ego. In S. H. Riggins (Ed.), *Beyond Goffman: Studies on communication, institution, and social interaction*, pp. 19~40. New York: Mouton de Gruyter.

MacIntyre, A. (1969). The self as a work of art. *New Statesman*, March 28, 447~448.

Mali, J. (2008). Comparison of the characteristics of homes for older people in Slovenia with Goffman's concept of the total institution. *European Journal of Social Work, 11*(4), 431~443.

Manning, P. K. (1976). The decline of civility: A comment on Erving Goffman's sociology. *Canadian Review of Sociology and Anthropology, 13*(1), 13~25.

Manning, P. K. (1980). Goffman's framing order: Style as structure. In J. Ditton (Ed.), *The view from Goffman*, pp. 252~284. London: Macmillan.

Manning, P. K. (2008). Goffman on organizations. *Organization Studies, 29*(5), 677~699.

Manning, P. K. and Hawkins, K. (1990). Legal decisions: A frame analytic perspective. In S. H. Riggins (Ed.), *Beyond Goffman: Studies on communication, institution and social interaction*, pp. 203~234. New York: Mouton de Gruyter.

Manning, P. (1991). Drama as life: The significance of Goffman's changing use of the theatrical metaphor. *Sociological Theory, 9*(1), 70~86.

Manning, P. (1992). *Erving Goffman and modern sociology*. Stanford, CA: Stanford University Press.

Manning, P. (2005). Reinvigorating the tradition of symbolic interactionism. *Symbolic Interaction, 28*(2), 167~173.

Markowitz, F. E. (1998). The effects of stigma on the psychological well-being and life satisfaction of persons with mental illness. *Journal of Health and Social Behavior, 39*, 335~347.

Marx, G. T. (1984). Role models and role distance: A remembrance of Erving Goffman. *Theory and Society, 13*, 649~662.

Marx, G. T. (2004). Some concepts that may be useful in understanding the myriad forms and contexts of surveillance. *Intelligence and National Security, 19*(2), 226~248.

Mathiesen, T. (1965). *The defences of the weak: A sociological study of a Norwegian correctional institution*. London: Tavistock.

Matthews, F. H. (1977). *Quest for an American sociology: Robert E. Park and the Chicago school*. Montreal: McGill University Press.

Matza, D. (1969). *Becoming deviant*. Englewood Cliffs, NJ: Prentice-Hall.

McDonald, G., Higgins, J. and Shuker, M. J. (2008). Addressing the baseline: Erving Goffman and the ethics in a postgraduate degree for practising teachers. *Teaching in Higher Education, 13*(2), 233~244.

McGregor, G. (1986). A view from the fort: Erving Goffman as Canadian. *Canadian Review of Sociology and Anthropology, 23*(4), 531~543.

McGregor, G. (1995). *Gender advertisements* then and now: Goffman, symbolic interactionism and the problem of history. *Studies in Symbolic Interaction, 17*, 3~42.

McHugh, P. (1968). *Defining the situation: The organization of meaning in social interaction*. Indianapolis, IN: Bobbs-Merrill.

Mead, G. H. (1934/1967). *Mind, self and society*. Chicago: University of Chicago Press.

Messinger, S. L., et al. (1962). Life as theater: Notes on the dramaturgic approach to social reality. *Sociometry, 25*(1), 98~110.

Meyrowitz, J. (1990). Redefining the situation: Extending dramaturgy into a theory of social change and media effects. In S. H. Riggins (Ed.), *Beyond Goffman: Studies on communication, institution and social interaction*, pp. 65~98. New York: Mouton de Gruyter.

Millen, N. and Walker, C. (2002). Overcoming the stigma of chronic illness: Strategies for normalisation of a "spoiled identity." *Health Sociology Review, 10*, 89~97.

Miller, H. (1995). *The presentation of self in electronic life*. Paper presented at a conference on Embodied Knowledge and Virtual Space, at Goldsmith's College, June 1995.

Miller, T. G. (1986). Goffman, positivism and the self. *Philosophy of the Social Sciences, 16*(2), 177~196.

Mills, C. W. (1959). *The sociological imagination*. New York: Oxford University Press.

Morris, M. B. (1977). *An excursion into creative sociology*. Oxford: Blackwell.

Mortensen, N. (2000). Det moderne individs paradokser [The paradoxes of the modern self]. *Distinktion, 1*, 91~104.

Mullins, N. (1973). *Theories and theory groups in contemporary American sociology*. New York: Harper and Row.

Münch, R. (1986). The American creed in sociological theory: Exchange, negotiated order, accommodated individualism, and contingency. *Sociological Theory, 4*: 41~60.

Musil, R. (1953/1995). *The man without qualities, volume I*. London: Minerva.

Nahavandi, F. (1979). *Introduction à la sociologie d'Erving Goffman*. Brussels: Editions de l'université.

Neale, J., Nettleton, S. and Pickering, L. (2011). Recovery from problem drug use: What can we learn from the sociologist Erving Goffman? *Drugs: Education, Prevention and Policy, 18*(1), 3~9.

Nelson, K. B. (2009). Enhancing the attendee's experience through creative design of the event environment: Applying Goffman's dramaturgical perspective. *Journal of Convention & Event Tourism, 10*(2), 120~133.

Neri, G. S. (2002). *Goffman oltre Goffman: Ulteriori sviluppi del modelle drammaturgico*. Rome: Bibliosofica.

Nisbet, R. A. (1970). *The social bond: An introduction to the study of society*. New York: Alfred A. Knopf.

Nisbet, R. (1976/2002). *Sociology as an art form*. New Brunswick: Transaction Books.

Nizet, J. and Rigaux, N. (2005). *La Sociologie de Erving Goffman*. Paris: Éditions La Découverte.

Nunberg, G. (1981). The theatricality of everyday life. *New York Times Book Review*, May 10.

O'Mealy, J. H. (2013). *Alan Bennett: A critical introduction*. London: Routledge.

O'Neill, J. (1981). A preface to *Frame analysis*. *Human Studies, 4*, 359~364.

Oommen, T. K. (1990). Erving Goffman and the study of everyday protest. In S. H. Riggins (Ed.), *Beyond Goffman: Studies on communication, institution and social interaction*, pp. 389~408. New York: Mouton de Gruyter.

Oromaner, M. (1980). Erving Goffman and the academic community. *Philosophy of the Social Sciences, 10*, 287~291.

Park, G. (1990). Making sense of religion by direct observation: An application of frame analysis. In S. H. Riggins (Ed.), *Beyond Goffman: Studies on communication, institution and social interaction*, pp. 235~276. New York: Mouton de Gruyter.

Parsons, T. and Bales, R. F. (1955). *Family socialization and interaction processes*. New York: Routledge.

Partington, M. and Cushion, C. J. (2012). Performance during performance: Using Goffman to understand the behaviours of elite youth football coaches during games. *Sports Coaching Review, 1*(2), 93~105.

Paxton, M. (2004). Gone fishin': A framing analysis of the fight over a small town's city seal. *Journal of Media and Religion, 3*(1), 43~55.

Peirce, C. S. (1979). *Collected papers.* Cambridge, MA: University of Harvard Press.

Peräkylä, A. (1988). Four frames of death in modern hospital. In A. Gilmore and S. Gilmore (Eds.), *A safer death: Multidisciplinary aspects of terminal care*, pp. 41~51. New York: Plenum Press.

Perry, N. (2000). The two cultures of the total institution. In G. A. Fine and G. W. H. Smith (Eds.), *Erving Goffman: A four-volume set*, Vol. III, pp. 173~183 (Sage Masters in Modern Social Thought Series). London: Sage Publications.

Persson, A. (2012). *Ritualisering och sårbarhet—Ansikte mot ansikte med Goffmans perspektiv på social interaction.* Malmö: Liber.

Petrunik, M. (1980). The rise and fall of "labelling theory": The construction and destruction of a sociological strawman. *Canadian Journal of Sociology, 5*(3), 213~233.

Pettit, M. (2011). The con man as model organism: The methodological roots of Erving Goffman's dramaturgical self. *History of the Human Sciences, 24*(2), 138~154.

Philips, A. (2010). On Erving Goffman. *The Threepenny Review*, Fall 2010. Available at http://www.threepennyreview.com/samples/phillips_f10.html

Phillips, J. (1983). Goffman's linguistic turn: A comment on *Forms of talk. Theory, Culture & Society, 2*(1), 114~116.

Pinch, T. (2010). The invisible technologies of Goffman's sociology: From the merry-go-round to the Internet. *Technology and Culture, 51*(2), 409~424.

Platt, J. (1995). Research methods and the second Chicago school. In G. A. Fine (Ed.), *A second Chicago school?—The development of a postwar American sociology*, pp. 82~107. Chicago: University of Chicago Press.

Posner, J. (1978). Erving Goffman: His presentation of self. *Philosophy of the Social Sciences, 8*, 67~78.

Psathas, G. (1996). Theoretical perspectives on Goffman: Critique and commentary. *Sociological Perspectives, 39*(3), 383~391.

Puriola, A.-M. (2002). The multiple faces of everyday life: Frame analysis of early childhood practices. *European Early Childhood Education Research Journal, 10*(2), 31~47.

Raab, J. (2008). *Erving Goffman: Klassiker der Wissenssoziologie.* Konstanz: UVK Verlagsgesellschaft.

Rasmussen, S. A. (1975). Stigma [Stima]. In B. Gregersen (Ed.), *Om Goffman—11 artikler [On Goffman—11 articles]*, pp. 92~102. Copenhagen: Hans Reitzels Forlag.

Rawls, A. W. (1984). Interaction as a resource for epistemological critique. *Sociological Theory, 2*, 222~252.

Rawls, A. W. (1987). The interaction order *sui generis:* Goffman's contribution to social theory. *Theoretical Sociology, 5*, 136~149.

Renfrow, D. G. (2004). A cartography of passing in everyday life. *Symbolic Interaction, 27*(4), 485~506.

Rettie, R. M. (2009). Mobile telephone communication: Extending Goffman to mediated interaction. *Sociology, 43*(3), 421~438.

Richard, M. P. (1986). Goffman revisited: Relatives vs. administrators in nursing homes. *Qualitative Sociology, 9*(4), 321~338.

Richardson, L. (1990). *Writing strategies.* Newbury Park, CA: Sage Publications.

Riesman, D., Glazer, N. and Denney, R. (1953/2001). *The lonely crowd: A study of the changing*

American character. New Haven, CT: Yale University Press.

Riggins, S. H. (Ed.). (1990). *Beyond Goffman: Studies on communication, institution and social interaction*. Berlin: Mouton de Gruyter.

Rigney, D. (2001). *The metaphorical society: An invitation to social theory*. Lanham, MD: Rowman and Littlefield Publishers.

Ritsher, J. B. and Phelan, J. C. (2004). Internalized stigma predicts erosion of morale among psychiatric outpatients. *Psychiatry Research, 129*, 257~265.

Ritzer, G. (1992). *Sociological theory* (3rd ed.). New York: McGraw-Hill.

Rogoff, B. and Lave, J. (Eds.). (1984). *Everyday cognition: Its development in social contexts*. Cambridge, MA: Harvard University Press.

Rosch, E. (1978). Principles of categorization. In E. Rosch and B. B. Lloyd (Eds.), *Cognition and categorization*, pp. 27~48. Hillsdale, NJ: Lawrence Erlbaum Associates.

Rosenfeld, S. (1997). Labeling mental illness: The effects of services and perceived stigma on life satisfaction. *American Sociological Review, 62*, 660~672.

Ross, D. A. R. (2007). Backstage with the knowledge boys and girls: Goffman and distributed agency in an organic online community. *Organization Studies, 28*(3), 307~325.

Rutledge, S. E., Abell, N., Padmore, J. and McCann, T. J. (2008). AIDS stigma in health services in the eastern Caribbean. *Sociology of Health and Illness, 31*, 17~34.

Ryle, G. (1949). *The concept of mind*. Chicago: University of Chicago Press.

Sannicolas, N. (1997). *Erving Goffman, dramaturgy, and on-line relationships*. Available at www.members.aol.com/Cybersoc.

Sarbin, T. R. (2003). The dramaturgical approach to social psychology: The influence of Erving Goffman. In R. J. Sternberg (Ed.), *The anatomy of impact—What makes the great works of social psychology great*, pp. 125~136. Washington, DC: American Psychological Association.

Sarmicanic, L. (2004). Goffman, pets and people: An analysis of humans and their companion animals. *ReVision, 27*(2), 42~47.

Scambler, G. (2006). Jigsaws, models and the sociology of stigma. *Journal of Critical Realism, 5*(2), 273~289.

Scheff, T. J. (1990). *Microsociology: Discourse, emotion and social structure*. Chicago: University of Chicago Press.

Scheff, T. J. (2003). The Goffman legacy—Deconstructing/reconstructing social science. In A. J. Treviño (Ed.), *Goffman's legacy*, pp. 50~70. New York: Rowman and Littlefield.

Scheff, T. J. (2005). Looking-glass self: Goffman as symbolic interactionist. *Symbolic Interaction, 28*, 147~166.

Scheff, T. J. (2006). *Goffman unbound!—A new paradigm for social science*. Boulder, CO: Paradigm Publishers.

Scheff, T. J. (2010). A new Goffman: Robert W. Fuller's politics of dignity. In M. H. Jacobsen (Ed.), *The contemporary Goffman*, pp. 185~198. London: Routledge.

Scheibe, K. E. (2002). *The drama of everyday life*. Cambridge, MA: Harvard University Press.

Schimmelfennig, F. (2002). Goffman meets IR: Dramaturgical action in international community. *International Review of Sociology, 12*(3), 417~437.

Schutz, A. (1945). On multiple realities. *Philosophy and Phenomenological Research, 5*(4), 533~576.

Schutz, A. (1970). Concept and theory formation in the social sciences. In D. Emmet and A. MacIntyre (Eds.), *Sociological theory and philosophical analysis*, pp. 1~19. New York: Macmillan.

Schwalbe, M. L. (1993). Goffman against postmodernism: Emotion and the reality of the self. *Symbolic Interaction, 16*(4), 333~350.

Schwartz, H. and Jacobs, J. (1979). *Qualitative methods: A method to the madness.* New York: Free Press.

Shalin, D. N. (2010). Erving Goffman's self-ethnographies: Interfacing biography, theory and history. Available at http://doingmodernity.blogspot.dk/2012/04/goffmans-self-ethno graphies-by-dmitri.html

Sharrock, W. (1999). The omnipotence of the actor: Erving Goffman and "the definition of the situation." In G. Smith (Ed.), *Goffman and social organization: Studies in a sociological legacy*, pp. 119~137. London: Routledge.

Sharron, A. (2000). Frame paralysis: When time stands still. In G. A. Fine and G. W. H. Smith (Eds.), *Erving Goffman: A four-volume set*, Vol. III, pp. 212~238 (Sage Masters in Modern Social Thought Series). London: Sage Publications.

Sijuwade, P. O. (1995). Counterfeit intimacy: A dramaturgical analysis of an erotic performance. *Social Behavior and Personality, 23*(4), 369~376.

Simmel, G. (1909). The problem of sociology. *American Journal of Sociology, 15*(3), 289~320.

Simmel, G. (1971). The problem of sociology. In *Georg Simmel: On individuality and social forms* (selected writings edited and translated by D. N. Levine), pp. 23~35. Chicago: University of Chicago Press.

Simmel, G. (1992). *Soziologie: Untersuchungen über die Formen der Vergesellschaftung* (Gesamtausgab, Vol. II). Frankfurt am Main: Suhrkamp.

Simmel, G. (1998). *Hvordan er samfundet muligt?* [*How is society possible?*] Copenhagen: Gyldendal.

Smith, G. (1988). The sociology of Erving Goffman. *Social Studies Review, 3*, 118~122.

Smith, G. (Ed.). (1999a). *Goffman and social organization: Studies of a sociological legacy.* London: Routledge.

Smith, G. (1999b). Introduction: Interpreting Goffman's sociological legacy. In G. Smith (Ed.), *Goffman and social organization: Studies in a sociological legacy*, pp. 1~18. London: Routledge.

Smith, G. (2003). Chrysalid Goffman: A note on "Some Characteristics of Response to Depicted Experience." *Symbolic Interaction, 26*(4), 645~658.

Smith, G. (2006). *Erving Goffman.* London: Taylor and Francis.

Smith, G. (2010). Reconsidering *Gender advertisements:* Performativity, framing and display. In M. H. Jacobsen (Ed.), *The contemporary Goffman*, pp. 165~184. London: Routledge.

Smith, G. and Jacobsen, M. H. (2010). Goffman's textuality—Literary sensibilities and sociological rhetorics. In M. H. Jacobsen (Ed.), *The contemporary Goffman*, pp. 119~146. London: Routledge.

Snell, P. (2010). From Durkheim to the Chicago school: Against the "variables sociology" paradigm. *Journal of Classical Sociology, 10*(1), 51~67.

Stein, M. (1991). *Sociology and the prosaic. Sociological Inquiry, 61*(4), 421~433.

Strong, P. M. (1983). The importance of being Erving. *Sociology of Health and Illness, 5*(3), 345~355.

Stubbs, M. (1983). Dimensions of sociolinguistics. *Language in Society, 12*, 77~82.

Summers-Effler, E. (2007). Ritual theory. In J. E. Stets and J. H. Turner (Eds.), *Handbook of the sociology of emotions*, pp. 135~154. New York: Springer.

Sylvest, N. (1975). Interaktionsregler. In B. Gregersen (Ed.), *Om Goffman—11 artikler*, pp. 123~141. Copenhagen: Hans Reitzels Forlag.

Tannen, D. (1979). What's in a frame? Surface evidence for underlying expectations. In R. O.

Freedle (Ed.), *New directions in discourse processing*, pp. 14~56. Norwood, NJ: Ablex.

Thomas, W. I. (1923). *The unadjusted girl.* Boston: Little, Brown.

Time Magazine. (1969). Exploring a shadow world. *Time Magazine,* January 10, 50~51.

Tiryakian, E. A. (1962). *Sociologism and existentialism—Two perspectives on the individual and society.* Englewood Cliffs, NJ: Prentice-Hall.

Treviño, A. J., (Ed.). (2003a). *Goffman's legacy.* New York: Rowman and Littlefield.

Treviño, A. J., (2003b). Erving Goffman and the interaction order. In A. J. Treviño (Ed.), *Goffman's legacy,* pp. 1~49. New York: Rowman and Littlefield.

Tseëlon, E. (1992a). Is the presented self sincere? *Theory, Culture & Society, 9*(2), 115~128.

Tseëlon, E. (1992b). Self presentation through appearance: A manipulative vs. a dramaturgical approach. *Symbolic Interaction, 15*(4), 501~513.

Turner, J. H. (2002). *Face to face: Toward a sociological theory of interpersonal behavior.* Stanford, CA: Stanford University Press.

Turner, R. E. and Edgley, C. (1976). Death as theater: A dramaturgical analysis of the American funeral. *Sociology and Social Research, 60*(4), 377~392.

Turner, R. (2010). Remembering Erving Goffman. Available at http://cdclv.unlv.edu/archives/interactionism/goffman/turner_roy_10.html van Krieken, R. (1998). *Norbert Elias.* London: Routledge.

Verhoeven, J. C. (1993). An Interview with Erving Goffman, 1980. *Research on Language and Social Interaction, 26*(3), 317~348.

Waksler, F. C. (1989). Erving Goffman's sociology: An introductory essay. *Human Studies, 12,* 1~18.

Waksler, F. and Psathas, G. (1989). Selected books and articles about Erving Goffman and of related interest. *Human Studies, 12,* 177~181.

Wallace, R. A. and Wolf, A. (1999). *Contemporary sociological theory: Expanding the classical tradition.* Englewood-Cliffs, CA: Prentice Hall.

Wanenchak, S. (2010). Tags, threads and frames: Toward a synthesis of interaction ritual and Livejournal roleplaying. *Game Studies, 10*(1). Available at http:// gamestudies.org/1001/articles/wanenchak.

Watson, R. (1983). Goffman, talk and interaction: Some modulated responses. *Theory, Culture & Society, 2*(1), 103~108.

Weber, M. (1972). Georg Simmel as sociologist. *Social Research, 39,* 155~163.

Wedel, J. M. (1978). Ladies, we've been framed! Observations on Erving Goffman's *The arrangement between the sexes. Theory & Society, 5*(1), 113~125.

Weigert, A. J. (1981). *Sociology of everyday life.* London: Longman.

Weigert, A. J. (2003). Terrorism, identity and public order: A perspective from Goffman. *Identity: An International Journal of Theory and Research, 3*(2), 93~113.

West, C. and Zimmerman, D. (1987). Doing gender. *Gender and Society, 1*(2), 121~151.

Wexler, M. N. (1984). The enigma of Goffman's sociology. *Quarterly Journal of Ideology, 8,* 40~50.

White, R. and Hanson, D. (2002). Corporate self, corporate reputation and corporate annual reports: Re-enrolling Goffman. *Scandinavian Journal of Management, 18,* 285~301.

Wiley, N. (1979). The rise and fall of dominating theories in American sociology. In W. Snizek et al. (Eds.), *Contemporary issues in theory and research*, pp. 49~79. Westport, CT: Greenwood Press.

Williams, P. and Weninger, C. (2012). Applying Goffman's assumptions to a new media environment. In A. Salvini, D. Altheide and C. Nuti (Eds.), *The present and future of symbolic interactionism* (volume II), pp. 47~60. Milan: Franco Angeli/Sociologia.

Williams, R. (1983). Sociological tropes: A tribute to Erving Goffman. *Theory, Culture & Society, 2,* 99~102.

Williams, R. (1988). Understanding Goffman's methods. In P. Drew and A. Wootton (Eds.), *Erving Goffman—Exploring the interaction order*, pp. 64~88. Boston: Northeastern University Press.

Williams, R. (1998). *Erving Goffman. In R. Stones (Ed.), Key sociological thinkers.* New York: New York University Press.

Williams, S. J. (2000). Goffman, interactionism, and the management of stigma in everyday life. In G. A. Fine and G. W. H. Smith (Eds.), *Erving Goffman: A four-volume set* (Sage Masters in Modern Social Thought Series). London: Sage Publications.

Winkin, Y. (1983). The French (re)presentation of Goffman's presentation and other books. *Theory, Culture & Society, 2*(1), 109~111.

Winkin, Y. (1988). *Erving Goffman: Les moments et leurs hommes.* Paris: Seuil.

Winkin, Y. (1999). Erving Goffman: What a life?—The uneasy making of an intel-lectual biography. In G. Smith (Ed.), *Goffman and social organization: Studies in a sociological legacy*, pp. 19~41. London: Routledge.

Winkin, Y. (2000). Baltasound as the symbolic capital of social interaction. In G. A. Fine and G. W. H. Smith (Eds.), *Erving Goffman: A four-volume set* (Sage Masters in Modern Social Thought Series), Vol. I, pp. 193~212. London: Sage Publications.

Winkin, Y. (2010). Goffman's greenings. In M. H. Jacobsen (Ed.), *The contemporary Goffman*, pp. 51~63. London: Routledge.

Winkin, Y. and Leeds-Hurwitz, W. (2013). *Erving Goffman—A critical introduction to media and communication theory.* New York: Peter Lang.

Young, T. R. (1971). The politics of sociology: Gouldner, Goffman and Garfinkel. *American Sociologist, 6*(4), 276~281.

Ytreberg, E. (2002). Erving Goffman as the theorist of mass media. *Critical Studies in Media Studies, 19*(4), 481~497.

Ytreberg, E. (2010). The question of calculation: Erving Goffman and the pervasive planning of communication. In M. H. Jacobsen (Ed.), *The contemporary Goffman*, pp. 293~312. London: Routledge.

Zeitlin, I. M. (1973). The social psychology of Erving Goffman. In I. M. Zeitlin, *Rethinking sociology: A critique of contemporary theory*, pp. 191~214. New York: Appleton-Century-Crofts.

Zussman, R. (2001). Review: Still lonely after all these years. *Sociological Forum, 16*(1), 157~166.

Ølgaard, B. (1975). Når mennesker mødes [Human encounters]. In B. Gregersen (Ed.), *Om Goffman—11 artikler [On Goffman—11 Articles]*, pp. 42~65. Copenhagen: Hans Reitzels Forlag.

Østerberg, D. (1993). *Fortolkende sociologi, volume 1: Almene emner ogmetodologi.* Oslo: Universitetsforlaget.

찾아보기

책 제목

책을 옮기고 나서

　사회과학 ― 그중에서도 특히 사회학 ― 을 공부하는 사람들에게 사회이론이 갖는 중요성은 아무리 강조해도 지나치지 않다. 하지만 사회이론가들의 저작들은 대체로 난해하고 방대하며, 따라서 각 학자의 모든 저작을 다 읽고 그의 이론 구축 과정을 따라가며 그 논리를 포착해 내고 그 이론의 전체 밑그림을 그려보는 데까지 도달하는 데에는 엄청난 시간과 노력이 요구된다. 특히 사회이론을 학습하는 초심자일 경우 호기 있게 대가의 저작에 덤벼들었다가 그의 이론의 면모를 포착하기보다는 지식의 미로에 빠져 헤매다가 지쳐 포기하기 일쑤이다. 따라서 사회이론을 학습하는 데에는 주요 이론가와 그의 이론에 대한 소개서가 절실하게 요구된다. 그간 사회과학 학술 전문출판사를 지향하여 많은 사회이론 서적들을 출판해 온 ㈜한울엠플러스는 주요 사회이론가 및 사회이론의 안내자 역할을 할 '한울사회이론' 시리즈의 출간을 시작한다. 이 시리즈는 특정 이론가에 대한 논의를 중심으로 하는 하나의 축과 각 사회 영역에 대한 부분 이론을 제시하는 다른 하나의 축으로 구성된다. 이 책 『어빙 고프먼의 사회이론』은 전자에 해당하는 첫째 책으로 기획되었다.

　그렇다면 주요한 많은 사회이론가 가운데 하필 왜 어빙 고프먼이라는 학자를 첫째로 선택했는가? 이는 최근 우리 학계와 출판계의 상황을 반영한다.

그간 사회학에서 짐멜만큼이나 이단아로 취급받던 고프먼에 대한 관심이 최근에 우리 학계에서도 고조되면서 출판계에서 번역하기에 어렵다고 악명 높은 고프먼의 주요 저작들이 출간되어 독자들의 주목을 받아왔다. 하지만 고프먼의 저작이 모두 번역된 것은 아니고, 또한 번역된 저작들이라고 하더라도 특정 저작 하나만으로 고프먼 사회학의 전모를 포착하기란 어렵다. 따라서 앞서 언급했듯이, 후학들을 위해서는 좋은 소개서 한 권쯤은 있으면 좋겠다는 생각을 해왔다. 그리고 실제로 현시점에서는 그러한 책이 꼭 필요해 보인다.

서구 학계에서는 고프먼의 명성에 걸맞게 이미 고프먼에 대한 소개서와 그의 사회학에 대한 비판적 탐구서까지 많은 저서가 출판되어 왔다. 그럼에도 불구하고 왜 옮긴이는 그 번역 대상 서적으로 바로 이 책 미카엘 H. 야콥센와 쇠렌 크리스티안센의 『어빙 고프먼의 사회이론(The Social Thought of Erving Goffman)』을 선택했는가? 거기에는 여러 가지 이유가 있다. 그중 첫째는 서구에 많은 고프먼 연구자들이 존재하지만, 야콥센과 크리스티안센만큼 고프먼에 대해 계속해서 집중적으로 연구해 온 학자가 없다는 것이다. 이 두 사람은 이 책 말고도 이미 고프먼에 대한 여러 저작과 논문을 단독으로 또는 공동으로 출간해 왔고, 또 고프먼에 관한 여러 책을 편집했다.

둘째로, 이 책에는 다른 이차문헌에는 없는 이 책만의 장점이 있기 때문이다. 그렇다고 다른 책들이 문제가 있고 그 책만의 특징이 없다는 말은 아니다. 다른 책들이 지닌 가치와 의미는 이 책의 저자들이 이 책 제10장 '더 읽을거리'의 추천도서에 이미 잘 분석해 놓고 있다. 우선 이 책의 특징은 동일 저자들의 이전의 저작들과도 다르게, 고프먼에 대한 다양한 (그리고 어떤 경우에는 서로 모순되고 대립적으로 보이는) 묘사들을 총체적으로 다루고 있다는 것이다. 다시 말해 이 두 저자는 이 서로 다른 고프먼이 어디에서 생겨났는지, 그리고 고프먼의 그러한 모습들이 현대의 이론에서 어떻게 재현되고 있는지를 고프면을 '거슬러 올라가며' 독해하고 '앞으로 나아가며' 독해함으로써 고프먼 소개서가 갖추어야 하는 기본 조건을 충실히 충족시키고 있다.

다음으로, 이 책은 고프먼의 일부 저작 또는 일부 측면만을 집중적으로 다루는 것이 아니라 초보자들에게도 충실한 안내서가 될 수 있도록 고프먼의 방법론, 상호작용 사회학, 일탈사회학, 자아이론(이른바 연극학적 이론)을 차례로 다루고, 다른 책에서는 찾아보기 힘든 프레임 분석, 광고, 젠더리즘, 담화에 이르기까지 고프먼의 사회학 세계를 빠짐없이 다루고 있다. 특히 후자 부분에 대한 논의는 고프먼의 관련 저작이 아직 우리말로 번역되어 있지 않은 상태이므로 독자들에게 많은 도움이 될 것으로 보인다. 하지만 옮긴이는 누군가에 의해 이들 책도 빠른 시일 내에 번역되어 사회학 서가에서 독자들이 쉽게 손에 넣을 수 있게 되기를 간절히 바란다.

고프먼의 저작 번역이 꺼려지거나 이렇게 늦을 수밖에 없는 데에는 앞서도 시사했듯이 이유가 있다. 이 책의 저자들도 인정하듯이, "고프먼의 언어는 일상적이지만 쉽게 접근할 수 있는 것과는 거리가 멀었고(이로 인해 많은 번역가가 그의 책을 번역하는 데 수년씩 고군분투해야 했다), 얼마간 세련된 엘리트주의와 은유적 신비주의의 모습을 지니고 있었다." 따라서 상당한 사명감을 가진 전문 연구자가 아니라면 고프먼 저작을 번역하는 데 주저할 수밖에 없다. 그리고 번역을 그다지 인정하려 하지 않는 우리 학계의 풍토에서 누군가에게 고프먼의 번역을 부탁하기도 어렵고, 또 누군가가 그러한 부탁을 거부한다고 해도 이해할 수밖에 없는 것이 현실이다.

하지만 고프먼 번역의 어려움은 이 입문서의 번역이라고 해서 예외적이지 않았다. 특히 흥미로운 점은 고프먼의 글쓰기 스타일에 대해 단순히 얄팍하고 피상적이거나 장식적인 측면이라고 생각하는 것이 아니라 연구자의 분석 전략의 본질적인 부분을 이룬다고 생각하는 이 책의 저자들 역시 은연중에 고프먼의 글쓰기 스타일을 따라하고 있다는 것이다. 따라서 이 책의 번역 역시 만만하지 않았다. 하지만 그중에서도 특히 옮긴이는 이 책에 직접 인용된 고프먼의 글과 그의 은유적인 신조어(新造語)들에서 번역상의 한계에 봉착해야만 했고, 그때마다 이 시리즈의 공동 편집자이자 고프먼에 대해 조예가 깊은 하홍규 교수에게 의지해야만 했다. 그는 자신이 이 책의 공동 번역자이기라도 하듯이 항상 함께 고민해 주었고 새로운 번역과 용어를 만들어낼 수 있게 해주었다. 하지만 최종적인 결정은 항상 옮긴이의 선택이었기에 모든 잘못과 오류에 대한 책임은 오롯이 옮긴이에게 있다.

일단 '한울사회이론' 시리즈의 1차분 세 권 ―『어빙 고프먼의 사회이론』,『조지 허버트 미드의 사회이론』, 그리고『악셀 호네트의 인정이론』― 이 동시에 출간된다. 이 시리즈의 출간 기획을 흔쾌히 받아들여준 ㈜한울엠플러스의 김종수 사장님께 다시 한번 감사드리고, 이 기획을 뒷받침하는 윤순현 부장, 그리고 항상 난해한 사회학 책들을 교정하는 고통을 "많이 공부했다"고 표현해 주는 우리의 편집자 신순남 팀장에게도 언제부턴가 감사의 인사가 의례적인 말이 되어버렸지만 다시 한번 더 감사를 표하고 싶다. 아무쪼록 이 세 권의 책이 독자들의 사회학과 사회이론 공부에 도움이 되었으면 한다.

2023년 겨울
북극 한파가 몰려온 날
박형신

지은이

미켈 H. 야콥센(Michael Hviid Jacobsen)

덴마크 올보르 대학교(Aalborg University) 교수이다. 저서로 *The Transformation of Modernity* (Ashgate, 2001), *Erving Goffman*(Hans Reitzels Forlag, 2002), *The Sociology of Zygmunt Bauman* (Ashgate 2008), *Public Sociology*(Aalborg University Press, 2009), *Encountering the Everyday* (Palgrave/Macmillan, 2009), *The Contemporary Goffman*(Routledge, 2010), *Utopia: Social Theory and the Future*(Ashgate, 2013), *Imaginative Methodologies in the Social Sciences*(Ashgate, 2013), *Deconstructing Death*(University Press of Southern Denmark, 2013), *The Poetics of Crime*(Ashgate, 2014)이 있다.

쇠렌 크리스티안센(Søren Kristiansen)

덴마크 올보르 대학교 사회학 교수이다. 저서로 *Kreativ sociologi*(Aalborg University, 2000), *Erving Goffman*(Hans Reitzels Forlag, 2002), *Mikrosociologi og social samhandling*(Hans Reitzels Forlag, 2004)가 있다.

옮긴이 박형신

고려대학교 대학원에서 사회학 석사 및 박사학위를 취득했다. 그간 고려대학교에서 초빙교수, 연세대학교에서 연구교수로 일했다. 지금은 고려대학교에서 강의하고 있다. 사회이론, 감정사회학, 음식과 먹기의 사회학에 관심을 가지고 연구를 진행하고 있다. 지은 책으로는 『정치위기의 사회학』, 『감정은 사회를 어떻게 움직이는가』(공저), 『에바 일루즈』, 『탈사회의 사회학』(공저) 등이 있고, 옮긴 책으로는 『고전사회학의 이해』, 『은유로 사회 읽기』, 『사회이론의 역사』(공역), 『현대사회이론의 흐름』(공역) 등이 있다.

한울사회이론 001

어빙 고프먼의 사회이론

지은이 **미카엘 H. 야콥센·쇠렌 크리스티안센** | 옮긴이 **박형신**
펴낸이 **김종수** | 펴낸곳 **한울엠플러스(주)** | 편집 **신순남**

초판 1쇄 인쇄 **2024년 2월 1일** | 초판 1쇄 발행 **2024년 2월 28일**

주소 **10881 경기도 파주시 광인사길 153 한울시소빌딩 3층** | 전화 **031-955-0655** | 팩스 **031-955-0656**
홈페이지 **www.hanulmplus.kr** | 등록번호 **제406-2015-000143호**

Printed in Korea.
ISBN 978-89-460-8294-6 93300

※ 책값은 겉표지에 표시되어 있습니다.